Primäre und sekundäre Religion als Kategorie der Religionsgeschichte
des Alten Testaments

Beihefte zur Zeitschrift für die alttestamentliche Wissenschaft

Herausgegeben von
John Barton · Reinhard G. Kratz
Choon-Leong Seow · Markus Witte

Band 364

W
DE
G

Walter de Gruyter · Berlin · New York

Primäre und sekundäre Religion
als Kategorie der Religionsgeschichte
des Alten Testaments

Herausgegeben von
Andreas Wagner

W
DE
G

Walter de Gruyter · Berlin · New York

∞ Gedruckt auf säurefreiem Papier,
das die US-ANSI-Norm über Haltbarkeit erfüllt.

ISBN-13: 978-3-11-018499-0
ISBN-10: 3-11-018499-0
ISSN 0934-2575

Bibliografische Information der Deutschen Nactionalbibliothek

Die Deutsche Nationalbibliothek verzeichnet diese Publikation in der Deutschen
Nationalbibliografie; detaillierte bibliografische Daten sind im Internet
über http://dnb.d-nb.de abrufbar.

Vorwort

Die Beiträge des vorliegendes Sammelbandes gehen auf das internationale Symposium *Primäre und sekundäre Religion als Kategorie der Religionsgeschichte des AT (und AO)* zurück, das vom 27.05.–28.05.2005 am Internationalen Wissenschaftsforum der Ruprecht-Karls-Universität Heidelberg (IWH) stattfand.

Gegenstand des Symposiums war die Frage, ob mit den Kategorien der primären und sekundären Religion die Wandlung hin zur alttestamentlichen sekundären (Buch-) Religion bzw. Bekenntnisreligion adäquat beschrieben werden kann. Diese Kategorien wurden von Theo Sundermeier (Heidelberg) entwickelt und von Jan Assmann (Heidelberg) auf die Abgrenzung ägyptischer und alttestamentlicher Religion angewandt.

Im interdisziplinären Gespräch mit T.Sundermeier und J.Assmann konnte schon auf dem Symposium sehr anregend und auch kontrovers diskutiert werden. Die Anordnung der Beiträge ist daher nach dem Verlauf des Symposiums ausgerichtet: Nach einer Einführung und einer Grundlegung folgt der alttestamentliche Teil (meist nach der Struktur: Beitrag – Erwiderung), danach in ähnlicher Weise der Blick auf Nachbarreligionen/-kulturen des A.T. Nach zwei Rückblicken auf die Fragestellung schließt der Band mit Beiträgen von J.Assmann und T.Sundermeier.

Die Beiträge verfahren mit bibliographischen und Zitier-Gewohnheiten in ihrer je eigenen und fächerspezifischen Weise; für das Gesamtliteraturverzeichnis und das Stellenregister wurden Vereinheitlichungen vorgenommen.

Ein Symposium lebt von seinen Teilnehmenden; Dank möchte ich daher allen sagen, die als Vortragende und Diskussionspartner das Symposium mittrugen, ebenso allen, die einen Beitrag zum vorliegenden Band zur Verfügung stellten.

Weder das Symposium noch der vorliegende Band wäre ohne vielfältige organisatorische und finanzielle Förderung zustande gekommen. Ich danke dem IWH und dessen Direktor M.Welker für die Möglichkeit, die Konferenz als *Internationales Symposium* durchführen zu können, sowie für die perfekte organisatorische Unterstützung von Seiten des IWH T.Reiter und G.Strehlow; das Team wurde hervorragend ergänzt durch T.Winkel.

Das Symposium erfuhr großzügige Unterstützung von der Deutschen Forschungsgemeinschaft (DFG) und der Universitätsstiftung der Ruprecht-Karls-Universität Heidelberg; für Zuschüsse zur Erstellung des Symposiumsbandes danke ich den Ev. Kirchen von Baden, Hessen-Nassau und der Pfalz, für die Hilfe beim Erstellen der Druckvorlagen D.Benz.

Danken möchte ich auch J.Barton, R.G.Kratz, C.-L.Seow und M.Witte für die Aufnahme des Bandes in die Reihe *Beihefte zur Zeitschrift für die alttestamentliche Wissenschaft*, K.Marwedel für die Hilfen bei der Erstellung der Druckvorlage und M.Müller für die Betreuung von Seiten des Verlages W.de Gruyter.

Andreas Wagner
Heidelberg, im August 2006

Inhalt

Zur Einführung

Primäre/sekundäre Religion und Bekenntnis-Religion als Thema der Religionsgeschichte

Andreas Wagner (Heidelberg)

1. Die Fragestellung – „eine neue Perspektive im Spiel der religionswissenschaftlichen Interpretationen" (W.Burkert)

Fragen der Religion und der Religionsgeschichte können nur interdisziplinär diskutiert werden. Zumal wenn es um Religionen „verschiedener Zeiten" und „verschiedener Kulturen"[1] und wenn es um religionsvergleichende, religionsgeschichtliche und/oder religionssystematische Phänomene geht. Selbst wenn eine Fragestellung aus der Perspektive *einer* Disziplin heraus behandelt wird, müssen Materialien, Erkenntnisse, Methoden anderer Disziplinen herangezogen werden. Wer wollte eine „Religionsgeschichte des Alten Orients" schreiben, ohne mit der Ägyptologie, der Assyriologie, der Hethitologie, der Alttestamentlichen Wissenschaft u.a. im Gespräch zu bleiben? Wer wollte auf die definitorische Anregung und religionsbeschreibende Erfahrung der Religionswissenschaft und Theologie, der Religionsethnologie, die Materialbearbeitung durch Archäologie, Ikonographie und Epigraphik u.ä. verzichten?

Allgemeine religionsgeschichtliche und religionswissenschaftliche Forschung geht bei den Fragen der Religion, der Religionsgeschichte Hand in Hand mit einzelwissenschaftlicher Forschung. Beide profitieren voneinander, es gibt gegenseitige Anregungen und Korrekturen, im Idealfall führt der Dialog die Erkenntnis ein Stück voran.

Dieses Zusammenwirken von religionswissenschaftlicher, religionsgeschichtlicher und einzelwissenschaftlicher idiographisch-religionsbeschreiben-

---

1 Vielleicht sollte man statt „Religionen verschiedener Kulturen" neutraler „Religionen verschiedener geographischer Bereiche" sagen, um die Unschärfen des Kulturbegriffs zu vermeiden. Zur Problematisierung des Kulturbegriffs im Kontext der Religionsgeschichte vgl.: Janowski, B., Theologie des Alten Testaments. Zwischenbilanz und Zukunftsperspektiven. In: ders. (Hg), Theologie und Exegese des Alten Testaments / der Hebräischen Bibel. Zwischenbilanz und Zukunftsperspektiven. (SBS 200) Stuttgart 2005, 87–124, hier 108–110.

der Forschung lässt sich auch bei dem zur Diskussion gestellten Thema der primären und sekundären Religion beobachten.[2]

Das von Jan Assmann zunächst bei der Beschreibung der Religionsgeschichte Ägyptens herangezogene Begriffspaar[3] ermöglichte ihm einen Vergleich der Eigenarten der „Ägyptischen Religion" und der „Religion Israels"[4]. Die Religion Israels verkörpert für Assmann den Typus der Bekenntnisreligion,[5] der – nach dem Vorspiel unter Echnaton – erstmals in der Religionsgeschichte der Menschheit in Israel aufgetreten ist und deren Charakteristika von Assmann als „Gegenbild" zu vielen Aspekten ägyptischer Religion beschrieben werden.[6]

Da die Bekenntnisreligion in Israel bzw. dem Alten Testament an einem auch genetischen Anfang der großen „monotheistischen" Religionen Judentum, Christentum und Islam steht, „Weltreligionen", die auch noch die gegenwärtige Welt in einem starken Ausmaß prägen, gewinnt die Erstmaligkeit des

---

2   Bei der mit diesem Beitrag eingeleiteten und im vorliegenden Sammelband dokumentierten Diskussion handelt es sich um die Ergebnisse des Symposiums über „Primäre und sekundäre Religion als Kategorie der Religionsgeschichte des Alten Testaments (und Alten Orients)", das am 27.–28.05.2005 am Internationalen Wissenschaftsforum Heidelberg (IWH) stattfand.

3   Vgl. Assmann, J., Ma'at. Gerechtigkeit und Unsterblichkeit im Alten Ägypten, München 1990 passim; ders.: Die Mosaische Unterscheidung. Oder der Preis des Monotheismus, München/Wien 2003 passim; vgl. für eine ausführliche und konzise Darstellung den Beitrag von Diesel, A., Diesel, A., Primäre und sekundäre Religion(serfahrung) – das Konzept von Th. Sundermeier und J. Assmann (in diesem Band).

4   Mit dem Gebrauch der Begriffe „Ägyptische Religion", „Israelitische Religion" etc. soll keineswegs eine überzeitliche Einheitlichkeit dieser Kulturen/Religionen behauptet werden, auch will ich damit keine bestimmte Positionierung verbunden wissen. Gerade auf alttestamentlicher Seite ist hier Vorsicht geboten; Die Größen „Israel", „Altes Testament" u.ä. lassen sich nur schwer bestimmen. Für eine Problematisierung und Wegweisung vgl.: Berlejung, A., Geschichte und Religionsgeschichte. In: Gertz, J.C. (Hg.), Grundinformation Altes Testament. (UTB 2745) Göttingen 2006, S.55–185, hier 63. Ich möchte hier mit „Israel" bzw. „Israelitischer Religion" in der Regel die „Gesamtgröße" benennen, deren Zeugnisse sich im A.T. greifen lassen und die in Form des A.T. wirkungsgeschichtlich relevant geworden ist; in diesem Sinne versteht es m.E. auch Assmann in den meisten Fällen.

5   Vgl. Assmann, J. Ma'at (s. Anm. 3), 20: „Demgegenüber bezieht sich der Begriff einer ,(sekundären) Religion in strengem Sinne' auf ein System der Überzeugungen und Verpflichtungen, das von den allgemeinen Fundierungen des Zusammenlebens unterschieden ist und zu diesen in Konflikt geraten kann. Das entscheidende Kennzeichen dieses neuen Typs von Religion ist der Bekenntnischarakter im Sinne einer ,normativen Selbstdefinition' [Begriff nach: Sanders, E.P. (Hg.), Jewish and Christian Self-Definition, Bd. 1-3, Philadelphia 1980–1982]. Diese Religion muß ,bekannt' werden, sie stiftet eine exklusive Form der Zugehörigkeit. Typische Kennzeichen dieser Form der Zugehörigkeit sind Konversion, Apostasie, Anachorese und Märtyrertum. Daher ist dieser Typus wohl am angemessensten als ,Bekenntnisreligion' zu bezeichnen."

6   Zu Möglichkeiten und Grenzen eines religionsgeschichtlichen Vergleichs, der kontrastive und genetische Aspekte einschließt, vgl.: Wagner, A., Prophetie als Theologie. Die *so spricht Jahwe*-Formeln und das Grundverständnis alttestamentlicher Prophetie (FRLANT 207) Göttingen 2004, 95–97.

Auftretens der Bekennntnisreligion in Israel besondere Bedeutung: hier stehen wir an der Geburtsstätte der „Mosaischen Unterscheidung"[7]; einer Unterscheidung, die immer wieder „neu getroffen werden musste", die sich im Laufe der Zeit „verschärft" hat,[8] die aber immer eine Grundcharakteristik der Geschichten und Theologien der genannten Religionen geblieben ist.

Mit der „Mosaischen Unterscheidung" hat Assmann die Diskussion auch dahingehend prononciert, dass er im Monotheismus – einem Hauptcharakteristikum der israelitischen Bekenntnisreligion – eine mögliche Quelle und Ursache für Gewalt[9] erkennt.[10] An dieses Moment der Assmann'schen Darstellung hat sich eine breite Auseinandersetzung angeschlossen, nicht zuletzt, weil über die *genetische Brücke*[11] diese Gefahr auch bei den heutigen „Bekenntnisreligionen" gesehen werden muss.[12]

---

7   Entfaltet in: Assmann, J., Mose der Ägypter. Entzifferung einer Gedächtnisspur, München/Wien ²2000 (Cambridge ¹1997), 17–23; ders., Die Mosaische Unterscheidung (s. Anm. 3).

8   Assmann, J., Die Mosaische Unterscheidung (s. Anm. 3), 163.

9   Vgl. etwa: Assmann, J., Die Mosaische Unterscheidung (s. Anm. 3), 164: „Nun wird alles ausgegrenzt, was sich dieser Einladung [des Christentums an alle Völker] verweigert. Dadurch ist der Monotheismus zumindest invasiv und gelegentlich auch aggressiv geworden."

10   Was keineswegs ein Novum ist, ich erinnere nur an Monotheismuskritik bei Marquard, O., Lob des Polytheismus. Über Monomythie und Polymythie. In: ders., Abschied vom Prinzipiellen. Philosophische Schriften. (Universal-Bibliothek 7724) Stuttgart 1981 (zuerst 1979); vgl. dazu (mit Lit.): Halbmayr, A., Lob der Vielheit. Zur Kritik Odo Marquards am Monotheismus (Salzburger theologische Studien 13) Innsbruck/Wien 2000; Leonhardt, R., Skeptizismus und Protestantismus. Der philosophische Ansatz Odo Marquards als Herausforderung an die evangelische Theologie (HUTh 44) Tübingen 2003. Auch an entsprechende Diskussionen innerhalb des Faches A.T. ist zu denken, vgl. (Auswahl!): Rose, M., Der Ausschließlichkeitsanspruch Jahwes. Deuteronomische Schultheologie und die Volksfrömmigkeit in der späten Königszeit (BWANT 106) Stuttgart 1975; Weippert, M., Synkretismus und Monotheismus. Religionsinterne Konfliktbewältigung im alten Israel. In: Assmann, J./Harth, D. (Hg.), Kultur und Konflikt. (es 1612) Frankfurt a.M. 1990, 143–179; Stolz, Fritz: Einführung in den biblischen Monotheismus. Darmstadt 1996, Pakkala, J., Intolerant monolatry in the Deuteronomistic history (SESJ 76) Helsinki 1999; Kessler, R., Die Ägyptenbilder der Hebräischen Bibel. Ein Beitrag zur neueren Monotheismusdebatte (SBS 197) Stuttgart 2002; Becker, U., Von der Staatsreligion zum Monotheismus. Ein Kapitel israelitisch-jüdischer Religionsgeschichte, ZThK 102/1 (2005), 1-16; u.a.. Zudem ist auf die lange Tradition der Diskussion über den Absolutheitsanspruch des Christentums zu verweisen.

11   Aus der Geschichte lassen sich über diesen Zusammenhang unmittelbare „politische" Ableitungen für die Gegenwart treffen; nur so erklärt sich m.E. die z.T. sehr heftige Auseinandersetzung, an der viele beteiligt waren, die sich ansonsten wenig für die Religionsgeschichte des Alten Orients und das Selbstverständnis gegenwärtiger Religionen interessieren.

12   Vgl. zu dieser Debatte, die weit über die engeren Grenzen der Wissenschaft hinaus reicht, Assmann, J., Mose der Ägypter (s. Anm. 7); ders., Die Mosaische Unterscheidung (s. Anm. 3), in das einige Entgegnungen auf Assmann aufgenommen sind (Rendtorff, R., Ägypten und die »Mosaische Unterscheidung«, 193–207; Zenger, E., Was ist der Preis des Monotheismus? 209–220; Koch, K., Monotheismus als Sündenbock? 221–238; Kaiser, G., War der Exodus ein Sündenfall? 239–271; Kuschel, K.-J., Moses, Monotheismus und die Kultur

Diese beiden zuletzt genannten Gedankengänge – Fragen des Verhältnisses von Monotheismus und Gewalt einerseits, die Entstehung und der Charakter des israelitischen Monotheismus bzw. der israelitischen Religon als Bekenntnisreligion andererseits – laufen Gefahr, ineinander zu verfließen, obwohl sie neben den konvergenten auch divergente Aspekte aufweisen. Um den Charakter und das Gepräge des Monotheismus muss gerungen werden, und dass der Monotheismus in einem „Selbstmissverständnis" (A. Diesel[13]) Ursache von Exklusion und Gewalt werden kann, darf selbstredend nicht geleugnet werden. Aber dieser Aspekt der Problematik, der immer auch auf politische Implikationen der Gegenwart zielt, ist zu unterscheiden von der geschichtlichen Perspektive, die das Werden des Monotheismus, der Bekenntnisreligion, den Charakter des durch die jeweilige Götterpersönlichkeit geprägten Monotheismus[14] usw. anbelangt. Hier muss die Diskussion in die Fachdebatte eintauchen, hier muss man fragen, ob „Bekenntnisreligion" das Ergebnis einer religionsgeschichtlichen Entwicklung in Israel ist, muss man fragen, wie die Verhältnisbestimmung der Größe Israel und der anderen, der Fremden sich ändert, auch wie andere Israel, später „die Juden" sehen (s.u.); wie sich die Theologien, die Gottesbilder, die ethischen Implikationen ändern. Hier ist die Problematik der sozialgeschichtlichen Ursachen für Veränderungen in der Religion einzubeziehen u.v.a.m. Nicht jede dieser Fragen sollte *primär* eingedenk der politischen und theologischen Implikationen unter der Relevanzfrage für die Gegenwart bzw. die gegenwärtige Debatte beantwortet werden; dann nämlich schärft die

---

der Moderne, 273–286), sowie weitere Diskussionsbeiträge (Auswahl!): Hübner, H., Wer ist der biblische Gott? Fluch und Segen der monotheistischen Religionen (BThSt 64) Neukirchen-Vluyn 2004; Janowski, B., Rez. zu J.Assmann, Die Mosaische Unterscheidung. Zeitzeichen 2004, 66–67; Schwager, R./Niewiadomski, J. (Hg.), Religion erzeugt Gewalt – Einspruch! (Beiträge zur mimetischen Theorie 15) Münster u.a. 2003; Manemann, J. (Hg.), Monotheismus (Jahrbuch Politische Theologie 4) Münster [u.a.] 2003; Schäfer, P., Der Triumph der reinen Geistigkeit. Sigmund Freuds ‚Der Mann Moses und die monotheistische Religion (Ha'Atelier Collegium Berlin 7) Berlin/Wien 2003; Söding, T./Dassmann, E. (Hg.), Ist der Glaube Feind der Freiheit? Die neue Debatte um den Monotheismus (QD 196) Freiburg u.a. 2003; Stark, R., One true God. Historical consequences of monotheism, Princeton 2001; Halbmayr, A., Lob der Vielheit (s. Anm. 10). Wiederum nur auswahlweise und nur um den Ton und Tenor anzudeuten sei auf folgende Zeitungsartikel verwiesen: Assheuer, T., Töten für Gott. Von Moses, dem Ägypter, bis zum Fundamentalismus der Killer: Der Kulturwissenschaftler Jan Assmann spricht in Heidelberg über die religiösen Wurzeln moderner Gewalt, Die Zeit,15.07.2004, Nr.30; Orzessek, A., Das Vermächtnis des Goldenen Kalbes, taz, 13.11.2004, 16; Spaemann, R., Sollen wir zwischen wahrer und falscher Religion unterscheiden? Jan Assmann fragt nach dem Preis des Monotheismus und antwortet seinen Kritikern, Frankfurter Allgemeine Zeitung, 02.12.2003, L11. Für eine Fülle von Hinweisen aus diesem Bereich vgl. www.perlentaucher.de, Stichwort Monotheismus.

13   Diesel, A., Primäre und sekundäre Religion(serfahrung) (s. Anm. 3), 37.

14   Vgl.: Wagner, A., Alttestamentlicher Monotheismus und seine Bindung an das Wort. In: ders. [u.a.] (Hg.), Gott im Wort – Gott im Bild. Bilderlosigkeit als Bedingung des Monotheismus? Neukirchen-Vluyn 2005, S.1–22, hier 19–22.

Untersuchung der vielschichtigen und sehr subtilen Entwicklungen der Religions-Vergangenheit (aus jüdischer und christlicher Perspektive der *eigenen* Vergangenheit) das analytische Bewusstsein; und dann ergibt sich vielleicht auch ein wacherer, entspannterer und besser differenzierender Blick auf die Gegenwart. Die Beiträge des vorliegenden Bandes, so jedenfalls die Absicht des Herausgebers, von der sich die Beitragenden doch haben anregen lassen, bewegen sich auf der letztgenannten Linie, wenden ihre Aufmerksamkeit der religionsgeschichtlichen Entwicklung und den von Theo Sundermeier geprägten Kategorien der primären und sekundären Religion zu, die als Inspirationsquelle für Assmanns Überlegungen gedient haben.

Sundermeier hat seine Unterscheidung von primärer und sekundärer Religion angesichts des Verhältnisses von Christentum und (afrikanischer) Stammesreligion entwickelt, um, und das soll in dem Wortpaar primär und sekundär ausgedrückt sein, festzuhalten, dass sich in der sekundären Religionserfahrung immer auch primäre Erfahrungsmomente finden; er wollte damit zum Ausdruck zu bringen, dass die Kluft zwischen (durch primäre Religionserfahrung geprägte) Stammesreligion und (primäre *und* sekundäre Religionserfahrung einschließender) christlicher Religion nicht unüberbrückbar groß ist, dass Angehörige christianisierter Stammesreligionen nicht aufgrund ihrer „religiösminderwertigen Vergangenheit" im innerchristlichen Dialog benachteiligt werden.[15]

Aus dieser Debatte heraus blickt Sundermeier auch zurück auf die biblische Tradition. Sundermeier hatte dabei die Entwicklung sekundärer Religionserfahrungen in der alttestamentlichen Religion beobachtet; geprägt von G. v. Rad und angeregt von C. Westermann[16] sieht er als „bekannteste Illustration" für die Entstehung einer „neuen" Religion, in der „die primäre Religionserfahrung [...] von der sekundären überlagert wird", den „aus dem Alten Testament" bekannten „Kampf der prophetischen Religion mit der vorgegebenen kanaanitischen".[17] Auch wenn die Kanaanäerproblematik heute aus der Perspektive der Fachwissenschaft heraus anders gesehen wird,[18] wenn der Religionskonflikt nicht zwischen den monolatrisch-monotheistischen Israeliten und

---

15   Vgl.: Sundermeier, T., Was ist Religion? Religionswissenschaft im theologischen Kontext (ThB 96) Gütersloh 1999, 41: „Das Gespräch mit den Stammesreligionen kann uns die Augen für vergessene [primäre] Strukturen unserer eigenen [sekundären] Religion öffnen und uns neuen Zugang zu anderen Religionen verschaffen, gerade auch zu denen, die bisher als »Animisten« uns fremd blieben und verachtet waren. Es lehrt uns in intensiverer Weise als bisher, der Neugestaltung von Kirche in Afrika, Asien und Lateinamerika unsere Aufmerksamkeit zu widmen. Denn hier werden Grunderfahrungen vermittelt, für die wir blind geworden sind und die dennoch unser Leben tief beeinflussen."

16   Vgl.: Sundermeier, T., Zur Verhältnisbestimmung von Religionswissenschaft und Theologie aus protestantischer Sicht, ZMR 64 (1980), 241–258, hier 254–256.

17   Sundermeier, T., Was ist Religion? (s. Anm. 15), 37.

18   Vgl.: Niehr, H., Art. Israel und Kanaan. In: RGG⁴ Bd.4 (2001), 306–307.

den Kanaanäern der vor- bzw. frühstaatlichen Zeit bestand[19], sondern sich
Phänomene sekundärer Religionserfahrung vor allem in der Zeit nach 722
v.Chr. (Untergang des Nordreiches Israel) und in exilisch-nachexilischer Zeit
(nach 587 v.Chr., dem Untergang des Südreiches Juda) zeigen, wenn diese
Entwicklungen stärker als man es früher gesehen hatte auch in literarisch-re-
daktionellen Prozessen zu verfolgen sind, so bleibt doch die Beobachtung von
Transformationsprozessen innerhalb der israelitischen Religionsgeschichte mit
Vorgängen der Absorption, der Abstoßung, der Integration richtig; ebenso ist
die Charakterisierung dieses Prozesses als „komplex, dynamisch und vielfältig" zu unterstreichen;[20] und auch die Richtung der Entwicklung, dass die „Tendenz zur absoluten Geltung"[21] erst am Ende und nicht am Anfang der israelitischen Religionsgeschichte steht und zu den sekundären Aspekten der Religion zählt, ist nicht in Abrede zu stellen, gerade im Vergleich mit anderen „Re-
ligionsgeschichten" der Nachbarreligionen Israels.[22]

Sundermeier hat etliche Kennzeichen zur Bestimmung primärer und sekundärer Religion angeführt, die er in seinen verschiedenen Untersuchungen
und Studien angewandt hat.[23] Die Diskussion dieser Kennzeichen bzw. die

---

19   Vgl. unten Janowski, B., Theologie des Alten Testaments (s. Anm. 1), 96 (vgl. auch u.
      Abschn. 2 Ende).
20   Sundermeier, T., Was ist Religion? (s. Anm. 15), 37.
21   Sundermeier, T., Was ist Religion? (s. Anm. 15), 37.
22   Hier ergibt sich eine ähnliche Problematik, wie sie Assmann für Ägypten festgehalten hat:
      „Die monotheistische Religion, um einen Ausdruck Freuds aufzugreifen, definiert sich in
      der Exodus-Erzählung in Abgrenzung zu Ägypten. Aus Ägypten musste ausgezogen wer-
      den, um in den Monotheismus einzuziehen. Das ist möglicherweise, ich will das nicht aus-
      schließen, historisch wahr, auf jeden Fall aber ist es symbolisch wahr, und die symbolische
      Wahrheit finde ich, offen gesagt, interessanter als eine mögliche historische Wahrheit, d.h.
      die Tatsache, dass vielleicht wirklich einmal eine Schar hebräischer Nomaden oder Gastar-
      beiter aus Ägypten ausgezogen ist, unter Führung eines Mannes, der den ägyptischen Namen
      Moses trug." Assmann, J., Die Mosaische Unterscheidung (s. Anm. 3), 162. Ähnlich könnte
      man für den Kanaanäerkonflikt sagen, dass es interessanter ist, der symbolischen Wahrheit
      nachzugehen, dass sich in der Abgrenzungsbemühung gegenüber den Kanaanäern ein Para-
      digma für die Abgrenzung zu Fremden in der Religion Israels überhaupt entwickelt. Das ist
      in der Tat eine spannende Beobachtung, allerdings sollte auch die „symbolische Wahrheit"
      nicht unabhängig von der historischen Situation untersucht werden. Das Abgrenzungsbe-
      wusstsein entwickelt sich ja erst ab einer bestimmten Zeit, unter bestimmten Umständen, aus
      bestimmten Ursachen heraus, wie es sich auch jeweils unter bestimmten Umständen verän-
      dert. In der historischen Rückbindung dieser „Selbstdefinition durch die Schaffung eines
      Gegenparts", so Niehr, H., Art. Israel und Kanaan (s. Anm. 18), 307, liegt daher durchaus
      ein Erkenntnisgewinn. Die Frage nach der historischen Wahrheit ist also nicht nur auf die
      „symbolisch" (also in den Texten) verarbeiteten „historischen" Fakten zu beziehen, sondern
      auch auf die symbolisch-textliche Verarbeitung.
23   Vgl.: Diesel, A., Primäre und sekundäre Religion(serfahrung) (s. Anm. 3). Hier nur einige
      Andeutungen: In die primäre Religion wird man nach Sundermeier hineingeboren „wie man
      in die Gesellschaft geboren wird, für die man sich nicht entscheiden kann, „wie man letztlich
      auch nicht aus ihr austreten kann, es sei denn man zerschnitte den Stammesverband", so

Charakterisierung der zu beschreibenden Religion(en) mit Hilfe dieser Kennzeichnungen haben sich die meisten Beitragenden dieses Bandes zur Aufgabe genommen. Dabei werden sowohl die Einzelkennzeichen diskutiert wie die Gesamtcharakteristik der Religionen. Tenor der Beiträge ist dabei, dass durchaus der Religion Israels bzw. des Alten Testaments (in der nachexilischen persischen bzw. hellenistischen Zeit) das Gepräge der sekundären Religion bzw. Bekenntnisreligion zuerkannt wird,[24] dass diese Kategorien für die Beschreibung der polytheistischen Systeme aber anders gefasst werden müssen bzw.,

---

Sundermeier, T., Art. Religion/Religionen. In: Müller, K. (Hg.), Lexikon missionstheologischer Grundbegriffe, Berlin 1987, 411–422, hier 417. Vor allem Ereignisse wie „Kulturkontakt [...], Kriegsniederlagen" u.ä. „haben oft dazu geführt, die Begrenztheit" der primären Religion zu begreifen, „die nicht mehr die neuen [...] Lebensgebiete abdecken konnten" (a.a.O., 417). So kommt es zur sekundären Religionserfahrung. „Der rituelle Vollzug [der die primäre Religion prägt] genügt nicht mehr, es geht um den innerlichen Nachvollzug. [...] Wahrheit [wird] von Lüge unterschieden. Das individuelle Verhalten ist wichtiger als das kollektive. Es gibt jetzt ‚wahre' und ‚falsche' Religion. Die Religion dient [...] der Unterscheidung von anderen Gruppierungen. Die Wahlfreiheit, der Handlungsspielraum des Einzelnen wächst. Die Religion deckt nicht mehr alle Lebensräume ab, der Raum der Profanität vergrößert sich. Mission wird möglich, sie wird nötig." (a.a.O., 418)

24 Vgl. die Beiträge in diesem Band von: Kessler, R., Differenz und Integration: Reaktionen auf die soziale Krise des 8. Jahrhunderts; Kessler geht davon aus, dass „am Anfang des Weges zur sekundären Religion in Israel der gesellschaftliche Konflikt steht", dass es allerdings ausgehend von der Prophetie „Jahrhunderte" dauert bis sich „eine sekundäre Religion entwickelt", 67; Schmid, K., Gibt es „Reste hebräischen Heidentums" im Alten Testament? Methodische Überlegungen anhand von Dtn 32,8f und Ps 82, 119–120: „Auf der anderen Seite scheint es durchaus möglich zu sein, das perserzeitliche Judentum als sekundäre Religionsform zu beschreiben"; Lang, B., Der Ruf zur Umkehr. Israels Religionsgeschichte aus ethnologischer Sicht, 137: „Durch eine gewaltige Erfindung von Tradition wird nun die temporäre Monolatrie zum Monotheismus, und der Akt der religiösen und sittlichen Umkehr zum Grundakt religiöser Existenz. [...] Hier sehen wir, wie sich [...] eine primäre in eine sekundäre Religion verwandelt"; Nissinen, M., Elemente sekundärer Religionserfahrung im nachexilischen Juda?, 166–167 geht davon aus, dass „die jüdische Religion" in hellenistischer Zeit „als eine Bekenntnisreligion bezeichnet werden darf", dass die „Elemente" der „sekundären Religion" „zum Teil schon in vorexilischer Zeit wurzeln", sich immer stärker ausgeprägt haben, merkt aber auch an, „dass es sich immer noch nicht um ein einziges einheitliches Judentum handelt"; Smith, M., Primary and Secondary Religion in Ps 91 and 139, 101: „Perhaps as primary and secondary religion continue to be clarified and applied with critical appraisal, these categories will join in aiding the study of this subject"; Theißen, G., Theorie der urchristlichen Religion und Theologie des neuen Testaments, 239: „Schriftreligionen entstanden alle durch Kritik an dieser primärreligiösen Heiligung der Welt. [...] Kritisiert wird die Gottesvorstellung aufgrund einer radikaleren Transzendenzerfahrung. [...] Der Polytheismus wird in den monotheistischen Religionen verworfen. [...] Das Judentum begann mit einer einschneidenden Revolution: Es bekannte sich zum Glauben an den einen und einzigen Gott"; anders: Schmitt, R., Die nachexilische Religion Israels: Bekenntnisreligion oder kosmotheistische Religion?, 139, der sich an dem auch von Assmann aufgefundenen priesterlich-„primären" Zug der israelitischen Religion orientiert – vgl. Assmann, J., Die Mosaische Unterscheidung (s. Anm. 3), 19–20 – und zur Auffassung kommt, dass die nachexilische Religion eher „als primäre, kosmotheistische bezeichnet werden kann".

dass sie, was eine Gleichsetzung von primär und polytheistisch anbelangt, nur hinlänglich zutreffen.[25] In der religionsvergleichenden Perspektive lassen sich alle altorientalischen Religionen und die griechische Religion klar von der des späten Israel abgrenzen, so dass die Unterscheidung, die Sundermeier und Assmann im Sinn hatten, doch wohl einen wesentlichen Punkt getroffen hat.

Die Frage nach primärer und sekundärer Religion als Kategorien der Religionsbeschreibung bzw. Religionsgeschichte hat im vorliegenden Band zu einer Disziplinengrenzen überschreitenden Diskussion geführt; die einzelwissenschaftliche Analyse einer Religion wurde um eine religionssystematische Frage erweitert. „Die Unterscheidung ‚primärer‘ und ‚sekundärer‘ Religionen, wie sie Jan Assmann und Theo Sundermeier vorgeschlagen haben, bringt eine neue Perspektive ins Spiel der religionswissenschaftlichen Interpretationen."[26] Das mag ein Anstoß sein, das Phänomen von Religion weiterhin auch mit Disziplinen wie der Theologie und Religionswissenschaft zu diskutieren. Die Ausweitung des Gegenstandsbereichs auf die polytheistischen Religionen über Ägypten hinaus hat jedenfalls auch die Diskussion der Begriffe „primäre" und „sekundäre" Religion weitergeführt.

2. Die Entwicklung zur Bekenntnisreligion als „archimedischer Punkt" der Religionsgeschichte und ihre Bedeutung für die Diskussion um *Religionsgeschichte Israels* und *Theologie des Alten Testaments*

Die neueren Forschungen zur Literatur- und Religionsgeschichte des A.T. Testaments sind bei aller Unterschiedlichkeit im einzelnen in einer Hinsicht konvergent: Das A.T. in seiner vorliegenden literarischen Form gilt als das „Endprodukt" verschiedenster Entwicklungen, als Erbe religiöser Überlieferung früherer Zeit,[27] die bis in die späteste literarische produktive Phase immer wieder aktualisiert, überarbeitet und zur Neuinterpretation der jeweiligen Gegenwart herangezogen wurde.[28]

---

25   Vgl. die Beiträge in diesem Band von Burkard, Sallaberger, Schipper, Xella.

26   Burkard, W., Griechische Religion als „primäre Religion"? (in diesem Band), 211.

27   Die ältere Überlieferung und ihre möglichen historischen Kerne sind dabei von ihrem späteren literarischen (=schriftlichen) Niederschlag im A.T. zu unterscheiden.

28   Stellvertretend sei hier mit O.H. Steck auf den Bereich der Prophetie verwiesen: „Das zunächst aufgezeichnete Originalgut wurde um weiteres originales und nicht originales Sammelgut literarisch vermehrt, vor allem aber schon bald durch rezeptive Passagen erweitert, die all dieses aufgezeichnete, älteste Gut unter der Aufnahme seiner Formulierungen für eine etwas jüngere Zeit applizieren – in diesem Fall keine integrierten Anonymprophetien und keine Einzelzusätze an Einzeltexte [...], sondern eine quantitative Verlängerung des zuerst Aufgezeichneten um neuformuliertes, aneignendes Textgut im unmittelbaren Anschluss zur Erweiterung derselben Schrift." Steck, O.H., Prophetische Prophetenauslegung, in: Geisser,

Das schließlich vorliegende „Endprodukt" A.T. ist gekennzeichnet durch Aussagen über Mensch und Gott, die Grundlage für spätere christliche und jüdische Religion und Theologie geworden sind; ich hebe hier nur vier zentrale Aussagen hervor:

– der eine Gott als Gegenüber der Menschen, der kultbildlos zu verehren ist (*Monotheismus und Bilderlosigkeit*),

– der eine Gott, der als Schöpfer und Bewahrer des Menschen und der Welt gilt (*Gott als der Schöpfer*),

– der eine Gott, der *Herr über die Geschichte* ist,

– der aber auch Gehorsam vom Menschen in dessen Leben und Handeln fordert (*Gott als Geber des Gesetzes*).[29]

Das A.T. ermöglicht es, die *Innenperspektive* der Religion von der Seite der offiziellen Texte her zu betrachten; in der langsam wachsenden kanonischen Sammlung, die schließlich zur Grundlage der das A.T. weiterführenden Religionen wurde (s.u.), werden bzw. bleiben diese Texte „Gefäß" des religiösen Erbes Israels.[30] Aber damit ist noch nicht das gesamte religiöse Phänomen der Religion auf dem Boden Israels beschrieben. Die historische religiöse Wirklichkeit ist mit dem A.T. nicht deckungsgleich, Religionsgeschichte ist daher nicht mit einer Theologiegeschichte des A.T. gleichzusetzen.[31] Es ergibt sich so eine Spannung zwischen den Perspektiven, die vom A.T. her eingeschlagen werden können, und den Perspektiven, zu denen die religionsgeschichtlichen Erkenntnisse nötigen.

H.F.; Luibl, H.J.; Mostert, W. und Weder, H. (Hg.), Wahrheit der Schrift – Wahrheit der Auslegung. Eine Zürcher Vorlesungsreihe zu Gerhard Ebelings 80. Geburtstag am 6. Juli 1992, Zürich 1993, 198–244, hier 209.

29   Vgl.: Michel, D., Einheit in der Vielfalt des Alten Testaments. In: ders.: Studien zur Überlieferungsgeschichte alttestamentlicher Texte. Hg. von Wagner, A. [u.a.] (TB 93) München 1997, 53–68, bes. 68; Kaiser, O., Der Gott des Alten Testaments. Theologie des AT 1: Grundlegung; Wesen und Wirken. Theologie des AT 2: Jahwe, der Gott Israels, Schöpfer der Welt und des Menschen. Theologie des AT 3: Jahwes Gerechtigkeit. Göttingen 1993, 1998 und 2003 passim.

30   Dass sich in den Texten des A.T. eine Fülle von „Unterscheidungsphänomenen" findet, kann kaum ernsthaft bestritten werden; den vier oben im Text genannten Aspekten lassen sich etliche zentrale Texte des A.T. zuordnen, die in den vier Themenfeldern die Unterscheidung markieren; vgl. die gute Zusammenfassung diesen Sachverhalts bei: Gerstenberger, E.S., Israel in der Perserzeit. 5. und 4. Jahrhundert v.Chr. (Biblische Enzyklopädie 8) Stuttgart u.a. 2005, 328–334 („Identität und Abgrenzung"). Exemplarisch sei hier auf Tritojesaja verwiesen, bei dem das Bejahen der Inhalte der Jahwe-Religion das entscheidende Merkmal für die Religionszugehörigkeit ist: für Jes 56,1–8 ist das Halten des Sabbatgebotes das ausschlaggebende Merkmal für die Heilsteilhabe, die prinzipiell auch für die Fremden oder Verschnittenen zuteil werden kann, vgl.: Wagner, A., Prophetie als Theologie (s. Anm. 6), 233–237. Wer sich nicht an das Sabbatgebot hält, fällt entsprechend aus der Jahwe-Anhängerschaft heraus; „Identität" und „Abgrenzung" werden somit in der Haltung zu diesem (wie zu anderen) Gebot(en) manifest.

31   Vgl.: Janowski, B., Theologie des Alten Testaments (s. Anm. 1), 105.

Eine wichtige Ergänzung beim Verständnis religionsgeschichtlicher Sachverhalte stellt auch die Einbeziehung der zeitgenössischen *Außenperspektive* dar. Im vorliegenden Rahmen kann ich nur kurz darauf eingehen, doch lässt sich die Richtung der Einsichten und Argumentation ausreichend darstellen.

Vorrangig wichtig ist die Außeneinschätzung durch die griechisch-lateinischen Schriftsteller, wenn sie die – in griechischer Terminologie – „jüdische" Religion beschreiben; diese Einschätzungen werfen Licht auf die Beschaffenheit der Religion in spätpersischer bzw. hellenistischer Zeit: Schon Hekataios von Abdera, *Aegyptiaca* (bald nach 320 v.Chr.) bezeugt den bilderlosen Kult der jüdischen Religion: „(4) Ein Bild der Götter machte er [Mose] überhaupt nicht für sie, weil er meinte, daß der Gott keine Menschengestalt habe, sondern Gott sei allein der Himmel, der die Erde umgebe, und Herr über alle."[32] Zeugnisse über jüdische Gottesvorstellungen, zuweilen auch judenfeindliche, finden sich bei etlichen weiteren Schriftstellern: Theophrast (372/71–288/87 v.Chr.), *Über die Frömmigkeit*; Manetho, *Aegyptiaca* (wohl in der Regierungszeit von Ptolemaios II. 283–246 v.Chr. geschrieben); Klearchos von Soloi (* vor 342 v.Chr.); Megasthenes (Anfang 3. Jh. v.Chr.); Poseidonios (ca. 135–51/50 v.Chr.); Varro (117–27 v.Chr.); Strabon (ca. 64 v.Chr–20 n.Chr.); Livius (59 v.Chr.– 17 n.Chr.), Tacitus, Historien (ca. 105–110 n.Chr.) u.a.[33]

Bei all diesen antiken Autoren ist vorausgesetzt, dass die jüdische Religion als eine einheitliche und beschreibbare Größe erscheint. „Einheit" wird ihr also von der Außenperspektive her seit dem ausgehenden 4. Jh. v.Chr. unterstellt; und Kennzeichen sind auch von außen gesehen Monotheismus und Bilderlosigkeit.

Ein Rückblick in Abschnitte der Religionsgeschichte Israels vor dieser Zeit[34] zeigt andere Verhältnisse und andere Schwerpunkte (ich orientiere mich wieder an den vier vorhin genannten Aspekten):

–   Der Monotheismus ist nicht der Ausgangs-, sondern der Endpunkt der altisraelitischen Religionsentwicklung; Nord- und Südreich lassen deutliche Unterschiede in ihren Religionssystemen erkennen; durch Funde wie *Kuntillet*

32   Fragmente des Werkes von Hekataios sind bei Diodor erhalten, vgl. hier: Diodor 40,3,1–8, zitiert nach: Stern, M., Greek and Latin Authors on Jews and Judaism. Vol.I. From Herodotus to Plutarch. Jerusalem 1974, Nr. 11. Nach neueren kritischen Einwänden sind bei Diodor auch Fragmente eines Pseudo-Hekataios aus der Zeit um 100 v.Chr. verarbeitet, vgl.: Bar-Kochva, Bezalel: Pseudo-Hecataeus, „On the Jews". Legitimizing the Jewish Diaspora. (Hellenistic culture and society 21) Berkeley [u.a.] 1996, 122–142.

33   Die Primär-Quellen der Außeneinschätzung sprechen für sich, die auswertenden Darstellungen nehmen diesen Tenor auf, vgl.: Jaeger, W., Greeks and Jews: The First Greek Record of Jewish Religion and Civilization, in: JR 18 (1938), 127–143; Mendels, D., Mecataeus of Abdera and a Jewish "Patrios Politeia" of the Persian Period, ZAW 95 (1983), 96–110; Feldman, L.H., Jew and Gentile in the Ancient World, Princeton 1993, 3–11.

34   Man könnte den Blick auf die Peripherie richten und etwa in Elephantine sehr eigene religiöse Verhältnisse finden.

'*Aǧrūd* und *Ḫirbet el-Qōm* ist die lokale Differenzierung Jahwes noch in der Königszeit deutlich geworden, in Jahwe hineingeschmolzen wurde eine Vielzahl von (Göttern und) Überlieferungen.[35]

– Das Thema Schöpfung ist nicht zu allen literarisch produktiven Zeiten gleich prominent, es wird erst in exilisch-nachexilischer Zeit zu einem zentralen Theologumenon.[36]

– Erst die historischen Propheten und ihre literarischen Nachfahren arbeiten an der Idee, dass Gott Herr der Geschichte ist und Völker und Könige zum Zuchtmittel für die Erziehung seines Volkes eingesetzt hat.[37]

– Und erst in exilisch-nachexilischer Zeit finden die alttestamentlichen Gesetze ihre endgültige Form und Verdichtung (Dekalog).[38]

---

35   Keel, O. (Hg.), Monotheismus im Alten Israel und seiner Umwelt. Mit Beiträgen von Benedikt Hartmann, Erik Hornung, Hans-Peter Müller, Giovanni Pettinato, Fritz Stolz (BiBe 14) Fribourg 1980; Lang, B. (Hg.), Der einzige Gott. Die Geburt des biblischen Monotheismus. Mit Beiträgen von Bernhard Lang, Morton Smith und Herman Vorländer, München 1981; Haag, H., Gott, der Einzige. Zur Entstehung des Monotheismus in Israel (QD 104) Freiburg/Basel/Wien 1985; Weippert, M., Synkretismus und Monotheismus (s. Anm. 10); Keel, O./Uehlinger, C., Göttinnen, Götter, Göttersymbole. Neue Erkenntnisse zur Religionsgeschichte Kanaans und Israels aufgrund bislang unerschlossener ikonographischer Quellen (QD 134) Freiburg/Basel/Wien ⁴1998 (¹1992); Albertz, R., Religionsgeschichte Israels in alttestamentlicher Zeit (GAT 8/1 und 8/2) Göttingen 1992; Dietrich, W./Klopfenstein, M.A. (Hg.), Ein Gott allein? JHWH-Verehrung und biblischer Monotheismus im Kontext der israelitischen und altorientalischen Religionsgeschichte (OBO 139) Fribourg und Göttingen 1994; Stolz, F., Einführung in den biblischen Monotheismus, Darmstadt 1996; Krebernik, M./Oorschot, J.v. (Hg.), Polytheismus und Monotheismus in den Religionen des Vorderen Orients (AOAT 298) Münster 2002; Oeming, M./Schmid, K. (Hg.), Der eine Gott und die Götter. Polytheismus und Monotheismus im antiken Israel (AThANT 82) Zürich 2003; Smith, M.S., The origins of biblical monotheism. Israel's polytheistic background and the Ugaritic texts, Oxford [u.a.] 2003; Wagner, A., Alttestamentlicher Monotheismus und seine Bindung an das Wort (s. Anm. 14); Becker, U., Von der Staatsreligion zum Monotheismus. Ein Kapitel israelitisch-jüdischer Religionsgeschichte, ZThK 102/1 (2005), 1–16; Sperling, S.D., Monotheism and Ancient Israelite Religion. In: Snell, D.C. (Hg.), A Companion to the Ancient Near East (Blackwell Companions to the Ancient World) Malden/Oxford/Victoria 2005, 408–420; Berlejung, A., Geschichte und Religionsgeschichte (s. Anm. 4).

36   Kratz, R.G./Spieckermann, H., Art. Schöpfer/Schöpfung. II. Altes Testament. In: TRE 30 (1999), 258-283; Keel, O./Schroer, S.: Schöpfung. Biblische Theologien im Kontext altorientalischer Religionen. Göttingen 2002; Janowski, B., Art. Schöpfung II. Altes Testament. In: RGG⁴ Bd.7 (2004), 970–972.

37   Michel, D.: Zu Hoseas Geschichtsverständnis. In: ders.: Studien zur Überlieferungsgeschichte alttestamentlicher Texte. Hg. von Wagner, A. [u.a.] (TB 93) München 1997, 219–228 (Erstveröffentlichung: 1996); Blenkinsopp, Joseph: Geschichte der Prophetie in Israel. Von den Anfängen bis zum hellenistischen Zeitalter. Aus dem Engl. übersetzt von Erhard S. Gerstenberger. Stuttgart [u.a.] 1998 (Louisville ¹1983 und ²1996); Wagner, A., Prophetie als Theologie (s.Anm.6), 325.

38   Crüsemann, F., Die Tora. Theologie und Sozialgeschichte des alttestamentlichen Gesetzes. München 1992; Otto, E., Art. Gesetz II. Altes Testament. In: RGG⁴ Bd.3 (2000), 845-846 (Lit.!).

Im Zuge dieser Entwicklungen spielt unter medialen Aspekten die „Schrift"
eine zentrale Rolle, denn alle diese Entwicklungen schlagen sich literarisch,
schriftlich, in Form von Texten nieder; Schrift und Text dienen als Gefäß für
den Inhalt. In dieser Form, als „Buch", wird das schriftliche A.T. das grundlegende Dokument eines Glaubens, einer Religion bzw. mehrer Religionen. Zu
den in diesem Buch kodifizierten Inhalten kann man sich nun *bekennen*, wenn
man sich dieser Religion zugehörig wissen will.

Bei dem Beobachten der Entwicklung der altisraelitischen Religion(en)
hin zum wie oben beschriebenen A.T. ist nun zu fragen, ob nicht hinter diesem
Prozess ein qualitativer Umschlag in der Religionsform steht, der mit der Begrifflichkeit der sekundären bzw. der Bekenntnisreligion zu beschreiben ist. Es
scheint einen Punkt, einen Abschnitt in der religionsgeschichtlichen Entwicklung zu geben, von dem ab sich die alttestamentliche Religion bleibend von
den Nachbarreligionen unterscheidet. Von diesem Unterscheidungsbewusstsein ist, wie oben kurz angedeutet, das A.T. (mindestens in seiner kanonischen
Form) selbst geprägt; ebenso ist die Einschätzung der Andersartigkeit aus der
Außenperspektive damit übereinstimmend (s.o.); das Faktum der Unterscheidung, dessen Konturen in der persisch-hellenistischen Zeit endgültig ausgeprägt werden, kann also „geschichtlich" nicht in Abrede gestellt werden, es
gehört damit den geschichtlichen Gegebenheiten alttestamentlich-israelitischer
Religion an.

Assmann hat in diesem Zusammenhang den faszinierenden Gedanken in
den Raum gestellt, ob durch diese Beobachtung nicht die Diskussion um „Religionsgeschichte oder Theologie des A.T." einen Schritt weiter geführt werden könnte:

> „Die Kategorie der Mosaischen Unterscheidung erlaubt es, die Streitfrage »Theo-
> logie oder Religionsgeschichte«, die sich im Anschluß an Rainer Albertz, *Religi-*
> *onsgeschichte Israels in alttestamentlicher Zeit*, 2 Bde., Göttingen 1992, in der alt-
> testamentlichen Wissenschaft entzündet hatte, im Sinne eines Sowohl-Als-auch zu
> lösen. Mit der Mosaischen Unterscheidung und der Einführung eines exklusiven
> Wahrheitsbegriffs öffnet sich die Schere zwischen normativen-systematischen
> Forderungen und religiöser Praxis."[39]

Im Konflikt zwischen Religionsgeschichte und Theologie des A.T., der in der
alttestamentlichen Wissenschaft seit langem diskutiert wird, der mit dem im
Zitat erwähnten Entwurf von Albertz neu angefacht wurde,[40] bilden die historische Entwicklung der Religion einerseits, das synchron-systematisch heraus-

---

39   Assmann, J., Die Mosaische Unterscheidung (s. Anm. 3), 171.
40   Janowski verweist auf die Theologie von G.v.Rad als den zentralen Markstein dieser Dis-
     kussion im 20. Jh.

zustellende Profil der alttestamentlichen Religion andererseits zwei Pole, die jeweils für sich fokussiert sein können. Die neuere Forschung betont in großer grundsätzlicher Übereinstimmung und mit sehr verschiedenen Facetten im Einzelnen die Angewiesenheit beider Forschungsrichtungen aufeinander, Theologie des A.T. und Religionsgeschichte werden in einem interdependenten Verhältnis gesehen.[41]

Einen neuen Ton bringt hier dennoch Assmann zum Klingen, der unter der Voraussetzung, dass zur *Theologie* auch das Normative gehört, darauf hinaus will, dass von *Theologie* eben dann erst gesprochen werden kann, wenn die Normsetzung als Folge des Wahrheitsanspruches der Bekenntnisreligion voll ausgebildet ist. Mithin, so muss man als Alttestamentler hinzufügen, in persisch-hellenistischer Zeit, und nicht schon immer in der religionsgeschichtlichen Entwicklung Israels.

Damit wäre in der Entwicklung der israelitischen Religion ein archimedischer Punkt zu erkennen, der deutlich ein Vorher und ein Nachher, eine bleibende Veränderung markiert.[42]

Allerdings ist dieser archimedische Punkt nur schwer mit dem Theologiebegriff allein zu fassen. „Theologie" ist ein schillernder Begriff; Assmann selbst redet für Ägypten, dessen Religion er über weite Strecken als nicht sekundär versteht, auch von „Theologie"[43] in Ägypten, ohne dass damit ein der israelitischen Bekenntnisreligion vergleichbarer Geltungsanspruch verbunden wäre. Und ohne Zweifel kann auch im alttestamentlichen Überlieferungsraum von Theologie, theologischen Konzeptionen, theologischen Topoi, Grundüberzeugungen, von Theologumena usw. mit gutem Recht auch in früherer als per-

---

41 Vgl.: Religionsgeschichte Israels oder Theologie des Alten Testaments? (JBTh 10) Neukirchen-Vluyn ²2001 (¹1995); Vieweger, D./Waschke, E.-J., Von Gott reden. Beiträge zur Theologie und Exegese des Alten Testaments. Festschrift für Siegfried Wagner zum 65. Geburtstag, Neukirchen-Vluyn 1995; Janowski, B./Köckert, M. (Hg.), Religionsgeschichte Israels. Formale und materiale Aspekte. (Veröffentlichungen der Wissenschaftlichen Gesellschaft für Theologie 15) Gütersloh 1999; Hermisson, H.-J., Alttestamentliche Theologie und Religionsgeschichte Israels (ThLZ.F 3) Leipzig 2000; Janowski, B., Theologie des Alten Testaments (s. Anm. 1), 102–118; Jeremias, J., Neuere Entwürfe zu einer „Theologie des Alten Testaments". In: Janowski, B. (Hg), Theologie und Exegese des Alten Testaments / der Hebräischen Bibel. Zwischenbilanz und Zukunftsperspektiven. (SBS 200) Stuttgart 2005, 125–158, bes. 153–157.

42 Diese „monotheistische Wende" darf man sich nicht als punktuellen Umschlag vorstellen; es geht dabei um einen Prozess, indem eine „regulative Idee" entsteht, die zwar partiell „wieder verwischt" werden kann, hinter die die Religion auf das ganze ihrer weiteren Entwicklung nach der Wende nicht mehr zurückgehen kann. Assmann, J., Die Mosaische Unterscheidung (s. Anm. 3), 13, vgl. auch 28–37.

43 Assmann, J., Ägypten. Theologie und Frömmigkeit einer frühen Hochkultur (UTB 366) Stuttgart [u.a.] ²1991 (¹1984).

sischer Zeit gesprochen werden.[44] Um die Rede von „Theologie im Alten Testament" zu präzisieren, hat R. Smend sehr hilfreiche „Kennzeichen von Theologie" in die Debatte gebracht: Das „Denken in und [die] Bildung von größeren Zusammenhängen" sowie „ein Denken, das sich bei den religiösen Aussagen verstärkt bestimmter Begriffe bedient, das Sätze bildet, die dahin tendieren, Lehrsätze zu sein, das argumentiert und das gegebene Texte interpretiert"[45] – dies alles rechtfertigt, von Theologie zu sprechen. Aber dieses *Denken in Zusammenhängen* allein macht noch keinen Geltungsanspruch aus; der Geltungsanspruch der israelitischen Religion liegt dem Denken in Zusammenhängen voraus, wird von diesem nur entfaltet, „systematisiert", ausgearbeitet.[46] Der Anspruch auf Geltung hängt also nicht am Theologiebegriff, sondern an der Sache der Religion, die sowohl von der Theologie als auch der Religionsgeschichte in unterschiedlichen Perspektiven zu beschreiben ist (zu Theologie und Religionsgeschichte s. auch u.).[47]

Den Geltungs- bzw. Unterscheidungsanspruch, der sich in der Innen- wie Außenperspektive (s.o.) zeigt, nicht anzuerkennen, wäre nicht sachgemäß. Aber es gilt auch, dass damit noch nicht alles über die Religion, über die Theologie, über das Gottesbild, die Ethik usw. gesagt ist; die alttestamentliche Religion ist zwar von der „Mosaischen Unterscheidung" geprägt, bietet aber eine Fülle von Grundanschauungen, die ihren Charakter und ihre „Zusammenhänge" ebenso ausmachen und als Gegengewicht dienen (Liebe Gottes zu den Menschen, Rettungserfahrung und Treue Gottes, lebensordnende Gebote wie Nächstenliebegebot, Achtung des Fremden usw.).[48] Eine *Theologie des A.T.* hat daher diese weiteren sachgemäßen Charakteristika einzubeziehen.

Der Begriff der „Mosaischen Unterscheidung" rekurriert nun außer auf den Unterscheidungsaspekt auch auf das „Mosaische". Von der alttestamentlich-exegetischen Perspektive lässt das Wort „mosaisch" alle sensiblen Gemüter erschrecken.

---

44   Vgl. etwa zur Theologie der Propheten, deren theologische Reflexionskraft sich auch in den Sprachformen wie den *so spricht Jahwe*-Formeln zeigt: Wagner, A., Prophetie als Theologie (s. Anm. 6), 297–334 und passim.

45   Smend, R., Theologie im Alten Testament. In: ders., Die Mitte des Alten Testaments (BevTh 99) München 1986, 104–117 (Erstveröffentlichung: 1982), 11; vgl. dazu: Wagner, A., Prophetie als Theologie (s. Anm. 6), 241–244, Janowski, B., Theologie des Alten Testaments (s. Anm. 1), 112-114.

46   Daher können sowohl andere Religionen „Theologie" haben, wenn es um analoge zu den von R.Smend mit Blick auf das A.T. beobachteten Vorgänge geht, wie auch das ältere Israel.

47   Es ist auch Vorsicht geboten bei der Überlegung, der Geltungsanspruch sei notwendig mit dem Monotheismus verbunden; C. Bochinger weist darauf hin, dass die Möglichkeit der Wahl auch zur Grundcharakteristik des Buddhismus gehört, dass Buddhismus wie Judentum, Zoroastrismus, Christentum und Islam „Wahlreligionen" sind, für die oder gegen die man sich entscheiden muss. Bochinger, C., Art. Bekenntnis. In: RGG⁴ Bd. 1 (1998), 1246.

48   Ich verweise hier noch einmal auf alle mit der Götterpersönlichkeit Jahwes verbundenen Eigenschaften, vgl.: Wagner, A., Alttestamentlicher Monotheismus und seine Bindung an das Wort (s. Anm. 14).

Natürlich kann von der Sicht auf die religionsgeschichtliche Entwicklung Israels nicht gesagt werden, dass Mose am Anfang der Religion und Theologie Israels steht, wie sie das Alte Testament zu erkennen gibt. Mose hat in der alttestamentlichen Religions- und Theologiegeschichte als zunehmend in ihrer Bedeutung wachsende Figur eine erstaunliche Entwicklung durchgemacht; dass Assmann das „Unterscheidungsbewusstsein" mosaisch nennt, weckt daher in vielen Köpfen plakativ-konservative Assoziationen, beschwört das Bild des monotheistischen Mose als Religionsstifter herauf, wie es im 19. und frühen 20. Jh. noch von etlichen gesehen wurde – obwohl dies von Assmann gar nicht so gemeint und gesagt ist.[49] Und verbunden mit den Vorwürfen an den Monotheismus ergibt sich so ein ungutes Konglomerat.

Mit „mosaisch" meint Assmann die mit der Figur Mose auf der „symbolischen" Ebene[50] zum Ausdruck gebrachten Typik der Religion, in der die Rettung Israels und der Auszug aus dem (polytheistischen) Ägypten dominante Gedanken sind. Dass sich in der Figur des Mose, in seinem überlieferungs- und redaktionsgeschichtlichen Aufstieg solche Gedanken ausdrücken, wird natürlich auch in der alttestamentlichen Wissenschaft gesehen, ja ist eines ihrer Hauptgeschäfte.[51] Wie bei der Kanaanäerproblematik[52] ist aber auch hier der geschichtliche Aspekt, der Zusammenhang mit bestimmten theologie- und religionsgeschichtlichen, soziologischen und politischen Konstellationen, eine notwendige und äußerst interessante Frage.

Ein Hauptproblem bei einer Theologie des A.T., das wiederum mit dem Verhältnis von Religionsgeschichte und Theologie zusammenhängt, stellt die Frage nach der Einheit und dem Proprium alttestamentlicher Theologie dar. Janowski, der sich in zwei neueren Studien mit dieser Problematik auseinandergesetzt hat,[53] geht dabei von einem „Paradigmenwechsel" in der „Frage nach dem für den Jahweglauben Typischen" aus – das letztere ist eine Formulierung

49 Präzisierend müsste man sagen, es geht um die „symbolische" Mosaische Unterscheidung, nicht die „historische".
50 Vgl.: Assmann, J., Die Mosaische Unterscheidung (s. Anm. 3), 162.
51 Vgl. zum Mosebild der alttestamentlichen Forschung: Smend, R., Mose als geschichtliche Gestalt, HZ 260 (1995), 1–19, wiederabgedruckt in: ders., Bibel, Theologie, Universität (KVR 1582). Göttingen 1997, 5–20; Gertz, J.C., Mose und die Anfänge der jüdischen Religion, ZThK 99 (2002), 3–20; Becker, U., Das Exodus-Credo. Historischer Haftpunkt und Geschichte einer alttestamentlichen Glaubensformel. In: ders./Oorschot, J.v., (Hg.), Das Alte Testament – ein Geschichtsbuch?! Geschichtsschreibung oder Geschichtsüberlieferung im antiken Israel (Arbeiten zur Bibel und ihrer Geschichte 17) Leipzig 2005, 81–100; Otto, E., Mose. Geschichte und Legende, München 2006.
52 Vgl. zum Kanaanäerproblem Anm. 22.
53 Janowski, B., Theologie des Alten Testaments. Plädoyer für eine integrative Perspektive. In: Lemaire, A. (Hg.), International Organization for the Study of the Old Testament. Congress volume Basel 2001 (VT.S 92). Leiden u.a. 2002, 241–276; Janowski, B., Theologie des Alten Testaments (s. Anm. 1).

G. v. Rads von 1963, der das Typische als einzigen Weg sieht, zu einer Einheit des A.T. zu gelangen.[54] Janowski fährt fort:

„Mit diesem [Monitum] [...] hatte von Rad die Frage nach dem *Proprium des Alten Testaments* im Blick, die in der Folgezeit allerdings einen Paradigmenwechsel erlebte. Zwar wurde weiterhin versucht, diese Frage von den alttestamentlichen Texten her zu beantworten, neben die Texte trat aber immer deutlicher die ,external evidence‘ der Religionsgeschichte Palästinas/Israels und des Alten Orients. Dabei wurde das bisherige *Abgrenzungsmodell* (a) von einem *Integrationsmodell* (b) abgelöst, wonach ,Israel‘ nicht von Anfang an in religiösem und kulturellem Gegensatz zu ,Kanaan‘ stand, sondern Teil der altorientalischen Kulturen, speziell des syrisch-palästinischen Raums war, schematisch dargestellt:

(a)   *Abgrenzungsmodell*

   Israel *versus* Kanaan

(b)   *Integrationsmodell*

   Israel im Kontext der Religionen Syrien-Palästinas sowie des Alten Orients und Ägyptens (ab ca. 1500 v.Chr.):

	Ugarit		Aram		
Kleinasien	Westsyrien		Ammon	Assyrien	
Griechenland	Phönizien	*Israel u. Juda*	Moab		Iran
Ägypten	Philistäa		Edom	Babylonien	
	u.a.		u.a.		

[...] Während man lange Zeit annahm, dass sich Israel von Anfang an von seiner religiösen Umwelt unterschieden habe, so wurde jetzt immer deutlicher, dass Israels Wurzeln wenn nicht ausschließlich, so doch zu einem guten Teil in Kanaan lagen."[55]

Mit dem Integrationsmodell ist sicher den neueren religionsgeschichtlichen Forschungen Rechnung getragen und ist auch ein produktiv-korrespondierendes Verhältnis von Theologie und Religionsgeschichte impliziert.

Aber neben den Intergrationssachverhalt ist auch der Abgrenzungssachverhalt der israelitischen Religion zu stellen und konsequenterweise spricht Janowski auch von dem späteren „Abgrenzungsbewusstsein", das sich in und nach der „neuassyrischen Krise des 8. und 7. Jahrhunderts" formiert.[56] Nimmt

54   Janowski, B., Theologie des Alten Testaments (s. Anm. 1), 96; zu G. v.Rad vgl.: Oeming, M., Das Alte Testament als Teil des christlichen Kanons? Studien zu gesamtbiblischen Theologien der Gegenwart, Zürich ³2001.
55   Janowski, B., Theologie des Alten Testaments (s. Anm. 1), 96–97.
56   Janowski, B., Theologie des Alten Testaments (s. Anm. 1), 97; das Letztere im Anschluß an E. Otto: „Das Modell dafür ist nach E. Otto in der ,subversiven Rezeption‘ der neuassyrischen Kultur zu sehen, d.h. im Widerspruch gegen die neuassyrische Hegemonialmacht

man die alttestamentliche Religion in der persisch-hellenistischen Form mit ihrem Unterscheidungsbewusstsein, den prägenden Charakteristika des Monotheismus, der Bilderlosigkeit usw., dann ist dem Integrationsmodell zeitlich eine „Abgrenzungsstufe" hinzuzufügen.[57] Was früher an den Anfang der Religionsgeschichte Israels gestellt wurde, hat sich nach heutiger Sicht eher im nachexilischen Teil der Religionsgeschichte entwickelt bzw. voll ausgeprägt. Neben Integrationsprozessen, was auch ganz konkret auf die Aufnahme und Transformation von Traditionen und Texten, Motiven, Bildern usw. zu beziehen ist, stehen ebenso konkrete Abgrenzungsprozesse[58], Usurpationen, Polemiken[59] u.ä.

Das Unterscheidungsbewusstsein der nachexilischen alttestamentlichen Religion ist dabei so prägend, typisch und damit ein Proprium[60], dass es die „verschiedenen Weisen der Weiterführung und ‚Vervollständigung'"[61], die „zweifache Nachgeschichte"[62] bzw. den „doppelten Ausgang" (Rendtorff) – das Judentum (mit Mischna, Talmud und Midrasch), das Christentum (mit dem N.T.) – wesentlich bestimmt.

---

wurden Texte dieser Kultur ‚subversiv rezipiert' und gegen ihre Urheber gewendet." Ebd., 97.

57 Nicht gegen das historische Kanaan bzw. Ägypten, sondern auf der „symbolischen Ebene" (Assmann) – Alttestamentler würden literarische oder redaktionelle Ebene sagen – via Kanaan und Ägypten, die stellvertretend für alle Nicht-Israeliten stehen, gegen *alle,* die sich nicht zu Jahwe *halten,* um eine Formulierung aus Ps 91,14 aufzugreifen.

58 Vgl.: Wagner, A., Permutatio religionis – Ps 139 und der Wandel der israelitischen Religion zur Bekenntnisreligion. VT (im Druck); ders., Ps 91 – Bekenntnis zu Jahwe (in diesem Band).

59 Exemplarisch ist hier auf die Bilderpolemik hinzuweisen, vgl.: Berlejung, A., Die Theologie der Bilder. Herstellung und Einweihung von Kultbildern in Mesopotamien und die alttestamentliche Bildpolemik (OBO 162) Fribourg/Göttingen 1998.

60 Die Frage nach einem bzw. dem Proprium des A.T. halte ich – ebenso wie die Frage nach dem Proprium der Religion Ägyptens, die ja nicht deckungsgleich mit anderen altorientalischen polytheistischen Religionen ist, die Frage nach dem Proprium der assyrischen Religion, die nicht deckungsgleich mit der ugaritischen ist, usw. – für völlig unproblematisch. Als christliche Theologen stehen wir innerhalb der alttestamentlich-neutestamentlichen Tradition (und teilen dieses Proprium), nichtchristliche Religionswissenschaftler stehen außerhalb (bzw. sind durch andere Traditionen gebunden); warum es aber unwissenschaftlich sein soll, dieses Proprium als solches zu beschreiben, vermag ich nicht zu verstehen. Ob ich ein Proprium persönlich-innerlich teile oder nicht, das ist eine andere Frage und liegt jenseits des wissenschaftlichen Diskurses. Die Selbstreflexion des eigenen Standpunktes, die beim wissenschaftlichen Verstehen miteinbezogen werden muss, um die eigenen Perspektivengebundenheit zu erkennen und deren Einfluss auf das Verstehen möglichst gering zu halten, sollte von dem einen wie dem anderen Standpunkt aus möglich sein.

61 Luz, U., Ein Traum auf dem Weg zu einer Theologie der ganzen Bibel. Ein Brief an P. Stuhlmacher. In: Ådna, J. u.a. (Hg.), Evangelium – Schriftauslegung – Kirche (FS P. Stuhlmacher) Göttingen, 279–287, hier 281.

62 Vgl. auch: Blum, E. u.a. (Hg.), Die hebräische Bibel und ihre zweifache Nachgeschichte (Festschrift für Rolf Rendtorff zum 65. Geburtstag) Neukirchen-Vluyn 1990.

Eine alttestamentliche Theologie sollte das Faktum des in einem bestimmten historischen Zeitraum entstandenen israelitischen Unterscheidungsbewusst-
seins in ihre „methodische Anlage"[63] einbeziehen; ebenso ist es Gegenstand
einer Religionsgeschichte Israels.

---

63   Janowski, B., Theologie des Alten Testaments (s. Anm. 1), 117.

Grundlagen

Primäre und sekundäre Religion(serfahrung) – das Konzept von Th. Sundermeier und J. Assmann

Anja A. Diesel (Koblenz)

1. Vorbemerkung

Die Diskussion der Kategorien „Primäre – sekundäre Religion", die Frage ihrer Angemessenheit für und ihrer Anwendbarkeit auf die Religionen des Alten Testaments und des Alten Orient sowie die mögliche Beschreibungsleistung, die die Kategorien in Bezug auf diese Religionen erbringen können, ist Gegenstand der in diesem Band versammelten Aufsätze.

Bevor diese Diskussion in den folgenden Beiträgen dokumentiert wird, besteht die Aufgabe des vorliegenden Beitrages darin, die Grundlage bzw. den Ausgangspunkt in Erinnerung zu rufen, auf die sich die weiteren Diskussionen beziehen: Grundlage und Ausgangspunkt des in diesem Band dokumentierten Nachdenkens über „Primäre – sekundäre Religion" als Kategorie der Religionsgeschichte des Alten Testaments (und Alten Orients), ist die Unterscheidung von primärer und sekundärer Religionserfahrung, wie sie Theo Sundermeier in das religionswissenschaftliche Gespräch eingebracht hat, wie sie durch Jan Assmann explizit aufgenommen und durch weitere Begriffe, wie etwa den der Kultur- und Bekenntnisreligion ausgeführt wurde. Die Ansätze und grundsätzlichen Überlegungen beider sollen im Folgenden dargestellt werden.

2. Das Konzept von Th. Sundermeier und J. Assmann

2.1 Einleitung

Wenn wir nach Leistung und Angemessenheit der Kategorie primärer und sekundärer Religionserfahrung fragen, muss das zunächst mit Blick auf den ursprünglichen systematischen Ort geschehen, an dem diese Unterscheidung eingeführt wurde.

Wenn wir darüber hinaus die Vermutung hegen, dass ein solches Modell auch über den ihm ursprünglich zugewiesenen Zusammenhang hinaus erklärende und erhellende Funktion haben könnte, ist von vornherein mit notwendigen Veränderungen zu rechnen, die sich aus der Anwendung auf einen neuen, von ihm ursprünglich zumindest nicht vorrangig intendierten Zusammenhang ergeben.

2.2 Anknüpfung und Eigensinn

Der Religionsgeschichtler und Missionstheologe Theo Sundermeier arbeitet v.a. in Zusammenhängen, die das Verhältnis von Stammes- und Weltreligionen betreffen, mit der Unterscheidung von primärer und sekundärer Religionserfahrung.[1] Sein Anliegen ist es dabei, Voraussetzung und Chancen des Dialogs mit den Stammesreligionen der Gegenwart zu bedenken.[2]

Sundermeier geht, wie seine Beispiele und seine Bezugnahme auf Überlegungen des Alttestamentlers Claus Westermann zeigen,[3] dabei durchaus davon aus, dass sich das Modell primärer – sekundärer Religionserfahrung auf historische Beispiele von Religionswandel anwenden läßt. So ist die Aufnahme des Modells durch den auch an „Fragestellungen der alttestamentlichen Wissenschaft und Judaistik"[4] interessierten Ägyptologen Jan Assmann dem Selbstverständnis dieses Modells durchaus angemessen.

Trotz dieser dem Modell primärer – sekundärer Religionserfahrung eigenen Offenheit in den historischen Bereich hinein, ist es wichtig, die Positionen Sundermeiers und Assmanns nicht vorschnell in eins zu setzen, sondern sie in ihrem jeweiligen Eigensinn wahrnehmen.

---

1   Vgl. etwa Sundermeier, T., Nur gemeinsam können wir leben. Das Menschenbild schwarz-afrikanischer Religionen, Gütersloh ²1990, dort v.a. 273ff.

2   Vgl. Sundermeier, T., Nur gemeinsam können wir leben (s. Anm. 1).

3   In seinem Aufsatz „Zur Verhältnisbestimmung von Religionswissenschaft und Theologie aus protestantischer Sicht", Zeitschrift für Missionswissenschaft und Religionswissenschaft 64 (1980), 241–258, der auch die Frage nach dem Verhältnis der Religionen zum Gegenstand hat, hebt Sundermeier Berührungen seiner Unterscheidung von primärer und sekundärer Religionserfahrung mit einer Unterscheidung des Alttestamentlers Claus Westermanns hervor. Westermann hatte Religion ihrem Wesen nach in drei konzentrische Kreise unterschieden (vgl. ders., Die Zukunft der Religionen, in: Sundermeier, T., (Hg.), Fides pro mundi vita. Missionstheologie heute. Hans-Werner Gensichen zum 65. Geburtstag, Gütersloh 1980, 151–158): den inneren Kreis der persönlichen Frömmigkeit, den mittleren Kreis der konkreten Religionsgemeinschaft, den äußeren Kreis, der angesichts der Pluralität der Religionen das ihnen Gemeinsame enthält (vgl. ebd. 151). Die konstatierten Berührungen betreffen nach Sundermeier den mittleren und äußeren Kreis, insofern Westermanns äußerer Kreis nach Sundermeier in vielem der primären Religionserfahrung, der mittlere Kreis der sekundären entspricht. (Vgl. Sundermeier, T., Zur Verhältnisbestimmung, 255.)

4   Assmann, J., Fünf Stufen auf dem Weg zum Kanon. Tradition und Schriftkultur im frühen Judentum und seiner Umwelt (Münstersche Theologische Vorträge 1,1999), 12.

2.3 Theo Sundermeier

Die Unterscheidung von primärer und sekundärer Religionserfahrung wird, wenn ich recht sehe, in dem 1980 erschienenen Beitrag Sundermeiers: *Die ‚Stammesreligionen‘ als Thema der Religionsgeschichte. Thesen zu einer ‚Theologie der Religionsgeschichte‘*[5] eingeführt.

Sundermeier charakterisiert in diesem Aufsatz weite Phasen der religionsgeschichtlichen Forschung als in der Sicht eines „religionsgeschichtlichen Darwinismus"[6] befangen, der in den Stammesreligionen ‚Primitivreligionen‘ sieht und den Verlauf der Religionsgeschichte in evolutionäre Kategorien fasst.[7] Diese Sicht grundsätzlich zu überwinden, setzt Neuorientierung bzw. Neudefinitionen in mehrerer Hinsicht voraus. Zunächst, was das Phänomen Religion selbst betrifft, dann, was die Sicht der Religionsgeschichte betrifft und schließlich wie die Stammesreligionen in der Welt der Religionen und der Religionsgeschichte verortet werden.

Sundermeier versucht eine Definition des Phänomens Religion, die sich, soweit wie möglich einer Wertung enthält[8] und die von vornherein zweierlei mit eindenkt:

1. Die Frage, was Religion sei, stellt sich überhaupt nur dann, wenn „eine Differenz besteht zwischen der Gesamtheit einer Kultur und ihrer Religion"[9]. Dem stehen Kulturen gegenüber, in denen „die Religion integraler Teil des ganzen Lebens und nicht sektoral ausgegliedert ist"[10], so z.B. in Stammesgesellschaften, in denen Religion „Basis aller Lebensgestaltungen ist"[11].

2. Da die gesuchte Definition universal anwendbar sein soll, muss sie auf sehr unterschiedliche Wirklichkeiten anwendbar sein.[12]

Die von Sundermeier angebotene *Definition von Religion* lautet dann: „Religion ist die Antwort des Menschen auf Transzendenzerfahrung, die im Ritus, in Kult und Ethik in einer Gemeinschaft Gestalt annimmt."[13]

Die angesprochene Tatsache der vielfältigen Wirklichkeiten, die unter dem Stichwort Religion gefasst werden, hat in der Religionswissenschaft die Frage nach Systematisierungsmöglichkeiten aufgeworfen (synchrone Fragestellung):

---

5   In: Sundermeier, T. (Hg.), Fides pro mundi vita, 159–167 (s. Anm. 3).
6   Sundermeier, T., Die ‚Stammesreligionen‘ als Thema der Religionsgeschichte, 159 (s. Anm. 5).
7   Vgl. etwa Sundermeier, T., Die ‚Stammesreligionen‘ als Thema der Religionsgeschichte, 159 (s. Anm. 5); oder: Sundermeier, T., Nur gemeinsam können wir leben, 276 (s. Anm. 1).
8   Vgl. Sundermeier, T., Art. Religion, Religionen, in: Müller, K., Sundermeier, Th., (Hg.), Lexikon missionstheologischer Grundbegriffe, Berlin 1987, 411–422, 412.
9   Sundermeier, T., Art. Religion, Religionen (s. Anm. 8), 411.
10 Ebd.
11 Ebd.
12 Vgl. ebd.
13 A.a.O. 414.

Kann man Religionstypen unterscheiden, gibt es „Grundstrukturen, die Differenzen und Übereinstimmungen aufzeigen"[14]?

Wenn man prinzipiell die Möglichkeit von Systematisierungen im Bereich der Religionen für zulässig und hilfreich erachtet und nicht einfach bei der Feststellung stehen bleiben will, dass jede Religion ein nicht nur unverwechselbares sondern auch unvergleichbar Eigenes ist, und wenn etwa die aufgrund soziologischer Kriterien getroffene Unterscheidung von Stammes- und Weltreligion als prinzipiell tragfähig erachtet wird, dann stellt sich notwendig die Frage, wie das Verhältnis beider Religionstypen zu beschreiben und religionsgeschichtlich zu deuten ist.

Dabei ist die Annahme einer Entwicklung von Religionen von einer primitiven zur einer höheren Stufe nach Sundermeier nicht zu aufrechtzuerhalten, jede Religion „ist ein komplexes Ganzes, das alle Facetten des Lebens umfasst. Es gibt keine Entwicklungen, wohl aber *Wandlungen* (G. Mensching)."[15]

An dieser Stelle, an der die Frage nach dem Verhältnis von Stammes- und Weltreligion gestellt ist, im Rahmen des Versuchs, Differenz und Zusammengehörigkeit von Stammes- und Weltreligionen zu bestimmen, wird die *Unterscheidung von primärer und sekundärer Religions e r f a h r u n g* eingeführt, hat sie ihren ursprünglichen systematischen Ort.[16]

Sundermeier spricht mehrheitlich von primärer und sekundärer Religionserfahrung. Nur selten von primärer Religion,[17] gemeint ist die Religion von Kleingruppen bez. Stammeskulturen, und noch seltener von sekundärer Religion.[18]

„Wir haben die konstitutiven Faktoren der primären Religionserfahrung, wie sie uns in den Stammesreligionen noch zugänglich ist, von der sekundären Religionserfahrung der Weltreligionen zu unterscheiden."[19]

Sundermeier charakterisiert *primäre Religionserfahrung* als grundlegende Erfahrung bzw. Basiserfahrung, die von außen auf den Menschen zukommt, sich ihm aufdrängt,[20] nicht von ihm geschaffen wird; sie ist Basis aller Religiosität; ihr Gültigkeitsbereich ist die Kleingesellschaft.[21] Aufgrund ihres fun-

---

14   Ebd. Wobei die Gefahr dieser Systematisierungen, dass nämlich Eigenheiten einer konkreten Religion eingeebnet werden, durchaus gesehen wird. (Vgl. ebd.)
15   A.a.O. 417.
16   Vgl. etwa a.a.O. 417f.
17   Wie etwa in: Sundermeier, T., Was ist Religion? Religionswissenschaft im theologischen Kontext, Gütersloh 1999, 35.
18   Vgl. a.a.O. 36.
19   Sundermeier, T., Art. Religion, Religionen (s. Anm. 8), 417.
20   Sundermeier, T., Nur gemeinsam können wir leben (s. Anm. 1), 275.
21   Vgl. ebd. Die Kleingesellschaft/small-scale society wird folgendermaßen charakterisiert: „A group of people living together in a geographically limited area. They all speak the same language. Its members are associated with another by a certain degree of relationship which is of biological or social origin. There is one culture, one history and one religion corresponding to this one language. The economic system is little differentiated. The social order

damentalen Charakters prägt sie die jeweilige Gesellschaft in allen ihren Aspekten, bedingt Weltwahrnehmung und Gestaltung. Sie hat „einen umfassenden Anspruch",[22] sie durchdringt „das ganze Leben des einzelnen. In der
Kleingesellschaft ist Religion unausweichlich."[23] Primäre Religionserfahrung
gibt es nicht in Reinform, sie ist immer in und mit Welterfahrung zusammen
da.[24] „Gotteserfahrung und Welterfahrung (...) stehen in engster Interdepen-
denz."[25]

Die primäre Religionserfahrung ist auf das vitale Wohl der Gemeinschaft
ausgerichtet mit dem Ziel, Lebensminderung und Abbruch der Geschlechter-
folge zu verhindern, Leben zu steigern und zu stabilisieren.[26] Sie „orientiert
sich an Lebenszyklus und Jahreskreis und definiert sich wesentlich als Partizipation von Mensch und Mitwelt".[27] Elementares Kommunikationsmittel ist das
Symbol, im Ritus ganzheitlich dargestellt.[28] „Gott [wird] als der eine in vielen
Facetten"[29] verstanden. Im Rahmen primärer Religionserfahrung sind Mono-
und Polytheismus keine Gegensätze, „sondern verschiedene Möglichkeiten, der
Wirklichkeit zu begegnen".[30] Die auf primärer Religionserfahrung basierende
Religion ist unmissionarisch;[31] ein Mensch wird durch Geburt Teil der entspre-
chenden Gemeinschaft nicht durch Entscheidung.[32]

Der Wahrheitsgedanke fehlt, weil primäre Religionserfahrung „unmittelbar
plausibel, gesellschaftlich lebenswirklich und erfahrbar ist".[33] „Das Problem
des Religionswechsels entsteht nicht. (...) Gottesepitaphe können ausgewech-
selt und angereichert werden."[34]

Impulse für einen Religionswandel hin zu einer Religion, die nicht mehr
allein auf primärer Religionserfahrung beruht, können entstehen aus Kul-
turkontaktsituationen, bei Vergrößerung des Territoriums oder auch durch Katastrophen, durch politisch-historische Umbrüche, immer dann, wenn neue sich

is patriarchal (...), it is based on personal bonds. [Sundermeier, T., The meaning of tribal
religions for the history of religion: primary religious experience, Scriptura 10 (1992), 1–9;
Zitat 1f.].

22   Sundermeier, T., Nur gemeinsam können wir leben (s. Anm. 1), 275.
23   A.a.O. 275f. Vgl. auch ders., The meaning of tribal religions, 2 (s. Anm. 21).
24   Weltbewältigung, das primäre Welterleben, und Religionserfahrung bedingen sich gegen-
      seitig. Innerhalb einer Kleingesellschaft ist Religion unvermeidlich (inevitable).
25   Sundermeier, T., Nur gemeinsam können wir leben (s. Anm. 1), 275.
26   Vgl. Sundermeier, T., Art. Religion, Religionen, 417 (s. Anm. 8).
27   Ebd.
28   Ebd.
29   Ebd. Vgl. auch Sundermeier, T., Nur gemeinsam können wir leben (s. Anm. 1), 276.
30   Sundermeier, T., Art. Religion, Religionen (s. Anm. 8), 417.
31   Vgl. Sundermeier, T., Nur gemeinsam können wir leben (s. Anm. 1), 277.
32   Vgl. Sundermeier, T., Art. Religion, Religionen (s. Anm. 8), 417.
33   Sundermeier, T., Nur gemeinsam können wir leben (s. Anm. 1), 277.
34   Sundermeier, T., Art. Religion, Religionen (s. Anm. 8), 417.

ausdifferenzierende Lebensgebiete nicht mehr abgedeckt werden können.[35] Die
Entwicklung von der Kleingesellschaft zur Großgesellschaft begleitet den
Übergang von der primären zur sekundären Religionserfahrung.[36]

Mit der Welterfahrung verändert sich auch die Religionserfahrung[37] und
zwar so, dass sich nach Sundermeier „das Neue immer wieder *in die primäre
Erfahrung integriert* und sich an ihr ausrichtet"[38]. Das Neue nennt Sundermeier
die sekundäre Religionserfahrung.[39] „In dem Maße, wie die Kleingesellschaft
in Frage gestellt wird und sich zur Großgesellschaft verändert, muß eine neue
Weltbewältigung geleistet werden."[40] *Sekundäre Religionserfahrung* setzt die
primäre in allem voraus.[41] Letztere „liefert das Vorverständnis, den Deutungs-
grund, von dem aus das Neue begriffen werden kann".[42] „Primäre Religionserfahrung und sekundäre Religionserfahrung sind (...) zu unterscheiden, aber
nicht gegeneinander auszuspielen, *sie sind in ihrer jeweiligen Weltbewältigung
gleichwertig.*"[43]

Die sekundäre Religionserfahrung, die in den Weltreligionen zugänglich
ist, beinhaltet eine Neusetzung. Dieses Neue wird durch Propheten, Seher,
Reformer, Religionsstifter „erspürt, vorausgesagt, initiiert und bewältigt"[44].
„Religion deckt nicht mehr alle Lebensbereiche ab, der Raum der Profanität
vergrößert sich",[45] Säkularisierung wird möglich.[46] „Religion dient nicht mehr
der Integration der naturalen Gruppe, sondern der Unterscheidung von anderen
Gruppierungen."[47] Für das Neue muss man sich entscheiden; Aspekte wie
Glaube und Nachfolge werden wichtig. Die Wahrheitsfrage wird gestellt; es
gibt nun wahre und falsche Religionen.[48] Die wahre Religion versteht sich als
allgemeingültig und ist auf Ausdehnung angelegt.[49] „Das individuelle Verhalten ist wichtiger als das kollektive."[50] Das „Sinnlich-Intuitive" wird durch eine

---

35   Vgl. ebd. sowie Sundermeier, T., Nur gemeinsam können wir leben (s. Anm. 1), 276.
36   Vgl. Sundermeier, T., Was ist Religion? (s. Anm. 17), 36.
37   Vgl. Sundermeier, T., Nur gemeinsam können wir leben (s. Anm. 1), 276.
38   Ebd.
39   Vgl. ebd.
40   Ebd.
41   Vgl. a.a.O. 277.
42   Ebd.
43   Ebd.
44   Ebd.
45   Sundermeier, T., Art. Religion, Religionen (s. Anm. 8), 418.
46   Vgl. Sundermeier, T., Nur gemeinsam können wir leben (s. Anm. 1), 277.
47   Sundermeier, T., Art. Religion, Religionen (s. Anm. 8), 418.
48   Vgl. Sundermeier, T., Was ist Religion? (s. Anm. 17), 36. Vgl. auch Sundermeier, T., Art.
     Religion, Religionen (s. Anm. 8), 418.
49   Vgl. Sundermeier, T., Was ist Religion? (s. Anm. 17), 36. Vgl. auch Sundermeier, T., Nur
     gemeinsam können wir leben (s. Anm. 1), 277.
50   Sundermeier, T., Art. Religion, Religionen (s. Anm. 8), 418. Vgl. auch Sundermeier, T.,
     Nur gemeinsam können wir leben (s. Anm. 1), 277.

Lehre abgelöst.[51] Die „mythisch begriffene Vergangenheit [wird] durch die geschichtliche Dimension erweitert".[52]

Sundermeier geht von einem *religionsgeschichtlichen Dreischritt*[53] (ein „vielfältig sich gestaltendes Drei-Phasen-Schema"[54]) aus, der Basiserfahrung (primäre Religionserfahrung), Neusetzung (sekundäre Religionserfahrung) und Integration beinhaltet.[55] Die drei Phasen können nicht klar voneinander geschieden werden, sondern stellen eine dynamische Einheit dar. „Der Prozeß impliziert die Trennung von der traditionalen Religion, eine Neusetzung durch den Anspruch einer größeren, universalen den einzelnen herausfordernden Religion, die von einer Phase gefolgt wird, in der das Neue sich mit der angestammten Religion verbindet."[56]

Entsprechend der Annahme, dass Religionsgeschichte nicht nach dem Entwicklungsmodell abläuft, ist das Verhältnis von primärer Religionserfahrung zu sekundärer Religionserfahrung nicht so zu verstehen, das letztere erstere einfach ablöst, auch wenn das ihrem missionarischen Selbstverständnis nach intendiert sein mag. Sekundäre Religionserfahrung erfolgt auf der Grundlage primärer Religion und ist die Initialzündung für den Wandel primärer Religion in nicht länger primäre Religion. Primäre Religionserfahrung erlischt nicht einfach, sie geht mit der sekundären eine Synthese ein. Die Erfahrung des Neuen nötigt dazu, sich zu dem Bisherigen in ein Verhältnis zu setzen, in einem „Prozeß von Abstoßung und symbolischer Neuintegration werden die lebenswichtigen Elemente der sekundären Religionserfahrung *in die primäre integriert* und zu einer neuen Synthese verschmolzen".[57] „Dieses Neue, Dritte, ist weder mit einer der beiden Religionserfahrungen identisch, noch kann man eine einfache Synthese konstatieren."[58] Von Zentrum der neuen Religion als Maßstab hängt ab, ob der Prozess der Integration in einem weiteren oder einem restriktiveren Rahmen verläuft.[59] Jede sekundäre Religion hat die Tendenz zum Absolutheitsanspruch, d.h., sie will „die primäre Religionserfahrung mit ihrem ganzheitlichen Anspruch auf neuer Ebene restituieren".[60] Das „gelingt umso besser, je angemessener (...) die jeweiligen lokalen Traditionen der primären Religion in das Neue integriert werden".[61] Je besser dieser Synthese (Synkretismus) ge-

---

51 Vgl. Sundermeier, T., Art. Religion, Religionen (s. Anm. 8), 418.
52 Sundermeier, T., Was ist Religion (s. Anm. 17), 37.
53 Vgl. Sundermeier, T., Art. Religion, Religionen (s. Anm. 8), 418.
54 Sundermeier, T., Nur gemeinsam können wir leben (s. Anm. 1), 277.
55 Vgl. Sundermeier, T., Art. Religion, Religionen (s. Anm. 8), 418.
56 Sundermeier, T., Was ist Religion? (s. Anm. 17), 39f.
57 Vgl. Sundermeier, T., Art. Religion, Religionen (s. Anm. 8), 418; Herv. A.D.
58 Sundermeier, T., Nur gemeinsam können wir leben (s. Anm. 1), 277.
59 Vgl. a.a.O. 278. Die neue Religionserfahrung „setzt jeweils den Maßstab, nach welchem die vorfindliche primäre Religion, absorbiert, integriert oder abgestoßen wird". (Ebd.) Vgl. auch Sundermeier, T., Was ist Religion? (s. Anm. 17), 37.
60 Ebd.
61 Ebd. Vgl. Sundermeier, T., Nur gemeinsam können wir leben (s. Anm. 1), 278.

lingt, „umso lebendiger wird sich die neue Religion als *Volks*religion etablieren können".[62]

Primäre Religionserfahrung ist „in den verschiedenen Religionen nicht als ‚Überrest', sondern als Basiserfahrung und -gestaltung weiterhin präsent"[63].

Die primäre Religionserfahrung wird sich nach Sundermeier „in vieler Hinsicht als die Konstante erweisen, die das Verbindende mit den anderen Religionen darstellt, während die sekundären Religionserfahrungen das Eigentümliche und Besondere und damit das Trennende ausmachen".[64]

Sekundäre Religionserfahrungen können im Laufe der Religionsgeschichte wiederholt gemacht werden,[65] der „Dreierschritt von Basiserfahrung, Neusetzung und Integration wird unter anderen Umständen und Bedingungen (...) jeweils neu initiiert".[66]

Auf zwei Gesichtspunkte möchte ich rückblickend besonders hinweisen:
1. Wenn wir die ursprüngliche Rede von primärer und sekundärer Religions-*erfahrung* verkürzen auf die Rede von primärer und sekundärer Religion, sollten wir beachten, dass, wie trefflich sich auch über den Erfahrungsbegriff, vom Religionsbegriff einmal abgesehen, streiten lässt, die Rede von Religionserfahrung etwas festhält von der Dynamik, der unabgeschlossenen Prozesshaftigkeit, die mit dem Modell ursprünglich intendiert wird. Das Modell bietet Unterscheidungen an, aber auch die Perspektive auf vielfältige Syntheseverhältnisse,

---

62   Sundermeier, T., Art. Religion, Religionen, (s. Anm. 8), 418. „Jede ‚Volks'- und Weltreligion baut also auf der Synthese zweier Religionserfahrungen auf und wird durch den lebendigen, nicht abgeschlossenen Prozeß der Integration beider bestimmt." [Sundermeier, T., Nur gemeinsam können wir leben (s. Anm. 1), 278]. Wenn der sekundären Religionserfahrung diese Integration nicht gelingt, „bleibt sie ein Fremdkörper in der vorgegebenen Kultur und Gesellschaft, die weiterhin in ihrem Denken, ihrer Ästhetik und Moralität von der primären Religion bestimmt werden". [Sundermeier, T., Was ist Religion? (s. Anm. 17), 37]. − „Jede Religion ist in dem Sinne ‚synkretistisch', daß sie Elemente beider Religionserfahrungen in sich aufgenommen und zu einer neuen Religion geformt hat." [Sundermeier, Zur Verhältnisbestimmung (s. Anm. 3), 255.]

63   Sundermeier, T., Zur Verhältnisbestimmung (s. Anm. 3), 255. In allen Religionen findet sich primäre Religionserfahrung, das heißt „der von der Natur und der Gesellschaft umschlossene Mensch in der Begegnung mit dem Heiligen, dem Göttlichen, das Heil als vitales (stets bedrohtes) Wohlsein erfahrbar macht". [a.a.O. 258].

64   A.a.O. 255.

65   Etwa wenn nach Sundermeier das Auftreten Jesu in den Bereich der sekundären Religionserfahrung gehört, die Entstehung des Judentums selbst jedoch auf sekundäre Religionserfahrung zurückgeht.

66   Sundermeier, T., Art. Religion, Religionen (s. Anm. 8), 418. Die Erfahrung zeigt, dass gestiftete Religionen dazu neigen, sich von ihrem Ursprung zu entfernen, was Reformbewegungen oder Spaltungen mit sich bringt. (Vgl. ebd.) Die neue Religion wird eine neue Gemeinschaft stiften; wird die Gemeinschaft zu groß, kommt es zu Aufspaltungen in kleine Gruppen, in denen Kleingesellschaften und traditionelle Religionen eine wichtige Rolle spielen. [Vgl. Sundermeier, T., The meaning of tribal religions (s. Anm. 21), 7.]

auf sich wandelnde „Mischungs"verhältnisse, die mir auch mit Blick auf die uns interessierenden Religionen wichtig zu sein scheinen.

2. Aufgrund des ursprünglichen Zusammenhangs, in dem die Unterscheidung primäre – sekundäre Religionserfahrung verortet ist, nämlich der Frage nach dem Verhältnis von Stammes- und Weltreligionen, ist sie bei Sundermeier verbunden mit dem Übergang von der Klein- zur Großgesellschaft. M.E. müsste man das Zusammentreffen dieser beiden Wandlungen als ein mögliches, keinesfalls aber notwendiges verstehen, gerade auch mit Blick auf die altorientalischen Religionen, und die Denkmöglichkeit von Großgesellschaften eröffnen, deren Religionserfahrungen sich im Rahmen der primären Religionserfahrung bewegen. Wenn das möglich ist, wären umgekehrt mögliche Folgen für die Charakteristik des Modells der primären Religionserfahrung zu bedenken (etwa, welcher Art muss die neue Erfahrung sein, dass sie einen wirklich kategorialen Wandel bedingt).[67]

2.4 Jan Assmann

Assmanns Aufnahme der Unterscheidung primärer – sekundärer Religion steht zunächst im Zusammenhang der Beschreibung von Maat, als eines bzw. des Zentralbegriffs der altägyptischen Kultur. Der Bedeutungsumfang des Maatbegriffs umfasst nach Assmann, was in der späteren Geistesgeschichte auseinander tritt: Menschliches Handeln und kosmische Ordnung, Recht, Staat und Kult.[68] Aufgrund dieses Bedeutungsumfangs von Maat, stellt sich für Assmann die Frage, ob sie nicht am angemessensten als Bezeichnung für die ägyptische Religion verstanden werden kann. Das ist nach Assmann aber nur möglich, wenn man einen Religionsbegriff voraussetzt, „der in scharfem Gegensatz zu dem uns aus der jüdisch-christlichen Tradition vertrauten Religionsbegriff steht"[69]. Religion im Sinne altägyptischer Maat-Vorstellung und Religion im jüdisch-christlichen Sinne, unterscheiden sich nicht einfach, sie sind „in vieler

---

67   Die Wirklichkeit ist immer komplexer als die Modelle, die wir zu ihrer Erklärung heranziehen; das eingedenk sind adäquate Modelle dennoch von großem heuristischen Wert. Mit Blick auf die uns interessierenden altorientalischen Religionen ist wohl mit vielfältigen Zwischenstufen zu rechnen. Wir treffen auf Religionen in Gesellschaften, die längst keine Kleingesellschaften mehr sind, die im Laufe ihrer Geschichte sicher auch in begrenztem Maße neue Erfahrungen verarbeiten mussten und trotzdem keine oder kaum Merkmale aufweisen, die aus einer sekundären Religionserfahrung erwachsen.

68   Sie „bezieht sich auf den Ort des Individuums in der Gesellschaft, den Ort der Gesellschaft im pharaonischen Staat und den Ort des Staates im Kosmos", ist „Oberbegriff aller Bindungen und Verpflichtungen", – gegenüber dem Mitmenschen, dem Staat und dem ‚Heiligen'", ist „Oberbegriff aller Denken und Handeln steuernden Axiome" (Assmann, J., Ma'at. Gerechtigkeit und Unsterblichkeit im Alten Ägypten, München 1990, 18).

69   Ebd.

Hinsicht das genaue Gegenteil"[70]. Zwar finden Religionen im strengen Sinn Religionen im weiten Sinn vor und bauen auf ihnen auf, aber eben in polemischer Abgrenzung und daher sind sie in der Konsequenz einander ausschließende Systeme. Um diese beiden Typen von Religion zu unterscheiden, rekurriert Assmann auf Sundermeiers Unterscheidung primärer und sekundärer Religionserfahrung.[71]

Die primären Religionen/Kultur- bzw. Traditionsreligionen sind nach Assmann über Jahrhunderte/Jahrtausende historisch gewachsen im Rahmen einer Kultur, Gesellschaft und meist auch Sprache, mit der sie unablöslich verbunden sind. Sie sind deckungsgleich mit der jeweiligen Kultur.[72] Die primären Religionen konstituieren einen Zustand geordneter Verhältnisse, zu dessen vielen Aspekten auch die harmonische Beziehung zu den Göttern gehört. Den primären Religionen eignet eine natürliche Evidenz. Die Götter sind evident, innerweltlich, sie sind übersetzbar, da sie bezogen sind auf evidente Elemente der Wirklichkeit und sie bedeuten so etwas anderes als nur sich selbst.[73]

Hatte bei Sundermeier die soziologische Dimension Klein- und Großgesellschaft in Zusammenhang der Unterscheidung von primärer und sekundärer Religionserfahrung eine Rolle gespielt, rechnet Assmann auch die Poly- bzw. Summodeismen der altorientalischen Reiche zu den primären Religionen, insofern Weltbild, Kultur, Staat nicht von Religion unterschieden sind,[74] Assmann geht davon aus, dass sich unter bestimmten politischen Verhältnissen Stammesreligionen zu Poly- bzw. Summodeismen entwickeln können und sich doch weiter im Rahmen primärer Religion bewegen. Die polytheistischen Religionen überwinden dabei nach Assmann den Ethnozentrismus der Stammesreligionen. „Sie gehören in den Entstehensprozeß der ‚Alten Welt' als einer zusammenhängenden Ökumene politisch vernetzter Staaten"[75]. Sie entwickelten Techniken des Übersetzens. Indem „sie verschiedene Götter nach Name, Gestalt und Funktion oder ‚Ressort' unterschieden", konnten zwar die Namen, Gestalten und Riten der Götter von Kultur zu Kultur sehr verschieden sein, ihre Funktionen fanden sich jedoch in ähnlicher Weise kulturübergreifend und

---

70   Ebd.
71   A.a.O. 19.
72   Sie sind weltbezogen, innerweltlich, umfassend; sie verstehen sich als „die Ordnung schlechthin" [a.a.O. 21]. Die Bezeichnung für das Mitglied der Kulturgemeinschaft ist oft einfach „Mensch" (vgl. ebd.).
73   Vgl. a.a.O. 22f. In gewisser Weise sind die Götter die Welt.
74   Die Forderungen der Religion sind mit denen der Moral und der Herrschaft identisch. (Vgl. a.a.O. 280).
75   Assmann, J., Mose, der Ägypter. Entzifferung einer Gedächtnisspur, Frankfurt a.M. ²2000, 19.

bildeten so die Voraussetzung für die Überzeugung, dass man im Prinzip dieselben Götter anrief.[76]

Die ägyptische Religion selbst nimmt nach Assmann ab einer bestimmten
Zeit eine Zwischenstellung zwischen primärer und sekundärer Religion ein.[77]
Der Weg von der primären zur sekundären Religion verläuft auf dem Weg der
Revolution.[78] „Monotheistische Religionen konstruieren den Gegensatz zwi-
schen dem Alten und dem Neuen nicht im Sinne einer Evolution, sondern einer
Revolution".[79] „Alle monotheistischen Religionen sind Gegenreligionen."[80]
Sekundäre Religionen sind nach Assmann im Kern Widerstandsbewegungen;
die Ausdifferenzierung des (im eigentlichen Sinne) Religiösen gegenüber dem
Politischen und dem Moralischen ist seines Erachtens überall aus politischen
und sozialen Konflikten hervorgegangen.

Die Wende von primären zu sekundären Religionen ist auch als eine solche zu beschreiben von polytheistischen zu monotheistischen Religionen, von
Kult- zu Buchreligionen, von kulturspezifischen Religionen zu Weltreligionen.[81]

„Auch wenn sie (sc. die sekundären Religionen) im Zuge einer ‚synkretistischen
Akkulturation' viele Elemente primärer Religionen in sich aufgenommen haben,
sind sie in ihrem Selbstverständnis doch vom Pathos einer ‚antagonistischen Akkulturation' geprägt."[82]

„Das aussagekräftigste Beispiel für die Entstehung ‚sekundärer' Religion aus
der Situation polemischer Abgrenzung bildet die Konstellation von Israel und
Ägypten in der Exodusüberlieferung."[83]

---

76   Zur Übersetzbarkeit der Götter vgl. Assmann, J., Ma'at, (s. Anm. 68), 22f und ders., Mose,
der Ägypter (s. Anm. 75), 19. Assmann hebt diese gegenseitige Übersetzbarkeit der polytheistischen Gottheiten als kulturelle Leistung hervor. (Vgl. a.a.O. 19).

77   Gehört nach Assmann zum Kern sekundärer Religion das Bewusstsein, dass der einzelne
vor Gott steht, ist für die traditionelle Religion Ägyptens mit der Maatvorstellung zunächst
das Prinzip der vertikalen Solidarität kennzeichnend. Alle Initiative geht von König aus; der
König steht vor Gott; nicht der einzelne; Maatvorstellung und Königtum sind aufs engste
verzahnt; Maat stellt den einzelnen *in die Gemeinschaft*, nicht vor Gott. Der pharaonische
Machtzerfall in der ersten Zwischenzeit, v.a. dann aber die Unterdrückung der traditionellen
Religion in der Armanazeit, führt zu einer Unterscheidung von politischer Ordnung und
persönlicher Frömmigkeit; die Maat wird ersetzt durch den Willen Gottes, nach Assmann
ein Vorzeichen der achsenzeitlichen Wende. [Vgl. Assmann, J., Ma'at (s. Anm. 68), 282.]

78   Vgl. Assmann, J., Ma'at (s. Anm. 68), 280.p

79   Assmann, J., Mose, der Ägypter (s. Anm. 75), 24.

80   Ebd.

81   Assmann, J., Die Mosaische Unterscheidung oder der Preis des Monotheismus, München/
Wien 2003, 11.

82   Ebd.

83   Assmann, J., Ma'at (s. Anm. 68), 19. „Religionen in diesem (sc. sekundären) Sinne sind ein
Weg der inneren Anpassung an das Heilige, ein Weg also der Selbstheiligung und ‚Erlö-
sung', der aus der Kultur als dem System konventionalisierter Bindungen von Mensch,
Kosmos und Gesellschaft herausführt, um den Menschen unmittelbar vor Gott zu stellen."
(Ebd.).

Sekundäre Religionen verdanken sich einem Akt der Offenbarung und Stiftung; sie bauen auf den primären Religionen auf und grenzen sich von ihnen ab. Sekundäre Religionen sind nach Assmann kultur- und herrschaftskritisch. Sie beinhalten ein System von Überzeugungen und Verpflichtungen, das von den allgemeinen Fundierungen des Zusammenlebens zu unterscheiden ist und zu diesen in Konflikt geraten kann. Sie konstituieren eine harmonische Gottesbeziehung, zu deren vielen Aspekten dann auch geordnete politische und soziale Verhältnisse gehören, die aber immer auch Loyalitätskonflikte erzeugen kann. Gott ist Gegenstand des Glaubens und er bedeutet nur sich selbst. Die Inhalte sekundärer Religionen sind der natürlichen Evidenz entzogen; sie werden zurückgeführt auf „Lehre, Offenbarung, Prophetie".[84] Der Kanon wird wichtig und mit ihm lesen, lernen, glauben, erinnern.[85] Zu diesem Religionstyp gehört das Bekenntnis im Sinne einer ‚normativen Selbstdefinition'[86]. Es gibt nun wahre und falsche Religionen. Die sekundäre Religion stiftet exklusive Formen der Zugehörigkeit. Nur in diesem Rahmen gibt es Konversion, Apostasie, Anachorese, Märtyrertum.[87] Sekundäre Religionen blockieren nach Assmann die interkulturelle Übersetzbarkeit.[88]

Jan Assmann spricht im Zusammenhang der Herausbildung sekundärer Religionen mit ihrem exklusiven Wahrheitsbegriff von der Mosaischen Unterscheidung und weist darauf hin, dass diese Unterscheidung auch innerhalb „der durch sie gespaltenen Räume endlos wieder[kehrt]"[89]. Mit dieser Unterscheidung ist für ihn ein Doppeltes verbunden: „Solche kulturellen, religiösen oder intellektuellen Unterscheidungen konstruieren nicht nur eine Welt, die voller Bedeutung, Identität und Orientierung, sondern auch voller Konflikt, Intoleranz und Gewalt ist."[90] Die Mosaische Unterscheidung ist nicht im Sinne einer „‚monotheistischen Wende' mit eindeutigem Vorher und Nachher" zu verstehen, eher im Sinne von „‚monotheistischen Momenten' (...), in denen die Unterscheidung in aller Schärfe getroffen wird (...), um dann in der Praxis des religiösen Lebens mit ihren unvermeidlichen Kompromissen immer wieder verwässert und geradezu vergessen zu werden."[91] Sie ist „kein die Welt ein für allemal veränderndes historisches Ereignis, sondern eine regulative Idee, die ihre weltverändernde Wirkung über Jahrhunderte und Jahrtausende hin in Schüben entfaltet hat."[92]

---

84 Assmann, J., Fünf Stufen auf dem Weg zum Kanon (s. Anm. 4), 11.
85 A.a.O. 12.
86 Vgl. Assmann, J., Ma'at (s. Anm. 68), 20, im Anschluss an E.P.Sanders.
87 Vgl. ebd.
88 Vgl. Assmann, J., Mose, der Ägypter (s. Anm. 75), 20.
89 A.a.O. 17.
90 Ebd.
91 Assmann, J., Die Mosaische Unterscheidung (s. Anm. 81), 13.
92 Ebd.

Nach Assman spielt sich die Wende von der primären zur sekundären Religion im Alten Testament selbst ab.[93] Beide Religionsformen bilden im Alten Testament einen spannungsreichen Antagonismus.[94]

Auch hier möchte ich rückblickend dreierlei hervorheben:

1. Dass sich im Laufe der alttestamentlichen Religionsgeschichte, wenn auch sicher in vergleichsweise später Zeit, Entwicklungen ergeben haben, die sich so in der übrigen Religionsgeschichte des Alten Orient nicht vollzogen haben, dass sich im Alten Testament dokumentiert ein Religionswandel greifen läßt, dürfte kaum in Frage stehen. Mit der Übernahme des Konzepts primärer/sekundärer Religionserfahrung für den Bereich der altorientalischen und alttestamentlichen Religionsgeschichte ist ein Vorschlag unterbreitet, diesen Religionswandel präziser zu beschreiben und zu verstehen.

2. Nach Jan Assmann ist die primäre Religionserfahrung auch in den Religionen der Großgesellschaften der altorientalischen Reiche zugänglich, er hält damit das Konzept der primären Religion für über den Bereich der Stammesreligionen hinaus anwendbar.

3. Die Kategorien primäre/sekundäre Religion werden bei Assmann v.a. unter ihrem die unterscheidenden, genauer unter ihrem die gegensätzlichen Merkmale betonenden Aspekt wirksam. Der von Sundermeier anvisierte Dreischritt von Basiserfahrung – Neusetzung – Integration ist in Assmanns Aufnahme der Kategorien primärer und sekundärer Religion nicht weiter fruchtbar geworden.

3. Auswertung/Impulse

In einer abschließenden Gegenüberstellung beider Konzeptionen soll versucht werden, erste Impulse für die weitere Diskussion aufzunehmen.

Da Jan Assmann in seiner Aufnahme der Kategorien primäre/sekundäre Religion explizit an Theo Sundermeier anknüpft, sind die Gemeinsamkeiten beider Positionen weniger bemerkenswert als ihre Unterschiede, die ich abschließend aus meiner Sicht zu umreißen versuche: Sundermeier ist interessiert am Prozess des Religionswandels, er nimmt Ausgangspunkt, auslösende Faktoren und die Ergebnisse von Wandlungsprozessen in den Blick. Dabei ist sein Blick letztlich auf Kontinuitäten in diesem Wandel gerichtet bzw. auf die Beobachtung, dass das Neue, das die sekundäre Religionserfahrung in die Religionsgeschichte einbringt, nicht ohne Verbindung zur primären Religionserfahrung bleibt. Sundermeier fokussiert, dass das sich aus primärer und sekundärer Religionserfahrung ausbildende Dritte stets eine Synthese darstellt, auch wenn die Anteile der primären Religions- und der sekundären Religionserfahrung da-

---

93   Vgl. a.a.O. 19.
94   Vgl. a.a.O. 20.

rin sehr unterschiedlich sein können. Er ist interessiert an Dialogmöglichkeiten und sucht nach der Basis, auf der dieser Dialog stattfinden kann, d.h. nach Gemeinsamem, Verbindendem, Kontinuitäten. Die Phänomene in der Welt der Religionen nötigen zur Unterscheidung, zur Unterscheidung zweier verschiedener Religionserfahrungen und zur Beschreibung dessen, was das Spezifische der beiden Religionserfahrungen und damit auch das sie Unterscheidende ist. Aber von der Unterscheidung aus wird nach dem beiderseitigen Verhältnis des Unterschiedenen gefragt, wobei das größere Interesse nicht auf den unvereinbaren Aspekten liegt, sondern auf dem Gemeinsamen.

Das Gemeinsame steht für Assmann gerade nicht im Vordergrund. Für ihn stehen sich mit den Kultur- und Bekenntnisreligionen nicht nur zwei grundverschiedene, sondern auch unvereinbare Religionstypen gegenüber. Er betont in Zusammenhang der sekundären Religionen, das radikal Neue, das das Frühere und Andere nur als „Irrtum, Lüge oder ‚Unwissenheit'"[95] verstehen kann.

Mit der primären und sekundären Religionserfahrung Sundermeiers und der Traditions- und Gegenreligion Assmanns stehen sich ein auf den Dialog hin entworfenes Modell und ein Modell sich ausschließender Gegensätze gegenüber.

Jan Assmann hat an *eine* Hälfte der Sundermeierschen Charakteristik sekundärer Religionserfahrung angeknüpft, diejenige, die Sundermeier etwa mit dem Begriff der „Abstoßung" bezeichnet,[96] die Vorstellung des Integrativen[97] findet sich bei Assmann auf der Ebene lebenspraktisch notwendiger Kompromisse, die aber nach Assmann (aus dem Blickwinckel der *„reinen" Lehre*) als Verwässerung verstanden werden[98].

Typisierung von Religionen erfolgt immer von einer bestimmten Warte, einem bestimmten Standpunkt aus und auf einer bestimmten Grundlage. Bei Sundermeier scheint mir als Bezugspunkt die *Praxis* von Religion im Vordergrund zu stehen, die ohne integratives Verhalten de facto nicht auskommt; abgestoßen wird Bestimmtes, nicht einfach alles. Bei Assmann hingegen scheint mir die Ebene der *„reinen" Lehre*, der Selbstdefinition von Religion im Vordergrund zu stehen,[99] die zumindest in bestimmten Bereichen und Traditionssträngen v.a. das thematisiert und expliziert, was abgestoßen wird. Assmanns Modell der sich ausschließenden Gegensätze scheint mir aus heutiger Sicht aus einem bestimmten Selbstverständnis, rückblickend muss man wohl sagen Selbst-*miss*verständnis, monotheistischer Religionen entwickelt, das es ohne Frage

---

95   Assmann, J., Fünf Stufen auf dem Weg zum Kanon (s. Anm. 4), 11.
96   Vgl. etwa Sundermeier, T., Art. Religion, Religionen (s. Anm. 8), 418.
97   Vgl. ebd.
98   Vgl. Assmann, J., Die Mosaische Unterscheidung (s. Anm. 81), 13.
99   Die selbstverständlich nicht ohne Verbindung zur Praxis von Religion bleibt, in dieser Praxis ihre (teilweise) Umsetzung erfährt, aber doch so, dass religiöse Praxis und Lehre in der Regel stets auch Unterschiede aufweisen und die Lehre in der Praxis keinen hundertprozentigen Niederschlag findet.

auch gab und gibt, während die Beschreibungskategorien primärer/sekundärer Religionserfahrung (bei Sundermeier) weniger an Gegensatz als an Unterscheidung einerseits und an der gemeinsamen Basis, auf der sich die Unterscheidung vollzieht, und dem daran anknüpfenden Dialog andererseits, interessiert ist.

Anhang: Die Konzeptionen von Th. Sundermeier und J. Assmann. Versuch
eines tabellarischen Überblicks

1. Theo Sundermeier[100]

Stammesreligion	Welt-/Universalreligion
Primäre Religionserfahrung Basiserfahrung	*sekundäre Religionserfahrung* Neusetzung
In den Stammesreligionen zugänglich	In den Weltreligionen zugänglich
Gültigkeitsbereich: Kleingesellschaft; unmissionarisch	Gültigkeitsbereich: allgemeingültig; auf Ausdehnung angelegt
Basis aller Religiösität; grundlegende Erfahrung, kommt von außen auf den Menschen zu, drängt sich ihm auf	Ein Neues wird initiiert durch Propheten, Seher, Reformer, Religionsstifter
unmittelbar plausibel, gesellschaftlich lebenswirklich und erfahrbar	Das Sinnlich-Intuitive wird durch eine Lehre abgelöst
Ziel: Leben zu steigern, zu stabilisieren; Lebensminderung und Abbruch der Geschlechterfolge zu verhindern. Orientiert sich an Lebenszyklus und Jahreskreis	Die mythisch begriffene Vergangenheit wird durch die geschichtliche Dimension erweitert
Definiert sich wesentlich als Partizipation von Mensch und Mitwelt	Deckt nicht mehr alle Lebensräume ab; Raum für Profanität; dient nicht mehr der Integration der naturalen Gruppe, sondern der Unterscheidung von anderen Gruppierungen
Elementares Kommunikationsmittel: Symbol, im Ritus ganzheitlich dargestellt	Ritueller Nachvollzug genügt nicht mehr, wichtig wird innerlicher Nachvollzug
Ethik: Ehrfurcht vor dem transzendental in Gott verankerten Leben	Individuelles Verhalten ist wichtiger als das kollektive
Gott: der eine in vielen Facetten; Mono- und Polytheismus keine Gegensätze	
Gottesepitaphe können ausgewechselt und angereichert werden	
Teilhabe durch Geburt	Teilhabe durch Entscheidung (Glaube, Nachfolge)
Problem des Religionswechsels entsteht nicht	Wahrheitsgedanke (wahre/falsche Religion)
Grenzen: Kulturkontakt etc., neue ausdifferenzierte Lebensgebiete werden nicht mehr abgedeckt	

---

100   „Religion ist die Antwort des Menschen auf Transzendenzerfahrung, die im Ritus, in Kult und Ethik in einer Gemeinschaft Gestalt annimmt." Sundermeier, T., Art. Religion, Religionen (s. Anm. 8), 414.

2. Jan Assmann

„Religion in weitem Sinn"/Primäre Religion/ Kultur-/Traditionsreligion	Religion „im strengen Sinn"/ Sekundäre Religion/Bekenntnisreligion/Gegenreligion
Über Jahrhunderte/Jahrtausende historisch gewachsen im Rahmen einer Kultur, Gesellschaft und meist auch Sprache, mit der sie unablöslich verbunden sind	Verdanken sich einem Akt der Offenbarung und Stiftung; setzen Religionen „im weiten Sinne" voraus; bauen in polemischer Abgrenzung auf ihnen auf
Deckungsgleich mit Kultur	Kultur- und herrschaftskritisch (im Kern Widerstandsbewegungen); System von Überzeugungen und Verpflichtungen, das von den allgemeinen Fundierungen des Zusammenlebens unterschieden ist und zu diesen in Konflikt geraten kann
Weltbezogen, innerweltlich, umfassend; verstehen sich als Ordnung schlechthin; Mitglied der Kulturgemeinschaft = Mensch	Exklusive Form der Zugehörigkeit: Konversion, Apostasie, Anachorese, Märtyrertum
Natürliche Evidenz	Inhalte sind der natürlichen Evidenz entzogen; werden zurückgeführt auf Lehre, Offenbarung, Prophetie; exklusiver Wahrheitsbegriff; Bekenntnischarakter
Konstituieren einen Zustand geordneter Verhältnisse, zu dessen vielen Aspekten auch die harmonische Beziehung zu den Göttern gehört	Konstituieren eine harmonische Gottesbeziehung, zu deren vielen Aspekten auch geordnete politische und soziale Verhältnisse gehören, die aber immer auch Loyalitätskonflikte erzeugen kann
Götter sind evident; innerweltlich; übersetzbar, da bezogen auf evidente Elemente der Wirklichkeit; bedeuten etwas anderes als nur sich selbst	Gott ist Gegenstand des Glaubens; bedeutet nur sich selbst
Der Mensch steht in der Gemeinschaft	Der Mensch steht vor Gott
Alltägliche und festtägliche Erfahrung	Kanon: lesen, lernen, glauben, erinnern
Interkulturelle Übersetzbarkeit	Blockieren interkulturelle Übersetzbarkeit

3. Primäre Religionserfahrung – Kultur-/Traditionsreligion

Primäre Religionserfahrung (nach Th. Sundermeier)	Kultur-/Traditionsreligion (nach J. Assmann)
in den Stammesreligionen zugänglich	Über Jahrhunderte/Jahrtausende historisch gewachsen im Rahmen einer Kultur, Gesellschaft und meist auch Sprache, mit der sie unablöslich verbunden sind
Gültigkeitsbereich: Kleingesellschaft; unmissionarisch	Deckungsgleich mit Kultur
Basis aller Religiösität; grundlegende Erfahrung, kommt von außen auf den Menschen zu, drängt sich ihm auf	Natürliche Evidenz
unmittelbar plausibel, gesellschaftlich lebenswirklich und erfahrbar	Weltbezogen, innerweltlich, umfassend; verstehen sich als Ordnung schlechthin; Mitglied der Kulturgemeinschaft = Mensch
Ziel: Leben zu steigern, zu stabilisieren; Lebensminderung und Abbruch der Geschlechterfolge zu verhindern, orientiert sich an Lebenszyklus und Jahreskreis	Konstituieren einen Zustand geordneter Verhältnisse, zu dessen vielen Aspekten auch die harmonische Beziehung zu den Göttern gehört Alltägliche und festtägliche Erfahrung
Definiert sich wesentlich als Partizipation von Mensch und Mitwelt	Der Mensch steht in der Gemeinschaft
Elementares Kommunikationsmittel: Symbol, im Ritus ganzheitlich dargestellt	
Ethik: Ehrfurcht vor dem transzendental in Gott verankerten Leben	
Gott: der eine in vielen Facetten; Mono- und Polytheismus keine Gegensätze	
Gottesepitaphe können ausgewechselt und angereichert werden	Götter sind evident; innerweltlich; übersetzbar, da bezogen auf evidente Elemente der Wirklichkeit; bedeuten etwas anderes als nur sich selbst
Teilhabe durch Geburt	
Problem des Religionswechsels entsteht nicht	Interkulturelle Übersetzbarkeit
Grenzen: Kulturkontakt etc. > neue ausdifferenzierte Lebensgebiete werden nicht mehr abgedeckt	Grenzen: Ausdifferenzierung des (im eigentlichen Sinne) Religiösen gegenüber dem Politischen und dem Moralischen aus politischen und sozialen Konflikten hervorgegangen

4. Sekundäre Religionserfahrung – Bekenntnis-/Gegenreligion

sekundäre Religionserfahrung (nach Th. Sundermeier)	Bekenntnis-/Gegenreligion (nach J. Assmann)
Gültigkeitsbereich: allgemeingültig; auf Ausdehnung angelegt	Kultur- und herrschaftskritisch (im Kern Widerstandsbewegungen); System von Überzeugungen und Verpflichtungen, das von den allgemeinen Fundierungen des Zusammenlebens zu unterscheiden ist und zu diesen in Konflikt geraten kann
Ein Neues wird initiiert durch Propheten, Seher, Reformer, Religionsstifter	Verdanken sich einem Akt der Offenbarung und Stiftung; setzen Religionen „im weiten Sinne" voraus; bauen in polemischer Abgrenzung auf ihnen auf
Das Sinnlich-Intuitive wird durch eine Lehre abgelöst	Inhalte sind der natürlichen Evidenz entzogen; werden zurückgeführt auf Lehre, Offenbarung, Prophetie; exklusiver Wahrheitsbegriff; Bekenntnischarakter; Gott ist Gegenstand des Glaubens; bedeutet nur sich selbst
Die mythisch begriffene Vergangenheit wird durch die geschichtliche Dimension erweitert	
Deckt nicht mehr alle Lebensräume ab; Raum für Profanität; dient nicht mehr der Integration der naturalen Gruppe, sondern der Unterscheidung von anderen Gruppierungen	Konstituieren eine harmonische Gottesbeziehung, zu deren vielen Aspekten auch geordnete politische und soziale Verhältnisse gehören, die aber immer auch Loyalitätskonflikte erzeugen kann
	Der Mensch steht vor Gott
Individuelles Verhalten ist wichtiger als das kollektive	
Ritueller Nachvollzug genügt nicht mehr, wichtig wird innerlicher Nachvollzug	Kanon: lesen, lernen, glauben, erinnern
Teilhabe durch Entscheidung (Glaube, Nachfolge)	Exklusive Form der Zugehörigkeit: Konversion, Apostasie, Anachorese, Märtyrertum
Wahrheitsgedanke (wahre/falsche Religion)	Blockiert interkulturelle Übersetzbarkeit

*Das Konzept von primärer und sekundärer Religion
im Bereich des A.T.*

Das Konzept von primärer und sekundärer Religion in der alttestamentlichen Wissenschaft – eine Bestandsaufnahme

Sigrun Welke-Holtmann (Deidesheim)

1998 wurde Jan Assmann von der Evangelisch-Theologischen Fakultät der Westfälischen Wilhelms-Universität Münster zum Dr. der Theologie ehrenhalber promoviert.[1] Hans-Peter Müller verweist in seiner Laudatio[2] auf vier Aspekte aus Assmanns Arbeiten, die sich für die Alttestamentliche Wissenschaft als fruchtbar erwiesen haben und sich seiner Meinung nach auch weiterhin erweisen werden. Neben Assmanns Frage nach mythischen Konstellationen, literarischen Mythen und vormythischen Sinnkomplexen nennt er die Theologisierung der Religion, das kulturelle Gedächtnis und die Unterscheidung von primärer und sekundärer Religionserfahrung, die Assmann von Theo Sundermeier aufgenommen und für die Deutung religionsgeschichtlicher Sachverhalte sowie für die Auslegung des Alten Testaments fruchtbar gemacht hat.

Im vorliegenden Zusammenhang ist nun zu fragen, wie die Alttestamentliche Wissenschaft die Unterscheidung von primärer und sekundärer Religionserfahrung für sich fruchtbar machen konnte, einer Unterscheidung, die seit nunmehr zwei Jahrzehnten in der Diskussion ist.

Um einen Einblick in die bisherige Diskussion zu geben, soll an dieser Stelle die Aufnahme oder auch Ablehnung und Kritik der Unterscheidung, die von Assmann „Mosaische Unterscheidung" genannt wurde,[3] an einigen Beispielen dargestellt werden.

---

1   Assmann, J., Fünf Stufen auf dem Wege zum Kanon. Tradition und Schriftkultur im frühen Judentum und in seiner Umwelt. Mit einer Laudatio von Hans-Peter Müller (MTV 1), Münster 1999.

2   A.a.O. 1.

3   Assmann, J., Ma'at. Gerechtigkeit und Unsterblichkeit im Alten Ägypten, München 1990; ders., Moses der Ägypter. Entzifferung einer Gedächtnisspur, München/Wien ²2000 (Cambridge ¹1997), 17–23; ders., Die Mosaische Unterscheidung. Oder der Preis des Monotheismus, München/Wien 2003.

1. Kritische Auseinandersetzungen in der alttestamentlichen Wissenschaft[4]

Die Unterscheidung von primärer und sekundärer Religion ist in der über die alttestamentliche Wissenschaft hinausreichenden allgemeinen Diskussion um Religion und Religionsgeschichte meist im Anschluss an Assmanns Publikationen erörtert worden, Anschlüsse und Auseinandersetzungen mit Sundermeier sind seltener.

In den Lexikonartikeln Art. Religion I. Religionsgeschichtlich (TRE)[5], Art. Religion I, II, III, IV, V, und VI[6] sowie dem Art. Religionstypologie[7] (RGG[4]) und im Art. Religion, Definition der (HrwG)[8] finden sich keine Bezüge zu Sundermeier, obwohl z.b. im umfangreichen Literaturverzeichnis zum TRE-Artikel Sundermeiers Artikel „Religion, Religionen" aus dem Lexikon missionstheologischer Grundbegriffe aufgenommen wurde. Anknüpfungen bieten dagegen Bochinger, dessen im Art. Bekenntnis (RGG[4])[9] dargestelltes Konzept einer Wahlreligion, für die man sich entscheiden muss (Judentum, Christentum, Zoroastrismus, Buddhismus), sachlich in der Nähe der sekundären Religion von Sundermeier liegt, sowie Küster im Art. Religion VIII (RGG[4]),[10] der das ideologiekritische Potenzial von Sundermeiers Kategorien unterstreicht und die Bedeutung des Konzepts primärer/sekundärer Religion innerhalb der Problematik „Wahrnehmung anderer Religionen" für die Rehabilitation afrikanischer Stammesreligionen hervorhebt, an deren primäre Religionserfahrung auch sekundäre Religionen anschließen können.

Die Kritik an Assmanns Aufnahme des Konzepts setzt dabei sowohl an der inhaltlichen Füllung der Mosaischen Unterscheidung an als auch bei der

---

4   An dieser Stelle erfolgt keine eingehende Darstellung der Kritik, die sich an vielen Punkten auf Argumentations-. oder Vorgehensweisen aus Assmanns Veröffentlichungen beziehen. Fokussiert werden hier Aussagen über die inhaltliche Füllung bzw. die Verwendung der Unterscheidung zwischen primärer und sekundärer Religion überhaupt.

5   Ahn, G., Art. Religion I. Religionsgeschichtlich, in: TRE 28 (1997), 513–522.

6   Vgl.: Art. Religion, mit den Abschnitten: Feil, E., I. Zum Begriff; ders., II. Religion und Geschichte; Antes, P., III. Religion und Religionen; Schwöbel, C., IV. Religion und die Aufgabe der Theologie; Herms, E., V. Religion in der Gesellschaft; Albrecht, C., VI. Religion als Thema der Praktischen Theologie, in: RGG[4] Bd.7 (2004), 263–267.267–274. 274–279. 279–286. 286–295. 295–298.

7   Hoheisel, K., Art. Religionstypologie, religionswissenschaftlich, in: RGG[4] Bd.7 (2004), 386–388.

8   Kehrer, G., Art. Definition der Religion, in: Cancik, H., Gladigow, B., Kohl, K.-H. (Hg.), HrwG Bd. 4, Stuttgart u.a. 1998, 418–425.

9   Bochinger, C., Art. Bekenntnis, in: RGG[4] Bd. 1 (1998), 1246.

10   Küster, V., Art. Religion VII. Religion als Thema der Missionswissenschaft, in: RGG[4] Bd. 7 (2004), 299–302, hier 300: „Im missions- und religionstheol. Diskurs des Westens wurde parallel das evolutionäre Denken ideologiekrit. entlarvt und die Stammesrel. als »primäre Religionserfahrung« (Sundermeier) rehabilitiert."

Frage, ob sie überhaupt eine für (nord-)westsemitische Religionen und insbesondere für die Religion Israels bzw. des Alten Testaments angemessene Kategorie sei.

So bezieht z.b. Oswald Loretz in seinem Rezensionsartikel „Religionsgeschichte(n) Altsyriens-Kanaans und Israels-Judas", einer Sammelbesprechung von 1998, Stellung zu einer Verwendung der Unterscheidung von primärer und sekundärer Religion im Kontext westsemitischer Religionen. In seiner Rezension zu Assmans „Moses der Ägypter" geht Loretz jedoch weniger auf die Mosaische Unterscheidung als auf die Darstellung des Mose in diesem Buch ein. Explizit kommt er auf die Unterscheidung von primärer und sekundärer Religion bei seiner Rezension von Herbert Niehrs „Religionen in Israels Umwelt" zu sprechen (zu Niehrs positiver Aufnahme des Konzepts s.u. Abschn. 2). Dabei urteilt Loretz abschließend:

> „Bereits bei der Applikation der Theorie von primärer und sekundärer Religion auf Israel-Juda wird erkennbar, daß sie in diesem Fall der Rechtfertigung herkömmlicher Anschauungen über den Ursprung der biblischen Sozialkritik bei den Propheten dient. Wenn man dagegen erkennt, daß die sogen. prophetische Sozialkritik nur einen weiterhin rückprojizierenden, theologisch-literarischen Einzelfall der bereits in Altsyrien (Mari, Ugarit) nachweisbaren und für eine Agrargesellschaft typischen Kritik des Königtums darstellt, wird es höchst zweifelhaft, ob der aus christlicher Religionswissenschaft übernommene Begriff von primärer und sekundärer Religion für die Beschreibung der Religionen im westsemitischen Gebiet von Nutzen sein wird."[11]

Auch Rolf Rendtorff ist in seinem Aufsatz „Ägypten und die ,Mosaische Unterscheidung'", erschienen 2002, der Auffassung, dass „es die Mosaische Unterscheidung in der Begrenzung und Zuspitzung, wie Assmann sie immer wieder anführt, in der Bibel nicht gibt".[12] Seiner Meinung nach zeigt schon der Dekalog, „daß die Eingrenzung auf die Unterscheidung zwischen wahrer Religion und Götzendienst keinesfalls zutrifft, um die Kernsätze der ,mosaischen' Religion zu kennzeichnen".[13] Vieles, was Assmann zudem in seinem Buch „Moses der Ägypter" unter der Auseinandersetzung um die Mosaischen Unterscheidung versteht, sieht Rendtorff erst durch das zur Staatsreligion gewordene Christentum ausgelöst.

---

11   Loretz, O., Religionsgeschichte(n) Altsyriens-Kanaans und Israels-Judas – Sammelbesprechung (UF 30), 1998, 895.

12   Rendtorff, R., Ägypten und die „Mosaische Unterscheidung", in: Becker, D. (Hg.), Mit dem Fremden leben, Teil 2: Kunst – Hermeneutik – Ökumene, Erlangen 2002, 113–122, zitiert nach der Ausgabe in Assmann, J., Die Mosaische Unterscheidung, München/Wien 2003, 193–207, 204.

13   A.a.O. 204.

In eine ähnliche Richtung zielt auch Klaus Koch in seinem Aufsatz „Monotheismus als Sündenbock?"[14] schon 1999, wenn er nach der Richtigkeit der grundlegenden Prämisse der Mosaischen Unterscheidung fragt, nämlich ob der biblische wie der nachfolgende jüdisch-christliche Monotheismus wirklich „den Götzendienst Ägyptens als verteufeltes Gegenbild voraussetze und benötige"[15] oder nicht eher „der kanaanäische Baal und der Sündenpfuhl Babels die Paradigmen für Götzendienst und dessen Folgen"[16] liefern.

Grundsätzlicher setzt seine Frage an, inwieweit „eine aus neuzeitlichen Religionstheorien übernommene Antithese von polytheistischen und monotheistischen Religionen für grundsätzliche Wesensbestimmungen überhaupt geeignet"[17] sei.

Erich Zenger dagegen, der mit dem Aufsatz „Was ist der Preis des Monotheismus?"[18] von 2001 auf Assmanns „Moses der Ägypter" reagiert, hält letztendlich die Mosaische Unterscheidung für unverzichtbar, möchte sie jedoch anders als Assmann verstanden wissen. Ihm geht es darum, dass die Unterscheidung inhaltlich bestimmt ist. Dies zeige sich, so Zenger, „paradigmatisch im Hauptgebot des Dekalogs. Hier ‚definiert' JHWH sein Gott-Sein als Antithese zu den vielen Göttern Ägyptens nicht mit dem Rekurs auf seine Einzigkeit, sondern er expliziert seine göttliche Einzigartigkeit in der Antithese von Freiheit und Sklaverei."[19] So erweist sich Gott nach Zenger als der wahre Gott in der Unterscheidung von Freiheit und Sklaverei, Gerechtigkeit und Entrechtung. Bei der Mosaischen Unterscheidung geht es seiner Meinung nach „nicht um die Alternative Monotheismus/Polytheismus, sondern um Freiheit und Rechtlosigkeit von Menschen sowie Zerstörung der Schöpfung auf der einen Seite und um Freiheit und Menschenwürde sowie Errichtung und Verteidigung der Erde als Lebenshaus auf der anderen Seite."[20]

In seiner 2004 erschienenen Rezension „Ein zu hoher Preis?"[21] zu Assmanns Buch „Die Mosaische Unterscheidung" bündelt Bernd Janowski die Kritikpunkte und verweist darauf, dass verschiedene Aspekte der Mosaischen Unterscheidung keinen Anhalt am biblischen Text haben; so z.B. der biblische Monotheismus als Gegenreligion zu Ägypten: „Die ‚mosaische Unterschei-

---

14   Koch, K., Monotheismus als Sündenbock? ThLZ 9/1999, 874–884, zitiert nach der Ausgabe in Assmann, J., Die Mosaische Unterscheidung, München/Wien 2003, 221–238.
15   A.a.O. 228.
16   A.a.O. 229.
17   A.a.O. 233.
18   Zenger, E., Was ist der Preis des Monotheismus?, in: Herder Korrespondenz. Monatshefte für Gesellschaft und Religion Heft 4, April 2001, 186–191, zitiert nach der Ausgabe in Assmann, J., Die Mosaische Unterscheidung, München/Wien 2003, 209–220.
19   A.a.O. 219.
20   A.a.O. 220.
21   Janowski, B., Ein zu hoher Preis? Jan Assmanns Thesen zum Monotheismus, Zeitzeichen 4/2004, 66–67.

dung' beruht nach der Selbstaussage der biblischen Texte aber nicht auf der
Unterscheidung von wahrer (Israel) und falscher Religion (Ägypten), sondern
von Freiheit und Knechtschaft."

Auch den Aspekt der Weltverneinung sieht Janowski im Angesicht der
Texte eher als eine Unterstellung an. Ähnliche Rückfragen ergeben sich seiner
Meinung nach auch bezüglich der Friedfertigkeit des Polytheismus.

2. Aufnahmen und Weiterführungen des Konzepts in der alttestamentlichen Wissenschaft

Neben diesen eher kritischen Stimmen gibt es jedoch auch einige, die die Unterscheidung positiv aufgenommen, für ihre eigenen Arbeiten vorausgesetzt
oder inhaltlich gefüllt weitergeführt haben.

Nur kurz angerissen ist das Konzept von primärer und sekundärer Religion
bei Andreas Wagner, „Sprechakte und Sprechaktanalyse im Alten Testament"[22] von 1997. Wagner geht es um das Verstehen von Bekenntnis-Sprech-
akten im Alten Testament. Solche Bekenntnisakte sind für ihn „mehrfachad-
ressiert und mehrdeutig";[23] gegenüber Gott etwa geht der Sprecher eines
Bekenntnisses Verpflichtungen ein:

> „Im Akt des BEKENNENS liegen Verpflichtungen, die man im und durch das
> BEKENNEN für sich akzeptiert; sich zu Jahwe BEKENNEN heißt, ihn zu lieben
> und alles zu tun, was als sein Wille kodifiziert ist – nicht umsonst steht im Deute-
> ronomium das Bekenntnis von 6,4 in (unmittelbarer) Umgebung des Dekalogs
> (Kap. 5) einerseits und der Ermahnungen etc. (Kap. 6–11) und der gesetzlichen
> Einzelbestimmungen (Kap. 12–26) andererseits. Somit kann festgehalten werden,
> daß das BEKENNEN in dieser Hinsicht als ein Sprechakt des ‚Self-Involvement'
> zu bezeichnen ist, als ein KOMMISSIVER Sprechakt also, bei dem ich mich zu
> einem bestimmten Handeln vor Gott verpflichte."[24]

Außerdem können Bekenntnisse dazu dienen, im Gegenüber zu Gott und im
Gegenüber zu Menschen (also gleichzeitig gegenüber mehreren Adressaten)
die Zugehörigkeit zur Jahwe-Gemeinschaft/Jahwe-Religion zu erklären: „In
dieser Hinsicht wäre dem BEKENNEN also DEKLARATIVE Funktion zuzuschreiben, der Ein- oder Übertritt in die Jahwe-Religion wird durch das BE-
KENNEN vollzogen."[25]

---

22   Wagner, A., Sprechakte und Sprechaktanalysen im Alten Testament. Untersuchungen an der
      Nahtstelle zwischen Handlungsebene und Grammatik (BZAW 256) Berlin/New York 1997.
23   A.a.O. 215.
24   A.a.O. 215.
25   A.a.O. 218.

Im Rahmen der Analyse von Bekenntnissprechakten des Alten Testaments ist Wagner die religionstypologische Bestimmung von Sundermeier und Assmann ein hilfreiches Konzept:

> „Diese Beschreibung trifft wohl in der Tat den Grundcharakter zumindest der nach-
> exilischen israelitischen Religion, (...). Ist diese Beschreibung zutreffend, so muß
> die Erwartung entstehen, daß es auf dieser Stufe der israelitischen Religion auch
> BEKENNTNISSE gibt, die bei der Konversion, beim Glaubenseintritt gesprochen
> werden und die einmalig das Zugehören zur Jahwe-Religion bewirken."[26]

Mit solchen Bekenntnis-Akten bzw. Bekenntnis-Texten ist im Alten Testament zu rechnen. Für das Funktionieren solcher Bekenntnisakte ist eine Bekenntnis-religion eine Grundvoraussetzung, da sprachliche Äußerungen nur dann als Bekenntnisse verstanden werden können, wenn es im religiösen Kontext eine Bekenntnisnotwendigkeit gibt. Wie alle Sprechakte sind BEKENNTNIS-Akte an einen außersprachlichen Rahmen gebunden, der als institutioneller Rahmen erst das Funktionieren bestimmter Aspekte dieser Sprechakte (etwa der Konversion, des Eintritts) ermöglicht.

Breite Aufnahme erfuhr das Konzept von primärer und sekundärer Religion z.B. bei Herbert Niehr in seiner Publikation „Religionen in Israels Umwelt. Einführung in die nordwestsemitischen Religionen Syriens-Palästinas"[27] von 1998 und auch in seinem Aufsatz „Auf dem Weg zu einer Religionsgeschichte Israels und Judas. Annäherung an einen Problemkreis"[28] von 1999.

Niehr versucht hier eine grundsätzliche Standortbestimmung, „von welcher Position aus und unter welchen Bedingungen man sich dem Projekt einer Religionsgeschichte dieses Raumes annähern kann."[29] Er unterscheidet dabei die „äußeren Voraussetzungen, die Raum und Zeit sowie Quellenlage betreffen (II.), von den Rahmenbedingungen religionsgeschichtlicher Arbeit im engeren Sinne (III.)"[30] Zu den letztgenannten Rahmenbedingungen gehört für ihn die Frage, ob es „überhaupt Religion in antiken vorderasiatischen Gesellschaften gegeben habe"[31], da Religion seiner Meinung nach innerhalb einer antiken Kultur oder Gesellschaft keine Substruktur darstellt. Zur Verdeutlichung und um einen ersten Zugang zum Verständnis von altorientalischen Religionen zu erlangen, verweist er auf die Unterscheidung von primären und sekundären Religionen, die er im Anschluss an Sundermeier und Assmann darstellt:

---

26   A.a.O. 216–217.
27   Niehr, H., Religionen in Israels Umwelt. Einführung in die nordwestsemitischen Religionen
      Syriens-Palästinas, Ergänzungsband 5 zum Alten Testament (NEB 1998), 13–14.
28   Niehr, H., Auf dem Weg zu einer Religionsgeschichte Israels und Judas. Annäherung an
      einen Problemkreis, in: Janowski, B., Köckert, M., (Hg.), Religionsgeschichte Israels. For-
      male und materiale Aspekte, Gütersloh 1999, 57–78.
29   A.a.O. 57.
30   A.a.O. 57.
31   A.a.O. 64.

„Primäre Religionen vermitteln Ordnungsstrukturen des gesamten Kosmos, in welche auch die Beziehung der Menschen zu den Göttern sowie das Verhältnis der Götter und Menschen jeweils untereinander hineingehören. Oder anders formuliert: Die gesamte kosmische, politische und gesellschaftliche Ordnung und das darauf basierende Handeln sind in dieser Art von Religion fundiert. Zwischen Königen und Staat auf der einen und den Göttern auf der anderen Seite gibt es keine Loyalitätskonflikte, da der König der Repräsentant der Götter ist. Es gibt auch keinen seperaten Götterglauben. Im Unterschied zu primären Religionen sind sekundäre Religionen dadurch gekennzeichnet, dass sie die Gottesbeziehung in den Vordergrund stellen und sich die politische und gesellschaftliche Ordnung hiernach ausrichtet. Diese Art von Religion kann kultur- oder herrschaftskritisch sein, so dass Loyalitätskonflikte zwischen dem Gehorsam zu Gott und dem Gehorsam zum König hieraus resultieren können. Sekundäre Religionen sind Bekenntnisreligionen."[32]

Mit Assmann verwendet Niehr den Begriff der „Bekenntnisreligion", ohne ihn weiter auszuführen. Wichtig ist für Niehr die Beobachtung von Entwicklungen:

„Die primäre Religion ist im Alten Orient und in Ägypten der Normalfall von Religion. Die Religionen Syrien-Palästinas bilden hierzu keine Ausnahme. Zur Entwicklung von sekundären Religionen kam es befristet im Ägypten der Amarna-Zeit und bei den Religionen Syrien-Palästinas in Juda nach dem Untergang des Königtums 586 v. Chr. Vorbereitende Elemente hierfür waren innenpolitische Spannungen in Israel, welche die Prophetie in ihrer Kult- und Sozialkritik aufgriff sowie die Anliegen der deuteronomistischen Theologen. Diese Entwicklung zur sekundären Religion setzte sich während der persischen und hellenistischen Zeit fort. Auch das frühe Christentum etablierte den Gegensatz zwischen Religion auf der einen und Kultur und Staat auf der anderen Seite."[33]

Wichtig ist Niehr zwar die Korrelation von sekundärer Religion und Kult- sowie Sozialkritik; es geht allerdings nicht, wie Loretz kritisiert hatte, um „Rechtfertigung herkömmlicher Anschauungen über den Ursprung der biblischen Sozialkritik bei den Propheten" (s.o.), sondern es geht um die Feststellung, dass in der sekundären Religion erst die Einheit von Gesellschaft, Kult, Religion, die Einheit der „Ordnungsstrukturen" zerbricht, dass erst nachdem der „separate Götterglaube" (Niehr, s.o.) entstanden ist, der „Gegensatz zwischen Religion auf der einen und Kultur und Staat auf der anderen Seite" möglich ist; die Propheten, so Niehr, waren ohnehin nur Vorläufer für diese Entwicklung; ganz ausgeprägt war die sekundäre Form der Religion erst in persisch-hellenistischer Zeit.

Im weiteren geht Niehr auf den Zusammenhang von primärer Religionserfahrung und Polytheismus ein:

---

32   Niehr, H., Religionen in Israels Umwelt (s. Anm. 27), 13–14.
33   A.a.O. 14.

„Eine weitere Eigenart der altorientalischen Religionen [...] besteht darin, dass es sich bei ihnen um polytheistische Religionen handelt. Diese können nicht einfach als Addition unterschiedlicher Göttinnen und Götter verstanden werden. Es ist vielmehr so, dass in polytheistischen Religionen Göttinnen und Götter nicht im Mittelpunkt der Religion stehen. ‚Mit der Zentralisierung der Frage der Gottesvorstellungen gelangt eine Klassifikationskategorie zur Erfassung unterschiedlicher Religionstypen zur Anwendung, die – selber einer theologischen (monotheistischen) Betrachtungsweise entstammend – keine Aussagen über die theologische ›Innenansicht‹ der (als polytheistisch) klassifizierten Religionen zuläßt. Für eine religionswissenschaftliche Untersuchung der sog. polytheistischen Religionen erweist sich das Monotheismus-Polytheismus-Schema daher als ein gänzlich unzureichendes Raster, da es methodisch von vornherein den Zugang zu einer Analyse des Selbstverständnisses der an diesem Parameter gemessenen Religionen versperrt.‘ [Ahn, G., ›Monotheismus‹ – ›Polytheismus‹. Grenzen und Möglichkeiten einer Klassifikation von Gottesvorstellungen, in: Dietrich, M./Loretz, O. (Hg.), Mesopotamica-Ugaritica-Biblica. FS K.Bergerhof (AOAT 232) Kevelaer und Neukirchen-Vluyn 1993, 1–24, hier 16.] Die eingangs skizzierten Typica von Primärreligionen haben gezeigt, daß man polytheistische Religionen als Interpretationssysteme, etwa im Hinblick auf die Aufrechterhaltung des Kosmos, verstehen muß. Erst im Rahmen eines solchen Interpretationssystems kommt auch den unterschiedlichen Göttinnen und Göttern ihre jeweilige Rolle zu."[34]

Zur Verhältnisbestimmung der beiden Religionstypen greift Niehr auf Sundermeiers Begriff des „gewachsenen Synkretismus" zurück, der eine dritte Phase darstellt, „einen komplexen Prozeß von Abstoßung und symbolischer Neuintegration"[35] in dem die „lebenswichtigen Elemente der sekundären Religionserfahrung in die primäre integriert (werden) und zur neuen Synthese" verschmolzen werden.[36] Niehr führt dazu aus:

„Einen derartigen Prozeß dokumentieren beispielhaft im Judäa der persischen und hellenistischen Zeit die sog. messianischen Texte des Alten Testaments, welche die gesamte Welt unter JHWHs Königsherrschaft stellen wollen und damit Heil, Segen und Frieden für Mensch, Tier und Vegetation erhoffen. Die Hasmonäerzeit stellte mit der erstmals hier anzutreffenden Personalunion von Priestertum und Königtum, desweiteren mit Proselytentum und Zwangsjudaisierung die politische Umsetzung einer sekundären Religion dar, wie sie vorher weder in Israel noch in Juda zur Königszeit existiert hatte."[37]

Auch Konrad Schmid greift in seinem Aufsatz „Fülle des Lebens oder erfülltes Leben? – Religionsgeschichtliche und theologische Überlegungen zur Lebens-

---

34   A.a.O. 14–15.
35   Sundermeier, T., Art. Religion/Religionen, in: Müller, K. (Hg.), Lexikon missionstheologischer Grundbegriffe, Berlin 1987, 411–422, 418.
36   A.a.O. 418.
37   Niehr, H., Auf dem Weg zu einer Religionsgeschichte Israels und Judas (s. Anm. 28), 66.

thematik im Alten Testament"[38] von 2004 die Unterscheidung von primärer
und sekundärer Religion auf, um die Religionsformen des eisenzeitlichen Israels im Gegensatz zur Spätzeit zu beschreiben. Zunächst dient ihm die Sundermeier'sche Begrifflichkeit dazu, den unpräzisen Begriff der „Naturreligion" zu
vermeiden:

> „Die Religionsformen des eisenzeitlichen Israel gehören zu denjenigen Religionen,
> die man gerne als Naturreligionen bezeichnet hat, weil sie vorfindliche Lebens-
> phänomene in ihren Darstellungshorizont rücken und diese in Kult und Ritus zur
> Stabilisierung, Bewahrung, Stärkung und Mehrung thematisieren. Der Begriff der
> »Naturreligion« ist allerdings unglücklich und deshalb zu Recht außer Übung ge-
> kommen. Es geht in den entscheidenden religiösen Symbolsystemen eben nicht nur
> um die Natur, sondern auch um weitere Lebensbereiche wie Gesellschaft, Wirt-
> schaft, Politik und Recht. Wenn man sich an einen Vorschlag von Theo Sunder-
> meier halten will, dann lässt sich allgemeiner von »primären Religionen« sprechen,
> die sich von »sekundären Religionen« dadurch absetzen, dass ihre Deutungen der
> Lebenswirklichkeit zwar in konstruierender Interpretation, aber doch in einer ge-
> wissen Linearität zu dieser selbst stehen und nicht durch ein bestimmtes hermeneu-
> tisches Prinzip gebrochen sind, das einer »sekundären Religion« in der Folge dann
> in theologischer und soziologischer Hinsicht eine gewisse exklusive Struktur ver-
> leiht, die Bekenntnis und Zugehörigkeit koppelt."[39]

Aus der so beschriebenen Struktur primärer Religionen erklärt sich für
Schmid, dass „die Fülle des Lebens eine Art Grundthema" dieser Religionen
ist.[40]

Schmid behandelt drei Beispiele seines Themenbereiches „Fülle des Lebens", die aus persisch-hellenistischer Zeit stammen und die als „Zeugnisse
»sekundärer Religionen«"[41] gelten: Qoh, Hi und Ps 1:

> „Am deutlichsten liegt das für die Torafrömmigkeit von Ps 1 auf der Hand, es gilt
> aber auch für Hi und Qoh: Beide Schriften sind keine religiösen Primärtexte, die
> die Stabilisierung und Steigerung von Leben zelebrieren und bekräftigen wollen,
> sondern sie sind theologische Traktate, die bereits einen (oder, wenn man will,
> mehrere) Schritte zurückgetreten sind und in unterschiedlicher Weise auf die Ge-
> brochenheit menschlichen Daseins reflektieren und im Grunde Lebenslehren for-
> mulieren."[42]

Schmid registriert also einen Unterschied zwischen „eisenzeitlichen Beschwörungen und Inszenierungen natürlicher, sozialer, ökonomischer und politischer

---

38   Schmid, K., Fülle des Lebens oder erfülltes Leben? – Religionsgeschichtliche und theologi-
      sche Überlegungen zur Lebensthematik im Alten Testament, in: Herms, E. (Hg.), Leben,
      Verständnis, Wissenschaft, Technik, VWGTh 24, Gütersloh 2004, 154–164. Zitiert nach der
      Internetfassung im PDF-Format.

39   A.a.O. 5–6.

40   A.a.O. 6.

41   A.a.O. 9.

42   A.a.O. 9.

Prosperität", die in den Kontext „»primärer Religiosität«" gehören, verbunden mit dem Grundthema „Fülle des Lebens",[43] und der perserzeitlich-hellenistischen Religionsform, in der das Thema „zum kritischen Reflexionsgegenstand"[44] wird und dessen Reflexion von der „sekundären" Erfahrung des „Gegenüber[s] von Gott und Welt"[45] bestimmt wird. Dieser Sachverhalt, dass nicht mehr „das Gegenüber von Kosmos und Chaos" wie in der eisenzeitlich primären Religion, sondern das „Auseinandertreten von Gott und Welt" bestimmend ist, nennt Schmid einen Wechsel in der „Leitdifferenz" – ebenso könnte man auch Leitidee sagen –, womit er einem unbefriedigenden Zug der Unterscheidung von primärer und sekundärer Religion abhelfen will; denn so wäre der „Inhaltsleere" dieser Unterscheidung zu begegnen, könnte das Defizit dieser Unterscheidung kompensiert werden, „wenn man nach den konkret zugehörigen Leitdifferenzen fragt".[46]

Interessanterweise, so schreibt Schmid, „bleibt aber in den alttestamentlichen Zugängen zum ‚erfüllten Leben' das Thema ‚Fülle des Lebens' durchgängig präsent."[47] Dieses an der Lebenswelt ausgerichtete Thema wird nicht einfach eliminiert, sondern kreativ weitergeführt:

> „Insoweit nimmt die sekundäre Religion des antiken Israel ihren primären Vorläufer auf. Dazu aber präzisiert sie: Fülle des Lebens ist kein zeitloser Zustand und auch keine kultisch unmittelbar stabilisierbare oder förderbare Größe. Der Kult des persischen Israel gilt nicht mehr der linearen Steigerung von Leben überhaupt, sondern der Sühne, die in einer immer schon gebrochenen Lebenswelt mittelbar Leben ermöglicht und schafft."[48]

Auch hier lässt sich also an einem konkreten Beispiel ein gewachsener Synkretismus feststellen.

3. Die Mosaische Unterscheidung innerhalb der Bibel?

Mit seinem Buch „Die Mosaische Unterscheidung" ist Assmann auf viele der oben genannten Kritikpunkte eingegangen, er hat die kritischen Beiträge von Rolf Rendtorff, Erich Zenger, Klaus Koch sowie von Gerhard Kaiser und Karl-Josef Kuschel im Anhang seines Buches abgedruckt, geht an vielen Stellen auf die Kritik ein und kann so einige seiner Positionen deutlicher herausstellen. Er selbst ist es auch, der in Antwort auf die Kritiken die Mosaische Unterscheidung innerhalb des Alten Testaments herausarbeitet.

---

43   A.a.O. 12.
44   A.a.O. 12.
45   A.a.O. 13.
46   A.a.O. 12.
47   A.a.O. 13.
48   A.a.O. 14.

„Die Wende von der primären zur sekundären Religion spielt sich in der Bibel
selbst ab. Hinter den Büchern des Alten Testaments steht nicht eine, sondern stehen zwei Religionen."[49]

So ist seiner Meinung nach der priesterschriftliche Traditions- und Redaktions-
strang von primärer Religion geprägt, von sekundärer der deuteronomistische
Traditionsstrang. Zum Verhältnis der beiden schreibt Assmann: „Die beiden
Religionen stehen in der hebräischen Bibel nicht nur nebeneinander, sondern
bilden einen spannungsreichen Antagonismus, weil die eine genau das an-
strebt, was die andere verneint. Daß dieser Antagonismus nicht zu offenem
Widerspruch und Widersinn führt, liegt daran, daß keine dieser beiden Religionen in den alttestamentlichen Schriften in voller Reinheit und Schärfe ausgebildet hervortritt. Die archaische, polytheistische Religion der Weltbeheima-
tung ist unter der starken Übermalung der monotheistischen Redaktion nur
noch fragmentarisch greifbar und kann unter Zuhilfenahme zahlreicher Parallelen in den Nachbarreligionen nur noch in Umrissen rekonstruiert werden; die
postarchaische, monotheistische Religion der Welterlösung wiederum ist in
ihrer ganzen, die anderen Religionen als Götzendienst ablehnenden Schärfe in
den alttestamentlichen Schriften selbst nur als Tendenz angelegt und kommt
erst in den darauf aufbauenden Schriften des rabbinischen Judentums und pa-
tristischen Christentums zum voll entfalteten Ausdruck. In diesem Zustand des
Nicht-Mehr und des Noch-Nicht vermögen die beiden Religionen in der hebräischen Bibel zu koexistieren. Mehr noch: Es ist ohne Zweifel dieser span-
nungsreiche Antagonismus innerhalb der Bibel selbst, der eines der Geheimnisse ihres weltumspannenden und weltverändernden Erfolgs darstellt."[50]

---

49   Assmann, J., Mosaische Unterscheidung (s. Anm. 3), 19.
50   A.a.O. 21.

Differenz und Integration:
Reaktionen auf die soziale Krise des 8. Jahrhunderts

Rainer Kessler (Marburg)

1. Die Fragestellung

Die Kategorien von „primärer" und „sekundärer Religion" sind Kategorien der Religionsgeschichte. Ich halte es für evident, dass man über sie nicht verhandeln kann ohne Berücksichtigung der Sozialgeschichte. Sundermeier selbst verweist darauf, primäre Religionserfahrung sei „uns in den Stammes-religionen noch zugänglich". Desweiteren verwendet er Ausdrücke wie „Kleingesellschaft", „Stammesverband" oder „naturale Gruppe".[1] Im Kontrast dazu spricht er „von der sekundären Religionserfahrung der Weltreligionen"[2]. Das ist soziologisch sehr viel unbestimmter. Mir scheint, dass diese Unbestimmtheit dann kein Problem ist, wenn man die Verhältnisse im Afrika der letzten Jahrhunderte betrachtet. Da treffen Stammesreligionen und eindeutige Weltreligionen wie das Christentum und der Islam unmittelbar aufeinander, und um diesen Vorgang und die durch ihn ausgelösten Prozesse zu beschreiben, sind die beiden Idealtypen von primärer und sekundärer Religion von großem heuristischen Wert.

Vor einem Problem aber stehen wir, wenn wir die Verhältnisse in der Antike und hier speziell im alten Israel untersuchen. Hier geht es nicht um die Frage, was geschieht, wenn Stammes- und Weltreligionen aufeinandertreffen, sondern darum, wie sich eine primäre zu einer sekundären Religion entwickelt. Wenn es zutrifft, dass sich die Religionsgeschichte nicht ohne Sozialgeschichte behandeln lässt, dann muss die Frage dahin gehen, welche sozialen Wandlungen nötig sind, um aus einer primären eine sekundäre Religion werden zu lassen.

Ich kann die Frage nicht für das antike Israel im Ganzen behandeln, ohne noch gröbere Vereinfachungen vornehmen zu müssen, als ich sie ohnehin schon vornehme. Deshalb konzentriere ich mich auf den Anfang dieses Pro-

---

1 Sundermeier, T., Art. Religion, Religionen, in: Müller, K., Sundermeier, T. (Hg.): Lexikon missionstheologischer Grundbegriffe, Berlin 1987, 411–422, Zitate 417f.

2 A.a.O. 417.

zesses. Ich frage: *Was geschieht, wenn sich die „Kleingesellschaft" oder „naturale Gruppe" so ausdifferenziert, dass sich über quantitative Unterschiede
zwischen den Angehörigen der Gruppe hinaus qualitative Differenzen ausbilden, für die ich die Kategorie der Klassen mit antagonistischen Interessen
verwende. In welchem Sinn können die religionswissenschaftlichen Kategorien
von primärer und sekundärer Religion in der Beschreibung dieses Vorgangs
sinnvoll verwendet werden?*

2. Die soziale Entwicklung

Das frühe Israel seit den weitgehend im Dunkel liegenden Anfängen am Ende
des 13. Jhs. v. Chr. bezeichne ich als „verwandtschaftsbasierte Gesellschaft",
könnte aber auch von Stammesgesellschaft, Kleingesellschaft oder naturalen
Gruppen sprechen. Dass wir von seiner Religion so gut wie keine Zeugnisse
haben, liegt nicht nur an der fehlenden Schriftkultur, sondern entspricht dem
Wesen der dieser Gesellschaftsform zugeordneten primären Religion. Was in
mündlicher Überlieferung, Brauch und Ritus gepflegt wird, muss nicht verschriftlicht werden. Daran ändert sich mit der Entstehung früher Staaten in Israel und Juda um die Wende vom 2. zum 1.Jt. herum wenig. Zwar gibt es nun
eine kleine Schicht von politischen Funktionsträgern, die nicht mehr unmittelbar an der materiellen Produktion teilnehmen, und mit den Staatsheiligtümern
in Jerusalem, Bethel und Dan kommt auch ein neues Element in die Religion
hinein. Aber für etwa 98% der Bevölkerung bilden nach wie vor Familie und
Ortsgemeinde, also die hauptsächlich verwandtschaftlich organisierte Kleingesellschaft, die soziale und religiöse Lebenswelt.

Dies ändert sich kategorial erst, soweit wir das erkennen können, im 8. Jh.
Zwar gibt es bis dahin auch innergesellschaftliche Differenzen, zwischen Männern und Frauen, zwischen Alten und Jungen, zwischen stärkeren und schwächeren Familien und Sippen, usw. Es gibt auch schon Verschuldung innerhalb
von Sippen oder zwischen Familien. Jetzt aber wird, um es schlagwortartig zu
sagen, aus der *Ver*schuldung die *Über*schuldung. Das heißt, es bildet sich auf
der einen Seite eine Klasse von ökonomisch potenten Grundbesitzern heraus,
die in der Lage sind, Kredit zu geben und die Kreditnehmer in Abhängigkeit
von sich zu halten. Auf der andern Seite verarmen immer mehr Bauernfamili-
en. Aufgrund der Personal- und Sachhaftung für gewährte Kredite geraten einzelne Personen oder ganze Familien in Schuldsklaverei. Der angestammte Besitz kann verloren gehen. Die Familie kann aber auch in Dauerabhängigkeit
auf dem ihr nach wie vor gehörenden Besitz an der nie erreichbaren Tilgung
ihres Kredites arbeiten.

Wir haben von diesen Vorgängen neben einigen archäologischen Hinweisen[3] vor allem indirekte Zeugnisse in zwei Textbereichen der Hebräischen Bibel. Der eine sind die Schriften, die auf Propheten des 8. und 7. Jhs. zurückgeführt werden, der andere die Gesetzeskodizes von Bundesbuch (Ex 20,22 – 23,33) und Deuteronomium (Dtn 12–26). Ich spreche von indirekten Zeugnissen, weil beide Textkomplexe die Vorgänge nicht unmittelbar widerspiegeln, sondern selbst bereits in den Prozess ihrer Verarbeitung hineingehören. Doch davon später noch mehr!

Was wir den Texten entnehmen können, ist, dass die quasi natürliche Einheit der Gesellschaft – ich erinnere an Sundermeiers Rede von der „naturalen Gruppe" – zerbricht. Die Völkersprüche in Am 1–2 wenden sich als letztes Israel zu (2,6–16), einer Einheit wie die zuvor apostrophierten Völker auch. Aber diese Einheit ist in sich zerbrochen. Da gibt es welche – in diesem Text werden sie mit keiner Gruppenbezeichnung belegt –, die ihrerseits Unschuldige, Arme, Elende und Geringe ökonomisch ausplündern und ihrer Rechte berauben (2,6–8). In Jes 5,8 wird die prophetische Totenklage über Menschen erhoben, von denen es heißt, sie reihten Haus an Haus und rückten Feld an Feld, so dass sie perspektivisch als alleinige Grundbesitzer im Land übrigbleiben würden. Und Jeremia – um noch einen dritten einschlägigen Text aus der prophetischen Sozialkritik zu zitieren – beschreibt, wie Menschen, die er als „Gewalttäter" denunziert (r[e]ša'îm), dadurch groß und reich werden, dass sie andere in Schuldsklaverei bringen und sich ihren Besitz aneignen, was sie wiederum in die Lage versetzt, deren Rechtsansprüche niederzuhalten (Jer 5,26–28).

Die älteren Gesetzessammlungen im Bundesbuch und Deuteronomium setzen dieselben gesellschaftlichen Verhältnisse voraus. Sie handeln vom Kreditwesen mit seinen beiden Hauptmitteln zur Herstellung von Abhängigkeit, nämlich dem Zins (Ex 22,24; Dtn 23,20f) und dem Pfand (Ex 22,25f; Dtn 24,10–13.17). Über das Bundesbuch hinaus sieht das Deuteronomium einen regelmäßigen Schuldenerlass vor (Dtn 15,1–11). Beide Gesetzeskorpora regeln die Dauer der Schuldsklaverei und legen dabei zugleich fest, wie ein Mann oder eine Familie aus dem eigenen Volk in Dauersklaverei eintreten kann (Ex 21,2–6; Dtn 15,12–18). Das Bundesbuch definiert dabei in brutaler Deutlichkeit das Verhältnis zwischen dem Herrn und seiner Sklavin oder seinem Sklaven: Sie sind „sein Geld" (Ex 21,21). Das Deuteronomium, darin gegenüber dem Bundesbuch fortgeschrittene Verhältnisse voraussetzend, erwähnt zum ersten Mal auch Tagelöhner, also Menschen, die keinen eigenen Grundbesitz mehr haben und täglich ihre Arbeitskraft anbieten müssen (Dtn 24,14f).

---

3   Vgl. Zwickel, W., Wirtschaftliche Grundlagen in Zentraljuda gegen Ende des 8. Jh.s aus archäologischer Sicht. Mit einem Ausblick auf die wirtschaftliche Situation im 7. Jh. (UF 26), 1994, 557–592; ders., Die Wirtschaftsreform des Hiskia und die Sozialkritik der Propheten des 8. Jahrhunderts (EvTh 59), 1999, 356–377.

All diese Phänomene weisen auf eine tiefe Differenzerfahrung hin. Zwischen
den Angehörigen der Gesamtgruppe bestehen nicht mehr nur gleichsam natürliche Differenzen, durch Geschlecht und Alter bedingt, oder graduelle Unterschiede in Wohlstand und Macht. Sondern der Reichtum und die Macht der
einen beruht auf der Verarmung und politischen, gesellschaftlichen und recht-
lichen Schwäche der anderen. Wenn Jeremia in diesem Zusammenhang vom
„Bruch durch mein Volk" spricht (šæbær 'ammî, 6,14), entspricht das m.E.
recht genau dem modernen soziologischen Terminus der „Klassenspaltung".[4]

3. Reaktionen auf die neue Differenzerfahrung

Welche Reaktion zeigen nun die Texte auf diese Differenzerfahrung? Die erste
Reaktion ist, dass in der prophetischen Sozialkritik diejenigen, deren Verhalten
die Kritiker als verwerflich ansehen, mit den Folgen ihres Tuns konfrontiert
werden. Im Sinne der Entsprechung von Tun und Ergehen soll das Schicksal,
das sie anderen bereiten, sie selbst treffen. Wer also Haus an Haus und Feld an
Feld reiht, dessen Häuser sollen veröden und dessen Felder unfruchtbar sein
(Jes 5,8–10). Der Zusammenhang zwischen Tat und Tatfolge kann auch weniger offensichtlich sein, wenn etwa die reichen Frauen von Samaria, die der
Ausplünderung der Armen beschuldigt werden, mit gewaltsamer Verschlep-
pung nach Eroberung der Stadt bedroht werden (Am 4,1–3). Entscheidend ist,
dass die Täter selbst die Folgen ihres Tuns tragen müssen. Wir werden sehen,
dass hier ein Ansatz für die Ausbildung von Phänomenen sekundärer Religion
liegt, auch wenn es bis dahin noch ein weiter Weg ist. Nur am Rande sei erwähnt, weil es eigentlich selbstverständlich ist, dass auch in den Rechtskodizes
der Täter selbst für die Folgen seiner Tat verantwortlich ist. Wer einem Sklaven oder einer Sklavin ein Auge oder einen Zahn ausschlägt, muss sie dafür
freilassen (Ex 21,26f).

Obwohl der Ausgangspunkt der prophetischen Kritik wie der Rechtskodi-
fizierung die Erfahrung gesellschaftlicher Differenz ist, ist nach meinem Da-
fürhalten die Reaktion auf die Differenzerfahrung im Ganzen jedoch von dem
Bemühen um die Integration der Gesellschaft geprägt. Ich erwähnte schon den
Israelspruch in Am 2. Obwohl deutlich ist, dass es im Volk einander schroff
entgegenstehende Interessen und Handlungsweisen gibt, ist er an Israel als
Ganzes gerichtet. In den Visionen, die im Aufbau des Amosbuches den Völ-
kersprüchen entsprechen, wird wiederum Israel als Kollektiv angeredet. An
zentraler Stelle heißt es: „Gekommen ist das Ende zu meinem Volk Israel"
(Am 8,2).

---

4   Fischer, G., Jeremia 1–25 (HThKAT), Freiburg [u.a.] 2005, 112 weist darauf hin, dass die
     Wurzel šbr (zusammenbrechen, Zusammenbruch) „in Jer überdurchschnittlich belegt" ist.

Die Auslegung dieser Worte ist von einer scharfen Kontroverse geprägt. Für Hans Walter Wolff enthalten sie „die Botschaft vom Lebensende Israels"[5]. Sie sind für ihn geradezu der Schlüssel zur Botschaft des Amos. „Amos hat", so Wolff, „... mit schärfster und immer wiederholter Eindeutigkeit das seinen Zeitgenossen bevorstehende Ende Israels angekündigt"[6]. Dagegen ist heftiger Einspruch erhoben worden. Für Erich Zenger ist Amos keineswegs „Bote des absoluten Endes"; er kündige das Gericht vielmehr nur über die an, „die ruhigen Gewissens die zunehmende Verelendung der Kleinbauern und die strukturelle Verhinderung der Menschlichkeit hinnehmen, ja betreiben".[7] Der brasilianische Theologe Haroldo Reimer hat dem Thema eine ganze Studie gewidmet und kommt zu dem Schluss, „daß Amos kein totales Ende undifferenziert für das ganze Volk angekündigt hat", sondern „vielmehr ein ‚Gericht' Gottes in der Geschichte ..., das den für [die] sozialen Mißstände Verantwortlichen und den dazu dienenden Strukturen ein Ende herbeiführt"[8].

Meines Erachtens werden in dieser Kontroverse falsche Gegensätze verabsolutiert. Es ist richtig – das gilt für Amos wie für die anderen Propheten –, dass sie zunächst den für die soziale Fehlentwicklung Verantwortlichen Unheil androhen. Aber sie wissen auch, dass das zerstörerische Verhalten einer wirtschaftlich starken und politisch mächtigen Oberschicht ein ganzes Volk in den Abgrund reißen kann, auch wenn die Opfer dieser Oberschicht dadurch gewissermaßen doppelt gestraft sind: Erst werden sie wirtschaftlich ausgeplündert und politisch unterdrückt und dann haben sie auch noch unter den Folgen der dadurch heraufbeschworenen Katastrophe zu leiden.[9] Der Prophet Micha fasst das in präzise Worte. Nachdem er die gesamte judäische Oberschicht, die Häupter und Führer, Priester und Propheten und indirekt wohl auch den König, beschuldigt hat, kündigt er an: „*Um euretwillen* wird Zion als Feld gepflügt"

---

5   Wolff, H.W., Dodekapropheton 2. Joel und Amos (BK XIV/2), Neukirchen-Vluyn 1969, 368.

6   A.a.O., 125.

7   Zenger, E., Die eigentliche Botschaft des Amos. Von der Relevanz der Politischen Theologie in einer exegetischen Kontroverse, in: Schillebeeckx, E. (Hg.), Mystik und Politik. Theologie im Ringen um Geschichte und Gesellschaft. FS J.B. Metz. Mainz 1988, 394–406, Zitate 405.

8   Reimer, H., Richtet auf das Recht! Studien zur Botschaft des Amos (SBS 149), Stuttgart 1992, Zitate 233f. Vgl. auch Fleischer, G., Von Menschenverkäufern, Baschankühen und Rechtsverkehrern. Die Sozialkritik des Amosbuches in historisch-kritischer, sozialgeschichtlicher und archäologischer Perspektive (BBB 74), Frankfurt am Main 1989, dessen Fazit lautet: „Amos kündigt unabwendbares Unheil an, das aber, soweit erkennbar, nur den Adressaten seiner Schuldaufweise gilt, nicht dem ganzen Volk" (416).

9   Die hier nicht zu diskutierende Theodizeefrage einbringend fragt E. Zenger, Botschaft des Amos (s. Anm. 7), 397 prägnant, was das für ein Gott wäre, „der die Opfer samt den Henkern vernichtete?"

(Mi 3,9–12).[10] Jeremia fasst diesen Gedanken in ein starkes Bild. Er betrachtet die Jerusalemer oder judäische Gesellschaft unter dem Bild eines Silberschmelzvorgangs. In der gemischten Masse aus Dreck, unedlen Metallen und Silber befinden sich „Verderber" (mašḥîtîm). Doch so sehr das Feuer brennt und der Blasebalg schnaubt: „die Übeltäter (ra'îm) lassen sich nicht ausscheiden". Deshalb kommt das Unheil über Jerusalem als Ganzes, auch wenn nicht alle dafür als Täter verantwortlich sind (Jer 6,27–30). Nach den Erfahrungen des Nationalsozialismus und den Folgen im zweiten Weltkrieg, die nicht nur die Täter, sondern auch deren Opfer treffen konnten, müssten wir in Deutschland eigentlich einen leichten Zugang zu dieser Denkfigur haben.

Worauf es mir im Zusammenhang unserer Frage nach dem Übergang von Erfahrungen primärer zu denen sekundärer Religion ankommt, ist das Folgende: Obwohl am Anfang der prophetischen Kritik die Erfahrung von Differenz steht, zielt sie nicht auf Auflösung des Ganzen und Neukonstituierung einer dann gereinigten neuen Gemeinschaft, gar einer, zu der man sich durch Bekenntnis zugehörig erklären könnte. Zwar gibt es den Wunsch, dass die Übeltäter direkt zur Verantwortung gezogen werden, sogar die Vorstellung, dass sie wie bei einem Schmelzvorgang „ausgeschieden" werden könnten. Aber zum einen konstatieren alle Propheten, dass die Erwartung einer solchen säuberlichen Trennung zwischen Tätern und Opfern in der bevorstehenden Katastrophe eine Illusion wäre. Zum andern sprechen sie gerade im Zusammenhang mit dem nahenden Unheil auffällig oft von „meinem Volk", im Kontext der Gottesrede von Gottes Volk (Jes 3,12.15; 10,2; Jer 5,26; 6,14.27; Am 7,8; 8,2; Mi 2,8.9; 3,3.5). Sie verwenden damit einen letztlich verwandtschaftlich konnotierten Begriff[11] und betonen die Einheit des Ganzen.

Bestätigt wird dies durch Beobachtungen an den Gesetzeskorpora. Sie differenzieren ihrem Wesen nach deutlich zwischen eventuellen Tätern und ihren Opfern. Aber sie tun dies auf dem Hintergrund einer Vorstellung vom Ganzen als einer Einheit. Besonders ausgeprägt wird dies im Deuteronomium im Bild einer großen Verwandtschaftsgruppe ausgedrückt, in der alle Brüder und Schwestern sind. Es fängt an bei den Sklavinnen und Sklaven: „Wenn sich dein Bruder – der Hebräer oder die Hebräerin – dir verkauft ...", so beginnt Dtn 15,12–18. Und es endet beim König, der „aus der Mitte deiner Brüder" genommen werden und dessen Herz sich nicht über seine Brüder erheben soll (Dtn 17,15.20).[12]

---

10   Zu meinem Verständnis des Textes vgl. Kessler, R., Micha (HThKAT), Freiburg [u.a.]
      ²2000, bes. 160–170.

11   Lipinski, E., Art. עם 'am, in: ThWAT VI, 177–194, 180: „Es handelt sich um ein Nomen
      der Verwandtschaft zum Ausdruck eines agnatischen Verhältnisses."

12   Ich differenziere hier nicht zwischen deuteronomischen und deuteronomistischen Partien in
      Dtn 12–26. Zur Brüderlichkeitsideologie des Deuteronomiums vgl. Perlitt, L., „Ein einzig

All dies kann so gedeutet werden, dass trotz der Erfahrung einer Differenzierung innerhalb der Gesellschaft die soziale Basis für primäre Religion, nämlich die ideale, in Kategorien der Verwandtschaft vorgestellte Einheit der Gesellschaft noch nicht verlassen wird.

4. Kristallisationskerne für sekundäre Religionserfahrung

Wenn zu den „typischen Kennzeichen" der Zugehörigkeit zu einer sekundären Religion mit Assmann „Konversion, Apostasie, Anachorese und Märtyrertum" gehören,[13] dann sind wir im Israel des 8. bis 6.Jhs. noch weit davon entfernt. Es ist eigentlich erst die hellenistische Epoche, in der wir derartiges beobachten können. Allenfalls reichen einzelne Erscheinungen in die Perserzeit zurück. Dennoch bin ich der Ansicht, dass die ab dem 8.Jh. zu beobachtende Klassenspaltung und ihre Verarbeitung in prophetischen Schriften und Gesetzeskodizes erste Kristallisationskerne freisetzt, an denen sich im Lauf der Entwicklung weitere Kristalle ansetzen können, bis wir schließlich tatsächlich so etwas wie sekundäre Religion im antiken Israel vor uns haben. Ich sehe zwei solcher Kerne.

Den ersten Kern sehe ich darin, dass vor allem in der Fortschreibung der frühen Verschriftlichungen prophetischer Texte die Differenzierung in der Gesellschaft immer stärker akzentuiert wird. Dabei kommt mit der Kritik an der gesellschaftlichen Differenzierung eine Terminologie auf, die zwar zunächst noch soziale Phänomene meint, später dann aber auch im Sinn religiös geprägter Grenzziehungen verwendet werden kann. Ich will versuchen, an drei Beispielen klarzumachen, was ich damit meine.

In Am 2,6–8 finden wir zwar eine scharfe Anklage von Leuten, die Arme für Geld verkaufen, das Recht der Geringen beugen und ihren Luxus mit gepfändeten Gütern treiben. Aber die Angeklagten werden mit keiner Gruppenbezeichnung belegt. Dem Wortlaut des Textes nach ist es sogar Israel als kollektive Größe, das derartiger Verbrechen beschuldigt wird. „Wegen der drei Verbrechen von Israel und wegen der vier kann ich es nicht zurücknehmen", so fängt der Text an. Das ändert sich aber am Schluss der Amosschrift. Sie erhält in der Fortschreibung den heilvollen Ausblick auf eine Zeit, in der die Bauern nicht mehr ausgeplündert werden, sondern ihre üppigen Ernten in Frieden genießen können (Am 9,11–17). Angeschlossen wird dieser Ausblick durch einen Vers, der ankündigt, dass „alle Sünder meines Volkes durch das

---

Volk von Brüdern". Zur deuteronomischen Herkunft der biblischen Bezeichnung „Bruder", in: ders.: Deuteronomium-Studien (FAT 8), Tübingen 1994, 50–73.

13   Assmann, J., Ma'at. Gerechtigkeit und Unsterblichkeit im Alten Ägypten. München [2]1995, 20.

Schwert sterben sollen" (9,10).[14] Hier wird die Gruppe der in den älteren Amos-
texten Angegriffenen mit einem auch religiös zu verstehenden Kollektivbegriff
belegt, und ihre Eliminierung wird zur Voraussetzung einer heilvollen Zukunft
gemacht.

   Das zweite Beispiel stammt aus Micha. Es ist weniger martialisch, verrät
aber dieselbe Struktur. Zunächst wird im älteren Michatext in Mi 2,1–3 der
Weheruf der Totenklage über Menschen ausgerufen, die den freien Mann um
Feld und Haus, also um seinen Erbbesitz, bringen. Denen, die das tun, wird
unentrinnbares Unheil angekündigt. Daran werden in V.4–5 in der Fortschreibung zwei Verse angehängt.[15] In ihnen wird angekündigt, dass diese Leute in
der Zukunft – „an jenem Tag" – keinen Ackerlosanteil „in der Gemeinde
JHWHs" haben werden. Wieder also geht es, wie im Amosschluss, um Exklusion einer bestimmten Gruppe. Und wie der Terminus „Sünder" in Am 9,10 ist
der Terminus „Gemeinde JHWHs" zwar nicht ausschließlich, aber eben auch
religiös konnotiert.

   Bewegen wir uns mit den bisherigen zwei Beispielen auf der Seite der Täter, so kommen wir mit dem dritten auf die Seite ihrer Opfer. In Zef 1 wird den
Angehörigen der Jerusalemer Oberschicht von den Priestern über die Mitglieder des Königshofes und die Händler bis zu den reichen Grundbesitzern der
dies irae Gottes angekündigt. In 2,1–3 schließt daran ein Text an, der den „Elenden des Landes ('*anwê ha'aræs*), die sein Recht getan haben", die Möglichkeit
der Rettung aus dem Zorngericht eröffnet.[16] „Elende des Landes" dürfte zunächst einfach eine Analogiebildung zu dem bekannten Terminus „Volk des
Landes" ('*am ha'aræs*) sein, weil dieser Terminus im Zuge der Klassenspaltung ab dem 8. Jh. zunehmend nicht mehr die gesamte Bevölkerung umfasst,
sondern nur noch die zahlenmäßig immer kleiner werdende Oberschicht, den
„Landadel".[17] Insofern ist „Elende des Landes" zunächst ein sozialer Terminus. Wenn aber die Zürcher Bibel die Worte mit „ihr Demütigen alle im Lande" wiedergibt, dann ist auch das keine falsche Übersetzung. Wenn nämlich in
Ps 22 die Bezeichnung als '*"nawîm* („Elende") (V.27) mit Begriffen wie „die
JHWH fürchten" (V.24) oder „die ihn suchen" (V.27) parallelisiert wird, dann
geht merklich die soziale Komponente des Begriffs in eine religiöse über, die
man dann mit „demütig" wiedergeben kann. Ähnlich ist es in Ps 34. Hier werden die „Elenden" (V.3, vgl. V.7) mit denen, „die JHWH fürchten" (V.8), mit
„seinen Heiligen" (V.10), mit „denen, die JHWH suchen" (V.11), mit den

---

14   Zum Charakter von Am 9,1–17 als Fortschreibung vgl. Jeremias, J., Der Prophet Amos
     (ATD 24/2), Göttingen 1995, 128–137.
15   Zur Begründung dieser Sicht vgl. Kessler, R., Micha (s. Anm. 10), 119–123.
16   Nach der Analyse von Irsigler, H., Zefanja (HThKAT), Freiburg [u.a.] 2002, 199 liegt in
     dem hier zitierten V.3a „Nachinterpretation" vor.
17   Vgl. zum '*am ha'aræs* Kessler, R., Staat und Gesellschaft im vorexilischen Juda. Vom
     8. Jahrhundert bis zum Exil (VT.S 47), Leiden [u.a.] 1992, 199–202.

„Gerechten" (V.16, vgl. V.20.22), mit denen, die „zerbrochenen Herzens" sind und ein „zerschlagenes Gemüt" haben (V.19), und schließlich mit „seinen Knechten" (V.23) zu einer langen Reihe verbunden, bei der die sozialen Aspekte stark zugunsten religiöser Selbstbezeichnungen in den Hintergrund treten.[18] Wenn ihnen dann noch die, „die Böses tun" (V.17), bzw. der „Gewalttäter" (V.22) in exklusiver Opposition gegenübergestellt werden, dann sind wir nahe bei den Phänomenen, die wir auch in den Fortschreibungen der Prophetentexte beobachten können.

Es ist noch einmal zu betonen: In den älteren Prophetentexten ist die Differenzierung innerhalb der Gesellschaft sozial zu verstehen, und den Texten geht es letztlich um das Schicksal der Gesellschaft als Ganzer, um Integration. Doch an die damit gegebenen Kristallisationspunkte lagern sich Elemente an, die dann in Richtung auf feste Gruppenbildung mit religiösen Konnotationen abzielen, wobei es nicht mehr um Integration der Gesellschaft als Ganzer, sondern um Exklusion der als abweichend beschriebenen Gruppe geht.

Der zweite Kristallisationskern, der schließlich nach einem langen Prozess zu dem Phänomen sekundärer Religion führt, liegt nicht in den Texten selbst, sondern in der Art ihrer Weitergabe, nämlich als schriftliche Texte. Die in nahezu allen Kulturen belegte Prophetie ist ihrem Wesen nach ein mündliches Phänomen. Was wir aus dem Orient an Verschriftung kennen, etwa in Mari oder in den neuassyrischen Prophetien, ist die Sammlung von Prophezeiungen durch die, an die sie gerichtet sind. Hier setzt nun in Israel und Juda ab dem 8. Jh. etwas grundlegend Neues ein. Die Prophetie beschränkt sich nicht mehr auf Einzelorakel, sondern nimmt das Schicksal des Ganzen in den Blick. Und aus mal heilvollen, mal unheilvollen Ankündigungen an Einzelne wird die Denunziation ganzer gesellschaftlicher Gruppen. Der Widerspruch, den das hervorruft, führt letztlich zur Sammlung und Verschriftung von Prophetenworten, wobei dahingestellt bleiben kann, inwieweit dies bereits durch die Propheten selbst geschieht oder erst durch deren Mitstreiter, Anhänger und Tradenten.[19] Dabei bleiben die Worte des Propheten auch in der weiteren Überlieferung immer an eine genaue historische Situation gebunden. Aber sie werden nicht auf sie eingeschränkt, sondern gewinnen an Bedeutung. Jörg Jeremias, der diesen Prozess analysiert, formuliert, „daß diese Worte stets beides zugleich sind: Worte einer ganz bestimmten einmaligen geschichtlichen Stunde ..., und zugleich Worte, die keineswegs in dieser einen Stunde aufgingen, sondern nach Meinung der Schüler Bedeutung weit über diese geschichtliche Stunde hinaus

---

18   Un-Sok Ro, J., Die sogenannte „Armenfrömmigkeit" im nachexilischen Israel (BZAW 322), Berlin/New York 2002 macht auf derartige Texte aufmerksam. Der Fehler seiner Arbeit besteht darin, dass er den religiösen Gehalt der Bezeichnungen in einen starren Gegensatz zu den sozialen Konnotationen setzt, während in Wahrheit die Übergänge fließend sind.

19   Im übrigen wird dieser Widerspruch in den Verschriftungen der Prophetie bereits reflektiert (vgl. Am 7,10–17; Mi 2,6–11; Jer 18,18–23 u.ö.).

besaßen für spätere Generationen." Und weil „das Wort des Propheten weit über diese Stunde hinausweist", „wird es aufgeschrieben"[20]. Wenn Jeremias seine Analyse mit einem letzten Abschnitt abschließt, dem er die Überschrift „Auf dem Weg zum Kanon" gibt,[21] dann ist darin das eingefangen, worauf es mir ankommt. Die erste Verschriftung von Prophetie ist noch nicht Kanon, aber sie ist auf dem Weg dahin. Sie ist, wie ich gesagt habe, ein Kristallisationskern, an den sich weitere Elemente anlagern, bis wir schließlich einen Prophetenkanon haben und damit ein eindeutiges Merkmal für sekundäre Religion.

Entsprechendes gilt für die Gesetzeskorpora. Was in der „naturalen Gruppe" Sitte und Brauch ist, wird nicht verschriftlicht. Eine Wendung wie „so etwas tut man nicht in Israel" (2Sam 13,12; vgl. Gen 34,7) genügt, um den gesellschaftlichen Konsens abzurufen. Auch hier setzt mit der Kodifizierung von Recht etwas Neues ein. Auch sie ist wie die Verschriftung der Prophetenworte eine Reaktion auf die soziale Krise mit der Differenzierung innerhalb der Gesellschaft. Die damit gegebenen Konflikte und Interessengegensätze lassen sich nicht mehr allein mit Sitte und Brauchtum bewältigen, sie verlangen nach geschriebenem Recht. Und auch diese frühen Rechtskodifizierungen – das Bundesbuch vielleicht im späten 8. oder im 7. Jh., das deuteronomische Gesetz im späten 7. oder im 6. Jh. – sind noch nicht Kanon. Sie sind wohl noch nicht einmal positives Recht im modernen Sinn, sondern eher rechtsgelehrte Traktate. Aber auch sie sind ein Anfang „auf dem Weg zum Kanon".

Ich bin am Ende und fasse zusammen. Jan Assmann notiert: „Sekundäre Religionen ... sind ihrem Kern nach Widerstandsbewegungen. Die Ausdifferenzierung des (im eigentlichen Sinne) Religiösen gegenüber dem Politischen und dem Moralischen ist überall aus politischen und sozialen Konflikten hervorgegangen"[22]. Dass am Anfang des Weges zur sekundären Religion in Israel der gesellschaftliche Konflikt steht, finde ich bestätigt. Insofern möchte ich die Liste ergänzen, die Theo Sundermeier aufstellt: „Kulturkontakt und -wandel, Handelsbeziehungen und Vergrößerung des Territoriums, aber auch Naturkatastrophen, Kriegsniederlagen, Epidemien haben oft dazu geführt, die Begrenztheit der traditionalen Religion zu begreifen ..."[23]. Ergänzen der Liste heißt nicht, sie infragestellen. Denn die Zeit der sozialen Krise in Israel und Juda ist auch die Zeit des Kulturkontakts mit den Assyrern, von Kriegsniederlagen und Naturkatastrophen – die älteste Datierung der Amosworte ist „zwei Jahre vor dem Erdbeben" (Am 1,1) – und so weiter. Alle diese Faktoren hinterlassen ihre Spuren.

---

20   Jeremias, J., Das Proprium der alttestamentlichen Prophetie, in: ders.: Hosea und Amos. Studien zu den Anfängen des Dodekapropheton (FAT 13), Tübingen 1996, 20–33, Zitate 30.
21   A.a.O., 32.
22   Assmann, J., Ma'at (s. Anm. 13), 281.
23   Sundermeier, T., Religion (s. Anm. 1), 417.

Zugleich hat sich für mich ergeben, dass die soziale Krise (und die anderen, hier nicht näher untersuchten Faktoren) keineswegs ein schnelles Herausbilden sekundärer Religion bewirken. Anfangs ist durchaus das Bestreben vorherrschend, im traditionalen Sinn die Einheit der Gesellschaft zu betonen. Was die alttestamentliche Prophetie angeht, trifft Sundermeier nach meinem Verständnis den Kern, wenn er schreibt: „... die prophetischen Religionen ... haben die Tendenz zu absoluter Geltung, wollen also die primäre Religionserfahrung mit ihrem ganzheitlichen Anspruch auf neuer Ebene restituieren"[24]. Aber es bilden sich Kristallisationskerne aus, an die sich weitere Elemente anlagern können, so dass sich schließlich eine sekundäre Religion entwickelt. Bis es so weit ist, vergehen freilich noch Jahrhunderte.

---

24 Sundermeier, T., Was ist Religion? Religionswissenschaft im theologischen Kontext (ThB 96), Gütersloh 1999, 37.

Erwiderung auf R. Kessler

Pierre Bordreuil (Paris)

En exposant les réactions à la crise sociale ëu VIIIe siècle, R. Kessler a mis en évidence des données bibliques qui paraissent incontestables et, ici comme ailleurs, l'étude de l'histoire de la religion d'Israël ne peut ignorer les acquis de l'histoire sociale. On ajoutera que l'évolution logique vers l'enrichissement des riches et l'appauvrissement des pauvres relève d'un processus dont l'origine remonte à l'époque néolithique, à ce qu'on appelle commodément la révolution néolithique . C'est alors que les hommes se sont regroupés en villages entourés de murailles, comportant des silos pour conserver les céréales et des enclos pour élever le bétail. Il n'est pas sans intérêt de constater que dans la Bible, celui qui assume le patronage de cette nouvelle conjoncture est Caïn auquel est attribuée la construction de la première ville (Gn 4,17) qu'il entoure de murailles. Finalement, nos sociétés créatrices et accumulatrices de richesses en vue d'échanges à l'échelle planétaire ne sont pas fondamentalement éloignées de leurs homologues antiques pour qui le commerce concernait nécessairement les surplus dégagés après avoir procédé au stockage de biens de consommation entreposés pour pallier le risque toujours possible de périodes de vaches maigres . Les péripéties de ce qu'on peut appeler une crise sociale généralisée, auxquelles se réfèrent Amos, Michée et d'autres prophètes, reproduisent certainement des situations qui ont dû se répéter auparavant à de nombreuses reprises dans l'histoire des sociétés humaines du Proche-Orient ancien.

Il est exact, comme vient de le rappeler Rainer Kessler, que des prophètes comme Amos et Jérémie s'adressent à un Israël considéré comme une unité, mais une unité d'ores et déjà fissurée, minée par une fracture sociale dont on essaie d'atténuer les effets. C'est ainsi qu'oppresseurs et victimes de l'oppression appartiennent au même peuple: ils sont frères et sœurs. De même, le rappel que le roi a été pris du milieu de ses frères est probablement une allusion à l'époque, réputée heureuse, du choix de David par Samuel (Dt 17,15.20).

Revenant au début de l'analyse de Rainer Kessler, je dirai ma réticence à situer les débuts de l'histoire de l'Israël biblique à la fin du XIIIe siècle. En effet, la période qui va depuis la fin de l'empire hittite et du royaume d'Ougarit au début du XIIe siècle jusqu'aux environs de l'an mil est des plus obscure pour toute la région et on ne sait comment interpréter d'un point de vue historique les récits du livre des Juges. Les plus anciens textes phéniciens remontent en effet au XIe siècle mais on ne peut évaluer réellement le degré d'alphabétisation des populations de la Palestine de l'époque.

Reprenant l'exemple d'Ougarit, il est vrai que les archives ne nous présentent pour l'essentiel que la classe dirigeante, sorte d'oligarchie marchande, mais le grand nombre de lettres privées rédigées en langue ougaritique donne à penser que la possibilité d'écrire dépassait le cadre de la corporation des scribes et qu'elle devait s'étendre à un cercle plus étendu. Doit-on alors admettre que l'effondrement des sociétés de l'âge du Bronze ait amené au déclin qui est décrit par le livre des Juges: "chacun en Israël faisait ce qui lui semblait bon" et à l'éradication de la culture écrite? Il est difficile à l'historien d'évaluer la réalité historique à ce sujet.

Un point important qui a été souligné par Rainer Kessler est l'idée que la culpabilité individuelle connote l'apparition de ce que sera la religion secondaire. En effet, l'originalité de la religion d'Israël par rapport à ses prédécesseurs n'est-elle pas précisément la notion de responsabilité individuelle et donc de culpabilité envers Dieu? La pertinence de cette remarque fondamentale que j'ai entendu brillamment développer en son temps par Jean Bottéro me paraît évidente et on se demandera si l'ensemble de l'Ancien Testament, en tout cas dans sa rédaction finale, ne présente pas des éléments de la religion primaire vus à travers le filtre de la religion secondaire; en d'autres termes, on peut dire que cette rédaction finale présente une religion en voie de secondarisation et on sera d'accord ici avec Rainer Kessler. Toutefois on remarque aussi qu'il est difficile le plus souvent dans le domaine biblique d'établir des frontières entre «religion primaire» et «religion secondaire» en reprenant le faux problème de la «religion spirituelle». Peut-on dire que la Bible est «spirituelle» ou «secondaire»? N'est-elle pas plutôt en permanence de plain-pied avec les pratiques religieuses.

Deux récits bibliques paraissent pertinents pour illustrer notre propos: l'histoire d'Abraham et celle de Ruth. La religion patriarcale présente indubitablement des éléments de religion primaire: on adore le dieu de son père et Dieu est le dieu du clan. Mais Yahweh n'est pas un dieu araméen, alors qu'Abraham et sa descendance proche sont considérés comme des Araméens (Dt 26,5). Les aspects tribaux qu'on peut relever dans les récits de la Genèse: endogamie, nomadisme etc. semblent plutôt s'accorder avec des éléments caractéristiques de la religion primaire, mais le personnage d'Abraham, quels que soient les éloges successifs qui lui ont été décernés par la suite et qui le dissimulent à nos yeux, est celui qui obéit à un appel personnel de Dieu. Il est incontestable que la manière dont la Genèse le présente en fait un exemple pour ceux qui adopteront le culte du dieu unique, hénothéiste, monolâtrique puis monothéiste et que, de ce fait, il relève de la religion secondaire.

Le second exemple, celui de l'histoire de Ruth est plus complexe que celui d'Abraham. Voilà une Moabite qui suit sa belle-mère lors de son retour en

Judée en lui disant: ton peuple sera mon peuple et ton dieu sera mon dieu"
(Ruth 1, 16). Dans le même mouvement, on trouve l'intégration à un peuple et
la conversion à un nouveau dieu. S'agit-il ici de religion primaire et/ou de religion secondaire? La première affirmation pourrait relever de la religion primaire, mais la seconde affirmation dénote une appartenance à la religion
secondaire. L'ensemble de la phrase concerne plutôt la religion secondaire,
puisque l'intégration de Ruth l'étrangère va en quelque sorte à l'encontre des
exigences des listes généalogiques contrôlées au retour d'exil en vue de déter-
miner qui relève réellement du peuple d'Israël (Esdras 2,62) et de l'abandon
des mariages avec des étrangères qui sont désormais prohibés en terre sainte
(Esdr 10,11; Néh 13,25). Ces deux dernières procédures relèvent certainement
de la religion primaire. L'importance de l'intégration de Ruth dans la com-
munauté d'Israël n'échappera pas à l'auteur de la généalogie de Jésus dans
l'Évangile de Matthieu (1,5s.) puisque Ruth est l'une des rares femmes, avec
Tamar, Rahab et Bath Sheba, à figurer parmi les ancêtres de Jésus.

La crise sociale du VIIIe siècle est bien un fait marquant de l'histoire
d'Israël qui témoigne de l'irruption d'éléments de la religion secondaire. La ten-
dance générale qui est perceptible dans le texte actuel de la Bible hébraïque est
celle d'une secondarisation des éléments de la religion primaire qu'on peut y
trouver. En conclusion et en référence au statut d'esclave qui a été évoqué dans
l'exposé de Rainer Kessler je mettrai en perspective d'une part le texte vétéro-
testamentaire de Dt 15,12: «si ton frère hébreu, homme ou femme, se vend à
toi, il te servira six ans et à la septième année tu le renverras de chez toi en
libert»; en d'autres termes, c'est ton esclave mais n'oublie pas qu'il est ton frère
et d'autre part, le texte néotestamentaire de l'Épître à Philémon v. 16. Ici,
l'apôtre Paul demande au destinataire du message de recevoir Onésime, son
esclave fugitif devenu chrétien entre temps. Dans l'Épître à Philémon, on voit
que les termes utilisés par le Deutéronome sont inversés et que les effets sont
immédiats: Onésime est ton frère, donc il n'est plus ton esclave. On pourrait
proposer de voir dans ce texte du Deutéronome un élément relevant de la
religion en voie de secondarisation et dans celui de l'Épître à Philémon un
élément qui relève nettement de la religion secondaire.

Ps 91 – Bekenntnis zu Jahwe

Andreas Wagner (Heidelberg)

1. Der Zusammenhang von Sprache, Textform und außersprachlichen Gegebenheiten

Der Zusammenhang von Sprache und Wirklichkeit steht seit Jahrtausenden im Fokus aller an der Analyse von Sprache, an dem Verstehen von Texten interessierten Philosophen, Wissenschaftlern, Philologen und auch Theologen. Die unterschiedlichsten Fragebereiche werden dabei diskutiert und erörtert: Die Themen reichen vom Zeichencharakter der Sprache[1] über die Funktionen von Sprache (Informationsübermittlungssystem, Wissensspeicher, Kommunikationsmittel, Handlungsmittel[2]) bis zur Rolle der Sprache beim Erkenntnisvorgang[3] u.a.m. Die Beschäftigung mit sprachlichen Dingen verlangt also eine Beteiligung verschiedenster Wissenschaften und Disziplinen, um den vielfälti-

---

1   Vgl.: Saussure, F. de, Cours de linguistique générale. Hg. von Bally, C./Sechaye, A. Lausanne/Paris 1916 [Deutsch: Saussure, F. de, Grundfragen der allgemeinen Sprachwissenschaft. Hg. von Bally, C./Sechaye, A. Berlin 1931].

2   Vgl. aus der neueren Literatur: Antos, G. (Hg.), Wissenstransfer durch Sprache als gesellschaftliches Problem (Transferwissenschaften 3) Frankfurt/M. [u.a.] 2005; Carlson, L. (Hg.), Functional features in language and space. Insights from perception, categorization, and development (Explorations in language and space 2) Oxford [u.a.] 2005; Horn, L.R./Ward, G. (Hg.), The handbook of pragmatics (Blackwell handbooks in linguistics 16) Malden 2005; Meibauer, J., Pragmatik. Eine Einführung (Stauffenburg-Einführungen 12) Tübingen ²2005; Adamzik, K., Sprache. Wege zum Verstehen (UTB 2172) Tübingen/Basel 2004; vgl. auch die entsprechenden Bände der Reihe: Handbücher zur Sprach- und Kommunikationswissenschaft (HSK). Im Hintergrund stehen dabei immer noch klassische Arbeiten: Austin, J.L., Zur Theorie der Sprechakte, Stuttgart 1985 (Erstauflage: How to Do Things with Words, Oxford 1962); Barwise, J./Perry, J., Situationen und Einstellungen. Grundlagen der Situationssemantik (De-Gruyter-Studienbuch. Grundlagen der Kommunikation) Berlin 1987; Levinson, S.C., Pragmatics (Cambridge textbooks in linguistics) Cambridge [u.a.] 2005 (¹1983); Polenz, P. von, Deutsche Satzsemantik. Grundbegriffe des Zwischen-den-Zeilen-Lesens, Berlin/New York 1985; Searle, J.R., Sprechakte, Frankfurt/M. ³1988 (Ersterscheinung: Cambridge 1969); Watzlawick, P./Beavin, J.H./Jackson, D.D., Menschliche Kommunikation, Bern ⁹1996; Wittgenstein, L., Philosophische Untersuchungen. Werkausgabe Bd. 1, Frankfurt/M. 1993 (Ersterscheinung: Oxford 1953).

3   Vgl.: Köller, W., Philosophie der Grammatik. Vom Sinn grammatischen Wissens, Stuttgart 1988.

gen Leistungen und Funktionen von Sprache gerecht zu werden. Im Falle des
„historischen" Sprachverstehens kommen noch weitere Bedingungen – und
damit weitere disziplinäre Gegebenheiten – hinzu, alle diejenigen nämlich, die
mit dem historischen Verstehen und der Welt des Vergangenen zu tun haben.
Und wenn es um Phänomene aus dem Religionsbereich geht, dann sind zudem
die Wissenschaften und Disziplinen gefragt, die sich mit „Religion" beschäfti-
gen.

Die Analyse eines alttestamentlichen Psalms bewegt sich im Schnittpunkt
dieser genannten Problematik und kann von den verschiedensten Seiten her
angegangen werden. Bei Psalmen haben wir es mit „religiösen Texten" zu tun,
so dass sich die Fragen des Textes sowie der Textsorte/Gattung und Fragen des
Zusammenhanges zwischen Text und Wirklichkeit sowie Textsorte/Gattung
und Wirklichkeit genauso in den Vordergrund drängen wie Fragen der Religion.

Jedes historische Sprachverstehen greift dabei auf Grundbausteine zurück,
die aus dem Nachdenken über Sprache überhaupt gewonnen wurden – aus einem Nachdenken, das eine fast genauso lange Geschichte hat wie die Sprache
selbst. Die Annahme, dass bestimmte Prozesse in der Sprache universal ablau-
fen, ist somit keine unhistorische Unterstellung, sondern gebietet die schlichte
Vernunft; die Arbitrarität des Zeichens oder die Vielfalt der Sprachfunktionen,
die Dimensionen der Syntaktik, Semantik oder Pragmatik in historischen
Sprachstufen in Abrede zu stellen, führt in die Unwissenschaftlichkeit.

Eine dieser zentralen Einsichten der Spracherforschung der letzten Jahrhunderte stellt die Einsicht in die Veränderbarkeit von Sprache und alle sich in
ihr konstituierenden Gegebenheiten dar. Sprachveränderungen und Sprachwandel sind (häufig) auf Veränderungen der Wirklichkeit zurückzuführen.[4] Verändern sich die Gegenstände der Welt (Erfindungen, Neuentwicklungen, Ent-

---

4   Zum Sprachwandel vgl.: Chambers, J.K. [u.a.] (Hg.), The handbook of language variation
     and change. (Blackwell handbooks in linguistics) Malden 2005; Mattheier, K.J. (Hg.),
     Sprachwandel und Gesellschaftswandel – Wurzeln des heutigen Deutsch, München 2004;
     Christiansen, M.H. (Hg.), Language evolution, Oxford [u.a.] 2003; Gloning, T., Organi-
     sation und Entwicklung historischer Wortschätze. Lexikologische Konzeption und exempla-
     rische Untersuchungen zum deutschen Wortschatz um 1600 (Reihe Germanistische Lingui-
     stik 242) Tübingen 2003; Keller, R., Sprachwandel. Von der unsichtbaren Hand in der
     Sprache, Tübingen/Basel [3]2003; Barz, I. (Hg.), Sprachgeschichte als Textsortengeschichte.
     Festschrift zum 65. Geburtstag von Gotthard Lerchner. Frankfurt/M. [u.a.] 2000; Sprachge-
     schichte. Bd. 1–4 (Handbücher zur Sprach- und Kommunikationswissenschaft) [2]1998–2004
     (Lit.!). Auch hier stehen im Hintergund Klassiker des 19. und 20. Jahrhunderts: Delbrück,
     B., Einleitung in das Sprachstudium. Ein Beitrag zur Geschichte und Methodik der vergli-
     chenden Sprachforschung (Bibliothek indogermanischer Grammatiken 4) Leipzig 1880; Co-
     seriu, E., Sincronía, diacronía e historia. El problema del cambio lingüístico, Montevideo
     1958; Lehmann, W.P., Historical linguistics. An introduction, New York 1962; Paul, H.,
     Prinzipien der Sprachgeschichte (Konzepte der Sprach- und Literaturwissenschaft 6) Tübin-
     gen [9]1975, u.a.

deckungen usw.), dann braucht es neue Wörter (Neologismen), dann verändert sich der Wortschatz einer Sprache. Gibt es neue Funktionssituationen – in der heutigen Welt sind solche sehr oft durch technische Innovationen indiziert –, so entstehen neue Textsorten, die für das Bewältigen dieser Situationen dienen: Anrufbeantwortertexte gibt es erst seit es Anrufbeantworter gibt, alle spezifischen Formen, die mit dem Rundfunk zu tun haben (bes. Formen der konzeptionellen Mündlichkeit), gibt es erst seit der Entstehung dieses Mediums, ähnliches gilt für E-Mail und SMS-Kommunikation usw. Diese Neubildung von Spracheinheiten, die auf Veränderungen der Wirklichkeit reagieren, auch das ist eine universale Erkenntnis, gab es in allen Stadien der Sprachgeschichte, gehört zum Wesen der Sprache.

Für die Veränderungen sind unterschiedliche Ursachen verantwortlich. Technische Innovation und gesellschaftliche Veränderungen sind dabei nur zwei Felder, aus denen sich Sprachwandlungen speisen können. Auch Veränderungen der Religion ziehen Veränderungen der Sprache nach sich. G. Theißen hat auf diesen Aspekt hingewiesen, wenn er mit Blick auf die Veränderungen, die durch die Entstehung des Christentums ausgelöst wurden, festhält,[5] dass (auch) das neu entstandene Christentum Textformen hervorbringt, die so vorher noch nicht existiert haben. Diese wiederum dienen als Erkenntnisquelle auch für die Gegebenheiten der Religion: „Die literarische Formensprache offenbart unbestechlicher die Intentionen einer Gruppe als inhaltliche Aussagen."[6] Aufgrund des interdependenten Verhältnisses von Sprache und Wirklichkeit, zumal im historischen Bereich, können sich Veränderungen der Wirklichkeit auch aus der Analyse der sprachlichen Gegebenheiten ergeben. Sprache kann durchaus als historische Erkenntnisquelle dienen.

Diese Hinweise spannen den Rahmen aus, innerhalb dessen sich die nachfolgend dargebotene Analyse von Ps 91 bewegt. Diese vorangestellten Reflexionen sollen für Sprachveränderungen sensibilisieren, die auch aus Veränderungen der Religion resultieren können. Auch bei der Analyse von Psalmen haben wir mit solchen Veränderungen zu rechnen; zuweilen können Psalmen als Spracheinheiten, die solche Veränderungen dokumentieren, damit als „Quellen" für die außersprachliche Veränderung verstanden werden. Bei der Beschreibung dieser Veränderungen sind mir schließlich die Kategorien der primären und sekundären Religion bzw. der Bekenntnisreligion hilfreich gewesen.

5 Theißen, G., Das Neue Testament (Beck'sche Reihe 2192) München 2002, Kap. 1 Das «Neue Testament» und seine literarischen Formen.
6 Theißen, G., Das neue Testament, (s. Anm. 5), 11.

2. Ps 91 in der neueren exegetischen Diskussion[7]

Die Überlegungen zu Ps 91 aus der neuesten Psalmendiskussion kreisen um
die Themen Weisheit, Zuspruch und Vertrauen. Der Psalm wird über diese
Themen, die sich aus zumeist *inhaltlichen* Beobachtungen speisen, an Groß-
topoi der alttestamentlichen religiösen Dichtung angeschlossen. Die Bezeichnungen ‚weisheitlicher Psalm' oder ‚Vertrauenspsalm',[8] mit denen der Psalm
belegt wird, sind dabei in sich unklarer, als es auf den ersten Blick scheint. Es
handelt sich nicht um ‚klassische' form-/gattungsgeschichtliche Aussagen, da
sie in erster Linie nur an die inhaltlichen Aussagen des Psalms anschließen.
Der Erklärungswert hängt von dem jeweiligen Verständnis von *Weisheit*, von
Vertrauen ab, und ob der Spannbreite und Vagheit dieser Begriffe ist er nicht
immer allzu groß. Insbesondere stößt eine solche Zuordnung an Grenzen, wenn
der Psalm nicht nur auf die semantischen, sondern auch auf seine weiteren –
strukturellen, poetischen, syntaktischen, pragmatischen – Bedeutungsdimensionen hin untersucht wird. Im folgenden Durchgang durch die neuere Literatur soll daher besonders auf diese Bedeutungsdimensionen geachtet werden.

Seybolds[9] Auslegung von Ps 91 beginnt mit einer Textänderung in V.2:
nach 11QPsA[a] liest er dort statt Präformativkonjugation (PK) 1. Sg. ein Partizip,

---

7   Zu Ps 91: Zur älteren Literatur vgl.: Hugger, P.: Jahwe meine Zuflucht. Gestalt und Theolo-
     gie des 91. Psalms (Münsterschwarzacher Studien 13) Münsterschwarzach 1971. Neuere
     Studien (neben den Kommentaren): Schützeichel, H., Im Schutz des Höchsten (Psalm 91),
     TThZ 115,1 (2006), 60–76; Gaiser, F.J., „It shall not reach you". Talisman or vocation?
     Reading Psalm 91 in time of war. Word and world 25,2 (2005), 191–202; Kraus, T.J., Sep-
     tuaginta-Psalm 90 in apotropäischer Verwendung: Vorüberlegungen für eine kritische Edi-
     tion und (bisheriges) Datenmaterial, BN 125 (2005), 39–73; Eshel, E., Apotropaic Prayers in
     the Second Temple Period, in: Chazon, E.G. (Hg.), Liturgical Perspectives. Prayer and Po-
     etry in Light of the Dead Sea Scrolls. Proceedings of the Fifth International Symposium of
     the Orion Center for the Study of the Dead Sea Scrolls and Associated Literature, 19–23
     January, 2000 (StTDJ 48) Leiden [u.a.] 2003, 69–88; Lichtenberger, H., Ps 91 und die
     Exorzismen in 11QPsAp3, in: Lange, A./Lichtenberger, H./Römheld, K.F.D. (Hg.), Die
     Dämonen. Die Dämonologie der israelitisch-jüdischen und frühchristlichen Literatur im
     Kontext ihrer Umwelt – Demons: The Demonology of Israelite-Jewish and Early Christian
     Literature in Context of their Environment, Tübingen 2003, 416–421; Weber, B., Werkbuch
     Psalmen II. Die Psalmen 73 bis 150, Stuttgart [u.a.] 2003, 123–127; Doeker, A., Die Funkti-
     on der Gottesrede in den Psalmen. Eine poetologische Untersuchung (BBB 135) Ber-
     lin/Wien 2002; Sticher, C., Die Rettung der Guten durch Gott und die Selbstzerstörung der
     Bösen. Ein theologisches Denkmuster im Psalter (BBB 137) Berlin/Wien 2002; Knight,
     L.C., I will show him my salvation. The experience of anxiety in the meaning of Psalm 91,
     RestQ 43,4 (2001), 280–292.
8   Sticher, C., Die Rettung der Guten durch Gott und die Selbstzerstörung der Bösen (s. Anm.
     7), 210–224, und Weber, B., Werkbuch Psalmen II (s. Anm. 7), 124, halten Ps 91 für einen
     „Vertrauenspsalm", Doeker, A., Die Funktion der Gottesrede in den Psalmen (s. Anm. 7),
     177–185, schließt sich der Deutung als „weisheitliches Lehrgedicht" an.
9   Vgl.: Seybold, Klaus: Die Psalmen. (HAT I/15) Tübingen 1996, 360–364.

ändert also den masoretischen Text und erhält so ein Konditionalsatzgefüge: „Im Schutze des עֶלְיוֹן und im Schatten des שַׁדַּי wird sein, wer sich mit der Parole ‚JHWH meine Zuflucht' zu JHWH bekennt."[10] Im Anschluss an die Monographie von Hugger will Seybold den Psalm als einen „Nachklang einer alten kultischen Belehrung' aus einer Segenszeremonie mit Schutz- und Weiheriten charakterisieren [...]. Das lehrhafte Moment kommt strukturell dadurch zum Ausdruck, dass eine Eingangsthese mit der Bekenntnisformel: ‚JHWH ist meine Zuflucht' (1–2, vgl. 9) durch eine Reihe sentenzartiger Voten entfaltet und illustriert wird (3–13). [...] Die belehrende Rede ist im Schlussabschnitt (14–16) zugunsten einer göttlichen Zusage im Ich-Stil verlassen [...]."[11] Aufgrund der kompilatorischen Natur hält Seybold den Psalm für ein Werk aus nachexilischer Zeit. Aus dieser Position ergeben sich wichtige Orientierungen:

– der Psalm beginnt nach Seybold mit einem Bekenntnis (VV. 1–2)
– VV. 3–13 sind lehrhaft strukturiert
– V. 9 hängt irgendwie mit VV. 1–2 zusammen
– in 14–16 gibt es einen Sprecherwechsel; ab V. 14 liegt Jahwe-Rede vor.

Für eine Textänderung in V. 2 sehe ich allerdings keine Notwendigkeit (s.u.); auch finden sich für die unterstellte Segenszeremonie, für Schutz- oder Weiheriten im Psalm selbst kaum Hinweise.

Nach Zenger[12] setzt „[d]er Psalm [...] *im ersten Teil* mit einer performativen Rede des Beters ein, in der dieser erklärt, dass er sich unter den Schutz JHWHs stellt und von diesem Rettung erhofft".[13] Im besonderen ist damit אָמַר aus V. 2 gemeint, das die performative Rede einleite.[14] Damit ist Zenger (in Fortführung der Deutung von VV. 1–2 durch Seybold) zwar auf der richtigen Spur, aber die These ist m.E. noch nicht konsequent genug durchgeführt. Hossfeld/Zenger meinen mit performativ das, was in der früher üblichen performativ/konstativ-Distinktion diejenige Art der Äußerung ist, die Wirklichkeit durch den Vollzug des Sprechens schafft. Hier ist die Diskussion im allgemeinen[15] und die im Hebräischen inzwischen ein Stück weiter: Die performativ/

10   Seybold, K., Die Psalmen (s. Anm. 9), 362; ähnlich: Koenen, K., Jahwe wird kommen, zu herrschen über die Erde. Ps 90–110 als Komposition (BBB 101) Weinheim 1995, 53.

11   Seybold, K., Die Psalmen (s. Anm. 9), 362; in neuerer Zeit hat Seybold seine Auffassung leicht modifiziert; er geht nun davon aus, dass es sich, „den Torliturgien Ps 15; 24 vergleichbar, [um] Teile der Aufnahmeformularien für den Asylflüchtling [handelt], deren Mitte die Loyalitätserklärung in Gestalt eines Vertrauensbekenntnisses bildet (V.1f.; 8f.; 14. 16)", Seybold, K., Poetik der Psalmen (Poetologische Studien zum Alten Testament 1) Stuttgart 2003, 254.

12   Vgl.: Zenger, E., Ps 91, in: Hossfeld, F.-L./Zenger, E., Psalmen 51–100 (HThK.AT) Freiburg [u.a.] ²2000, 615–626.

13   Zenger, E., Ps 91, HThK.AT (s. Anm. 12), 618.

14   Vgl.: Zenger, E., Ps 91, HThK.AT (s. Anm. 12), 616.

15   Vgl. die Literatur von Austin, J.L., Zur Theorie der Sprechakte (s. Anm. 2) und Searle, J.R., Sprechakte (s. Anm. 2) bis Horn, L.R./Ward, G. (Hg.), The handbook of pragmatics (s.

konstativ-Distinktion wurde zugunsten der Theorie der Sprechakte aufgegeben und die Sachverhalte im Hebräischen sind durch einige Arbeiten über Sprechakte im Hebräischen und ihre sprachliche Formung weiter aufgehellt.[16] Performativität allein festzustellen reicht nicht aus, man muss, dem späten Austin und Searle folgend, fragen, *auf welche Art* eine Äußerung performativ ist. Dabei ergeben sich regelhafte Zuordnungen von bestimmten syntaktischen Formen und bestimmten Sprechaktklassen.[17] Im Hebräischen wird etwa nie PK zum Ausdruck wirklichkeitsverändernder DEKLARATIVER Akte gebraucht, sondern immer Afformativkonjugation (AK) oder Nominalsätze. Diese Überlegung ist wichtig, weil ein DEKLARATIVER Sprechakt in Ps 91 nicht in V.1–2 mit אמר in Präformativkonjugation vorliegen kann (wie Zenger meint), ein solcher folgt erst in V.9 (s.u.). Allerdings bereitet V.1–2 den DEKLARATIV in V.9 vor (s.u.).

In besonderer Weise betont Zenger die Sprecheraufteilung in Ps 91:

VV.1–2	Sprecher: Beter	angesprochen: Jahwe
VV.3–13	Sprecher: Zusprechender	angesprochen: Beter
		(darin V.9a als
		Wiederholung von V.2[18])
V.14–16	Sprecher: Jahwe	angesprochen: Beter

Das hier im Psalm greifbare Textgeschehen erklärt Zenger mit Sprecher-Rollen, die in einem tempelliturgischen Hintergrund zu verorten seien. Allerdings lässt er offen, ob es sich hier um eine echte „liturgische Agende" oder um die „Literalisierung eines Rituals" handelt,[19] bei einer gewissen Tendenz zur Vermittlung beider Möglichkeiten in der Formulierung: „literarische Inszenierung eines ursprünglich kultischen Rituals".[20] Der Psalm brauche, so Zenger, „[...] für seine Rezitation nicht mehrere Rollen, sondern der Beter ‚spielt' selbst die drei Stimmen des Psalms. Er konstituiert im Rezitieren die im Psalm entwor-

---

Anm. 2); Meibauer, J., Pragmatik (s. Anm. 2); Dörge, F.C., Illocutionary acts. Austin's account and what Searle made out of it, (Diss.) Tübingen 2004.

16   Vgl.: Wagner, A., Sprechakte und Sprechaktanalyse im Alten Testament. Untersuchungen an der Nahtstelle zwischen Handlungsebene und Grammatik (BZAW 253) Berlin/New York 1997, 7–74; ders.: Die Stellung der Sprechakttheorie in Hebraistik und Exegese, in: Lemaire, A. (Hg.), Congress Volume Basel 2001 [International Organization for the Study of the Old Testament], (VT.S 92) Leiden 2002, 55–83; Diehl, J.F., Die Fortführung des Imperativs im biblischen Hebräisch (AOAT 286) Münster 2004 passim; Jenni, E., Studien zur Sprachwelt des Alten Testaments II. Hg. von Luchsinger, J./Mathys, H.-P./Saur, M., Stuttgart 2005 passim.

17   Vgl.: Wagner, A., Sprechakte und Sprechaktanalyse im Alten Testament (s.vorige Anm.), 93–251 und passim.

18   Indem Zenger V.9a (nach *ky*) als Zitat von V.2 versteht, entgeht er dem Problem des erneuten Sprecherrollenwechsels.

19   Zenger, E., Ps 91, HThK.AT (s. Anm. 12), 619.

20   Zenger, E., Ps 91, HThK.AT (s. Anm. 12), 620.

fene rettende [....] Welt [...]." Daher bezeichnet er den Psalm als „Vertrauenspsalm sui generis".[21]

Auch Gerstenberger[22] hebt zunächst die Sprecherrollenaufteilung hervor:

I.   Felicitation   1–2 prayer
     II. Personal blessings   3–13 language of (Priestly?) counseling
          III. Divine reflection and promise   14–16 Yahweh

Gerstenberger stellt, im Anschluss an Mowinckel,[23] den Segnungsteil VV.3–13 in der Vordergrund und betont, wie in neuerer Zeit auch Koenen,[24] den Zuspruchscharakter des Psalms.

Die Gliederung von Zenger, Gerstenberger u.a. wird in den neuesten Studien, die auf Ps 91 eingehen – A.Doeker, Die Funktion der Gottesrede in den Psalmen; C.Sticher, Die Rettung der Guten durch Gott und die Selbstzerstörung der Bösen; B.Weber, Werkbuch Psalmen II (für alle s. Anm. 7) –, aufgegriffen, teilweise auch modifiziert. Der Psalm wird einheitlich betrachtet und in die nachexilische Zeit datiert.

Sticher gliedert wie Zenger und Gerstenberger, Weber geht dagegen von einer Zweiteilung aus (VV.1–8 und VV.9–16); diese Zweigliederung ist allerdings als alleinige Gliederungsebene nur schwer mit der Sprecherstruktur (s.o. zu Zenger, s. auch u.) zu vereinbaren. Doeker nimmt eine konzentrische Struktur an:[25]

---

21   Zenger, E., Ps 91, HThK.AT (s. Anm. 12), 619–20.

22   Vgl.: Gerstenberger, E.S., Psalms (part 2) and Lamentations (The Forms of the Old Testament Literature XV) Grand Rapids 2001, 163.

23   Mowinckel, S., Psalmenstudien. III. Kultprophetie und prophetische Psalmen. Kristiania 1923, 101–104.

24   Vgl.: Koenen, K., Jahwe wird kommen (s. Anm. 10), 53.

25   Damit bildet Doeker exakt den Vorschlag von Wagner, A., Sprechakte und Sprechaktanalyse im Alten Testament (s. Anm. 16), 217, ab, bei dem sie auf 177 das Verbleiben „auf der deskriptiven Ebene" und „kaum neuen Erkenntnisgewinn" festgestellt hat:

Sprecherrollengliederung		Strophengliederung		
nach Wagner (1997):		nach Doeker (2002):		
1–2	Beter	1–2	I	Äußerer Rahmen (Vertrauensaussage des Beters)
3–8	Priester	3–8	II	innenliegende Strophe
9	Beter (BEKENNTNIS)	9	III	Mitte 9a (unbedingte Vertrauensaussage des Beters, Bekenntnis)
10–13	Priester	10–13	IV	innenliegende Strophe
14–16	Jahwe	14–16	V	Äußerer Rahmen (bestätigende Zusage Gottes)

I	Äußerer Rahmen: 1–2 (Vertrauens-aussage des Beters)	Ich-Aussage des Beters (Jahwe nicht angesprochen)
II	innenliegende Strophe: 3–8	Sprecher? (angesprochen: exemplarisches Du)
III	Mitte: 9a (unbedingte Vertrauens-aussage des Beters)	Ich-Aussage des Beters (Jahwe angesprochen)
IV	innenliegende Strophe: 10–13	Sprecher? (angesprochen: exemplarisches Du)
V	Äußerer Rahmen: 14–16 (bestätigende Zusage Gottes)	Ich-Aussage Gottes (Beter angesprochen)

Diese Fünfteilung erläutert sie folgendermaßen: „Die [...] beiden innenliegenden Strophen [...] beschreiben die ‚Konsequenz‘ aus dem Gott gegenüber geäußerten Vertrauen. Es werden Aussagen der Zuversicht und der Gottesgeborgenheit getroffen. Von der Sprechsituation tritt eine neue Ebene hinzu, die Beschreibung dieser ‚Konsequenz‘ ist an ein ‚Du‘ gerichtet. Dieses ‚Du‘ nimmt sozusagen die Rolle eines exemplarischen Zuhörers ein."[26] Wer in den Versen 3–8 und 10–13 spricht, bleibt ungesagt; Doeker gelingt es nicht, die Kohärenz der Struktur klarzumachen, da sie auf die Zuordnung der beobachteten Subjektswechsel zu Sprecherrollen verzichtet.

Mit V.9 ringen alle Ausleger. Doeker hält das כִּי־אַתָּה in V.9 für einen „Störfaktor",[27] will aber den Vers nicht verwerfen und entschließt sich, יְהוָה in V.9 als Vokativ[28] und V.9 insgesamt als Bekenntnis des Beters zu Jahwe zu verstehen.[29] Sticher formuliert etwas enigmatisch: „Auch in V.9 ändert sich die Sprechrichtung noch einmal, wobei sich ›JHWH meine Zuflucht‹ auch als Anrede Gottes verstehen lässt, womit die 1. Person bereits erklärt wäre, also nicht zwingend von einem Stimmenwechsel auszugehen ist."[30] Dass V.9 einen Rückgriff auf VV.1–2 darstellt, wird ebenfalls von allen hervorgehoben.

Von den durch die neueren Studien aufgeworfenen Problemstellungen sensibilisiert will ich im folgenden Abschnitt den Geschehensablauf des Psalms nachzeichnen; er erweist sich m.E. als ein ohne Textänderungen zu verstehender, in Struktur und Inhalt diffizil gearbeiteter, dabei kohärenter und nachvollziehbarer Text, der eine bestimmte religionsgeschichtliche Grundsituation voraussetzt.

---

26 Doeker, A., Die Funktion der Gottesrede in den Psalmen (s. Anm. 7), 178.
27 Doeker, A., Die Funktion der Gottesrede in den Psalmen (s. Anm. 7), 180.
28 Dies wiederum wie Wagner, A., Sprechakte und Sprechaktanalyse im Alten Testament (s. Anm. 16), 217.
29 Vgl.: Doeker, A., Die Funktion der Gottesrede in den Psalmen (s. Anm. 7), 181.
30 Sticher, C., Die Rettung der Guten durch Gott und die Selbstzerstörung der Bösen (s. Anm. 7), 213.

3. Ps 91 – der Geschehensablauf

3.1 Das Bekenntnis von V.9 als Zentrum des Psalms

Ps 91,9 stellt das Zentrum und den Kern des Psalms dar; von diesem Kern aus möchte ich die Struktur aufzeigen, weil alle Teile des Psalms hier ihren Bezugspunkt haben. Daneben ist die Sprecherstruktur, auf die insbesondere Zenger (s.o.) auch eingegangen ist, ein wesentlicher Schlüssel zum Verständnis des Psalms.

V.9 beginnt mit einem (deiktischen) כי als Markierungssignal; wie in V.3 und V.14 markiert es einen besonderen Einschnitt im Psalm. In V.9 folgt zunächst eine Bekenntnisaussage in 2. Pers.: *Du, Jahwe, bist meine Zuflucht.* Ein Einzelner spricht hier, wie in VV.1–2, zu Jahwe. Das „Bekenntnishafte" dieser Äußerung haben etliche Ausleger unterstrichen (s.o.). Allerdings muss man diese Aussage noch präziser fassen: Bekenntnisse können ja ganz unterschiedliche Funktion haben.[31] Ein Bekenntnis kann etwa durchaus innerhalb einer Vertrauensäußerung gesprochen werden, sozusagen im Zwiegespräch mit Gott. In Ps 91 jedoch verweist die Sprecherstruktur deutlich auf eine Kommunikationssituation mit mehreren Beteiligten, so dass ein „stilles Gebet" zunächst nicht wahrscheinlich ist. Auch eine Situation mit mehreren Kommunikationsbeteiligten ist als Kontext für Bekenntnisse nicht ungewöhnlich: Coram publico Zeugnis abzulegen oder Bekenntnisse im Gottesdienst zu sprechen gehört zu den Grundfunktionen dieses Sprechaktes. Die „gemeinschaftsstiftende und -bewahrende" Funktion von Bekenntnissen[32] kann sich sogar nur entfalten, wenn Bekenntnisakte gemeinschaftlich/öffentlich geäußert werden.[33]

Wenn hier in Ps 91 also ein Bekenntnis innerhalb einer Kommunikationssituation mit mehreren Beteiligten geäußert wird, die selbst aus der Sprecherstruktur des Psalms (s. untenstehende Übersicht) ablesbar ist, dann verlangt dieses „öffentliche" Bekennen des Beters eine Erklärung. Als plausibelste Erklärung, die sich eingedenk des Psalmgeschehens und Inhalts geben lässt, ist

---

31 Wagner, A., BEKENNEN. Zur Analyse eines religiösen Sprechakts, in: König, P.-P./Wiegers, H. (Hg.), Satz – Text – Diskurs. Akten des 27. Linguistischen Kolloquiums Münster 1992. Bd. 2 (Linguistische Arbeiten 313) Tübingen 1994, 117–123; Kreuzer, S., Art. Bekenntnis II. 1 Altes Testament, in: RGG⁴ Bd. 1 (1998), 1246–1247; Härle, W., Art. Bekenntnis IV. Systematisch, in: RGG⁴ Bd. 1 (1998), 1257–1262.

32 Bochinger, Christoph: Art. Bekenntnis, in: RGG⁴ Bd. 1 (1998), 1246.

33 Möglicherweise kann eine solche Sprechsituation, sofern sie sich in einem Psalm niederschlägt wie in Ps 91, aus einer Leseperspektive auch von einem Leser durchlaufen werden; und wie ein Schauspieler kann er auch alle Rollen für sich „sprechen". Aber er kann sich nicht mit allen Rollen gleichzeitig identifizieren. Und er muss, um sich die Situation plausibel zu machen, auf sein Wissen über solche Kommunikations- und Bekenntnissituationen zurückgreifen. Ein Rollengespräch mit völlig fiktive Rollen, das keinen Anhalt in der Realität hat, scheint mir schwer vorstellbar.

das Verständnis von V.9 als eines *zugehörigkeitsstiftenden Bekenntnisaktes*, eines *Konversionsaktes*, anzuführen. Vorbereitet wird der Bekenntnisakt von V.9 durch VV.1–2. Umrahmt wird der Akt in V.9 von Erläuterungen über Jahwe in VV.3–8 und 10–13 (in Zuspruchsform, eine 3. Pers. Sg. redet zu einem *Du*). Abschließend erfolgen Zusagen Jahwes an den sich zu ihm Bekennenden VV.14–16.

So ergibt sich die in nachstehender Übersicht zusammengefasste Sprecher- und Geschehensstruktur:

Übersicht:

1 (Als einer) Sitzend im Schutz Eljons, der nächtigt im Schatten Schaddajs	S p r e c h e r : „Konvertit"
2 will ich sprechen zu Jahwe: Meine Zuflucht und meine Burg, mein Gott, auf den ich traue.	Kundgabe der Absicht, sich zu Jahwe zu BEKENNEN
3 Fürwahr: er ist es, der dich rettet aus dem Netz des Vogelstellers, aus der Pest des Verderbens [+ VV.4–8]	S p r e c h e r : Zusprechender Zuspruch
9 Fürwahr: Du, Jahwe, bist meine Zuflucht, der du Eljon zu deiner Wohnung gemacht hast.	S p r e c h e r : „Konvertit" Eigentl. BEKENNTNIS-Akt, Nominalsatz als Spezialfall d. DEKLARATIVA
10 Dir soll kein Unheil begegnen, keine Plage soll sich deinem Zelt nahen. [+ VV.11–13]	S p r e c h e r : Zusprechender Zuspruch
14 Fürwahr: hält er sich an mich, errette ich ihn, ich schütze ihn, weil er meinen Namen kennt. [+ VV.15–16]	S p r e c h e r : Jahwe Aussagen der Hilfe Jahwes

Im Folgenden sind diese Geschehensschritte knapp zu erläutern.

3.2 Die Vorbereitung von V.9 durch VV.1–2

Vorbereitet wird der Bekenntnisakt von V.9 durch VV.1–2. V.1 ist syntaktisch als temporaler Nebensatz zu V.2 mit seinem Hauptverb אֹמַר (PK Qal 1. Pers.) *ich will sprechen* aufzufassen.[34] In V.1 gibt sich der Sprecher zunächst als ei-

---

34   Der partizipiale Anfangssatz (ב) יֹשֵׁב (mit adverbaler Ergänzung בְּסֵתֶר עֶלְיוֹן) steht parallel zu einem zusammengesetzten Nominalsatz (dem יִתְלוֹנָן steht voran בְּצֵל שַׁדַּי); zum Problem des zusammengesetzten Nominalsatzes vgl.: Lehmann, R.G., Analyse und Leistung zusammengesezter Nominalsätze, in: Wagner, A. (Hg.), Studien zur hebräischen Grammatik (OBO 156) Fribourg/Göttingen 1997, 27–43; zusammengesetzte Nominalsätze haben in et-

ner zu erkennen, der sich (noch) nicht (allein?) an Jahwe hält (V.14), sondern im Schatten (= Machtbereich) von Eljon und Schaddaj sitzt, also zu deren Anhängerschaft gehört.[35] In Ps 91 finden sich keine Indizien, Jahwe und Schaddaj sowie Eljon als identifiziert vorauszusetzen, im Gegenteil: Ein Argument gegen die Interpretation von Eljon als Jahwe-Epitheton ergibt sich aus der Problematik von V.9b (darauf ist in Abschn. 3.3 einzugehen).

Zu Schaddaj: Ähnlich, wie die Priesterschrift Jahwe und den El Schaddaj in Ex 6 in ein historisch-konsekutives Verhältnis setzt, ist hier mit einem Anhänger Schaddajs (in ebenso generischem Sinn wie in Ex 6) der Nicht-Jahwe-

---

lichen Fällen expositorische Funktion, vgl.: Wagner, A., Sprechakte und Sprechaktanalyse im Alten Testament (s. Anm. 16), 227. Hier ist der zusammengesetzte Satz als Temporalsatz – in der Terminologie von Kuhr, E., Die Ausdrucksmittel der konjunktionslosen Hypotaxe in der ältesten hebräischen Prosa. Ein Beitrag zur historischen Syntax des Hebräischen (Beiträge zur semitischen Philologie und Linguistik 7) Leipzig 1929; vgl. dazu: Michel, D., Grundlegung einer hebräischen Syntax Bd. 2. Der Nominalsatz. Hg. von Behrens, A. [u.a.], Neukirchen-Vluyn 2004, 148–155.227–230 – aufzufassen; das Partizip aus dem ersten Versteil, das sich an seine syntaktische Umgebung anpasst, ist an die Temporalsatzkonstruktion angebunden; so ist der Anfang als parallele (bzw. chiastische: Verb – Ergänzung / Ergänzung – Verb), dem Hauptverb des folgenden Satzes אֹמַר vorgeordnete Konstruktion aufzufassen: *als einer der sitzt/wohnt [...] und der [...] nächtigt, will ich sprechen.* Diese Übersetzung, so schon (mit Bezug auf D.Michel) von Wagner, A., Sprechakte und Sprechaktanalyse im Alten Testament (s. Anm. 16), 217 vertreten, wird auch von Zenger, E., Ps 91, HThK.AT (s. Anm. 12), 615–617 (mit Hinweis auf Gesenius, W., Hebräische Grammatik. Völlig umgearbeitet von Kautzsch, E., Leipzig [28]1909, §166x, wo allerdings nur darauf rekurriert wird, dass das „im Partic. liegende Relativpronomen suppliert werden muß"; die Deutung als Temporalsatzkonstruktion findet sich dort nicht) und Sticher, C., Die Rettung der Guten durch Gott und die Selbstzerstörung der Bösen (s. Anm. 7), 210 gebraucht; Sticher weist auf die Herkunft der von D.Michel stammenden Übersetzung hin.

35 Wenn der Beter im (Schirm und Schatten =) „Schutz" Eljons und Schaddajs sitzt, geht es ihm dann nicht gut? Warum sollte er daraus hervortreten? – Das Bild des Sitzens bzw. sich Befindens im Schatten einer Gottheit stellt innerhalb wie außerhalb des A.T. keine Besonderheit dar. Die Wendung sagt zunächst nicht mehr aus, als dass man sich im Machtbereich des betreffenden Gottes befindet, in dessen Schatten man sitzt. Dass das Bild positiv ausgelegt wird, ist im Jahwe-Kontext möglich bzw. üblich (vgl. Jes 25,4; 49,2; Ps 36,8); wie Num 14,9 zeigt, kann das Bild auch dazu dienen, den Machtbereich fremder Götter zu bezeichnen; ebendies zeigen auch Namensbildungen (*besal'el*), vgl.: Schwab, E., Art. צֵל *sel*, in: ThWAT (VI) 1989, 1034–1042. Der Ton, den der Psalm hier anschlägt, ist nicht der martialisch-abrenuntiative wie etwa Ps 139, in dem der Hass auf die Jahwefeinde bzw. andere Götter beschworen wird. Ps 91 dient der Erklärung der Zugehörigkeit zu Jahwe, der dem Beter mehr Schutz etc. gewährt, als seine alten Schutzgötter, die Schutzaussagen in VV.(2)3–8.10–16 sind kaum überbietbar, enthalten sozusagen einen „impliziten Vergleich". Der Ton ist dabei eher gelassen, die Konzentration ist ganz auf denjenigen gewendet, der sich zu Jahwe bekennt. Die anderen Götter werden nicht geleugnet, sondern das Verhältnis zwischen Jahwe und diesen ist so, dass sie sich den Schutzfunktionen, die Jahwe bietet, geschlagen geben müssen; fast möchte man sagen, es wäre töricht, in ihrem Schutz zu verbleiben und nicht in den Schutz Jahwes zu wechseln. Wie die Erläuterung zu V.9b zeigen wird (s. Abschn. 3.3), bietet das Konzept der Einwohnung einen verwandten Gedanken; es wird sozusagen der „sanfte Anschluss" an Jahwe gesucht.

anhänger bezeichnet; signifikant in diesem Zusammenhang ist auch, dass
Schaddaj im A.T. vorwiegend in exilisch-nachexilischen Texten gebraucht
wird.[36] Hinweise auf die Schaddajin-Gottheiten als deutlich von Jahwe unter-
schiedene Größen gibt außeralttestamentlich die Inschrift vom Tell Deir 'Alla.

Zu Eljon: Als zweite Bezeichnung für andere Götter ist in Ps 91 Eljon ge-
wählt, ein Gottesepitheton, das, wie Elnes/Miller festgehalten haben, meist
nicht eine autonome Gottheit bezeichnet, sondern „in the West Semitic region"
als eine Art Universal-Epitethon fungiert, „applied at different times and in
different cultures to any god thought to be supreme".[37]

Unter dieses Dach „Eljon" und „Schaddaj" können viele Nicht-Jahweanhänger der nachexilischen Zeit (zur Datierung s.u.) subsumiert sein; die Namen können möglicherweise auch stellvertretend für andere Götternamen stehen oder im Einzelfalle bei einer agendarischen Verwendung ausgetauscht
worden sein.[38]

Große Wichtigkeit für die Struktur des Psalms hat das Hauptverb von V.2
אָמַר; es leitet die nachfolgende direkte Rede ein (einschließlich der expliziten
Nennung von Jawhe als Adressaten), mit der sich der Beter an Jahwe wendet,
und markiert selbst durch die 1. Pers. die Sprecherrolle. Die nachfolgende direkte Rede wird in V.9 wieder aufgegriffen (dort allerdings in leicht veränder-
ter Form, s.u.). In V.9., das wird im nächsten Abschnitt 3.2 zu zeigen sein, erfolgt der eigentliche Bekenntnis-Akt, mit dem die Zugehörigkeitserklärung
vollzogen wird. אָמַר aus V.2 ist zuweilen textkritisch in Verdacht geraten

---

36 Einen Beleg, in dem Schaddaj nicht wie meist im A.T. als Jahwe Epitetum belegt ist, bietet
    auch Hi 19,29, wenn man dort der Ketib-Form folgt; vgl.: Knauf, E. A., Art. Shadday, in:
    Toorn, K.van den/Becking, B./Horst, P.W. van (Hg.), Dictionary of Deities and Demons in
    the Bible, Leiden [u.a.]/Grand Rapids ²1999, 749–753, hier 750.
37 Vgl.: Elnes, E.E., Miller, P.D., Art. Eljon, DDD, 293–299, hier 298.
38 Im Gegensatz zur älteren Psalmenliteratur, in der etwa Eissfeldt, O., Jahwes Verhältnis zu
    'Eljon und Schaddaj nach Psalm 91, WO 2 (1957), 343–348 [wiederabgedruckt in: Eissfeldt,
    O., Kleine Schriften III, Tübingen 1966. 441–447] ebenfalls die Konversionshypothese ver-
    treten hat, ist also nicht davon auszugehen, dass es sich bei Schaddaj und Eljon um klar er-
    kennbare eigenständige vorisraelitische bzw. vorisraelitische-jerusalemische Götter handelt.
    Eissfeldt, und ähnlich Torczyner, H., Das literarische Problem der Bibel, ZDMG 85 (1931),
    287–324; Caquot, A., Le Psaume XCI, Sem. 8 (1958), 21–37, konnten noch die Auffassung
    vertreten, dass mit Ps 91 die vorisraelitische Bevölkerung zum Jahwe-Glauben übergeführt
    wurde. Die Annahme, dass die Jahwe-Religion sich in einem Entwicklungszustand befand,
    der schon frühkönigszeitlich Nicht-Jahwe-Anhänger zur Konversion zwang, ist heute auf-
    grund der Auffassung, dass der Monotheismus erst in exilisch-nachexilischer Zeit deutlich
    hervortrat [vgl.: Wagner, A., Alttestamentlicher Monotheismus und seine Bindung an das
    Wort, in: ders./Hörner, V./Geisthardt, G. (Hg.), Gott im Wort – Gott im Bild. Bilderlosigkeit
    als Bedingung des Monotheismus? Neukirchen-Vluyn 2005, 1–22 (Lit.!); Berlejung, A., Ge-
    schichte und Religionsgeschichte, in: Gertz, J.C. (Hg.), Grundinformation Altes Testament
    (UTB 2745) Göttingen 2006, 55–185, hier 166–167], nicht mehr vertretbar. Solches dürfte
    erst in exilischer und vor allem nachexilischer Zeit der Fall gewesen sein, als der monothe-
    istische Charakter der Jahwe-Religion zur Entfaltung gekommen ist.

(s.o.); es liegt allerdings überhaupt kein Grund vor, den masoretischen Text zu ändern: Hier spricht in 1. Pers derjenige (zu Jahwe), der in V.9 sein Bekenntnis zu Jahwe abgibt. Durch den Temporalsatz in V.1 gibt sich der Sprechende als Nicht-Jahwe-Anhänger zu erkennen, mit V.2 bekundet er mit אמר in Präformativkonjugation mit modaler Funktion (*ich will sprechen*) seinen Willen, sich zu bekennen, das Bekenntnis erfolgt dann, nach einer Belehrung in VV.3–8, in V.9 in Form eines explizit performativen DEKLARATIVEN Nominalsatzes (vgl. dazu Abschn. 3.2).

Die Vorbereitung eines DEKLARATIVS durch eine Willenskundgebung mit PK ist eine häufig anzutreffende Sequenz in alttestamentlich-hebräischen Texten. Diese Konstruktion stellt auch hier das Gerüst des Textes dar. In dieses Gerüst eingelagert sind zwei Zuspruchteile, eine Jahwerede schließt den mehrtaktigen Text ab.

Da ich an anderer Stelle diese Konstruktion ausführlich besprochen habe,[39] kann ich mich hier auf die Nennung von einigen Parallelen beschränken:

Ps 139, 21 Verben in Präformativkonjugation (PK)	Ps 139,22 Verb in Afformativkonjugation (AK)
V.21 Ist es nicht so: die dich hassen, Jahwe, will ich hassen (PK: *'æsnā*), *und ich will mich (vor) denen* (PK: *'ætqôṭāṭ*), *die sich gegen dich auflehnen, ekeln.*	*V.22 Mit Vollendung/mit größtem Hass hasse ich sie* (AK: *śᵉn'êtim*), *zu Feinden werden sie (hiermit)* (AK: *hayû*) *für mich.*[40]

Diese Abfolge »Ankündigung mit Präformativkonjugation (PK) → Ausführung mit Afformativkonjugation (AK) oder Nominalsatz (NS)« stellt eine häufig verwendete transphrastische Kombination dar, wenn es um DEKLARATIVE bzw. explizit performative sprachliche Äußerungen geht:[41]

---

39   Vgl.: Wagner, A., Sprechaktsequenzen und Textkohärenz im Biblischen Hebräisch, in: Morenz, L./Schorch, S. (Hg.), Was ist ein Text? – Ägyptologische, altorientalistische und alttestamentliche Perspektiven (BZAW) Berlin/New York (im Druck).

40   In Ps 139 tritt mit V.21 die Frage des Verhältnisses des Beters zu den in VV.19–20 thematisierten Nicht-Jahweanhängern ins Blickfeld. In einer rhetorischen Frage in V.21 bekundet der Beter seine Absicht in Präformativkonjugation (PK), die Jahwegegner zu hassen und sich von ihnen zu separieren. Der Höhepunkt des Geschehens folgt in V.22: Was in V.21 (in PK) angekündigt war, kommt nun in Afformativkonjugation (AK) zur Ausführung. Mit V.22 vollzieht der Beter coram deo seine Abkehr von den Jahwegegnern. Vgl. zu Ps 139 und der Bedeutung dieser Konstruktion für die Architektur des Psalms: Wagner, A., Permutatio religionis – Ps 139 und der Wandel der israelitischen Religion zur Bekenntnisreligion. VT (im Druck).

41   Ähnlich wie Ps 139,21–22 stehen in 2.Kön 3,7 in dichter Folge die Ankündigung *Ich will (mit dir) ziehen* (PK: *'æᵉʿlæh*) und die ZUSAGE *ich bin wie du, und mein Volk wie dein Volk, und meine Rosse wie deine Rosse.*

Ps 142,2–3

Konstruktion

mit Präformativkonjugation (PK) und →

(Mit meiner Stimme=) Laut will ich zu Jahwe schreien (PK: 'æz 'āq), *laut will ich um Erbarmen flehen (PK:* 'æthanān), *ich will vor ihm meine Klage ausschütten, meine Bedrängnis will ich vor ihm kundtun.* [zielt auf VV.4b–5 (Klage)]

Ps 142,6

explizit performative Äußerung

mit Afformativkonjugation (AK)

Ich schreie zu dir (AK: zā 'aqtî), *Jahwe, (ich sage=) ich rufe (hiermit) (AK:* 'āmartî): *Du bist meine Zuflucht, mein Anteil im Land der Lebenden.*

Gen 17,2

Konstruktion

mit Präformativkonjugation (PK) und →

Und ich will meinen Bund zwischen mir und dir schließen (PK: we 'ætnah Kohortativ) *und will dich (zahlreich machen) mehren über alle Maßen.*

Gen 17,4 (NS)

explizit performative Äußerung

mit DEKLARATIVEM Nominalsatz

Ich – mein Bund (ist) hiermit mit dir (aufgerichtet). Und du sollst werden zum Vater einer Menge von Völkern.

Über verschiedene Gesprächparts innerhalb einer Erzählung hinweg geht die Konstruktion in 2. Sam 3:

2.Sam 3,9

Konstruktion

mit Präformativkonjugation (PK) und →

[Abner wendet sich im Disput mit Isch-Boschet von Saul ab und David zu:] *"Ja, wie Jahwe David geschworen hat, fürwahr, so will ich ihm* [David] *tun (PK:* 'æ '^ǣsæh):

2.Sam 3,12

explizit performative Äußerung

mit DEKLARATIVEM Nominalsatz

Abner schickte Boten zu David (und ließ fragen): "Wem gehört das Land? Schließ also deinen Bund mit mir (in dem Moment gilt): Meine Hand (ist) hiermit mit dir [David], [*um dir ganz Israel zuzuwenden].* "

Ähnlich wie in Ps 91 umfasst die Konstruktion in Ex 34 etliche Verse:

Ex 34,10

Konstruktion

mit futurum instans[42] und   →

*Und er sprach: (Siehe,) ich will einen Bund schließen (*hinnê 'ānoki korêt) [...]

Ex 34,27

explizit performative Äußerung

mit DEKLARATIVEM Nominalsatz

Da sagte Jahwe zu Mose: „Schreibe (dir) diese Worte auf, denn/fürwahr aufgrund/gemäß dieser Worte schließe ich (hiermit) einen Bund mit dir und Israel. "

---

42 Das hier verwendete futurum instans scheint bezüglich seines Ankündigungscharakters einer unmittelbar bevorstehenden Handlung der PK im Sinne einer Willenskundgebung vergleichbar zu sein; es hat wohl aufgrund seines Nominalsatzcharakters eine höhere Verbindlichkeit als die PK, weil es die Festlegung des Sprechers als unmittelbar bevorstehenden Sachverhalt behandelt.

Wie in vielen anderen Belegen wird also hier in Ps 91 ein explizit performativer DEKLARATIVER Akt (V.9) durch eine Willenskundgebung präfiguriert. Dies ist auch noch einmal ein wichtiges Argument für die Auffassung von V.9 als Zentrum des Psalms; so erklärt sich auch die von allen Auslegern (s.o.) hervorgehobene Beziehung in Ps 91 von V.2 zu V.9.

3.3 V.9a als zentraler Bekenntnisakt

V.9a bietet nun den zentralen Sprechakt des Psalms. Oben angesprochen wurden schon die leichten Abweichungen von V.9a gegenüber V.2:

V.9a: כִּי־אַתָּה יְהוָה מַחְסִי *Fürwahr: Du, Jahwe, bist meine Zuflucht*

V.9a enthält – anders als V.2 – einen Vokativ, der sich direkt an Jahwe richtet; die Sprechrichtung wird so unmissverständlich klar gemacht. Außerdem gibt es – dies im Unterschied zu V.2 – eine explizite direkte Anrede in der direkten Rede in Form des אַתָּה *Du*. Der Wortlaut ist gegenüber V.2 auf die Kernaussage beschränkt: *Du, Jahwe, bist meine Zuflucht.* So ergibt sich ein dichter, deutlich und direkt auf Jahwe gerichteter Text, der mit mehr Sprachsignalen hinsichtlich der Sprechsituation versehen ist als V.2; V.2 braucht aufgrund seines vorbereitenden Charakters diese Signale auch nicht. Stärker als V.9a kann man eine sprachliche Hinwendung zu einem Adressaten kaum ausdrücken.

Syntaktisch liegt hier ein Nominalsatz vor, der als selbstständiger Nominalsatz[43] aufzufassen ist, an den sich V.9b (s.u.) anschließt. Das Geschehen des Psalms läuft (von VV.1–2 her) auf diesen Vers zu. Der Sprechende vollzieht mit dem Aussprechen dieses Satzes sein Bekenntnis zu Jahwe, indem er Jahwe (allein) zu seiner Zuflucht erklärt. Der Satz setzt somit das zur Tatsache um, was er beinhaltet; nach seinem Aussprechen *ist* Jahwe (und kein anderer) die Zuflucht des Beters. Proposition und Illokution des Satzes liegen ineinander, wie das bei wirklichkeitsverändernden DEKLARATIVEN üblich ist.[44] Nach den Untersuchungen von Wagner ist dabei die Formung als Nominalsatz kein

---

43   Es dürfte sich um einen Nominalsatz vom Typ *Nominale Behauptung* mit der Satzteilfolge Chabar – Mubtada handeln, zur Nominalen Behauptung vgl. Michel, D., Grundlegung einer hebräischen Syntax Bd. 2 (s. Anm. 34), 31–34; nach כי ist die Satzteilfolge Chabar – Mubtada zu erwarten; zur Sazteilfolge in Nominalen Behauptungen vgl. Diesel, A./Wagner, A., „Jahwe ist mein Hirte". Zum Verständnis der Nominalen Behauptung in Ps 23,1, in: Sedlmeier, F. (Hg.), Gottes Wege suchend. Beiträge zum Verständnis der Bibel und ihrer Botschaft. Festschrift für Rudolf Mosis zum 70. Geburtstag, Würzburg 2003, 377–397; Diesel, A., „Ich bin Jahwe". Der Aufstieg der Ich-bin-Jahwe-Aussage zum Schlüsselwort des alttestamentlichen Monotheismus (WMANT 110) Neukirchen-Vluyn 2006 passim.

44   Vgl.: Wagner, A., Sprechakte und Sprechaktanalyse im Alten Testament (s. Anm. 16), 20–27.93–121 und passim.

Hindernis; in neueren Sprachen hat man in der Regel nur Verbalsätze als Beispiele für DEKLARATIVA angeführt; im Hebräischen, das einen wesentlich
höheren Anteil an Nominalsätzen aufweist, ist (wie in anderen Sprachen wohl
auch, was aber in pragmatischen Untersuchungen wenig erforscht ist) aber
auch die Formulierung mit Nominalsatz möglich.[45]

3.4 Zu V.9b als Verhältnisbestimmung von Jahwe und Eljon

V.9a stellt den DEKLARATIVEN Bekenntnisakt dar, mit dem der Sprecher
den Beitritt vollzieht. V.9b fügt eine theologische Erläuterung hinzu, wie man
sich das Verhältnis von Jahwe und den göttlichen Größen, unter deren Schutz
der Nicht-Jahwe-Anhänger stand, vorzustellen hat:

V.9b: עֶלְיוֹן שַׂמְתָּ מְעוֹנֶךָ *Eljon hast du zu deiner Wohnung gemacht hast.*

Es gibt keinerlei Indizien, V.9a von 9b abzukoppeln, Hinweise auf eine weitere Sprechrichtungsänderung gibt V.9b nicht, ein klarer Sprecherwechsel erfolgt erst in V.10, die Parallelität von V.9a und V.9b steht außer Frage); die
Zweigliedrigkeit entspricht der Zweigliedrigkeit des angekündigten Bekenntnisses in V.2 (s.o.)
    In der bisherigen Diskussion um das Verständnis von V.9b spielt die Be-
deutung von מְעוֹנֶךָ eine große Rolle; die folgende Übersicht über die Belege
von מְעוֹנָה zeigt, dass mit diesem Terminus sehr deutlich die *Wohnstatt* von
Tieren oder Menschen bezeichnet und dass dieses Wort nicht als Synonym für
Zuflucht o.ä. verwendet wird, schon gar wenn es auf Menschen oder Jahwe
bezogen ist:

Übersicht

Am 3,4	*Brüllt der Löwe im Wald und er hat keine Beute? Lässt der Junglöwe seine Stimme (sein Gebrüll) erschallen von seinem Lager (מִמְּעֹנָתוֹ) her, außer er hat einen Fang getan?*	Ruheplatz/Lagerstatt von Tieren
Ps 104,22	תִּזְרַח הַשֶּׁמֶשׁ יֵאָסֵפוּן וְאֶל־מְעוֹנֹתָם יִרְבָּצוּן *(wenn aber) die Sonne aufgeht, ziehen sie sich zurück [die wilden Tiere] und lagern sich in ihren Ruheplätzen.*	Ruheplatz/Lagerstatt von Tieren

---

45   Wagner, A., Zum Problem von Nominalsätzen als Sprechhandlungen am Beispiel des SEG-
     NENS im Althebräischen. Oder: Gibt es neben primär und explizit performativen Äußerun-
     gen eine dritte Kategorie von Äußerungen? Grazer Linguistische Studien 41 (1994), 81–93;
     ders., Sprechakte und Sprechaktanalyse im Alten Testament (s. Anm. 16), 140–154.

Hi 37,8	*Und das Wild geht in seinen Ruheplatz* (אֶרֶב) *und legt sich auf seinen Lagern* (וּבִמְעוֹנֹתָיו) *nieder.*	Ruheplatz/Lagerstatt von Tieren
Hi 38,40	*39 Erjagst du für die Löwin die Beute [...] 40 wenn sie sich auf den Lagern* (בַּמְּעוֹנוֹת) *ducken, im Dickicht auf dem Ruheplatz* (אֶרֶב) *sitzen?*	Ruheplatz/Lagerstatt von Tieren
Cant 4,8	*Mit mir vom Libanon, Braut, mit mir wirst/sollst du vom Libanon kommen, du wirst/sollst vom Gipfel Amana herabsteigen, vom Gipfel des Senir und des Hermon, von den Wohnungen* (מִמְּעֹנוֹת) *der Löwen, von den Bergen der Panther.*	Ruheplatz/Lagerstatt von Tieren
Nah 2,13	*[...] und er [der Löwe] füllte seine Höhlen mit Raub und seine einzelnen Ruheplätze* (מְעֹנֹתָיו) *mit Zerissenem.*	Ruheplatz/Lagerstatt von Tieren
Jer 21,13	*Nun gehe ich gegen dich vor, du Stadt [...] Spruch Jahwes, (Ihr,) die ihr sagt: „Wer will uns überfallen, und wer will in unsere Wohnungen* (בִּמְעוֹנֹתֵינוּ) / Pl. von מְעוֹנָה) *kommen?"*	Wohnungen der Menschen Der Plural weist eindeutig auf „Wohnungen", nicht auf „Zuflucht", „Feste" o.ä.
Ps 76,3	וַיְהִי בְשָׁלֵם סֻכּוֹ וּמְעוֹנָתוֹ בְצִיּוֹן: *Und es (geschah=) entstand: In Salem sein Zelt und seine Wohnung in/auf dem Zion.*	Wohnung Jahwes

מְעוֹנָה heißt in allen alttestamentlichen Belegen *Wohnung/Wohnstatt*;[46] es gibt keinen Parallelismus, in dem מְעוֹנָה in einem synonymen Verhältnis zu Zuflucht, Rettungsort o.ä. steht. Vor diesem Hintergrund ist nun V.9b ganz wörtlich zu nehmen: *Eljon hast du [=Jahwe] zu deiner Wohnung gemacht*. Zum Ausdruck gebracht wird so, dass Jahwe Eljon zu seiner Wohnung gemacht, dass er in ihm Platz genommen hat, dass Jahwe und Eljon eins geworden sind, indem Jahwe dauerhaft in der „Göttlichkeit" Eljons zuhause ist, sie an sich gezogen hat.[47] Indem der Beter sich zu Jahwe bekennt (V.9a), wird dieser Sachverhalt für ihn manifest.

---

46 Nicht einfach ist der in der Übersicht ausgesparte Beleg aus Dtn 33,27 zu verstehen; ist hier Gott „Wohnung" des Menschen? מְעֹנָה אֱלֹהֵי קֶדֶם וּמִתַּחַת זְרֹעֹת עוֹלָם *Eine Wohnung (ist) der Gott der Urzeit, und unter [dir?] (sind) ewige Arme. [Und er vertreibt vor dir (den) Feind und spricht: Vernichte!]* Der Sachverhalt erinnert an Ps 71,3 und Ps 90,1, allerdings steht dort nicht מְעֹנָה, sondern מָעוֹן.

47 Die Deutung, dass der „Beter »sein [des Beters] Zelt« (V 10) zum Wohnbereich »des Höchsten« erklärt hat" so dass ihn „»dort« weder ein Unheil noch eine Plage treffen können",

Das „Einwohnungskonzept" ist die Antwort des Psalms auf die Frage nach dem Verhältnis von Jahwe und dem Gott/den Göttern desjenigen, der sich (neu) zu Jahwe bekennt. Zugegebenermaßen ist der Gedanke der Einwohnung Jahwes in einem anderen Gott im A.T. singulär. Allerdings ist der Vorgang, der im Hintergrund von Ps 91 steht, ebenfalls singulär: In der Zeit des Königtums (und davor) konstituiert sich die „Religionsgemeinschaft" Israel (und hier kann man für Israel alle „staatlichen" Größen einsetzen: Gesamtisrael, Nordreich Israel, Südreich Juda) durch Zugehörigkeit zum „Gemeinwesen"; darin unterscheidet sich Israel nicht von den anderen syro-palästinischen Königtümern. Aber nach dem Untergang des Südreiches ist endgültig die Notwendigkeit gegeben, ein neues Identifikationszentrum zu finden, das „Israel" ein Weiterleben ermöglicht. Diese neue Situation erfordert neue Konzepte, Theologien, Gedanken. Und bekanntermaßen bilden sich in dieser „neuen" exilisch-nachexilischen Zeit der konsequente Monotheismus, eine um die schriftliche Überlieferung gescharte Religionsgemeinschaft u.ä. aus. Neu ist nun die Erfordernis, das Verhältnis des Einzelnen zur Gemeinschaft zu konstituieren; Zugehörigkeit muss irgendwie erklärt, festgestellt, kundgegeben werden; die Grenzen von Gesellschaft und der Religion sind nicht mehr deckungsgleich. Neu ist auch die Erfordernis, das Verhältnis zu anderen Göttern zu klären und zu erklären; der nun deutlich formulierte monotheistische Jahwe hat auch „usurpatorischen" Charakter. All dies geschieht in einem Prozess und dauert über Jahrzehnte und Jahrhunderte an.[48]

Vor diesem Hintergrund sind nun auch verschiedene Wege der Verhältnisbestimmung von Jahwe und den anderen Göttern zu sehen, die alle jeweils neu und teilweise singulär sind – der Verweis auf die Singularität kann daher nicht als Gegenargument für die hier vorgeschlagene Deutung angeführt werden. Ps 91 geht hier nicht den deuterojesajanischen Weg und betrachtet die anderen als „Nichtse", sondern unterstellt, dass Jahwe in den anderen Göttern „einwohnt". Die Möglichkeit der Götteridentifikation im polytheistischen Pantheon und die Identifikationsprozesse, die Jahwe durchlaufen hat,[49] bieten den

---

Zenger, E., Ps 91, HThK.AT (s. Anm. 12), 623, ist vom Text her schwer nachzuvollziehen; מְעוֹנֶךָ (V.9) und בְּאָהֳלֶךָ (V.10) können nicht einfach identifiziert werden; die Suffixe haben unterschiedlichen Bezug, zudem stehen beide Wörter in unterschiedlichen Satzbezügen und poetischen Einheiten. Versteht man Eljon als einen zweiten Vokativ (parallel zu Jahwe aus V.9a), so Seybold, K., Die Psalmen (s. Anm. 9), 363, dann hängt „du hast gemacht deine Wohnstatt" in der Luft. Gunkel, H., Die Psalmen (HKAT II.2) Göttingen 1926, 407 hält den „Wechsel der Personen" für „unerträglich" (von V.9a zu V.9b), übersetzt m.E. völlig richtig: „Denn Du Jahve, bist meine Zuflucht, den Höchsten hast du zu deiner Wohnung gemacht", nimmt dann aber eine Textänderung vor.

48   Vgl. u. Abschn. 4 und: Wagner, A., Primäre/sekundäre und Bekenntnis-Religion als Thema der Religionsgeschichte (in diesem Band).

49   Vgl. zum „Aufstieg des Jahwe" und zur „Identifikation bzw. zum dem theologischen Konstrukt der Identität der Jahweverehrungen" nach dem Untergang Judas: Berlejung, A., Geschichte und Religionsgeschichte (s. Anm. 38), 127–128.

allgemeinen Hintergrund für diesen Vorgang. Jahwe *ist* Eljon, wie er auch andere Götter *ist*.[50]

Das Konzept des Einwohnens macht diese Identifikation nur konkreter, fassbarer. Auch geschieht diese „Usurpation" sozusagen mit leisen Tönen, ermöglicht, den Namen des alten Gottes, Eljon, beizubehalten; im religionsgeschichtlichen Prozess, den das A.T. insgesamt spiegelt, wird Eljon denn ja auch zum Epitheton Jahwes.[51]

Durch das leise Konzept des Religionsübertritts, das Ps 91 verfolgt, ist den Neueintretenden eine gewisse Brücke hin zum Jahweglauben gebaut, ähnlich wie im Christentum mit der Vorstellung des *logos spermatikos*; möglicherweise ist darin schon eine missionarische Strategie zu sehen. Auf die Verwandtschaft der Vorstellung von Ps 91 mit dem priesterschriftlichen Konzept von Ex 6, wo ebenfalls ein Identifikationsprozess reflektiert ist, hatte ich schon hingewiesen (s.o. Abschn. 3.2).

3.5 Zuspruchsteile VV.3–8.10–13 und die Jahwerede VV.14–16

An den eigentlichen Konversions-/Bekenntnisakt schließen sich inhaltlich ausgearbeitete Zusagen und „Glaubensinhalte" an; damit findet sich hier wieder, was sich später im christlichen Kontext als Konstituenten bei einem Glaubenseintrittsakt ebenso ergibt: die Kombination von Bekenntnis und Lehre, wie sie sich etwa in den Taufgelöbnissen und Credotexten zeigt.[52]

Die Bilder des Schutzes, die die Zuspruchsverse VV.3–8.10–13 bieten, können hier nicht einzeln besprochen werden, Zenger hat das in vorbildlicher

---

50 Das Faktum der Konversion kennen etliche späte alttestamentliche Texte, meist ohne dass sie auf den Vorgang näher eingehen und ohne ein Konversionsformular zu bieten (etwa die Völker, die sich zum Gott Israels bekehren bzw. bekehren sollen Jes 60,1–22; Sach 14,16–20); einen Konversionssachverhalt beschreibt etwa auch 2 Kön 5,1–19 (Bekehrung des Naaman); vgl. ansonsten Jon 1,14; 3,8.10 u.a.; dazu: Waschke, E.-J., Art. Bekehrung/Konversion. III. Bibel. 1 Altes Testament, in: RGG⁴ Bd. 1 (1998), 1230–1231.

51 Vgl.: Niehr, H. Der höchste Gott. Alttestamentlicher JHWH-Glaube im Kontext syrisch-kanaanäischer Religion des 1. Jahrtausends v. Chr. (BZAW 190) Berlin u.a. 1990 passim.

52 Zu diesen Bekenntnistexten bzw. -formularen gehören in christlicher Tradition auch Abrenuntiationstexte und -formulare; Ps 91 besitzt keinen Abrenuntiationsteil, einen solchen Text finden wir im Psalter in Ps 139, vgl. dazu: Wagner, A., Permutatio religionis – Ps 139 und der Wandel der israelitischen Religion zur Bekenntnisreligion (s. Anm. 40). Das Christentum kann bei der Ausformung seiner „Eingangsriten" schon auf die alttestamentliche (und jüdische) Tradition aufbauen. Ps 91 wie auch Ps 139 stehen ja nicht in einer Beitrittsagende, sondern im Psalter, in den sie aus anderen als agendarischen Gründen gelangt sind. Sachlich gehören sie zwar zusammen, literarisch sehe ich wenige Bezüge. Beitrittsagenden sind ansonsten aus vorchristlicher Zeit m.W. nicht überliefert. Ps 91 und 139 sagen nichts darüber aus, wie etwa ein Übertritts- bzw. Abrenuntiationsvorgang insgesamt ausgestaltet war.

Weise gemacht.[53] Festzuhalten ist hier, dass in den Bildern des bewahrenden Gottes insgesamt Jahwe in einer so ausgreifenden Weise Schutz bietet, dass eine andere Schutzmacht hier keinen Platz hat.[54] Auf der Seite des zu Schützenden bleibt der Focus durchweg auf einem einzelnen Menschen, entsprechend des Zuspruchscharakters dieser Verse an den in VV.1–2 und 9 sprechenden Einzelnen; nicht die Gemeinschaft wird hier apostrophiert, sondern der Einzelne – deutliches Zeichen für den „Individualismus"[55], von dem der Psalm geprägt ist und der ein Kennzeichen der nachexilischen Zeit ist.

Die Schutzbilder zielen auch auf die Abwehr dämonisch-numinoser Kräfte; darauf haben neuere Studien aufmerksam gemacht. Möglicherweise sind diese Aspekte des Psalms in späterer Zeit besonders wichtig geworden.[56] Meiner Auffassung nach berührt das den grundsätzlichen Geschehensvorgang des Psalmes aber nicht.

3.6 Ps 91

1   *(Als einer) der sitzt im Schutz Eljons,*
     der nächtigt im Schatten Schaddajs

2   *spreche ich zu Jahwe:*
     Meine Zuflucht und meine Burg,
     mein Gott, auf den ich traue.

3   *Fürwahr:*
     er ist es, der dich rettet
     aus dem Netz des Vogelstellers,
     aus der Pest des Verderbens.

4   *Er wird dich mit seinen Fittichen decken,*
     und Zuflucht wirst du haben unter seinen Flügeln.
     Seine Wahrheit ist Schirm und Schild,

5   *dass du nicht erschrecken musst vor dem Grauen der Nacht,*
     vor den Pfeilen, die des Tages fliegen,

---

53   Vgl.: Zenger, E., Ps 91, HThK.AT (s. Anm. 12), 622–624.

54   Vgl.: Hugger, P.: Jahwe meine Zuflucht (s. Anm. 7), 343: „Die Macht und der Wirkungsbereich des erwählten Schutzgottes ist unbegrenzt [Anm.: Neben Jahwe bedarf es nicht noch für eigene Bereiche zuständige Spezialgötter ... Überflüssig wird auch der Gegenzauber ... und das apotropäische Amulett.]."

55   Individualismus nicht im neuzeitlichen rationalistisch-aufklärerischen Sinne, sondern im Sinne einer zunehmenden Bedeutung und Verantwortung, die der einzelne Mensch hat, vgl. Görg, M., Art. Gemeinschaft und Individuum II. Altes Testament, in: RGG[4] Bd. III (2000), 636–637.

56   So schon Hugger, P.: Jahwe meine Zuflucht (s. Anm. 7), 343; vgl. auch: Gaiser, F.J., „It shall not reach you". Talisman or vocation? (s. Anm. 7), 191–202; Kraus, T.J., Septuaginta-Psalm 90 in apotropäischer Verwendung (s. Anm. 7); Eshel, E., Apotropaic Prayers in the Second Temple Period (s. Anm. 7); Lichtenberger, H., Ps 91 und die Exorzismen in 11QPsAp3 (s. Anm. 7), 416–421.

6   *vor der Pest, die im Finstern schleicht,*
      vor der Seuche, die am Mittag Verderben bringt.
7   *Wenn auch tausend fallen zu deiner Seite und zehntausend zu deiner Rechten,*
      so wird es doch dich nicht treffen.
8   *Nun, du wirst es mit eigenen Augen sehen*
      und schauen, wie den Frevlern vergolten wird.
9   *Fürwahr:*
      Du, Jahwe, (bist) meine Zuflucht,
      du hast Eljon zu deiner Wohnung gemacht.
10   *Dir soll kein Unheil begegnen, keine Plage soll sich deinem Zelt nahen.*
11   *Denn er hat seinen Malakim befohlen,*
      dass sie dich behüten auf allen deinen Wegen,
12   *dass sie dich auf den Händen tragen*
      und du deinen Fuß nicht an einen Stein stoßest.
13   *Über Löwen und Ottern wirst du gehen*
      und junge Löwen und Drachen niedertreten.
14   *Fürwahr:*
      Hält er sich an mich, errette ich ihn,
      ich schütze ihn, weil er meinen Namen kennt.
15   *Ruft er mich, so erhöre ich ihn,*
      ich bin bei ihm in (der) Not, ich befreie ihn und bringe ihn zu Ehren.
16   *Ich sättige ihn mit einem langen Leben,*
      und lasse ihn mein Heil schauen.

4. Der religionsgeschichtliche Kontext von Ps 91

Die Interpretation von Ps 91 als ein „Konversionstext" in Abschn. 3 wurde aus den Textgegebenheiten von Ps 91 heraus entwickelt. Die zentralen Argumente dabei waren die Struktursignale des Psalms (bes. Gliederungssignal יכ), die Sprecherstruktur, die Achse zwischen VV.1–2 und V.9, die grammatischen und pragmatischen binnentextlich zu erfassenden Gegebenheiten (V.9 als explizit performativer DEKLARATIVER Sprechakt), die Identifikation von Jahwe und Eljon mit Hilfe der Einwohnungsvorstellung, die ausgefeilte Struktur und die Zweiheit von Bekenntnis und Lehre.

Kein Sprechakt, kein Text – s. Abschn. 1 – funktioniert ohne außersprachlichen Kontext. Insbesondere für DEKLARATIVE Sprechakte ist immer ein institutioneller[57] Kontext vorauszusetzen. Wenn Ps 91 vom Wortlaut her (binnentextlich) als ein Bekenntnis zu deuten ist, das Zugehörigkeit zu Jahwe durch einen bewussten Entscheid, durch eine „Wahl" stiftet, dann ist der wich-

---

57   Im Sinne der Sprechakttheorie bedeutet „institutionell" „menschliche Tatsachen" („Hochzeitsfeier, Baseballspiel, Gerichtsverfahren" u.ä., dazu gehört auch Ritus, Kult, Religion usw.) im Gegensatz zu „natürlichen Tatsachen" (Dinge körperlicher Art), so: Searle, J., Sprechakte (s. Anm. 2), 80.

tigste vorauszusetzende (außersprachliche) Kontext dieses Textes die „Religion Israels" bzw. der spezifische Charakter oder Typ oder Entwicklungszustand dieser Religion; die Religion ist dann so zu beschreiben, dass die Sache einer Zugehörigkeitserklärung, die Sache einer Konversion bzw. eines Religionswechsels in einer entsprechenden Form wie in Ps 91 vollzogen werden kann.

Das Phänomen „Religionswechsel" hat es in den polytheistischen (Assmann: kosmotheistischen[58]) altorientalischen Religionen nicht gegeben; aufgrund der gegenseitigen Identifikationsmöglichkeit der Götter in den verschiedenen Panthea gab es dafür auch keine Notwendigkeit.[59]

Solange die Religion des alten Israel in dieses System eingebunden war, hat sich auch innerisraelitisch kaum die Notwendigkeit ergeben, sich zu Jahwe zu „bekennen" bzw. von einer anderen Religion zur Jahwe-Religion durch explizite „Konversionsakte" zu wechseln. Das ändert sich in exilisch-nachexilischer Zeit:

– Abgrenzungen zu anderen Göttern sind im A.T. etwa bei Deuterojesaja überdeutlich; wahr und falsch in der Gottesfrage ist nun ein Thema.

– Immer wichtiger wird in den exilisch-nachexilischen Texten des A.T. das Verhalten des Einzelnen.[60] Wer zugehörig sein will, so fordert es Jes 65,3ff.,

---

58 Vgl.: Assmann, J., Monotheismus und Kosmotheismus. Ägyptische Formen eines „Denkens des Einen" und ihre europäische Rezeptionsgeschichte (SHAW.PH 1993,2) Heidelberg 1993.

59 Für den *mesopotamischen Kontext* sei hier auf die zusammenfassende Kurzdarstellung von Soden, Wolfram von: Einführung in die Altorientalistik. Darmstadt 1985 verwiesen, der im sumerisch-akkadischen Bereich auf die Gleichsetzungstheologie hinweist, die sich u.a. in zweispaltigen Götterlisten zeigt (a.a.O., 144), auch auf die Gleichsetzungen semitischer und sumerischer Götter (a.a.O., 172) u.ä. Für den *ägyptisch-altorientalischen Bereich*: „Zur Evidenz der ›heidnischen‹ Götter gehört ihre Übersetzbarkeit. Listen, die Götter von nicht weniger als acht verschiedenen Panthea miteinander korrelieren, finden sich schon in keilschriftlichen Texten des 15. Jahrhunderts v.Chr. Solche Götterübersetzungen gehören zur gängigen Praxis der Kulturreligionen, bis hin zu den *interpretationes graecae* und *latinae* der ägyptischen Götter. [...] Der Grund für die mühelose Übersetzbarkeit ›heidnischer‹ Panthea liegt in der überwältigenden natürlichen Evidenz dieser Götter, die als tertium comparationis dienen kann. Sonne und Mond, Himmel und Erde, Fruchtbarkeit, Tod, Unterwelt, Handwerk und Schreibkunst, Liebe, Krieg und Recht, das alles sind derart evidente und ausgeprägte Elemente der Wirklichkeit, dass demgegenüber die kulturspezifischen Besonderheiten zurücktreten. Man ist grundsätzlich davon ausgegangen, dass fremde Völker in der gleichen Welt leben und daher auch, unter anderen Namen, die gleichen Götter anbeten." Assmann, J., Ma'at. Gerechtigkeit und Unsterblichkeit im Alten Ägypten, München 1990, 22–23; Ähnlich: Cancik, H., Art. Bekehrung/Konversion. II. Griechisch-römische Antike, in: RGG⁴ Bd. 1 (1998), 1229–1230: „B.[ekehrung] als radikaler, bewußter und ggf. plötzlicher Wechsel der rel. Einstellung und der Zugehörigkeit von Menschen zu bestimmten Kulten ist kein festes oder häufiges Muster der rel. Erfahrung, Sozialisierung oder des Ausdrucks in der Antike.[...] Die griech. und röm. Religion haben sich von Griechenland und Rom über den ganzen Mittelmeerraum ausgebreitet durch Diffusion, nicht Mission."

60 „Die persönliche Frömmigkeit des Einzelnen und seines Familienbundes übernahm im Exil die Aufgabe, die Identität der Gruppe zu sichern, die sich durch religiös-rituelle Regelungen definierte." Berlejung, A., Geschichte und Religionsgeschichte (s. Anm. 38), 168.

muss sich an die Gebote, muss sich an Jahwe und keinen anderen halten (Ps 139); Sabbat, Beschneidung treten als Unterscheidungszeichen hervor, das theologische Konzept „Bund" und zugehörige Verpflichtungen, „Gesetze" und „Gesetzessammlungen" werden ausformuliert. Von dem Phänomen der zunehmenden Ethisierung zu sprechen, ist daher sicher angebracht.[61]

– Wir können den Prozess der Literalisierung der Religion und Kanonisierung beobachten; Texte in ihrer Funktion als Sinngefäße, Textsammlungen in ihrer Funktion als Eingrenzungen der Überlieferung, werden wichtiger. Lehrsätze, Lehrinhalte – Bekenntnisinhalte – kristallisieren sich heraus bzw. werden explizit ausgearbeitet und als „Leittexte" verbindlich.

– Spätestens ab dem 4./3. Jh. v.Chr. wird die „jüdische" Religion mit ihren deutlichsten Grenzmarkierungen (Monotheismus und Bilderlosigkeit) auch von außen wahrgenommen.

Aufgrund dieser u.a. Charakteristika wird die Notwendigkeit der Abgrenzung, die Notwendigkeit auch der Erklärung der Zugehörigkeit immer größer. Diese Situation ändert sich, wie schon angedeutet, in der exilisch-nachexilischen Zeit: Hier gelten neue Merkmale:[62]

In diesen beiden Aspekten, »Abgrenzung/Unterscheidung« und »Erklärung der Zugehörigkeit/Bekenntnis« verdichten sich die Charakteristika.[63]
Es gibt verschiedene Vorschläge, diesen solchermaßen „charakterisierten" Typ der Religion zu beschreiben bzw. zu klassifizieren:

C. Bochinger gebraucht zur Bezeichnung diesen Sachverhalts den Begriff der „Wahlreligionen"[64]. Solches sind Religionen, die „die Möglichkeit des Beitritts" bieten,[65] als Beispiele verweist er auf Judentum, Christentum, Islam, Zoroastrismus und Buddhismus; ein Gegenmodell dazu, „eine Rel. ohne Konversionsmöglichkeit", auch ohne vergleichbare „Lehrformeln" (Bekenntnisse), wäre nach Bochinger der „vormoderne Hinduismus".[66]

---

61 Vgl.: Wagner, A., Primäre/sekundäre und Bekenntnis-Religion als Thema der Religionsgeschichte (s. Anm. 48); zusammenfassend Berlejung, A., Geschichte und Religionsgeschichte (s. Anm. 38), 170–171: „Beschneidung, Sabbatobservanz, Speisegebote, evtl. Mischehenverbote, Monotheismus und Bildlosigkeit des Jhwh-Kults sollten für die Gemeinschaft um den zweiten Tempel bestimmend sein."
62 Vgl. dazu: Assmann, J., Die Mosaische Unterscheidung. Oder der Preis des Monotheismus, München/Wien 2003, 12–13.
63 Womit wiederum nicht gesagt sein soll, dass sich darin die Beschreibungsmöglichkeiten von Religion bzw. der exilisch-nachexilischen alttestamentlichen Religion erschöpfen; wir sind hier an der durch die Texte des A.T. dokumentierten Außenseite der Religion, die wirkungsgeschichtlich, weil das A.T. normative Funktion hatte und die Grundlage der späteren Rezeptionsvorgänge war, eine sehr gewichtige Stellung einnimmt.
64 Bochinger, C., Art. Bekenntnis, in: RGG⁴ Bd. 1 (1998), 1246.
65 Ebd.
66 Ebd.

Assmann hat dafür, im Anschluss an Überlegungen von T. Sundermeier, das Konzept der ‚Bekenntnisreligion‘ entwickelt; hier sei nur seine knappe Charakteristik zitiert:[67]

„Demgegenüber [gegenüber primärer Religion] bezieht sich der Begriff einer ‚(sekundären) Religion in strengem Sinne‘ auf ein System der Überzeugungen und Verpflichtungen, das von den allgemeinen Fundierungen des Zusammenlebens unterschieden ist und zu diesen in Konflikt geraten kann. Das entscheidende Kennzeichen dieses neuen Typs von Religion ist der Bekenntnischarakter im Sinne einer ‚normativen Selbstdefinition‘. Diese Religion muß ‚bekannt‘ werden, sie stiftet eine exklusive Form der Zugehörigkeit. Typische Kennzeichen dieser Form der Zugehörigkeit sind Konversion, Apostasie, Anachorese und Märtyrertum. Daher ist dieser Typus wohl am angemessensten als ‚Bekenntnisreligion‘ zu bezeichnen.“[68]

Assmann hält die israelitische, die alttestamentliche Religion für den ersten Vertreter diesen Religionstyps. Die Ausprägung dieser Merkmale bedeutet die endgültige Entfernung der israelitischen Religion von den Religionssystemen der Nachbarn. Eigenbewußtsein (Selbstreflexion) und Fremdwahrnehmung stimmen dabei überein.[69] Das Ergebnis des exilisch-nachexilischen Transformationsprozesses ist in dieser Hinsicht also neu, prägend und nicht mehr vollständig verlierbar. In dieser Situation entwickeln sich nun *neue* Textformen, die den Bedürfnissen des *neuen* Religionstyps Genüge tun; der veränderte außersprachliche Kontext bringt neue sprachliche Formen hervor (s. Abschn. 1). Der Schluss liegt nicht fern, dass auf dieser Stufe der israelitischen Religion auch Bekenntnistexte/Konversionstexte entstehen, die beim Eintritt in diese Religion gesprochen werden und das Zugehören zur Jahwe-Religion bewirken.

M.E. liegt mit Ps 91 solch ein Text vor. Er stellt eine Textform dar und bietet Inhalte, für die es keine Parallelen gibt (außer späteren) und die ebenso neu sind wie der „neue“ Religionstyp. Mit Assmann gesprochen könnte man Ps 91 als „Vollzugstext der mosaischen Unterscheidung“ verstehen.[70]

Der Funktion auf liturgischer Ebene kommt bei Ps 91 sicher zeitliche Priorität zu. Die Funktionen verändern sich bei der Übernahme in eine Psalmensammlung und bei einer Lektüre des Psalms als „Lesetext“. Dann kann der Geschehensablauf vom Leser selbst „durchgespielt“ werden (literarische Li-

---

67 Vgl. ausführlich: Diesel, A., Primäre und sekundäre Religion – das Konzept von Sundermeier und Assmann (in diesem Band).

68 Assmann, J., Ma'at (s. Anm. 59), 20.

69 Vgl.: Wagner, A., Primäre/sekundäre und Bekenntnis-Religion als Thema der Religionsgeschichte (s. Anm. 48). Wie Assmann selbst betont, kann man nicht von einem punktuellen Ereignis sprechen; aber in die persisch-hellenistische Zeit fällt der Beginn der Wende, die als „regulative Idee“ [...] ihre weltverändernde Wirkung über Jahrhunderte und Jahrtausende hin in Schüben entfaltet hat“. Assmann, J., Die Mosaische Unterscheidung (s. Anm. 62), 13.

70 Ein analoges Phänomen zeigt sich in Ps 139, der einen Geschehensablauf bietet, in dem sich ein Nicht-Jahweanhänger von seinem falschen Weg distanziert, vgl.: Wagner, A., Permutatio religionis (s. Anm. 40).

turgie, Zenger, s.o. Abschn. 2); er wird sich aber nur als sinnvoll ergeben, wenn der Leser sein Situations- und Rollenwissen in das Lesegeschehen miteinbringt.[71]

Wie viele Bekenntnistexte zeigen, können auch die Formulierungen von Ps 91 aufgrund der Multifunktionalität von Bekenntnissen sehr unterschiedlich gedeutet und rezipiert werden.[72] Wird Ps 91 als Lesetext genommen, dann steht wohl die reflexive Funktion im Vordergrund, treten die trostreichen Inhalte der „Lehrteile" stärker hervor. Die Identifikationsmöglichkeit mit dem sich Bekennenden bleibt auch auf der Leseebene erhalten. Problemlos kann der Psalm auch jederzeit „reliturgisiert" werden und (wieder) als Bekenntnisformular dienen.

---

71 Mit einer Weiterentwicklung der Aussage des Psalms aus dem liturgischen Rahmen heraus rechnet auch Seybold; er nimmt an, dass sich der Beter mit dem Bekenntnis in V.2 und 9 ursprünglich Zutritt zum Asylraum verschafft hat, dass dieser konkrete Raum aber später in eine allgemeine Schutzfunktion Jahwes umgedeutet wird: „Der schützende Raum ist [dann] dort, wo Gottes Nähe ist und [...] wohin er gerufen wird [...]." Dieses Rufen und die Herstellung von Nähe geschieht (im gelesenen Ps 91, etwa als Bestandteil des Psalters) nicht mehr über die Liturgie, sondern über das Lesen bzw. Beten des Psalmtextes, die Kategorie Nähe entfaltet sich nicht mehr konkret-räumlich, wie es bei der Asylstatt noch der Fall war, sondern sprachlich, das „Bekenntnis öffnet nicht mehr [...] die Tür zum sakralen Raum für Asylanten, sondern öffnet den imaginären Schutzraum, in dem der Glaube lebt." Zitate jeweils: Seybold, K., Poetik der Psalmen (s. Anm. 11), 255. Vgl. auch: Tate, M.E., Psalms 51–100 (WBC 20) Dallas 1990.

72 Wagner, A., BEKENNEN. Zur Analyse eines religiösen Sprechakts (s. Anm. 31), 117–123.

Primary and Secondary Religion in Psalms 91 and 139

A Response to Andreas Wagner

Mark S. Smith (New York)

I wish to begin by expressing my gratitude to Andreas Wagner for the invitation to this symposium. I also thank Wagner for the opportunity to serve as a respondent to his reflections on Psalms 91 and 139 in light of the categories of primary and secondary religion, as proposed by Theo Sundermeier and developed by Jan Assmann. My response consists of three parts: (i) a general response to the categories of primary and secondary religion; (ii) comments to Wagner's proposals regarding the *Sitz im Leben* for Psalm 91; and (iii) a general reaction to his suggestions about the nature of secondary religion in Psalm 139.

I. Primary and Secondary Religion

These categories involve questions about the object of our study, specifically evidence and methods, on the one hand, and on the other hand, the subjects of our study, namely scholars as perceiving agents. Regarding evidence and method, all of our biblical religious texts (and one may say, virtually all ancient Near Eastern and Egyptian religious texts), are the products of secondary religion, or, perhaps more accurately, the products of multiple transformations following cumulatively upon one another, hence secondary, tertiary, etc. Our only access, textually speaking, to primary religion, comes through secondary religion (and tertiary religion, etc.). So we have to face a basic hermeneutical issue of the object or goal of our symposium. All religious texts reflect the effects of secondary religion, and thus our only enduring sources for primary religion may derive from archaeological excavation of the sort of basic tribal cultures as envisioned by Sundermeier. Clearly, archaeologists need to be included in this larger discussion. The interpretational situation would require an effort at correlating and examine the evidence of primary religion from archaeological excavation and the data for primary religion through the lens of secondary religion (etc.) as represented in texts.

For ancient Israel, this problem is particularly acute since the own basic tribal society of the Iron I period, to suggest the sort of primary religion for Israel as envisioned in Sundermeier's terms, had inherited from its cultural predecessors a massive number of features of the secondary religion of the Late Bronze Age. Either we may say that there was no primary religion in ancient Israel; or, we might speak of the "reprimarization" of secondary religion in earliest Israel. In either case, the situation in early Israel stands at a considerable distance from the characterizations of the categories of either Sundermeier or Assmann. Considerable and important transformations of religion took place, as Israel moves from the pre-monarchic to the monarchic situation (with further royally induced shifts in the ninth century, e. g., the Omrides in the north),[1] and as it shifts further in the late the eight century (especially with the fall of the northern kingdom and the first major Judean depopulation in 701), and then again in the sixth century (with the fall of Jerusalem and the deportation of leadership to Babylon). On the grossest level, Israelite religion cannot broadly be conformed to one great phase of primary religion and another great phase of secondary religion (no one to my knowledge is proposing such a mapping of these categories to ancient Israelite religion). Still, in view of the numerous transformations of Israelite religion, even well before the fall of Jerusalem, one may ask how helpful the categories of primary and secondary religion will be for analyzing Israelite religion. Is the lens provided by these categories too broad for the considerable number of transformations? And without some sort of clarity about the sort and range of cultural processes that go into an accurate description of secondary religion, will it remain too vague a category?

One illustration of these sorts of questions, as they apply to the category secondary religion in ancient Israel may be gleaned from the work of Sundermeier: "the struggle of prophetic religion against the existing Canaanite religions."[2] If the prophets do not use the word, "Canaanite," then such a characterization arguably runs a risk of superimposing the later tradition of so interpreting the prophets. By collectively referring to "the prophets," we run a further risk of seeing an attack on religion as a general feature of these figures. There is also the danger of accepting the later biblical idea of the prophets as a separate group as valid historical analysis. Finally, the abstraction of "religion" by definition is a category that may do violence to primary religion, as religion (both as category and tool) differentiates what Sundermeier's "primary religion" does not. So it is arguable that Sundermeier's formulation quoted above creates new abstractions under the labels of prophets and Canaanite and even

---

1   See Finkelstein, I., "Omride Architecture" (ZDPV 116), 2000, 114–138.

2   Sundermeier, T., "The Meaning of Tribal Religions for the History of Religion: Primary Religious Experience"(Scriptura 10), 1992, 4.

religion. How much do such abstractions help the ability of scholars to view the situation in ancient Israel, and how much do they obscure?

Regarding the subjects of our study, namely ourselves as perceiving agents, it is apparent that we ourselves bear the accumulative results of a seemingly innumerable series of secondary religious transformations, which might be traced back to ancient Israel and beyond. Our own cultural landscape and our appropriation of this environment embody countless confrontations of the primary, secondary, tertiary, etc. over the millennia, with any number of secondary re-appropriations and new syntheses of the prior contexts along the way. We are both the subjects of the results of these seemingly infinite transformations and the subjects of their analyses. It would appear quite difficult to serve easily in both capacities, as we try to isolate and analyze specific instances in the deep past. This is, of course, true of our scholarly situation in general. Perhaps one value of the categories of primary and secondary religion (or of its problematics) is that they draw our attention to this ever-present situation for students of the past. Indeed, the study of Israelite religion could benefit from the application of new theoretical perspectives. Perhaps as primary and secondary religion continue to be clarified and applied with critical appraisal, these categories will join in aiding the study of this subject.

II. The Setting of Psalm 91

With these concerns in mind, let us turn to Psalm 91. Wagner offers many fine observations regarding the structure and speech-acts in this psalm. In general, I would complement his approach by looking further at the terms and imagery of the psalms.

Wagner understands the titles 'elyôn and shadday in verse 1 as "code-names for other gods." Accordingly, the psalm is concerned with the problem of other deities competing with Yahweh. However, these titles are common epithets for Yahweh elsewhere in the Bible, and in the post-exilic context in which Wagner locates this psalm, it would be unlikely that these would be understand as anything other than titles of Yahweh. Moreover, the psalm makes it rather clear that the speaker mentions Yahweh and these titles in a positive way in verses 1–2. The parallelism of Yahweh and 'elyôn in verse 9 likewise supports this view. Therefore, it would be difficult to read these titles as anything other than epithets for Yahweh.

The nature of the "conversion" or "profession" of verse 9, as Wagner calls it, is suggested by the imagery that precedes the verse, as does the interpretation that the psalm received in the Dead Sea Scrolls. If the content of the affirmation is to be found in the verses that lie between verse 3 and verse 9, then the issue at hand is protection from the sort of negative forces mentioned in these verses, in particular in verses 5–6. This is also how the psalm was used in 11Q11 = 11QPsAp^a.[3] There the psalm belongs to a group of exorcistic texts. The issue then is demonic powers made manifest in their attack on the addressee of verses 3–9 (as well as verses 10–12). A valuable comparison has been made by H. J. Levine, who has taken note of the noun *nega'* in this context and in Leviticus 14:32.[4] The chapter provides instruction for purification in the case of one sort of *nega'*. Levine suggests of Psalm 91 and Leviticus 14: "Both share an interest in banning demonic forces and both use *nega'*...the two can be seen as a complex ritual of restoration, with the psalm's metaphoric chain of associations complementing the largely metonymic actions of the ritual."[5] (The term *'ōhel*, "tent," occurs in both as well.)

Viewed in light of Levine's proposal, Psalm 91 may represent a profession affirming the reintegration of the afflicted into the community, marked by the words of the speaker (perhaps the very sort of priest mentioned in Leviticus 14) in verses 1–12 and those of Yahweh in verses 14–16. It is because such affliction against demonic forces is the issue (rather than other gods in general terms), the divine promise of long life in verse 16 makes sense. There is an affirmation of identification with Yahweh urged by the speaker, and this is situated on the very person or body of the addressee. The imagery of conflict in verses 3–13 marks a transition in the life or even body of the addressee. His very body is the locus or site of battle between the powers that afflict on the one hand and on the other hand the angels who are to guard the addressee. In the transition from illness to health, the forces under Yahweh are to ensure victory on the "battlefield of the body."

In view of this setting, the view of confession in the terms proposed by Wagner may be modified. The powers involved are divine in power, possibly even in status (though a significantly lower one relative to Yahweh). The confession here is one that affirms Yahweh's power over the forces operative in the world, whether these are dangerous or ones directed by Yahweh to counteract them. Understood in these terms, Wagner's idea of confession here can be affirmed.

---

3   See Puech, E., "Les deux derniers psaumes davidiques du rituel d'exorcisme, 11QPsAp^a IV 4 – V 14," in: Dimant, D., Rappaport, U. (Hg.), The Dead Sea Scrolls: Forty Years of Research (STDJ X), Leiden/Jerusalem, 1992, 64–89, esp. 75–78.

4   Levine, Sing Unto God a New Song: A Contemporary Reading of the Psalms (Indiana Studies in Biblical Literature), Bloomington/Indianapolis 1995, 68–71.

5   A.a.O. 68.

III. Psalm 139 and Secondary Religion

Psalm 139 could well concern idols as Wagner argues following one line of interpretation. Secondary religion here is understood by Wagner as an act of "abrenunciatio." This characterization focuses on the psalm as a larger speech-act. One may also direct attention to the imagery within the psalm as an expression of what the conveners of our symposium would recognize as secondary religion. More specifically, the speaker or the self explores the self's own nature over the course of the psalm and therein lies a new discovery about reality. Verses 8–9 begin with what an older sort of idea (as known from EA 264.15–19 and as recognized in the commentaries).[6] This imagery focuses on the relation of the self to the cosmos all around. Verses 13–18 shift the locus of the imagery to the speaker's own interior at the beginning of the person's own life in the womb.[7] In the depths of the speaker's own pre-history in the womb, the speaker discovers the mystery of God in the speaker's life. God was there when the speaker was still in the darkness of the womb: "your eyes saw my (unformed) matter (golmî)." The nearness to God is not a matter of divine presence in the temple (as in Psalm 73), but a matter of divine knowledge in the womb. Because God was with the speaker from the beginning, even before the speaker knew of this fact, the speaker can completely identify with the God who in turn has always known the speaker. Perhaps such a new self-perception in relation to God constitutes a significant act of "secondary religion" in Psalm 139. For drawing my attention to these questions, I wish to thank Wagner.

---

6   For EA 264:15–19 as a local saying, see Toorn, K. van der, "Cuneiform Documents from Syria-Palestine. Texts, Scribes, and Schools" (ZDPV 11), 2000, 97–113, esp. p. 107.

7   For verse 13, see Tigay, J.H., "Divine Creation of the King in Psalms 2:6," Eretz Israel 27 (2003) 246*–249*, esp. p. 248*. Tigay would consider repointing t'sukkēnî in Psalm 139:13, "you created me," by deriving the word not from *škk/skk, "to weave together," but from *nsk, "create" (in the sense of "to pour"").

Gibt es „Reste hebräischen Heidentums"
im Alten Testament?

Methodische Überlegungen anhand von Dtn 32,8f und Ps 82

Konrad Schmid (Zürich)

I.

„Die israelitische Religion hat sich aus dem Heidentum erst allmählich empor-gearbeitet; das eben ist der Inhalt ihrer Geschichte"[1]. So beschrieb Julius Well-hausen den Gang der Religionsgeschichte des antiken Israel. Heutige religions-geschichtliche Forschung würde sich zwar deutlich und zu Recht gegen die pejorative Kategorie des „Heidentums" und die evolutionäre Metapher des „Em-porarbeitens" verwehren; lineare Evolutions- oder Dekadenzschemata eignen sich kaum für die religionsgeschichtliche Deskription. Abstrahiert man einmal von diesen problematischen Kategorien und Begrifflichkeiten, so ist allerdings ein nicht unbeträchtlicher Teil der gegenwärtigen alttestamentlichen Wissen-schaft geneigt, Wellhausens Bild des Gangs der israelitischen und judäischen Religionsgeschichte durch Inschriften und religiöse Kleinfunde der Königszeit, aber auch durch die Ergebnisse literarhistorischer Rekonstruktionen am Alten Testament bestätigt zu sehen.

Was die *archäologischen Zeugnisse* angeht, so hat sich in der Tat in den letzten dreißig Jahren ein mittlerweile breit dokumentiertes Bild der Religion (oder Religionen) des antiken Israel und Juda ergeben[2], das Wellhausens Ver-mutung in Grundzügen bestätigt: Segens- und Fruchtbarkeitsikonen, Schutzem-bleme, Symbole von Göttinnen und Gottheiten, Grabbeigaben sprechen diesbe-züglich eine recht klare Sprache, auch wenn man sich vor einer einfachen Dichotomisierung zwischen einer als „polytheistisch" charakterisierten Religi-

---

[1] Vgl. Wellhausen, J., Israelitische und jüdische Geschichte, Berlin ³1897, 34.

[2] Vgl. etwa das Material bei Keel O./Uehlinger, C., Göttinnen, Götter und Gottessymbole. Neue Erkenntnisse zur Religionsgeschichte Kanaans und Israels aufgrund bislang uner-schlossener ikonographischer Quellen (QD 134), Freiburg i.Br. u.a. ⁵2001; Zevit, Z., The Religions of Ancient Israel. A Synthesis of Parallactic Approaches, London/New York 2001; Hartenstein, F., Religionsgeschichte Israels – ein Überblick über die Forschung seit 1990 (VF 48), 2003, 2–28.

on des königszeitlichen Israel und der „monotheistisch" klassifizierten Religion des nachexilischen Judentums hüten sollte. Die Religionsgeschichte Israels ist nicht in einem zweistufigen Prozess abgelaufen, sondern sie kennt verschiedene, parallel laufende Entwicklungen, in denen sich ebenso Diskontinuitäten wie auch Kontinuitäten feststellen lassen. Darüber hinaus ist ohnehin im Umgang mit den Kategorien „Polytheismus" und „Monotheismus" höchste Vorsicht geboten[3]. Für unsere Belange muss hier der Hinweis darauf genügen, dass Ikonographie und Epigraphie immerhin genügend Anhaltspunkte dafür abgeben, dass das königszeitliche Israel eine „vormonotheistische" Religiosität gekannt haben dürfte, wie umgekehrt deren Transformation in der Perserzeit und im Hellenismus keineswegs eine uniforme Gestalt eines „Monotheismus" hervorgebracht hat.

Deutlich umstrittener als das Heranziehen archäologischer Befunde der Königszeit sind die Versuche, *auf literarkritischem Weg* entsprechendes religionsgeschichtliches Urgestein aus dem antiken Israel zu isolieren. Im Rahmen solcher Rekonstruktionen werden die literarkritischen Entscheidungen oft durch den religionsgeschichtlichen Vergleich mit der sogenannten Umwelt gesteuert, was nicht illegitim, aber mit zwei grundsätzlichen Problemen behaftet ist. Zum einen besteht die Gefahr eines Zirkelschlusses: Wer von vornherein eine grundsätzliche Konkordanz zwischen Israel und Juda und ihren Nachbarn in der Königszeit postuliert, wird diese in entsprechend rekonstruierten Textvorstufen dann oft auch so bestätigt finden. Zum anderen besteht das Problem einer methodischen Engführung: Privilegiert man den Arbeitsschritt der Literarkritik unter den exegetischen Methoden, dann wird sich einem das Modell der Aufnahme alter Überlieferungssplitter schneller aufdrängen, als wenn man auch andere Erklärungsmöglichkeiten prüft – etwa die Aufnahme und Verarbeitung traditioneller Motive oder Stoffe *im Rahmen eines literarisch einheitlichen Textes.*

Der nachfolgende Beitrag wendet sich diesem methodischen Problem der *literarischen* Rekonstruierbarkeit von religionsgeschichtlichem Urgestein aus dem Alten Testament zu. Ist es möglich, auf literarkritischem Weg altisraelitische Überlieferungssplitter im Alten Testament zu bestimmen, die gewissermaßen innerlich unbeschadet und nur äußerlich rekontextualisiert den Weg in die spätere Orthodoxie des frühjüdischen Alten Testaments überstanden haben?

---

3   Vgl. Ahn, G., Monotheismus und Polytheismus als religionswissenschaftliche Kategorien?, in: Oeming, M./Schmid, K. (Hg.), Der eine Gott und die Götter. Polytheismus und Monotheismus im antiken Israel (AThANT 82), Zürich 2003, 1–10; Schmid, K., Differenzierungen und Konzeptualisierungen der Einheit Gottes in der Religions- und Literaturgeschichte Israels. Methodische, religionsgeschichtliche und exegetische Aspekte zur neueren Diskussion um den sogenannten »Monotheismus« im antiken Israel, in: Oeming, M./ders. (Hg.), Der eine Gott und die Götter. Polytheismus und Monotheismus im antiken Israel (AThANT 82), Zürich 2003, 11–38.

Im begrenzten Rahmen dieses Beitrags kann diese Frage nicht annähernd umfassend behandelt werden. Die folgenden Ausführungen beschränken sich lediglich auf die kritische Prüfung von zwei hierfür einschlägigen Texten – Dtn 32,8f und Ps 82 –, die des öfteren als religionsgeschichtliches Urgestein im Sinne „polytheistischer Fenster" im Alten Testament interpretiert worden sind.

Vorgetragen worden ist diese These nicht zufällig von dezidiert religionsgeschichtlich arbeitenden Alttestamentlern wie Otto Eissfeldt oder Manfred Weippert. Bei Otto Eissfeldt heißt es: „[D]as Alte Testament enthält … ein paar eindeutige Zeugnisse dafür, daß es im Verlauf der israelitisch-jüdischen Religionsgeschichte eine Zeit gegeben hat, da El oder der mit ihm identische 'Äljon eine auch von Jahwe anerkannte und insofern über ihm stehende Autorität gewesen ist. Zwei von ihnen mögen genannt sein"[4], eben Dtn 32,8f und Ps 82. Ganz ähnlich äußert sich Manfred Weippert[5]. Auch er hält Dtn 32,8f und Ps 82 für ursprünglich polytheistische Dokumente der Königszeit[6], die im Alten Testament „überlebt" hätten.

Im folgenden soll anhand einer näheren Untersuchung beider Texte gefragt werden, ob diese Interpretationslinie tatsächlich plausibel ist. Ihr Resultat wird von eigener Seite her aufweisen, dass die Alternative „Polytheismus" versus „Monotheismus" in religions- und theologiegeschichtlicher Hinsicht defizitär ist. Dtn 32,8f und Ps 82 lassen sich weder mit dem einen noch mit dem anderen Label hinreichend befriedigend beschreiben. Wie zu zeigen sein wird, handelt es sich bei ihnen um zwar „polytheisierende", aber „monotheistische" Texte, die das Erbe des „Polytheismus" nicht einfach eliminieren, sondern erinnern und sogar in gewandelter Form – unter „monotheistischen" Bedingungen – wieder in Kraft setzen.

---

4 Eissfeldt, O., El und Jahwe (JSS 1), 25–37 = ders., Kleine Schriften, Bd. 3, Tübingen 1966, 386–397, 389f.

5 Weippert, M., Synkretismus und Monotheismus. Religionsinterne Konfliktbewältigung im alten Israel (1990), in: ders., Jhwh und die anderen Götter. Studien zur Religionsgeschichte des antiken Israel in ihrem syrisch-palästinischen Kontext (FAT 18), Tübingen 1997, 1–24; vgl. auch Knauf, E.A., Die Umwelt des Alten Testaments (NSK.AT 29), Stuttgart 1994, 125; Dijkstra, M., El, the God of Israel – Israel, the People of YHWH: On the Origins of Ancient Israelite Yahwism, in: Becking, B. u.a. (Hg.), Only One God? Monotheism in Ancient Israel, and the Veneration of the Goddess Asherah (BiSe 77), Sheffield 2001, 81–126, 94f.

6 Weippert, M., Synkretismus (s. Anm. 5), 5.10.

II.

1. Dtn 32,8f

בְּהַנְחֵל עֶלְיוֹן גּוֹיִם	(8) Als der Höchste die Völker als Erbbesitz gab[7],
בְּהַפְרִידוֹ בְּנֵי אָדָם	als er die Menschen verteilte,
יַצֵּב גְּבֻלֹת עַמִּים	setzte er die Gebiete der Völker fest
לְמִסְפַּר בְּנֵי יִשְׂרָאֵל׃	nach der Zahl der Söhne Israels
4QDeut^{j}: [למספר] בני אלוהים	4QDeut^{j}: nach der Zahl der Göttlichen
LXX: κατὰ ἀριθμὸν ἀγγέλων θεοῦ	LXX: nach der Zahl der Engel Gottes
כִּי חֵלֶק יְהוָה עַמּוֹ	(9) Ja, der Anteil Jhwhs ist sein Volk[8],
יַעֲקֹב חֶבֶל נַחֲלָתוֹ׃	Jakob das Los seines Eigentums.

Dieser wohlbekannte Abschnitt bietet eine ebenso bekannte textkritische Variante in V.8[9]: MT liest לְמִסְפַּר בְּנֵי יִשְׂרָאֵל „nach der Zahl der Söhne Israels". Das ist wahrscheinlich nicht ursprünglich, wie ein Fragment aus der Handschrift 4QDeut^{j} zeigt, welches בני אלוהים bezeugt[10], also – sachlich zunächst möglichst neutral übersetzt – „nach der Zahl der Göttlichen".

---

7 Vgl. zur Übersetzung Weippert, M., Synkretismus (s. Anm. 5), 5 Anm. 15 mit Verweis auf Jes 49,8.

8 Weippert zieht LXX vor und übersetzt „Da wurde Jahwes Anteil sein Volk", Synkretismus (s. Anm. 5), 5 Anm. 17.

9 Vgl. die ausführlichen Besprechungen bei Sanders, P., The Provenance of Deuteronomy 32 (OTS 37), Leiden u.a. 1996, 154–159 (Lit.); Himbaza, I., Dt 32,8: Une correction tardive des scribes. Essai d'interprétation et de datation (Bib. 83), 2002, 527–548. Zu beachten sind die damit zusammenhängenden Differenzen in Dtn 32,43 (4QDeut^{q}; LXX); s. auch Winter, P., Der Begriff ‚Söhne Gottes' im Moselied Dtn 32,1–43 (ZAW 67), 1955, 40–48; ders., Nochmals zu Deuteronomium 32,8 (ZAW 75), 1963, 218–223.

10 Vgl. DJD XIV, 90 mit Tafel XXIII, Frg. 34; Duncan, J.A., Considerations of 4QDt^{j} in the Light of the ‚All Souls Deuteronomy' and Cave 4 Phylactery Texts, in: Trebolle Barrera, J. u.a. (Hg.), The Madrid Qumran Congress, Vol. 1 (StDJ 11), Leiden u.a. 1992, 212.361. Bei Skehan, P.W., A Fragment of the Song of Moses Dtn. 32 from Qumran (BASOR 136), 1954, 12–15, wird das Fragment noch 4QDeut^{q} zugewiesen.

4QDeut^j (vgl. DJD XIV, Tafel XXIII)

Eben diese Lesart setzt auch die Vorlage der Septuaginta voraus. Die Septuaginta bietet κατὰ ἀριθμὸν ἀγγέλων θεοῦ, wobei ἀγγέλων θεοῦ ausweislich von Gen 6,2.4; Hi 1,6; 2,1; 38,7 als durchaus geläufige Wiedergabe von בני אל[ו]הים gelten kann[11]. Inhaltlich gestützt wird die Ursprünglichkeit dieser Lesart durch den sich so ergebenden Parallelismus zwischen בני אדם V. 8a und בני אל[ו]הים V. 8b.

Eissfeldt[12] wie Weippert[13] haben nun vorgeschlagen, dass diese textkritische Variante religionsgeschichtlich auswertbar sei und hier ein altes, vorjahwistisches Fragment verarbeitet sei, in dem der in V. 8 genannte Höchste (hebr. „Eljon") und der in V. 9 genannte Jhwh ursprünglich zwei verschiedene Gott-

---

11 Vgl. Himbaza, I., Dt 32,8 (s. Anm. 9), 533. Einige griechische Textzeugen bieten statt ἀγγέλων „Engel" – υἱῶν „Söhne".

12 Eissfeldt, O., El und Jahwe (s. Anm. 4), 390; vgl. ders., Das Lied des Mose Deuteronomium 32,1–43 und das Lehrgedicht Asaphs Psam 78 samt einer Analyse der Umgebung des Moselieds [BAL (Phil.-hist. Klasse) 104], Berlin 1958.

13 Weippert, M., Synkretismus (s. Anm. 5), 5. [Eine eigen(willig)e Richtung verfolgte Morgenstern, J., The Mythological Background of Psalm 82 (HUCA 14), 1939, 29–126, 120f, der Ps *82 vom Mythos des Engelfalls (vgl. Gen 6,1–4; 1Hen 6–16) her interpretiert und dabei einerseits Elyon und Jhwh in Ps 82 trennt, andererseits eine Spätdatierung um 500 B.C. vertritt. Vgl. zu Morgenstern O'Callaghan, R.T., A Note on the Canaanite Background of Psalm 82 (CBQ 15), 1963, 311–314.]

heiten bezeichnet hätten, wobei sich hinter dem Titel „Eljon" der *summus deus*
El verberge und Jhwh als eine unter mehreren, ihm untergeordneten Nationalgottheiten anzusehen sei.

Dtn 32,8f habe also ursprünglich vom Hochgott El gesprochen, der die
Völker an die niederen Götter verteilt und dabei Jhwh das Volk Israel zugewiesen habe. Jhwh wäre in dieser Sicht ursprünglich nicht der Chef, sondern einer
unter mehreren subalternen Funktionsträgern in diesem Pantheon gewesen. Seit
dem Aufkommen des Monotheismus in der Exilszeit sei Dtn 32,8f dann insgesamt auf Jhwh bezogen worden: „Eljon" sei von nun an kein anderer als Jhwh
und Jhwh gelte als der oberste Gott, der Israel direkt verwalte[14].

Ohne Frage ist zuzugestehen: Dtn 32,8f ist so sowohl textkritisch wie auch
religionsgeschichtlich sehr ansprechend gedeutet[15]. Doch bei näherem Hinse-
hen erweist sich diese Interpretation im Sinne eines „polytheistischen Fensters"
als unmöglich. Der Text von Dtn 32,8 ist zwar in der Tat nach 4QDeut[j] und
LXX zu korrigieren – soweit ist diese Zugangsweise im Recht –, diese Korrektur katapultiert ihn aber keineswegs zurück in eine vormonotheistische Welt.
Der textkritisch bereinigte Text von Dtn 32,8f repräsentiert nicht den vorjah-
wistischen Polytheismus, sondern rezipiert diesen von vornherein in mono-
theistischem Sinn.

Wie lässt sich dies begründen? Zunächst stimmt schon der Kontext von
Dtn 32,8f – das Moselied in Dtn 32 insgesamt – gegenüber einer „frühen" historischen und theologiegeschichtlichen Ansetzung skeptisch. Dtn 32 gehört zu
den Texten im Alten Testament, welche die Exegese entstehungsgeschichtlich
zwar sehr kontrovers beurteilt[16]. Als Gesamtzusammenhang ist das Stück jedenfalls nicht vorexilisch ansetzbar. Das zeigt sich zum einen an seiner durch-
laufenden religionsgeschichtlichen Oppositionsstellung von Jhwh und den
fremden Götzen (V.12.16f.21.37.39), die einen bereits ausformulierten Mono-

---

14   Die neben Dtn 32,8 früher gerne als selbständige, ursprünglich Jhwh-unabhängige Eljon-
     Belege ins Feld geführten Stellen Gen 14,18 und Num 24,16 können heute mit Sicherheit
     als vergleichsweise junge literarische Interpretamente angesehen werden, die nie eine andere
     Gottheit als Jhwh im Blick hatten; vgl. zu Gen 14 z.B. die ansonsten eigenwillige Arbeit
     von Ziemer, B., Abram – Abraham. Kompositionsgeschichtliche Untersuchungen zu Gen
     14, 15 und 17 (BZAW 350), Berlin/New York 2005, 119–121; zu Num 24,16 Witte, M.,
     Der Segen Bileams – eine redaktionsgeschichtliche Problemanzeige, in: Gertz, J. u.a. (Hg.),
     Abschied vom Jahwisten. Die Komposition des Hexateuch in der jüngsten Diskussion
     (BZAW 315), Berlin/New York 2002, 191–213, 206.
15   Vgl. Zobel, H.J., Art. עליון , in: ThWAT VI, Stuttgart u.a. 1989, 131–151, 139f; Niehr, H.,
     Der höchste Gott (BZAW 190), Berlin/New York 1990, 80f; vgl. auch Mullen, E.T., The
     Assembly of the Gods. The Divine Council in Canaanite and Early Hebrew Literature (HSM
     24), Chico 1980, 202–204; Blenkinsopp, J., YHVH and Other Deities, in: ders., Treasures
     of Old and New. Essays in the Theology of the Pentateuch, Grand Rapids 2004, 67–84, 74
     sowie die bei Parker, S.B., The Beginning of the Reign of God – Psalm 82 as Myth and Lit-
     urgy (RB 102), 1995, 102–104, Anm. 8 diskutierte Lit.
16   Vgl. im Überblick Sanders, P., Provenance (s. Anm. 9).

theismus voraussetzt (bes. V.30.37.39), und zum anderen an dem um Feindge-
richt (V.40–43) und Heilswende erweiterten spätdeuteronomistischen Ge-
schichtsbild[17], das den Gesamtablauf von Dtn 32 bestimmt. Nun könnte man
gleichwohl behaupten, dass Dtn 32,8f ein alter Überlieferungssplitter in einem
sonst jungen Text sei.

Dagegen spricht nun aber das theologische Profil von Dtn 32,8f selbst:
Zwar stellt sich die Assoziation eines Götterkollegiums mit unterschiedlichen
Nationalgöttern unter der Oberherrschaft von „Eljon" durchaus ein, doch wird
diese Assoziation von noch stärkeren Bedenken begleitet. Als erstes fällt auf,
dass dieser Text kein üblicher Kulttext ist, wie man ihn etwa in den älteren
Psalmen finden könnte. Er bietet – ganz vereinfacht gesagt – nicht Religion,
sondern Theologie. Mit Adrian Schenker[18] kann man nachgerade festhalten: Er
formuliert eine systematische Theologie der Religionsgeschichte, der die Vielfalt der Religionen bei den Völkern erklärt. Diese reflexive und systematisierende Ausrichtung lässt bereits daran zweifeln, dass hier religionsgeschichtliches Urgestein zu fassen sei.

Und in der Tat lässt sich die spezifische Vorstellung der *politischen Aufteilung der gesamten Welt* unter die Söhne Els in Ugarit oder sonst im nordwestsemitischen Bereich nicht belegen, zumal dort die Gruppe der *bn 'l(m)* wahrscheinlich nicht einfach die vollständige Götterversammlung meint[19]. Im Grun-
de genommen ist eine solch universal systematisierende Perspektive im damaligen nordwestsemitischen Bereich auch nicht zu erwarten. So schrieb schon
Rudolf Meyer 1961 zu Dtn 32,8f: „[d]er Gedanke, daß ein Großkönig seinen
universalen Machtbereich an ihm untergebene Satrapen verteilt, ist in der vore-

---

17 Vgl. nach wie vor Steck, O.H., Israel und das gewaltsame Geschick der Propheten
(WMANT 23), Neukirchen-Vluyn 1967.

18 Vgl. Schenker, A., Le monothéisme israélite: un dieu qui transcende le monde et les dieux
(Bib. 78), 436–448 ; ders., Gott als Stifter der Religionen der Welt. Unerwartete Früchte
textgeschichtliche Forschung, in: Goldman, Y./Uehlinger, C. (Hg.), La double transmission
du texte biblique. Etudes d'histoire du texte offertes en hommage à Adrian Schenker (OBO
179), Fribourg/Göttingen 2001, 99–102; s. auch Gordon, C.H., History of Religion in Psalm
82, in: Tuttle, G.A. (Hg.), Biblical and Near Eastern Studies. FS W.S. LaSor, Grand Rapids
1978, 129–131; Simbanduku, C., YHWH, les dieux et les anges. Permanence du
polythéisme dans la religion de la Bible, Roma 2004.

19 Die Texte, die von *bn 'l(m)* sprechen, haben in der Regel eine bestimmte Gruppe im Blick,
nämlich die Söhne Els, die eine Teilmenge der Götterversammlung bilden, in der Regel *in
corpore* auftritt und von ihrer Funktion her zweitrangiger Natur ist. Vgl. Herrmann, W., Die
Göttersöhne (ZRGG 12), 1960, 242–251, 247 mit der Beleg-Auflistung 245f Anm. 19. Eine eigenständige Rolle in dieser Gruppe nimmt allein Mot ein. Zu KTU 1.17 VI, 28f vgl.
TUAT 3.3, 1274 Anm. 125). KTU 1.4 VI 46 (TUAT 3.3, 1167; vgl. KTU 1.3 IV 48 [TUAT
3.3, 1146 mit Anm. 97]; 1.3 V 4.37; 1.4 I 7) kennt eine 70-Zahl von göttlichen Kindern der
Gemahlin Els, Aschirat, und steht damit der Vorstellung von Dtn 32,8f MT in numerischer
Hinsicht nahe, die bei den „Söhnen Israels" wohl entsprechend den 70 Völkern von Gen 10
an die siebzigköpfige Jakobschar denkt, die nach Ägypten gelangt ist.

xilischen Literatur weder belegt noch auch recht denkbar"[20]. Zwar gibt es alttestamentliche Stellen wie Ri 11,24 oder Mi 4,5 (vgl. auch 1Sam 26,19; 2Kön
3; 5[21]), aus denen sich die Vorstellung komplementärer territorialer Zuständigkeit verschiedener Gottheiten (nach dem Prinzip *cuius regio eius religio*) er-
schließen lässt, die auch religionsgeschichtlich nur wahrscheinlich ist, doch
kennen diese Belege nicht den in beobachtbaren Dtn 32,8f Zug zur Aufteilung
der gesamten politischen Welt. Vielmehr darf man in der Tat vermuten, dass
dies die Großreichserfahrung der Perserzeit voraussetzt.

Tatsächlich lassen sich erst aus der Spätzeit des Alten Testaments deutliche Parallelen zum Konzept von Dtn 32,8f – in der Lesart von 4QDeut[j] und
LXX – belegen. Sie stehen, wie man vor allem zur Zeit noch vor den Funden in
Ras Shamra auch deutlich gesehen hatte[22], v.a. im Danielbuch[23]: In Dan 10
kommt die Vorstellung zum Ausdruck, dass den irdischen Nationen jeweils ein
himmlischer Engelsfürst korrespondiert[24]. Explizit werden die Engelsfürsten
des Perserreichs (שר פרס) und Griechenlands (שר יון) genannt (V.13.20f; vgl.
für Israel 12,1 Michael als השר העמד בני עמך „der Großfürst, der für die Söhne deines Volkes einsteht")[25]. Terminologisch bemerkenswert ist in unserem
Zusammenhang außerdem Dan 11,36: Der Gott Israels wird hier als אל אלים
„Gott der Göttlichen" bezeichnet, also als Herr *der Engelmächte* (vgl. 1QM
1,10; 1QH 7,28). Allerdings scheint die in Dan 10 und 12 beobachtbare, dynamische Konzeption bereits eine Fortentwicklung der statischen Vorstellung
von Dtn 32,8f zu bieten: Zum einen stehen in Dan die Engelsfürsten der Völker
offenbar im Konflikt untereinander – was sich aus der historischen Situation
der Diadochenzeit ergibt – und zum anderen hat auch Israel einen eigenen En-

20   Meyer, R., Die Bedeutung von Deuteronomium 32,8f.43 (4Q) für die Auslegung des Mose-
     lieds, in: Kuschke, A. (Hg.), Verbannung und Heimkehr, FS W. Rudolph, Tübingen 1961,
     197–210, 202.
21   Vgl. Becking, B., Only One God: On Possible Implications for Biblical Theology, in: ders.
     u.a. (Hg.), Only One God? Monotheism in Ancient Israel and the Veneration of the Goddess
     Asherah (BiSe 77), Sheffield 2001, 189–201, 193.
22   Vgl. Jüngling, H.W., Der Tod der Götter. Eine Untersuchung zu Psalm 82 (SBS 38), Stutt-
     gart 1969, 24–37, 20f (Lit.).
23   Die allernächste Parallele zu Dtn 32,8f findet sich – allerdings in literarischer Aufnahme –
     in Sir 17,17 (vgl. auch Jub 15,31f; 1Hen 10,9; 12,2.4, 14,3; 15,2f u.ö. sowie Str-B III, 48ff):
     „Für jedes Volk hat er [sc. Gott] einen Fürsten eingesetzt, aber der Anteil des Herrn ist Isra-
     el".
24   Vgl. zur Diskussion zuletzt Meadowcroft, T., Who are the Princes of Persia and Greece
     (Daniel 10)? Pointers Towards the Danielic Vision of Earth and Heaven (JSOT 29), 2004,
     99–113; Sullivan, K.P., Wrestling with Angels. A Study of the Relationship between Angels
     and Humans in Ancient Jewish Literature and the New Testament (AGJU 55), Leiden u.a.
     2004, 61–65; s. auch Wright, A.T., The Origin of Evil Spirits. The Reception of Genesis
     6.1–4 in Early Jewish Literature (WUNT II/198), Tübingen 2005, 101f.
25   Auch Dan 7 lässt sich anführen: Hier werden die Heiligen des Höchsten, also die Engel, die
     Weltherrschaft empfangen (vgl.Collins, J.J., Daniel, hermeneia, Minneapolis 1993, 313–
     317).

gelsfürsten, allerdings den höchsten, nämlich Michael, und ist nicht direkt Gott selbst unterstellt.

Die Vorstellung der unmittelbaren Unterstellung Israels unter Jhwh bei gleichzeitiger Zuteilung der Völker an andere (Astral-)Gottheiten findet sich weiter in Dtn 4,19f (vgl. Dtn 29,25):

וּפֶן־תִּשָּׂא עֵינֶיךָ	... und dass du nicht, wenn du deine Augen erhebst
הַשָּׁמַיְמָה	zum Himmel
וְרָאִיתָ אֶת־הַשֶּׁמֶשׁ וְאֶת־הַיָּרֵחַ	und siehst die Sonne und den Mond
וְאֶת־הַכּוֹכָבִים	und die Sterne,
כֹּל צְבָא הַשָּׁמַיִם	das ganze Heer des Himmels,
וְנִדַּחְתָּ וְהִשְׁתַּחֲוִיתָ לָהֶם	dich verführen lässt, sie anzubeten und
וַעֲבַדְתָּם אֲשֶׁר חָלַק יְהוָה אֱלֹהֶיךָ אֹתָם	ihnen zu dienen, da Jhwh, dein Gott, sie
לְכֹל הָעַמִּים תַּחַת כָּל־הַשָּׁמָיִם׃	allen Völkern unter dem ganzen Himmel zugeteilt hat.
וְאֶתְכֶם לָקַח יְהוָה	Euch aber hat Jhwh genommen
וַיּוֹצִא אֶתְכֶם	und euch herausgeführt
מִכּוּר הַבַּרְזֶל מִמִּצְרָיִם	aus dem Eisenschmelzofen, aus Ägypten,
לִהְיוֹת לוֹ לְעַם נַחֲלָה	dass ihr sein Eigentumsvolk werdet,
כַּיּוֹם הַזֶּה׃	wie ihr es heute seid.

In literarhistorischer Hinsicht gelangt man mit Dtn 4 allerdings nicht in frühe Zeiten: Dtn 4,19 steht in einem literarisch einheitlichen Zusammenhang (Dtn 4), der durchgängig nachpriesterschriftlich anzusetzen ist und nicht vor die Perserzeit zurückreicht[26]. Für eine entsprechende Spätdatierung spricht auch das außerordentlich stark ausgeprägte monotheistische Bewusstsein dieses Textes, das sogar den Götzendienst der Heiden als göttliche Setzung Jhwhs interpretieren kann.

Die wechselseitige Korrespondenz zwischen himmlischen Mächten und irdischen Machthabern ist schließlich, zumindest implizit, in Jes 24,21 belegt:

וְהָיָה בַּיּוֹם הַהוּא	Und es wird an jenem Tag geschehen,
יִפְקֹד יְהוָה עַל־צְבָא הַמָּרוֹם	dass Jhwh heimsuchen wird das Heer der Höhe
בַּמָּרוֹם	in der Höhe
וְעַל־מַלְכֵי הָאֲדָמָה	und die Könige der Erde
עַל־הָאֲדָמָה׃	auf der Erde.

---

26 Vgl. Otto, E., Deuteronomium 4: Die Pentateuchredaktion im Deuteronomiumsrahmen, in: Veijola, T. (Hg.), Das Deuteronomium und seine Querbeziehungen (SESJ 62), Helsinki/ Göttingen 1996, 196–222; ders.: Das Deuteronomium im Pentateuch und Hexateuch. Studien zur Literaturgeschichte von Pentateuch und Hexateuch im Lichte des Deuteronomiumrahmens (FAT 30), Tübingen 2000, 168f; Schmid, K., Erzväter und Exodus. Untersuchungen zur doppelten Begründung der Ursprünge Israels innerhalb der Geschichtsbücher des Alten Testaments (WMANT 81), Neukirchen-Vluyn 1999, 164f, Anm. 660.

Auch Jes 24,21 unterstützt die vorgeschlagene Spätdatierung von Dtn 32,8: Jes 24,21, innerhalb der sogenannten „Jesaja-Apokalypse" Jes 24–27, setzt wahrscheinlich bereits den Zusammenbruch des Perserreichs in der frühen Diadochenzeit voraus[27].

Zu diesen theologiegeschichtlichen Überlegungen hinzu tritt eine sachliche: Sieht man in Eljon und Jhwh in Dtn 32,8f zwei getrennte Gottheiten, so würde die merkwürdige Vorstellung entstehen, dass sich Eljon selber keinen Verehrerkreis zugeteilt hätte. Das ist religionsgeschichtlich wenig wahrscheinlich[28]. Selbst wenn man davon ausgeht, dass El bzw. Eljon als Hochgott jeweils zusätzlich zu den jeweiligen Nationalgottheiten gewissermaßen völkerübergreifend verehrt worden sei, so hilft dies nicht viel weiter, denn gerade diese Vorstellung ist in Dtn 32,8f weder implizit noch explizit vorhanden.

Schließlich dürfte der semantische Duktus von V.8f im allgemeinen und der Gebrauch der Präposition כי in 32,9 im besonderen[29] ebenfalls durch die von vornherein intendierte Identifizierung von Eljon in V.8 und Jhwh in V.9 bedingt sein. Wäre Jhwh in diesem Textstück nur einer unter den בני אלוהים, so ließe sich die Hervorhebung von V. 9, namentlich mit כי kaum begreiflich machen, denn V.9 böte ja in diesem Fall keine Zusatzinformation gegenüber V.8. Der bereits in V. 8 vorfindliche Parallelismus wäre dann überflüssigerweise noch einmal verdoppelt. Nur wenn Jhwh als „Höchster" *von vornherein* der Verteiler der Völker ist, wird die Absetzung und Betonung von V.9 mittels כי begreiflich: Jhwh ist zugleich unmittelbar Gott seines Volkes, das keines Engelsfürsten bedarf[30].

Dass die Terminologie von V.8 zu V.9 wechselt, von Gott zunächst also als „Eljon" und dann als „Jhwh" gesprochen wird, stellt im Rahmen dieser Deutung kein Problem dar, ist vielmehr ohne weiteres sachlich zu erklären: V. 8 bietet eine universale Perspektive auf die Götter- und Menschenwelt und spricht folgerichtig von עליון, אדם, גוים, בני אלוהים und עמים, V. 9 fokussiert

---

27 Vgl. Steck, O.H., Der Abschluß der Prophetie im Alten Testament. Ein Versuch zur Frage der Vorgeschichte des Kanons (BThSt 17), Neukirchen-Vluyn 1991, 27.81.83.

28 Zumal in der Forschung mehr und mehr deutlich geworden ist, dass – entgegen älteren Auffassungen – auch der Gott El in Ugarit einen Tempel besessen hat, also keineswegs ein völliger *deus otiosus* gewesen ist. Vgl. Niehr, H., Die Wohnsitze des Gottes El nach den Mythen aus Ugarit. Ein Beitrag zu ihrer Lokalisierung, in: Janowski, B./Ego, B. (Hg.), Das biblische Weltbild und seine altorientalischen Kontexte (FAT 32), Tübingen 2001, 326–360.

29 „Yet, contextual considerations suggest that the preposition *ky* in v.9 be translated as an asseverative particle, rendering, '*Indeed*, Yahweh's own portion was his people, Jacob was the territory of his possession'. Thus, 'Elyôn is more plausibly understood as functioning as an epithet for Yahweh", in: Elnes, E.E.; Miller, P.D., Art. Eljon, DDD, 560–571, 566

30 Ein weiteres Argument für die Identität von Eljon und Jhwh lässt sich aus der Nominalsatz-Konstruktion von V.9 gewinnen (Hinweis von B. Janowski): Entsprechend יצב V.8b wäre in V.9a.b je eine Perfekt-Form zu erwarten, wenn die Zuteilung von „Jakob" an „Jhwh" ein V.8b analoger Vorgang wäre.

auf Jhwh und Israel und benutzt deshalb die Eigennamen יהוה und יעקב. Um die Überlegenheit Jhwhs gegenüber den בני אלוהים herauszustreichen, drängte sich in V. 8 der Gebrauch des Titels עליון nachgerade auf.

Zusammengenommen legt sich also das Urteil nahe, dass Eljon und Jhwh in Dtn 32,8f *von vornherein* ein und derselbe sind. Das ist keine revolutionäre Position. Man kann für ähnliche Interpretationen auf Bernhard Duhm[31], Hermann Gunkel[32], Rudolf Meyer[33], Michael Mach[34], Adrian Schenker[35] oder auch neuerdings Mark Smith[36] verweisen. Dtn 32,8f spricht von dem einen, höchsten Gott Israels, dessen mit himmlischen Wesen bestückter Hofstaat die Völkerwelt koordiniert. Dabei ist Dtn 32,8f ebenso monotheistisch profiliert wie die wahrscheinlich ebenso perserzeitlichen Texte Gen 6,1–4 oder Hi 1f, wo „Gott" gleicherweise über die „Engel" herrscht, wie es auch die Septuaginta sachlich zutreffend interpretiert[37].

Die jetzt vorliegende Lesung von MT in Dtn 32,8f (par. Sam.), die die בני אלוהים durch die בני ישראל ersetzt, dürfte auf einer anti-angelologischen, hasmonäerzeitlichen Korrektur – einem *tiqqûn sôferim* – beruhen, die das Konzept der „Engel" auf die „Söhne Israels" umlenken wollte und für ihre Interpretation auf die Korrespondenz der 70-Zahl der Völker in Gen 10 mit der 70köpfigen Jakobschar aus Gen 46,27 par. Ex 1,5[38] zurückgreifen konnte[39]. Die neue und ausführliche Studie von Innocent Himbaza[40] hat sich hierzu ausführlich geäußert, so dass dieser Punkt an dieser Stelle nicht weiter ausgeführt werden muss.

---

31 Vgl. Anm. 49.

32 Vgl. Anm. 53.

33 Vgl. Anm. 20.

34 Mach, M., Entwicklungsstadien des jüdischen Engelglaubens in vorrabbinischer Zeit (TSAJ 34), Tübingen 1992, 22–25; Mach sympathisiert allerdings mit der Annahme der Priorität von MT (78).

35 Vgl. Anm. 18.

36 Smith, M.S., The Memoirs of God. History, Memory and the Experience of the Divne in Ancient Israel, Minneapolis 2004, 109; etwas anders noch ders., The Origins of Biblical Monotheism. Israel's Polytheistic Background and the Ugaritic Texts, Oxford 2001, 48f; ders., The Early History of God. Yahweh and the Other Deities in Ancient Israel, Grand Rapids ²2002, 32f.

37 LXX übersetzt in Gen 6,2; Dtn 32,8.43; Hi 1,6; 2,1; 38,7 mit „Engel" Gottes, ebenso die Peschitta. Vgl. die weiteren Materialien bei Herrmann, W., Die Göttersöhne (ZRGG 12), 1960, 242–251; 242f Anm. 2.

38 Vgl. Houtman, C., Exodus. Vol. I, Kampen 1993, 66f.

39 Vgl. die ausführliche Diskussion bei Barthélemy, D., Les Tiqquné Sopherim et la critique textuelle de l'Ancien Testament (1963), in: ders., Études d'histoire du texte de l'Ancien Testament (OBO 21), Fribourg/Göttingen 1978, 91–110; weiter differenzierend Himbaza, I., Dt 32,8 (s. Anm. 9).

40 Vgl. Himbaza, I., Dt 32,8 (s. Anm. 9).

2. Ps 82

מִזְמוֹר לְאָסָף (1) Ein Psalm Asafs.

אֱלֹהִים נִצָּב בַּעֲדַת־אֵל Gott (<‚Jhwh‘) steht in der Gottesversammlung,

בְּקֶרֶב אֱלֹהִים יִשְׁפֹּט: inmitten von Göttern hält er Gericht:

עַד־מָתַי תִּשְׁפְּטוּ־עָוֶל (2) Wie lange wollt ihr ungerecht richten

וּפְנֵי רְשָׁעִים תִּשְׂאוּ־סֶלָה: und die Frevler begünstigen? Sela.

שִׁפְטוּ־דַל וְיָתוֹם (3) Schafft Recht dem Geringen und der Waise,

עָנִי וָרָשׁ הַצְדִּיקוּ: dem Elenden und Bedürftigen verschafft Gerechtigkeit.

פַּלְּטוּ־דַל וְאֶבְיוֹן (4) Rettet den Geringen und den Armen,

מִיַּד רְשָׁעִים הַצִּילוּ: befreit ihn aus der Hand der Frevler.

לֹא יָדְעוּ וְלֹא יָבִינוּ (5) Sie wissen nichts und verstehen nichts,

בַּחֲשֵׁכָה יִתְהַלָּכוּ im Finstern tappen sie umher,

יִמּוֹטוּ כָּל־מוֹסְדֵי אָרֶץ: es wanken alle Grundfesten der Erde[41].

אֲנִי־אָמַרְתִּי אֱלֹהִים אַתֶּם (6) Ich habe gesprochen: Götter seid ihr

וּבְנֵי עֶלְיוֹן כֻּלְּכֶם: und Söhne des Höchsten ihr allesamt.

אָכֵן כְּאָדָם תְּמוּתוּן (7) Jedoch: Wie ein Mensch werdet ihr sterben

וּכְאַחַד הַשָּׂרִים תִּפֹּלוּ: und wie einer der Fürsten werdet ihr fallen.

קוּמָה אֱלֹהִים שָׁפְטָה הָאָרֶץ (8) Steh auf, Gott (<‚Jhwh‘), richte die Erde,

כִּי־אַתָּה תִנְחַל בְּכָל־הַגּוֹיִם: denn du hast Erbbesitz in Gestalt aller Völker[42].

Auch Ps 82 weckt *prima facie* zahlreiche Assoziationen an einen elaborierten
Polytheismus. Jhwh (hier Elohim, da Ps 82 im elohistischen Psalter steht) befindet sich in einer Versammlung mit mehreren Göttern, seine Funktion ist –
jedenfalls in V.1–4 – offenkundig die eines Anklägers (er steht und sitzt nicht).
Das könnte die zusätzliche Anwesenheit eines Richters implizieren, und in V.6
wird Eljon als Vater der Götter genannt, dem in V.7 die Richterrolle zugedacht
zu sein scheint. Außerdem könnte sich auch die unklare Sprechersituation auf
eine Mehrzahl von Akteuren ausdeuten lassen. Abgesehen von dem Abschluss
des Psalmisten in V.8 scheint namentlich der Wechsel von der 2. in die 3. Person zwischen V.4 und V.5 auf zumindest zwei Sprecher in der Götterversammlung hinzuweisen.

Von daher ist das Urteil von Eissfeldt[43] und Weippert[44] zunächst durchaus
nachvollziehbar, dass Ps 82 ursprünglich *nicht* davon ausging, dass Jhwh und
Eljon ein und dieselbe Gottheit seien, sondern Jhwh selbst als einer *unter den*

---

41 Zum Verständnis von V.5 vgl. Hossfeld, F.-L./Zenger, E., Psalmen 51–100 (HThK.AT),
Freiburg i.Br. u.a. 2000, 483f. Grundsätzlich denkbar wäre auch, V.5 auf die „Frevler" von
V.4 zu beziehen, die gewählte Semantik scheint jedoch eher die Götter im Blick zu haben.

42 Zu den Übersetzungsmöglichkeiten von V.8b vgl. Hossfeld, F.-L./Zenger, E., Psalmen 51–
100 (s. Anm. 41) 480, die sich für „ja du, du sollst dein Erbe übernehmen bei allen Völkern" entscheiden.

43 Vgl. auch Schmidt, W.H., Königtum Gottes in Ugarit und Israel. Zur Herkunft der Königsprädikation Israels (BZAW 80), Berlin ²1966, 40–43.

44 Weippert, M., Synkretismus (s. Anm. 5) 10.

Söhnen Eljons zu gelten habe. Erst aufgrund einer sekundären Rezeption seien Eljon und Jhwh miteinander identifiziert worden.

Gleichwohl sind hier wiederum die Bedenken zu schwerwiegend, als dass man dieser Deutung ohne Weiteres zustimmen könnte. Weippert selber bemerkte schon die „deutliche[] Distanz", die der Verfasser des Psalms den Götterkollegen Jhwhs entgegenbringe. Zur Schlussbitte in V. 8 hält Weippert fest, dass hier Jhwh „auf dem Weg" sei, „der ihn schließlich an die Spitze des Pantheons führen wird"[45], was allerdings insofern etwas zu zurückhaltend formuliert ist, als ihm zum einen in V.8 schon alle Völker als Erbbesitz zu gehören scheinen und ihm zum anderen der Tod der Götter „exklusive göttliche Kompetenz"[46] einräumt.

Mit Eissfeldt und Weippert scheint Ps 82 zwar Erinnerungen an ein polytheistisches Milieu zu haben, er ist aber gegen Eissfeldt und Weippert literarisch von vornherein in einem monotheistischen Kontext entstanden, den er selbst im Rahmen eines polytheistischen Sprachspiels begründet – dies haben bereits Gunkel-Begrich[47], Wanke[48], Seybold[49] und Zenger[50] in ihren Interpretationen zu Ps 82 so angedacht oder vertreten.

Wie lässt sich das begründen? Zunächst muss in aller Deutlichkeit festgehalten werden, dass das Achtergewicht dieses Textes auf seinen monotheistischen Schlussaussagen in V.7f liegt. In V.7 wird den Göttern nachgerade der Tod angesagt und in V.8 ist Gott („Jhwh") alleine übrig[51]. Sprachlich und sachlich konkordant mit Dtn 32,8f wird Gott in V.8 zudem universal als Eigentümer aller Völker bezeichnet (כִּי־אַתָּה תִנְחַל בְּכָל־הַגּוֹיִם) – alles andere als ein

---

45 Ebd.

46 Vgl. Hossfeld, F.-L./Zenger, E., Psalmen 51–100 (s. Anm. 41), 481.

47 Vgl. Gunkel, H./Begrich, J., Einleitung in die Psalmen, Göttingen ²1966, 414.

48 Wanke, G., Jahwe, die Götter und die Geringen. Beobachtungen zu Psalm 82, in: Kottsieper, I. u.a. (Hg.), „Wer ist wie du, Herr, unter den Göttern?" FS O. Kaiser, Göttingen 1994, 445–453.

49 Seybold, K., Psalmen (HAT I/15), Tübingen 1996, 324–326. Schmidt, H., Psalmen (HAT I/15), Tübingen 1934, 156f, interpretiert die göttlichen Wesen aus Ps 82 als Engel im himmlischen Hofstaat Jhwhs; ebenso Duhm, B., Psalmen (KHC XIV), Tübingen ²1922, 317f, der in Ps 82 einen „pharisäische[n] Kampfpsalm" erblickt.

50 Zenger, E., Psalm 82 im Kontext der Asaf-Sammlung. Religionsgeschichtliche Implikationen, in: Janowski, B./Köckert, M., Religionsgeschichte Israels. Formale und materiale Aspekte (VWGTh 15), Gütersloh 1999, 272–292; Hossfeld, F.-L./Zenger, E., Psalmen 51–100 (s. Anm. 41), 479–492 (E. Zenger); vgl. auch Mullen, E.T., Assembly (s. Anm. 15), 230f, sowie Morgenstern, J., The Mythological Background (s. Anm. 13), 119–121, der den Psalm um 500 v.Chr. ansetzt.

51 Die vieldiskutierte Alternative „Götter oder Menschen in Ps 82", vgl. Wanke, G., Jahwe (s. Anm. 48), 446 Anm. 4 [Lit.] und Jüngling, H.W., Tod (s. Anm. 22), 24–37, hat mehr Schwierigkeiten in den Text hineingedeutet, als dort vorfindlich sind: „Auf der Textebene geht es um Anklage und Verurteilung der Götter durch JHWH, aber das Versagen der Götter, das ihnen das Todesurteil einbringt, spielt auf der irdisch-politischen Ebene." Hossfeld, F.-L./Zenger, E., Psalmen 51–100 (s. Anm. 41) 483 [E. Zenger].

polytheistischer Gedanke. Wenn V. 7f aber so zu interpretieren und gewichten sind, dann ist gleichzeitig klar, dass auch die Literarkritik die religionsgeschichtliche Verwertbarkeit von Ps 82 nicht retten kann: Die Schlussverse 7f lassen sich von Ps 82 nicht abtrennen, übrig bliebe lediglich ein torsoartiger Appell an die Götter in V.1–6, der in der Luft hinge.

Zum zweiten zeigt die in V.3f verfolgte Armentheologie sowie der Schlusspassus in V.7f, dass hier – wie dies Janowski hervorgehoben hat – der „Begriff des Göttlichen vom Begriff der Gerechtigkeit her definiert"[52] wird – also eine weitgreifende Ethisierung der Gottesvorstellung vorausgesetzt ist, die den Vorstellungsrahmen altisraelitischer Religion sprengt. Wir befinden uns hier in theologiegeschichtlicher Hinsicht kaum mehr in der Königszeit.

Schließlich ist auch die Sprechersituation durchaus stimmig zu klären, V.5 kann ohne weiteres auch innerhalb der Jhwh-Rede verstanden werden, Jhwh spricht hier – wie schon Delitzsch vorgeschlagen hat – „widerwillig abgewendet"[53] von den „Göttern". Der liturgische Abschluss V.8 ist ein akklamierender Chorschluss.

Zusammengefasst lässt sich festhalten: Auch in Ps 82 haben wir es von vornherein mit der Rezeption polytheistischer Religiosität im Rahmen monotheistischer Religiosität zu tun – und nicht mit polytheistischer Religiosität selbst. So ist Ps 82 in der Tat einer der „spektakulärsten Texte des Alten Testaments"[54], wie der neue Kommentar von Hossfeld und Zenger festhält – allerdings nicht im Sinne eines religionsgeschichtlichen Fensters, sondern wegen seiner theologischen Argumentation.

III.

Die bisher angestellten Überlegungen können nicht den Stellenwert einer generellen Falsifizierung der These von *literarischen* „Resten hebräischen Heidentums" im Alten Testament beanspruchen. Es ist nicht ausgeschlossen, dass das eine oder andere literarisch fixierte, polytheistische Traditionsstück der Religion Israels der Königszeit in das Alte Testament übernommen worden ist[55]. Bei

52   Janowski, B., Richten und Retten. Zur Aktualität der altorientalischen und biblischen Gerechtigkeitskonzeption, in: Assmann, J. u.a. (Hg.), Gerechtigkeit, München 1998, 9–35, 23; vgl. ders., Konfliktgespräche mit Gott. Eine Anthropologie der Psalmen, Neukirchen-Vluyn 2003, 137f.

53   Delitzsch, F., Biblischer Commentar über die Psalmen (BC 4,1), Leipzig 1867, 518; zitiert bei Gunkel, H., Die Psalmen (HAT II/2), Göttingen ⁴1926, 362; Hossfeld, F.-L./Zenger, E., Psalmen 51–100 (s. Anm. 41), 483f.

54   Hossfeld, F.-L./Zenger, E., Psalmen 51–100 (s. Anm. 41), 492.

55   Kratz, R.G., Reste hebräischen Heidentums am Beispiel der Psalmen (NAWG 2), 2004, [3] – [41], ist sich auch nur bei Ps 93 und 9 hinreichend sicher, dass die dort vorhandenen „Reste hebräischen Heidentums" noch literarisch zu rekonstruieren seien. In den Ps 47; 95–

den in der Regel hierfür als Kardinalbelege in Anspruch genommenen Texten Dtn 32,8f und Ps 82 ist dies jedoch alles andere als wahrscheinlich: Sie kommen als unmittelbare Belege vorexilischer, polytheistischer Religiosität nicht in Frage. Das ist an sich kein überraschender, sondern eher der zu erwartende Befund. Denn das Alte Testament ist ein Dokument des antiken Judentums, das bei aller inneren Vielstimmigkeit auf Selektion nicht ganz verzichtet hat. Neben der Selektion kennt das Alte Testament aber auch das Medium der Transformation und der Interpretation. Genau deshalb enthält es *polytheisierende monotheistische Texte* wie die hier untersuchten[56].

Ob und gegebenenfalls wie sich diese Überlegungen mit den Kategorien primärer und sekundärer Religion korrelieren lassen, wäre wohl ein eigenes Thema. Einige Andeutungen müssen hier genügen: Die einfache Zuordnung von primärer Religion und Polytheismus einerseits sowie sekundärer Religion mit Monotheismus andererseits muss jedenfalls von vornherein ausscheiden. Das ergibt sich schon aus den Theorieannahmen Sundermeiers – „Monotheismus und Polytheismus sind in der primären Religionserfahrung keine Gegensätze, sondern verschiedene Möglichkeiten, der Wirklichkeit zu begegnen"[57] –, andererseits aber auch daraus, dass der Prozess des Aufkommens des Monotheismus im antiken Israel sehr komplex abgelaufen ist und zu ganz verschiedenen Zielformen geführt hat. Auf der anderen Seite scheint es durchaus möglich zu sein, das perserzeitliche Judentum als sekundäre Religionsform zu

---

99 sei die Transformation „weiter fortgeschritten" ([17]), hier könne die Frage nur sein, „ob es gelingt, ... wenigstens in Umrissen einen alten literarischen Kern zu isolieren" ([18]). Zu Ps 96 und 98 hält er fest: „Auch in diesen Psalmen kann nicht unbedingt ein älterer Kern, aber ältere Überlieferung identifiziert werden" ([25]). Gesteht man dies allerdings zu, dann drängt sich eine Erweiterung des methodischen Zugriffs nachgerade auf: Sind die auffindbaren „Reste hebräischen Heidentums" literarischer Natur oder handelt es sich um aufgenommene, aber von vornherein transformierte Erinnerungen daran? Der religionsgeschichtliche Vergleich liefert keine zwingenden Hinweise auf literarisches Wachstum, sondern kann ebenso auch auf die Verarbeitung älterer Tradition im Rahmen eines literarisch einheitlichen Textes verweisen.

56   Hilfreich für weitere Untersuchungen erscheint dabei die Modellbildung von M.S. Smith [Smith, M.S., Origins (s. Anm. 36); ders., Memoirs (s. Anm. 36) 101ff], der in den ugaritischen und frühisraelitischen Panthea [„a large multifamily or joint household" (101f)] eine 4-Ebenen-Struktur erkennt. Die beiden oberen Ebene werden durch die göttliche Familie besetzt, Eltern und Kinder, die beiden unteren Ebenen bestehen aus göttlichen Wesen, die im göttlichen Haushalt arbeiten, wobei Ebene 3 sowohl in Ugarit wie in Israel vergleichsweise schwach ausgeprägt ist. Im Rahmen dieses Modells legt sich die Annahme nahe, dass der Monotheismus von Dtn 32,8f und Ps 82 religionsgeschichtlich gesehen nicht primär durch die Reduktion der göttlichen Wesen auf die numerische Anzahl eins charakterisiert ist, sondern vor allem durch die Entleerung der Ebenen 2 und 3.

57   Sundermeier, T., Art. Religion/Religionen, in: Müller, K. (Hg.), Lexikon missionstheologischer Grundbegriffe, Berlin 1987, 411–422, 417; vgl. ders., Was ist Religion? Religionswissenschaft im theologischen Kontext (ThB 96), Gütersloh 1999, 35–42.

beschreiben[58], auch wenn man sich dabei etwas von Sundermeier entfernt, der
– gewissermaßen im Gefolge von Rads – die maßgebliche Transformation
schon früher, nämlich mit dem Auftreten der Prophetie ansetzt.

Für Texte wie die hier behandelten wäre dann zu untersuchen, inwieweit
sich deren Gotteskonzeption im Rahmen der Transformation ihrer religiösen
Kontexte begreiflich machen lässt. Bei Sundermeier ist zu lesen: „Die primäre
Religionserfahrung ist der Grund, der von der sekundären überlagert wird. Diese löst die primäre nicht einfach ab, [...] sondern integriert sie.“[59] Dass ein In-
tegrationsvorgang hinter Dtn 32,8f und Ps 82 steht, scheint deutlich zu sein. Ob
und gegebenenfalls wie er sich mit weiteren Integrationsprozessen im Umbruch
von primärer zu sekundärer Religion in Verbindung bringen lässt, das bleibt
weiter zu prüfen.

---

58   Der Beitrag von R. Schmitt in diesem Band, der genau das Gegenteil vertritt, zeigt, dass zur
     Anwendbarkeit der Kategorien „primärer“ und „sekundärer“ Religion auf das antike Israel
     noch erheblicher Klärungsbedarf besteht.
59   Sundermeier, T., Was ist Religion? (s. Anm. 57), 37.

Der Ruf zur Umkehr

Israels Religionsgeschichte aus ethnologischer Sicht

Bernhard Lang (Paderborn)

Ist das 19. Jahrhundert die große Zeit der kolonialistischen Beherrschung vieler außereuropäischer Länder durch europäische Mächte, so ist das 20. Jahrhundert das Zeitalter des Antikolonialismus und der aus antikolonialen Bewegungen hervorgegangenen Staaten. Im Jahr 1949 verzichten die Niederlande auf ihre Besitzansprüche über Indonesien. Indien wird 1949/50 von einer britischen Kolonie zu einer Republik, 1958 erreicht Madagaskar die Unabhängigkeit von Frankreich, 1960 erlangt ein Teil des Kongo die Selbständigkeit gegenüber Frankreich, ein anderer Teil gegenüber der belgischen Kolonialmacht. Im Jahr 1962 ist die britische Herrschaft in Uganda zu Ende – um nur einige Beispiele zu nennen. Kein Wunder, dass sich die Wissenschaft der ehemaligen Kolonialmächte mit der weltweiten antikolonialen Bewegung beschäftigte und deren oft rätselhaftes Wesen zu verstehen suchte, schienen sich hier doch politische, religiöse und kulturelle Motive fast unentwirrbar miteinander zu verknüpfen. Der Antikolonialismus schuf neue Religionsgemeinschaften und Sekten, führte zur Bildung neuer Staaten und brachte neue Kulturen hervor.

In der Forschung lassen sich drei Phasen der Auseinandersetzung mit diesen Vorgängen unterscheiden. In einer ersten Phase, die um 1960 ihren Höhepunkt fand, galt die Aufmerksamkeit vor allem den antikolonialen Bewegungen selbst, wobei deren *religiöse* Seite besondere Aufmerksamkeit erhielt; diese Forschung ist mit Stichworten wie „Nativismus" und „Chiliasmus" hervorgetreten, beide sind vereinigt im Titel eines großen, 1961 veröffentlichten Buches des Ethnologen Wilhelm Emil Mühlmann.[1] Eine zweite Phase galt mehr der *politischen* Seite des Vorgangs: der Bildung neuer Staaten und dem Entstehen neuer Nationalismen in außereuropäischen Ländern. In den frühen 1980er Jahren kulminierte diese politologische Forschung in Werken wie *Nations and Nationalism* (1983) von Ernest Gellner und *Imagined Communities*

---

1   Mühlmann, W.E., Chiliasmus und Nativismus. Studien zur Psychologie, Soziologie und historischen Kasuistik von Umsturzbewegungen, Berlin 1961.

(1983) von Benedict Anderson.[2] Eine dritte, noch heute anhaltende Phase ist von sogenannten postkolonialen Studien beherrscht, deren Aufmerksamkeit der *kulturellen* Seite des Wirkens und Nachwirkens des Kolonialismus gilt; oft genannte Arbeiten stammen von zwei Literaturwissenschaftlern: *Orientalism* (1978) von Edward Said und *The Location of Culture* (1994) von Homi Bhabha.[3] Angesichts der schnellen politischen und kulturellen Entwicklung und der nicht minder raschen Abfolge wissenschaftlicher Trends ist es kein Wunder, dass die Stichworte der 1960er Jahre – Nativismus und Chiliasmus – heute kaum mehr zu hören sind. Nativistische „Umsturzbewegungen" sind in den vier letzten Jahrzehnten im selben Maße seltener geworden wie die Entkolonialisierung Afrikas und Asiens fortgeschritten ist. Dementsprechend ist auch ein Abnehmen des Interesses der Forschung zu verzeichnen. Dennoch – wie Brigitte Luchesi in einer rückschauenden Beurteilung der einschlägigen Forschung feststellen kann – haben die entsprechenden ethnologischen Theorien nichts an Wert und Aktualität verloren.[4]

Mühlmann und andere Erforscher der nativistischen Bewegungen hegten ein umfassendes theoretisches Interesse, wollten sie doch eine auf ethnologischem Erfahrungsmaterial beruhende Theorie des sozialen Wandels entwickeln.[5] Hatte besonders die britische Sozialanthropologie kleine, in ihrem Wesen angeblich unveränderliche Gesellschaften untersucht, so fand sich nun plötzlich reiches Anschauungsmaterial über ethnische Gesellschaften in Veränderung – eine Herausforderung sowohl für die Kolonialpolitik als auch für die ethnologische Theoriebildung. Mit einem Mal war die Arbeitsteilung von Soziologie und Ethnologie aufgehoben – jene Arbeitsteilung, die der Soziologie die Untersuchung der sich wandelnden, komplexen westlichen Industriegesellschaften zuwies, während die Ethnologie es mit einfachen statischen Sozialgebilden zu tun hatte. Besonders Mühlmann und der Italiener Vittorio

---

2   Gellner, E., Nations and Nationalism, Oxford 1983; Benedict Anderson, Imagined Communities: Reflections on the Origins and Spread of Nationalism, London 1983.

3   Said, E.W., Orientalism, London 1978; Homi K. Bhabha, The Location of Culture, London 1994.

4   „Im Prozess der Entkolonialisierung und zunehmenden Globalisierung der vergangenen vier Jahrzehnte sind nativistische Bewegungen von der Art, wie sie im ersten Teil des Werks [Mühlmann, W.E., Chiliasmus und Nativismus (s. Anm. 1)] verzeichnet sind, seltener geworden; entsprechend hat das Interesse an ihnen abgenommen. Ungeachtet dessen haben Mühlmanns Ausführungen zum Verlauf religiöser Bewegungen [...] nichts von ihrer Aktualität verloren." Luchesi, B., Mühlmann, W.E., Chiliasmus und Nativismus, in: Feest, C.F, Kohl, K.-H (Hg.), Hauptwerke der Ethnologie, Stuttgart 2001, 321–326 , hier 325.

5   Guariglia, G., Prophetismus und Heilserwartungs-Bewegungen als völkerkundliches und religionsgeschichtliches Problem, Horn 1959; Mühlmann, W.E., Chiliasmus und Nativismus (s. Anm. 1); Lanternari, V., Religiöse Freiheits- und Heilsbewegungen unterdrückter Völker, übers. von Friedrich Kollmann, Neuwied 1968 (zuerst italienisch, 1960). Eine erste Orientierung über die Forschung bietet Mühlmann, W.E., Chiliasmus, in: Bernsdorf, W. (Hg.), Wörterbuch der Soziologie, Stuttgart [2]1969, 156–158 .

Lanternari hofften, nicht nur zur Theorie des sozialen Wandels beitragen zu können. Sie glaubten, auch grundlegende Einblicke in die Entstehung religiöser Gemeinschaften gewinnen zu können. In seinem Buch *Religiöse Freiheits- und Heilsbewegungen unterdrückter Völker* (zuerst italienisch 1960, ein Jahr vor Mühlmanns Studie) formulierte Lanternari: „Sieht man genauer zu, so ist jede der großen Religionen von heute als prophetische Erneuerungsbewegung entstanden. Dies gilt in gleicher Weise für das Judentum, das Christentum, den Islam, den Buddhismus, den Taoismus usw., das heißt für die sogenannten ‚gegründeten‘ Religionen." Lanternari meinte, man könne „recht wohl sagen, dass jede der heutigen großen Religionen aus dem Keim einer kulturellen und sozialen Krisensituation herausgewachsen ist".[6] Leider lässt es Lanternari bei diesem plakativen Hinweis, und in Mühlmanns Kasuistik der Umsturzbewegungen ist zwar viel Anregendes über utopische Zukunftsbilder und über Praktiken umstürzlerischer Tätigkeit zu lesen, aber nur Weniges, was die Entstehung historischer Religionen unmittelbar erhellt. Meines Wissens ist weder das Gedankengut von Mühlmann noch der Ansatz von Lanternari innerhalb der Religionswissenschaft ernsthaft aufgegriffen worden.[7] Ich möchte dieses Versäumnis wettmachen, wenn auch in sehr bescheidenem Ausmaß; bescheiden deshalb, weil ich mich ausschließlich auf das Alte Testament beziehe.

Israels Religionswandel als nativistisches Phänomen

Die dem Alten Testament zugrunde liegende Geschichte Israels lässt sich für einen Zeitraum von etwa 365 Jahren hinreichend überblicken. Dieser Zeitraum beginnt im Jahre 926 v.Chr. und endet 561 v.Chr. Beide Daten gehören zur Geschichte des vorderasiatischen Imperialismus. Im Jahr 926 v. Chr. hat Pharao Schischak (Scheschonq) einen Feldzug nach Palästina unternommen und Jerusalem geplündert. Damals gab es zwei hebräische Königreiche: ein kleines Südreich (mit der Hauptstadt Jerusalem) und ein größeres, militärisch stärkeres Nordreich, das von Schischak unbehelligt blieb. Das zweite Jahr – 561 – blickt auf die Geschichte der beiden hebräischen Königreiche bereits zurück. Nachdem es den Ägyptern nicht gelungen war, die palästinischen Kleinstaaten zu Kolonien (mit Selbstverwaltung) zu machen, gelang dies den Assyrern und Babyloniern. Als es zu Rebellionen gegen die Kolonialmacht kam, wurde zuerst das hebräische Nordreich liquidiert (ca. 722 v.Chr.), später das hebräi-

---

6   Lanternari, V., Religiöse Freiheits- und Heilsbewegungen (s. Anm. 5), 27.
7   Eine Ausnahme bildet die Erforschung des frühen Christentums. Hier ist seit 1975 mehr-
     fach, besonders durch John G. Gager, auf „millennaristische Bewegungen" als erhellende
     Parallele hingewiesen worden. Vgl. Gager, J.G., Kingdom and Community: The Social
     World of Early Christianity, Englewood Cliffs 1975; Holmberg, B., Sociology and the New
     Testament. An Appraisal, Minneapolis 1990, 78–86 (Forschungsbericht).

sche Südreich (586 v.Chr.). Im Jahr 561 sehen wir den letzten Jerusalemer König als Staatsgefangenen in der Stadt Babylon, der zu bescheidener Würde am babylonischen Hof gekommen ist. Auch religionsgeschichtlich lassen die beiden genannten Jahreszahlen eine Deutung zu. Der von Schischak verschonte Jerusalemer Tempel hat einen deutlich polytheistischen Kult. Dagegen liegt der Jerusalemer Tempel im Jahr 561 in Trümmern und der hebräische Staatsgefangene und sein Kreis träumen davon, dieses Heiligtum einmal wieder aufzubauen – und zwar als eines, dessen Kult nur noch einer einzigen Gottheit gilt. Aufstände gegen imperialistische Großmächte, Verlust staatlicher Selbständigkeit, Wandel der Religion vom Polytheismus zur Monolatrie und schließlich zum Monotheismus kennzeichnen das Schicksal des biblischen Volkes in jenen bewegten 365 Jahren und laden zum Vergleich mit der Geschichte von Völkern ein, in denen nativistische Bewegungen neue Religionen hervorgebracht haben.

Die zentrale Frage der religionsgeschichtlichen Erforschung des Alten Testaments lautet: Wer hat die monolatrische Idee hervorgebracht und durchgesetzt? Aus ethnologischer Sicht ist an eine „Bewegung" zu denken. Bereits 1943 nennt Ralph Linton seinen Aufsatz „Nativistic Movements", und für Mühlmann hat es nichts Besonderes, wenn er im Untertitel seines Buches von nativistischen „Umsturzbewegungen" spricht – nämlich von Bewegungen, die auf den Umsturz kolonialer Beherrschung zielen.[8] Tatsächlich hat Morton Smith für jene Gruppe, die in Israel die Forderung nach der Alleinverehrung des einen Gottes erhob, die Bezeichnung „Yahweh-alone movement" vorgeschlagen.[9] Was aber ist eine „Bewegung"?

Geht man von den modernen Bewegungen aus, lassen sich sechs typische Merkmale herausstellen:[10]

1. Eine Bewegung wird von einem Anliegen getragen; sie hat eine ganz bestimmte Botschaft, der große kulturelle, religiöse oder politische Bedeutung beigemessen wird.

2. Bewegungen entstehen nicht im politischen Zentrum, sondern an der Peripherie einer Gesellschaft, also fern von der Konzentration politischer und gesellschaftlicher Macht.

---

8   Linton, R., „Nativistic Movements" (AmA 45), 230–240; abgedruckt in: Lessa, W.-A., Vogt, E.Z. (Hg.), Reader in Comparative Religion, New York, ²1965, 499–506; Mühlmann, W.E., Chiliasmus und Nativismus (s. Anm. 1).

9   Smith, M., Palestinian Parties and Politics that Shaped the Old Testament, New York 1971, 29.

10 Anregungen entnehme ich folgenden Werken: Frese, J., Bewegung, politische, in: Ritter, J. (Hg.), Historisches Wörterbuch der Philosophie, Bd. 1, Basel 1971, 880–882; Schoeck, H., Bewegungen, soziale, in: ders., Kleines soziologische Wörterbuch, Freiburg 1969, 54–55; Tarrow, S., Social Movements, in: Kuper, A., Kuper, J. (Hg.), The Social Science Encyclopedia, London, ²1996, 792–794.

3. Mitgliedschaft und Führung sind eher diffus als deutlich, denn eine straffe Organisation fehlt.

4. Die Aktivisten sind bereit, für ihr Anliegen einzutreten, z.B. durch Änderung des persönlichen Lebens, durch zivilen Ungehorsam, gelegentlich durch Gewalt. „Elan und Charakter der sozialen Bewegungen ergibt sich außerdem Gefühl der Mitglieder, [...] als Retter der Gesellschaft gegen eine Unzahl von Feinden wirken zu müssen."[11]

5. Mitglieder und Sympathisanten kommen typischerweise aus verschiedenen sozialen Schichten oder Klassen, und es ist gerade diese Mischung, die ihr Erfolg zu geben vermag.[12]

6. In Abwesenheit einer Führung kommt in Bewegungen bestimmten Schriftdokumenten, die ihr Gedankengut aussprechen, eine besondere Bedeutung zu; Bewegungen sind daher oft Lesergemeinden.[13]

Was den breitgestreuten sozialen Hintergrund der von uns postulierten „Jahwe-allein-Bewegung" angeht, so haben sich dazu Spezialisten alttestamentlicher Forschung mehrfach geäußert. Morton Smith meint, der Glaube an den einen Gott „seems to have been held by a number of groups who sometimes cooperated, but who differed in social make-up and motivation. For convenience' sake, however, we may speak of them together as the ‚Yahweh-alone party' (or ‚movement', if party suggest too strongly an organization)."[14] Rainer Albertz pflichtet ihm ausdrücklich bei; getragen wird die hebräische „Reformbewegung" von einer „Koalition unterschiedlicher Gruppen", nämlich von Hofbeamten, Priestern und Angehörigen der Mittelschicht grundbesitzender Bauern.[15] War die Jahwe-allein-Idee einmal als Forderung erhoben, bildete sich eine latente Anhängergruppe, aus der immer wieder Bewegungen hervorgehen konnten, die das Anliegen offen artikulierten und es gegen gesellschaftliche und staatliche Widerstände durchzusetzen versuchten.

Die offenbar stärkste Anhängergruppe der Jahwe-allein-Idee bediente sich einer eigenen Sprach- und Stilform, die, stets lebhaft und wortreich die Alleinverehrung Jahwes fordernd, in den Schriften des Alten Testament deutlich erkennbar ist. Der Ton ist vielfältig und reicht von der rohen Androhung härtester Strafen für Abfall von der Monolatrie bis zur sanften Beschwörung, „als wolle der Hirte Israels ernste und zugleich liebliche Töne auf seiner Flöte

---

11 Schoeck, H., Bewegungen, soziale (s. Anm. 10), 55.
12 Beispiele für diesen Grundsatz finden sich bei Landsberger, H.A., Peasant Unrest: Themes and Variations, in: ders. (Hg.), Rural Protest: Peasant Movements and Social Change, New York 1973, 1–64, bes. 57–60.
13 Christliche Bewegungen der frühen Neuzeit, die ohne Institutionen bleiben, betreiben massive Traditionsbildung mittels erbaulicher Literatur, z.B. Biographien ihrer Helden.
14 Smith, M., Palestinian Parties and Politics (s. Anm. 9), 29.
15 Albertz, R., Religionsgeschichte Israels in alttestamentlicher Zeit (ATD Ergänzungsreihe 8), Göttingen 1992, Bd. 1, 313 (Anm.32) und 314.

spielen, um die verirrten Schafe in seinen Pferch zu locken".[16] Da sich diese Sprache im Buch Deuteronomium konzentriert, pflegt die Forschung alle von derselben Sprache geprägten Schriften als deuteronomistische Literatur zu bezeichnen. Daher kann Albertz einen Teil der Jahwe-allein-Bewegung nach der von ihr gepflegten und überlieferten Literatur geradezu als „deuteronomische Reformbewegung" bezeichnen.[17]

Biblisch und außerbiblisch lässt sich beobachten, dass Heilsbewegungen einen religiösen Wandel mit sich bringen, der durch ein komplexes Miteinander von Tradition und Innovation gekennzeichnet ist. Diese Beobachtung bezieht sich auf die geistigen und kulturellen Ressourcen der angezielten Erneuerung. Typisch für die von der Ethnologie erforschten prophetischen Bewegungen ist, dass sie die fremde Kultur ablehnen und die überkommene eigene wertschätzen. In diesem Sinne hat Ralph Linton den von ihm geprägten Begriff „nativism" verstanden. Nativismus ist jeder bewusste und organisierte Versuch von Seiten der Angehörigen einer Gesellschaft, einige ausgewählte Aspekte der eigenen Kultur neu zu beleben oder zu bewahren; Linton wörtlich: „We may define a nativistic movement as *Any conscious, organized attempt on the part of a society's members to revive or perpetuate selected aspects of its culture.*"[18] Solche „organized efforts" treten auf, „when a society becomes conscious that there are other cultures than its own and that the existence of its own culture is threatened".[19] Linton geht noch einen Schritt weiter und meint, beim nativistischen Prozess spielten jene Kulturelemente die größte Rolle, die einer Gesellschaft als besonders distinktiv erscheinen: „The more distinct such elements are with respect to other cultures with which the society is in contact, the greater their potential value as symbols of the society's unique character."[20] Etwas genauer unterrichtet uns der Ethnologe Anthony Wallace über den Vorgang: „Die Funktion von Erneuerungsbewegungen besteht darin, dass sie ein reichhaltiges, jedoch unordentliches kulturelles Feld neu organisieren, indem sie einige der Bestandteile ausscheiden (und so das kulturelle Repertoire auf einen leichter handhabbaren Umfang reduzieren) und dem, was übrigbleibt, größere Kohärenz verleihen."[21] Eine uneinheitliche, heterogene Kultur wird durch Ausscheidung bestimmter Elemente und die Neuordnung seiner geisti-

---

16   Frazer, J.G., Passages from the Bible, 2. Aufl., London 1909, 465 über Dtn 30,11–14. Als unbarmherzigen Text wird man demgegenüber Dtn 13,1–6; 17,2–7 bezeichnen, vgl. Bernhard Lang, George Orwell im gelobten Land. Das Buch Deuteronomium und der Geist kirchlicher Kontrolle, in: Zeesen, E.W., Lang, P.Th. (Hg.), Kirche und Visitation, Stuttgart 1984, 21–35.

17   Albertz, R., Religionsgeschichte Israels in alttestamentlicher Zeit (s. Anm. 14) enthält ein umfangreiches Kapitel „Die deuteronomische Reformbewegung" (304–360).

18   Linton, R., Nativistic Movements (s. Anm. 8), 499.

19   Ebd.

20   Ebd.

21   Wallace, A.F.C., Religion. An Anthropological View, New York 1966, 211.

gen Basis gleichsam erneuert, revitalisiert, auf eine neue Grundlage gestellt. Auf diese Weise bewältigt die Gesellschaft das Dilemma, das durch Akkulturation und innere Zersplitterung in verschiedene Gruppen entstanden ist. Die Revitalisierungsbewegung definiert die Verhältnisse neu.

Das von Linton beobachtete Zusammenspiel von Überlieferung und Erneuerung hat für das Verständnis des Alten Testaments, insbesondere seiner Propheten, große Bedeutung. Linton und andere, die ihm folgten, z.B. Guglielmo Guariglia und Anthony Wallace, widersprechen dem von Max Weber popularisierten Begriff des Propheten als des charismatischen Neuerers, der sich über die Tradition hinwegsetzt und autonom, aus sich selbst oder neuer göttlicher Offenbarung schöpfend, Neues hervorbringt. Die an modernen prophetischen und Heilsbewegungen gemachten Beobachtungen dämpfen die an einen Propheten geknüpften Erwartungen, indem sie den Propheten nicht als Agenten des Neuen, sondern eher als Anwalt der Tradition auffassen.

Doch mit den genannten Arbeiten ist das Thema „Tradition und Innovation" keineswegs ausdiskutiert. Lintons im Jahre 1943 veröffentliche Beschreibung des Nativismus ist in der Folgezeit kritisiert, weitergeführt und verändert worden. Lanternari und Worsley haben gesehen, dass die nativistischen Bewegungen nicht ausschließlich regressiven, rückwärtsgewandten Charakter aufweisen. Zwar werden aus der eigenen kulturellen und religiösen Tradition stammende Elemente wiederbelebt und erneuert, aber es ist verfehlt, von einem *reinen* Nativismus zu sprechen. Immer spielt auch *Neues* herein, das oft der Kultur der Kolonialmacht entstammt oder dieser nachgebildet ist, einen Umstand, den Lanternari stark betont.[22] Über Lanternari hinausgehend will Worsley sogar von einer Neigung zur Synthese verschiedener Kulturen sprechen, die in den Heilsbewegungen zustande kommt.[23] Diesem komplexen Befund trägt am ehesten eine Beurteilung Rechnung, die mit verschiedenen Entwicklungsphasen einer Heilsbewegung rechnet. Was Linton beobachtet hat, entspricht mehr dem Anfangsstadium einer Heilsbewegung; dieses trägt pointiert nativistischen Charakter. Die neue Bewegung verhält sich der fremden Kultur gegenüber stark ablehnend und ruft die Gesellschaft zu ihrer eigenen, angestammten, jedoch gefährdeten Kultur zurück und sucht diese zu stärken. Das ist der „polemische und feindselige Irredentismus, der dazu neigt, auf traditionelle Werte als die einzig annehmbaren zurückzugreifen".[24] Zwar mögen bereits in dieser Phase die traditionellen Werte in neuer Form erscheinen,[25] doch sind Öffnung zu neuen kulturellen Elementen und Schaffung einer Synthese eher für eine spätere Phase typisch.

---

22 Lanternari, V., Religiöse Freiheits- und Heilsbewegungen (s. Anm. 5), 205.486 u. ö.
23 Worsley, P., Die Posaune wird erschallen. „Cargo"-Kulte in Melanesien, übers. von Monika Kind, Frankfurt 1973, 381.
24 Lanternari, V., Religiöse Freiheits- und Heilsbewegungen (s. Anm. 5), 486.
25 Ebd.

Der von Eric Hobsbawm ins Spiel gebrachten Begriff der „*Erfindung von Tradition*" erleichtert uns, den Vorgang zu verstehen. Nativistische Bewegungen neigen dazu, ein idealisiertes, romantisches Bild von der eigenen, angestammten Kultur zu entwerfen. Dabei gehen sie oft so weit, dass sie die Tradition – die unverfälschte, seit alters bestehende Kultur – „erfinden". Die „Erfindung von Tradition" lässt sich tatsächlich vielerorts beobachten – auch in heutigen westlichen Gesellschaften.[26] Angeblich alte und seit unvordenklicher Zeit unveränderte keltische Überlieferungen, Bräuche und Trachten bestimmen das Nationalbewusstsein der heutigen schottischen Bevölkerung, und im 19. und frühen 20. Jahrhundert beriefen sich deutsche Patrioten gerne auf die Schätze uralter germanischer Mythologie – um nur zwei Beispiele aus neuerer Zeit anzuführen. Immer wieder gelingt es der kritischen Forschung, solche angeblich alten Traditionen als junge Konstruktionen – als „erfundene Tradition" – zu erweisen. So ist der buntkarierte, von Männern getragene kurze Schottenrock – der „kilt" – keineswegs eine traditionelle keltische Volkstracht, sondern nicht älter als das 18. Jahrhundert; wir kennen sogar den Namen seines Erfinders – Thomas Rawlinson.[27] Aus der Zeit der Romantik stammend, sind manche Volkstrachten und -bräuche eher Erzeugnisse produktiver Phantasie als echtes nationales Erbe, und dasselbe gilt für die politischen und religiösen Einrichtungen vieler Völker.[28] Wie die genannten Beispiele zeigen ist das Erfinden von Traditionen nicht so schwierig, wie es uns zunächst scheinen mag, denn mündliche Überlieferungen lassen sich leicht manipulieren, die Vergangenheit lässt sich in ein romantisches Licht rücken und traditionelles Kulturgut steht neuen Deutungen offen. Allerdings lässt sich Neues stets nur unter der Maske des Alten einführen. Wird etwas Neues in das kulturelle Leben gebracht, so verdient es nur dann Beachtung und Gefolgschaft, wenn es sich als das gute Alte auszuweisen vermag und, indem es Vergessenes wiederherstellt, Altbewährtes erneut zu Ehren bringt. Für Neues ist stets ein legitimierender „Altersbeweis" vorzulegen, denn das wirklich Neue gilt als störend, verdächtig und sittenwidrig, man denke nur an den lateinischen Ausdruck *res novae*, „Neues" im Sinne von „Umsturz, Revolution".[29] Die ersten großen Erneuerungsbewegungen der europäischen Kultur – Renaissance und Reformation – sahen ihr Anliegen als Rückkehr zu alten, vergessenen Lebensformen. Der uns

---

26   Hobsbawm, E. und Ranger, T. (Hg.), The Invention of Tradition, Cambridge 1983, dort bes. Hobsbawm, E., Introduction: Inventing Traditions, 1–14; Henten, J.W. van und Houtepen, A. (Hg.), Religious Identity and the Invention of Tradition, Assen 2001.

27   Trevor-Roper, H., The Invention of Tradition: The Highlands Tradition of Scotland, in: Hobsbawm, E. und Ranger, T. (Hg.), The Invention of Tradition (s. Anm. 26), 15–42.

28   James, S., The Atlantic Celts: Ancient People or Modern Invention? London 1999; Hartwich, W.-D., „Deutsche Mythologie". Die Erfindung einer nationalen Kunstreligion, Berlin 2000.

29   Pilhofer, P., Presbyteron kreitton. Der Altersbeweis der jüdischen und christlichen Apologeten und seine Vorgeschichte, Tübingen 1990.

heute geläufige Fortschrittsgedanke, der Innovation begrüßt und als nützlich fördert, findet sich kaum vor dem 17. Jahrhundert; programmatisch hat ihn zuerst der englische Philosoph Francis Bacon (1561–1626) vertreten. Auch heute noch sprechen wir von „Reformen", wenn wir Neuerungen meinen; so steht auch unsere Sprache noch unter dem Bann der alten Mentalität.

In der Zeit der Bedrängnis durch Kolonialmächte kam die Kultur des alten Israel in eine nativistische Phase: eine Phase der Verteidigung der eigenen, wenn auch von Erfindungen nicht freien Tradition. Der Jahwe-allein-Bewegung gelang es, die traditionelle Religion in ihrem Sinn neu zu definieren und mit Erfolg zu behaupten, der Nationalgott Jahwe habe schon immer ausschließliche Verehrung verlangt. Die heutige Forschung weist diese Behauptung als unbegründet zurück, doch machte sie in biblischer Zeit einen ungeheuren Eindruck und bereitete dem Monotheismus den Weg.

Die nativistische Umwandlung traditioneller Rituale

Eine besondere Eigenart erfundener Tradition besteht darin, dass sie an vorhandenes Kulturgut anknüpft – etwa nach der Art eines Thomas Rawlinson, der den von der einfachen schottischen Bevölkerung getragenen langen Rock kürzt; der kurze Schottenrock diente als bequeme Arbeitskleidung in Rawelinsons eigener Fabrik. Der Jahwe-allein-Bewegung dienten bestimmte religiöse Bräuche und Einrichtungen als Anknüpfungspunkt für den von ihr geschaffenen monolatrischen Kult. Die umgeformten, aber noch in ihrer ursprünglichen Gestalt erkennbaren Institutionen bezeichne ich als „temporäre Monolatrie" und „Umkehrritual". Auf beide Institutionen konnte zurückgegriffen werden, als die hebräische Gesellschaft von einer gewaltigen nativistischen Bewegung erfasst wurde.

Unter „temporärer Monolatrie" ist jener Brauch zu verstehen, nach welchem eine Kultgemeinschaft während einer bestimmten Zeit nur einer einzigen Gottheit kultischen Dienst leistet; während dieser Zeit wird darauf verzichtet, andere Götter zu verehren. In Israel scheint dieser Brauch kultischer Enthaltsamkeit bei kriegerischen Unternehmungen gepflegt worden zu sein. Die Überlieferungen über die Frühzeit des Volkes lassen erkennen, dass die Hebräer während ihrer Kriege die sonst verehrten Götter vernachlässigten, um nur ihrem Kriegsgott Jahwe zu huldigen. Als Gott des informellen Stämmebundes war Jahwe der göttliche Krieger des Bundesheeres. Allein verehrt, verhieß der Kriegsgott den Sieg. Tatsächlich wird uns einmal mitgeteilt, dass die Israeliten sich in einem Kriegsfall ihrer Götter entledigten: „Sie entfernten die fremden Götter aus ihrer Mitte und dienten Jahwe. Da konnte er das Elend Israels nicht länger ertragen" (Ri 10,16). Doch nach dem Sieg, nach Ende des Krieges, durfte man wieder zur Verehrung der Ortsgötter, der Familiengötter und welcher Gottheiten auch immer zurückkehren. Die Pflicht der Alleinverehrung galt nur für die Wochen oder Monate des Kriegs.

Diese Institution der „zeitweisen Monolatrie" ist keineswegs auf Israel beschränkt, sondern lässt sich zumindest in einer der alten semitischen Kulturen nachweisen – der des Zweistromlandes. Ein besonders gutes Beispiel ist im babylonischen Atramchasis-Epos enthalten.[30] Um 1700 v. Chr. entstanden und keilschriftlich überliefert, erzählt dieses Epos von den Anfängen der Menschheit. Die Götter haben die Menschen erschaffen, damit sie von ihnen bedient werden; schließlich werden die Menschen aber so zahlreich, dass sich einige Götter durch den Lärm im Schlaf gestört fühlen. Daher beschließen sie, die Menschen aussterben zu lassen, und zwar soll der Regen ausbleiben, so dass keine Vegetation und damit keine Nahrung mehr entstehen kann. Einer der Götter – Enki, der schlaue Gott der Weisheit – ist jedoch anderer Meinung. Er wendet sich an den Menschen Atramchasis und verrät ihm die rettende List: Die Menschen sollen aufhören, die Götter zu verehren; nur bei Adad, dem Regengott, sollen sie eine Ausnahme machen. Und so geschieht es auch. Adad erhält einen neuen Tempel und wird durch reichlich dargebrachte Opfer geehrt. Durch so viel Ehre geschmeichelt, sendet Adad Tau in der Nacht, so dass das Getreide wachsen kann. Damit aber ist die Krise überstanden. Die Menschheit kann weiterleben, und man kehrt zur gewohnten Verehrung aller Götter zurück.

Die Heerführer des frühen Israel mögen eine vergleichbare Strategie verfolgt haben. Indem sie die ausschließliche Verehrung des göttlichen Kriegers ausriefen, hofften sie, Jahwes Beistand zu sichern.

Es war ein Leichtes, die alte Forderung nach ausschließlicher Verehrung umzudeuten – oder misszuverstehen – und aus der zeitlich begrenzten Alleinverehrung eine dauerhafte Monolatrie zu schaffen. Die zeitweilige Alleinverehrung in Kriegszeiten scheint das Vorbild der späteren Jahwe-allein-Idee gewesen sein. Jedenfalls macht die ausschließliche Verehrung Jahwes als Maßnahme einer Krisensituation im 8. und 7. Jahrhundert v. Chr. Sinn, wuchs doch damals der Druck des assyrischen Oberherrn auf Palästina und bestimmte zunehmend das politische Leben. Da sich die Krise als dauernd herausstellte, sollten sich alle Israeliten und Judäer ausschließlich und dauernd an den einen Gott binden, der Rettung verhieß. So lässt sich der beginnende Monotheismus am besten als rituelle Antwort auf eine politische Krise verstehen.

Für den Erfolg der dauernden Alleinverehrung Jahwes besonders wichtig war, dass sich die Priesterschaft diesem Programm verschrieb und von der Verehrung anderer Götter lossagte. Dieser Vorgang des Lossagens ist zumindest durch *ein* eindrucksvolles Zeugnis belegt – den 16. Psalm. Dieses Lied

---

30   Atramchasis-Mythos, Tafel 1, übersetzt von W. von Soden, in: TUAT III, 1994, 627–630. Vgl. dazu Selms, A. van, Temporary Henotheism, in: Beek, M.A u. a. (Hg.), Symbolae Biblicae et Mesopotamicae F.M.Th. de Liagre Böhl Dedicatae, Leiden 1973, 341–348.

gibt uns eine Art Formular der Hinwendung des bisher vielen Göttern opfern-
den Priesters zum einen Gott:

> Behüte mich, Gott, denn ich flüchte zu dir.
> Ich sage zum Herrn: „Mein Herr bist du,
> mein ganzes Glück bist du allein."
> Über die ‚Heiligen' [d.h. die Götter], die im Lande sind, sage ich,
> und über die ‚Herrlichen', die mir so gefielen:
> „Wer einem anderen Gott nachläuft,
> dessen Schmerzen mehren sich.
> Nie mehr will ich ihnen Opferblut spenden,
> und nie mehr nehme ich ihren Namen auf die Lippen."
> Herr, du bist mein Anteil und Becher,
> du selber hältst mein Los in der Hand.
> Die Messschnur fiel mir auf liebliches Land:
> Ja, mein Erbe gefällt mir. (Ps 16,1–6)[31]

Auf die Zufluchtnahme zum einen Gott, der dem Priester zugleich persönlicher
Schutzgott ist („mein Gott" oder „mein Herr"), folgt das Abschwören gegenüber den anderen Göttern. Das Ende des angeführten Abschnitts nimmt darauf
Bezug, dass der Priester von Kultdienst lebt – das „liebliche Land", das „Erbe"
oder „Erbland", von dem der Priester lebt, ist nichts anderes als der Einkom-
men erwirtschaftende Kultdienst am Tempel.

Eine ähnliche Umwandlung wie die der temporären Monolatrie können
wir an der Institution des Umkehrrituals beobachten.[32] Auch hier ist zunächst
das traditionelle Umkehrritual zu betrachten – seine alte Gestalt, die der Umwandlung vorausliegt.

Wie bekannt sind nicht alle religiösen Rituale des alten Israel aufgezeich-
net und in die Gesetzessammlungen des Pentateuchs eingegangen. Riten ohne
Kodifizierung bilden einen festen Bestandteil des religiösen, auch priesterlichen Brauchtums, wenn sie uns auch nur indirekt – durch Andeutungen in der

---

31   Übersetzung nach Braulik, G. u.a., Münsterschwarzacher Psalter, Münsterschwarzach 2003.
32   Unerlässlich ist eine Bemerkung zum heute in theologischer Sprache geläufigen Wort
      „Umkehr". Als Wiedergabe des in alttestamentlichen Texten oft belegten Verbs *shûb* („um-
      kehren") ist es ein junges Fachwort. Zu Beginn des 20. Jahrhunderts aufgekommen, hat es
      sich erst in den 1960er Jahren durchgesetzt. Einer der ersten, der das Wort in die theologi-
      sche Sprache eingebracht hat, ist Harnack, A. von, Das Wesen des Christentums [1899], hg.
      von C.-D. Osthövener, Tübingen 2005, 32 [3. Vorlesung]: „Es ist die höchste Zeit, es ist die
      letzte Zeit – in diesen Ruf hat sich daher bei allen Völkern und in allen Epochen die energi-
      sche Mahnung zur Umkehr gekleidet, wenn ihnen wieder einmal ein Prophet geschenkt
      war." Früher sprach man – missverständlich – von „Buße" und „Mahnung zur Buße". Indem
      wir von einem alten Umkehrritual (statt von einem solchen der Buße) sprechen, folgen wir
      den heute üblichen und sachgemäßen Sprachgebrauch. Zur Geschichte des Wortes „Um-
      kehr" in der deutschen theologischen Sprache vgl. Lang, B., Umkehr/Buße, religionswissen-
      schaftlich, in: Eicher, P. (Hg.), Handbuch theologischer Grundbegriffe, München 2005, Bd.
      4, 382–395, hier 393–394.

biblischen Literatur – überliefert sind. Ein solches, nur durch Rekonstruktion
zugängliches Ritual ist jenes, das als Umkehrritual bezeichnet werden mag.
Anlass, ein solches durchzuführen, ist die Notlage, in die eine Gruppe, vielleicht sogar das ganze Volk, geraten ist. Diese Notlage wird durch kultische
Versammlung der Gemeinde in einem Tempel beantwortet. Die im Tempel
vollzogene Handlung lässt sich nur umrisshaft erkennen. Als Bestandteile sind
zu vermuten: ein aus Zerreißen der Kleidung (2 Kön 22,11 – der dort geschil-
derte König gilt als Vorbild von Umkehrbereitschaft), Weinen und Klagen (Jak
4,9) bestehender Ritus der Selbstdemütigung; das Darbringen eines Schlacht-
opfers (Hos 5,6); das Ablegen eines Schuldbekenntnisses; das Vorbringen
eines Bittgebets, wofür wir ein – vermutlich gekürztes – Beispiel besitzen:
„Nimm alle Schuld von uns, und lass uns Gutes erfahren! Wir danken es dir
mit der Frucht unserer Lippen" (Hos 14,3); der den Abschluss bildende, durch
Priester oder Prophet vermittelte göttliche Zuspruch: „Ich [Jahwe] will ihre
Untreue heilen und sie aus lauter Großmut wieder lieben. Denn mein Zorn hat
sich von Israel abgewandt. Ich werde für Israel da sein wie der Tau, damit es
aufblüht wie eine Lilie" (Hos 14,5–6).

Das Wort „umkehren" begegnet in diesem Zusammenhang mehrfach.
Wenn im Israel des 8. Jahrhunderts v. Chr. zur „Umkehr" aufgerufen wird –
„Kommt, *wir kehren um* zu Jahwe, denn er hat Wunden gerissen, er wird uns
auch heilen"; „*kehr um*, Israel, zu Jahwe, deinem Gott" (Hos 6,1; 14,2) – wird
mit einem Wort priesterlicher Sprache dazu aufgefordert, sich zum Tempel zu
begeben und dort das von uns versuchsweise rekonstruierte Ritual zu vollzie-
hen. Das mit „umkehren" wiedergegebene hebräische *shûb* meint als Verb der
Bewegung nichts anderes als „(gemeinschaftlich zum Tempel) hingehen",
doch schwingt – ähnlich wie bei dem biblischen Ausdruck „Gott suchen" =
den Tempel aufsuchen – eine zweite Bedeutung mit: sich an Gott wenden.
Anlass für die Wallfahrt zum Tempel ist die Erfahrung von Unheil, und von
Jahwe wird die Wiederherstellung des Heilszustandes erfleht. Noch in der
Spätzeit ist dieser Bedeutungszusammenhang bekannt: „Israeliten, kehrt um zu
Jahwe! [...] Reicht Jahwe die Hand und kommt in sein Heiligtum! [...] Dient
Jahwe, eurem Gott, damit sein Zorn von euch ablässt!" (2 Chr 30,6.8)

Wie sich das Umkehrritual nur in Grundzügen erkennen lässt, so können
wir auch über seine Praxis nur Vermutungen anstellen. Eine alte Anweisung
führt folgende Anlässe für Gebetsversammlungen an: wenn ein Feind eine
israelitische Stadt belagert; wenn das Heer in den Krieg auszieht; wenn Regen
ausbleibt; wenn Hungersnot im Lande herrscht oder dieses von Pest, Getreide-
brand, Heuschrecken und Ungeziefer heimgesucht wird; wenn das Heer eine
Niederlage einstecken musste; wenn Gott das Volk bestraft hat und dessen
Feinden erlaubte, es in ein fremdes Land zu verschleppen (1 Kön 8,33–53).
Anlass des Rituals ist offenbar nicht eine Frevelhandlung, derer sich die Gemeinschaft schuldig weiß und die nun aus Furcht vor göttlicher Strafe ein
Bittritual vollzieht; vielmehr wird eine Notlage zum Anlass der Selbstbesin-

nung – wenn Not herrscht, muss ein diese Not verursachender Frevel vorher-
gegangen sein. Da Sünde das menschliche Leben wie ein Schatten stets begleitet, kann es nicht schwer fallen, sich ihrer anzuklagen.

Wie im Falle der temporären Monolatrie ist die große politische Krise
auch Ausgangspunkt der Umgestaltung des Rufs zur Umkehr. Aus dem mit
einmaligen, kurzfristigen Krisen verbundenen Ruf zur Umkehr wird, in Parallelität zu einer mehrere Jahrhunderte andauernden und nicht endenden Krise,
ein *ständiger* Ruf zur Umkehr.

Tatsächlich erfolgt der Ruf zur Umkehr, der das spätalttestamentliche und
frühchristliche Schrifttum der Zeit von ca. 623 v. Chr. bis 100 n. Chr. in mehreren Wellen beherrscht, mit solcher Häufigkeit und solchem Nachdruck, dass
die Forschung von einer großen „Umkehrbewegung" spricht.[33] Ihr Ausgangspunkt ist die politische Krise, die mit der Bedrängnis des judäischen Staates
durch die Babylonier im ausgehenden 7. Jahrhundert v. Chr. beginnt und die
sich durch den Verlust politischer Autonomie (Zerstörung Jerusalems und
seiner Monarchie 586 v. Chr.) und die Diasporaexistenz vieler Juden verschärft. Erhoben wird die Forderung, dass das Volk insgesamt und jeder Einzelne sich erneut auf das religiöse und sittliche Gebot Gottes besinnt und in
einem Akt der Umkehr diesem Gesetz unterstellt; erwartet wird, dass die von
einer großen Zahl von Menschen geleistete Umkehr zum Ende politischer
Unterdrückung und sogar zur Heraufführung eines universalen endzeitlichen
Heilszustandes führt.[34] Umkehr, der vom jüdischen Menschen verlangte erste
Akt der endzeitlichen Geschehnisse, wird als prinzipielle Abkehr von sündhaf-
ter Existenz und eine die Lebensführung prägende Verpflichtung auf ein sittli-
ches, der göttlichen Ordnung entsprechendes Verhalten verstanden. Umkehr
wird dabei oft als *Entscheidung für die Alleinverehrung des einen Gottes* gefordert. Im Zusammenhang mit der auf Alleinverehrung Jahwes zielenden
religiösen Reform von König Joschija von Juda (ca. 623 v. Chr.) und dem
babylonischen Exil (seit der Eroberung Jerusalems durch die Babylonier 597
und 586 v. Chr.) wird „Umkehr" zu einem prägnanten religionspolitischen
Stichwort, steht es doch für die Forderung, zur (angeblich in älterer Zeit bestehenden) alleinigen Verehrung Jahwes zurückzukehren. Umkehr meint Abkehr
von der einzigen, in diesem Zusammenhang genannten Sünde: dem Götzendienst. König Joschija von Juda, „der mit ganzer Seele und mit all seinen Kräften zu Jahwe umkehrte und so getreu das Gesetz des Mose befolgte", gilt als
Repräsentant des frommen, sich vom Götzendienst abwendenden, des sich
bekehrenden Israel (2 Kön 23,25). Der Bericht über Joschija zeigt, was Umkehr im Einzelnen bedeutet: die Kenntnisnahme des göttlichen Gesetzes durch
Lesen oder Hören; die Unterwerfung unter das Gottesgesetz in einem Akt der

---

33 Steck, O.H., Israel und das gewaltsame Geschick der Propheten, Neukirchen-Vluyn 1967,
    212.

34 Jubiläenbuch 23,26–30 bei Berger, K., Das Buch der Jubiläen, JSHRZ 2, 1999, 445–446.

Buße (Zerreißen der Kleidung); die Anerkennung der eigenen Schuld im Zuwiderhandeln gegen göttliches Gebot; die erneute, feierliche Selbstverpflichtung auf das göttliche Gesetz; die Durchführung von Reformen, die das göttliche Gebot verwirklichen.

Allem Volk wird vom Propheten Umkehr gepredigt: „Kehrt um, ein jeder von seinem bösen Weg. [...] Lauft nicht anderen Göttern nach, um ihnen zu dienen und sie anzubeten" (Jer 25,5–6). Das Volk wird nicht nur aufgefordert, zu Gott zurückzukehren; Jahwe lädt dazu ein und bietet seine Gnade an: „Kehre zurück [oder: kehre um], Israel, du Abtrünnige. [...] Ich schaue dich nicht mehr zornig an, denn ich bin gütig", ruft der für Gott selbst sprechende Prophet (Jer 3,12). An anderer Stelle wird das Gnadenangebot durch eine Ankündigung göttlicher Heilsinitiative noch übertroffen: „So spricht Jahwe, der Gott Israels: [...] Ich [d.h. Jahwe] richte meine Augen liebevoll auf sie und lasse sie in dieses Land [d.h. Palästina] heimkehren. Ich will sie aufbauen, nicht niederreißen, einpflanzen, nicht ausreißen. Ich gebe ihnen ein Herz, damit sie erkennen, dass ich Jahwe bin. Sie werden mein Volk sein, und ich werde ihr Gott sein, denn sie werden mit ganzem Herzen zu mir umkehren" (Jer 24,5–7). Hier ist die Umkehr, verstanden als Rückkehr zu einem Vertrauensverhältnis von Gott und Volk, die Folge eines göttlichen Heilsaktes. Gott führt die Verschleppten in die Heimat zurück und schenkt ihnen gleichzeitig ein neues Herz, also eine neue, auf Gott ausgerichtete und mit Liebeskraft ausgestattete Lebensmitte (so auch Ez 11,19; 36,26). Umkehr wird religiös als Verlassen von Götzendienst und Hinwendung zum wahren Gott gedacht; sie ist jedoch nicht Leistung des Menschen, sondern, in göttlicher Initiative wurzelnd, ein Geschenk Gottes.

Charakteristisch für die „Umkehrbewegung" ist, dass nicht nur Umkehr zum einen Gott, sondern auch sittliche Erneuerung gefordert wird. Die eindringlichste biblische Ermahnung zu *sittlicher Umkehr* findet sich bei den Propheten Jeremia und Ezechiel im frühen 6. Jahrhundert v. Chr. Jeremia stellt wiederholt fest, dass eine Umkehr, verstanden als Ablassen von sündigem Tun, nicht erfolgt: Die Israeliten – und zwar sind jeweils einzelne Israeliten gemeint, nicht das Volk als ganzes – treiben Ehebruch, lügen und führen die vom König verfügte Entlassung von Schuldknechten nicht durch.[35] Das Neue ist hier der ethisch-rechtliche Begriff von Umkehr als Abkehr vom Bösen sowie die Individualisierung, soll doch der Einzelne vom sündigen Handeln lassen. Besonders deutlich wird die Individualisierung des sittlichen Aufrufs bei Ezechiel. In einer weit ausladenden Reflexion geht der Prophet von dem unter den Deportierten kursierenden Spruch aus, die Väter hätten gesündigt, doch die Söhne wurden bestraft. Diesem Spruch hält Ezechiel entgegen: Jeder Einzelne wird nur für seine eigenen Sünden bestraft; außerdem legt die in der Vergan-

---

35 Jer 5,2ff.; 23,14; 34,15–16.

genheit begangene moralische Verfehlung – aufgezählt werden primär sittliche
Vergehen wie Ehebruch, Ausbeutung der Armen u. ä. – das Schicksal des
Einzelnen nicht ein für allemal fest; durch Umkehr ist es möglich, eine Ände-
rung sowohl des eigenen Herzens als auch des persönlichen Geschicks herbeizuführen (da aus gerechtem Handeln ein positives Ergehen erwächst). „Wenn
sich der Schuldige von dem Unrecht abwendet, das er begangen hat, und nach
Recht und Gerechtigkeit handelt, wird er sein Leben bewahren. Wenn er alle
Vergehen, deren er sich schuldig gemacht hat, einsieht und umkehrt, wird er
bestimmt am Leben bleiben. Er wird nicht sterben" (Ez 18,27–28). In diesem
Zusammenhang fällt die Ermahnung: „Werft alle Vergehen von euch, die ihr
verübt habt! Schafft euch ein neues Herz und einen neuen Geist! [...] Kehrt
um, damit ihr am Leben bleibt" (Ez 18,31–32). Umkehr besteht nach dem
Ezechielwort in grundsätzlicher sittlicher Neuorientierung, zu welcher der Einzelne von sich aus fähig ist. Es wäre allerdings unangemessen, dabei von einem Heilsindividualismus zu sprechen, denn auch für Jeremia und Ezechiel
bleibt die Umkehr des Einzelnen wie das durch Sinneswandel gewonnene Heil
in das kollektive Geschick des Volkes eingebunden.

Im 1. Jahrhundert n. Chr. wird die Forderung nach sittlicher Umkehr mit
unterschiedlicher Akzentsetzung von der Qumrangemeinde ebenso wie von
Johannes dem Täufer und frühen Christen erhoben. Wer der Qumransekte
beitritt, verpflichtet sich feierlich auf die Thora; er schwört „umzukehren zum
Gesetz des Mose gemäß allem, was er befohlen hat, von ganzem Herzen und
von ganzer Seele, [...] sich abzusondern von allen Männern des Frevels, die auf
gottlosem Wege wandeln" (1 QS 5,8.10–11). Johannes der Täufer ruft den
einzelnen Juden zur Umkehr auf, d.h. zur Abkehr von sündhaftem sittlichem
Verhalten. Bemerkenswert ist die Verknüpfung dieses Aufrufs mit einer rituellen Handlung. Ein zweiteiliges Ritual ist erkennbar. Zuerst verkündet Johannes
die sittliche Forderungen: Allen sagt er, wer zwei Gewänder hat, der gebe
eines davon dem, der keines hat, und wer zu essen hat, der handle ebenso; zu
den Steuerbeamten sagt er: Verlangt nicht mehr, als festgesetzt ist; Soldaten
werden aufgefordert, niemand zu misshandeln und zu erpressen und mit dem
Sold zufrieden zu sein (Lk 3,10–14). Darauf folgt die Taufe; dieses rituelle
Untertauchen in einem Fluss versinnbildlicht die Säuberung von vergangener
Sünde und bekräftigt den Entschluss des Täuflings, ein neues, von Sittlichkeit
bestimmtes Leben zu führen. Die ethische Botschaft des Täufers wird in dem
Satz zusammengefasst: „Kehret um, denn nahe herbeigekommen ist das Königtum des Himmels" (Mt 3,2). Das Verhältnis von Aufforderung zur Umkehr
und Hinweis auf die nahe herbeigekommene Gottesherrschaft wird nicht erläutert; die Verbindung von sittlicher Ermahnung und Ansage der Nähe des gött-

lichen Heilshandelns ist traditionell vorgegeben;[36] offenbar ist Gott jetzt willens, menschliche Umkehr durch sein Eingreifen zugunsten seines Volkes zu beantworten. Schließlich haben auch die Christen, zweifellos im engen Anschluss an Johannes den Täufer, zur Umkehr aufgerufen; so paradigmatisch Petrus in der Apostelgeschichte: „Kehrt um, und jeder von euch lasse sich auf den Namen Jesu Christi taufen zur Vergebung der Sünden" (Apg 2,38).

Nachdem wir uns – in groben Zügen – das Thema Umkehr vergegenwärtigt haben, können wir eine knappe ethnologische Analyse versuchen.

Es besteht kein Zweifel: das Denken der biblische Umkehrbewegung und das der ethnologisch erforschten Heilsbewegungen weisen dieselbe Struktur auf. Die in der Bibel erhobene Forderung nach Umkehr gehört zu einem umfassenden, von Autoren wie Mühlmann und Lanternari erhellten Vorgang. Den Ausgangspunkt bildet eine Notlage, in der sich eine größere soziale Gruppe vorfindet, etwa ein Stamm oder ein ganzes Volk. Die Krise wird mittels ganz bestimmter, kulturell und religiös spezifischer, doch dem Typ nach allgemein bekannter Handlungen bewältigt. Folgen wir den genannten Studien über nativistische und prophetische Heilsbewegungen der neueren Zeit, so lassen sich vier Elemente als für den Vorgang charakteristisch benennen: (1) Eine Krise; durch natürliche (z.B. Dürre, Ausbleiben der Ernte) oder (zumeist) geschichtliche Umstände (z.B. Beherrschung durch eine überlegene Kriegs- und Kolonialmacht) hervorgerufen, erschüttert sie eine ganze Gesellschaft, deren weitere Existenz gefährdet ist. (2) Eine prophetische Anklage; diese ist mit einem Aufruf zum Handeln verbunden; im einfachsten Fall wird das Sühnen begangener Sünde durch Bußriten gefordert, doch auch eine umfassende Neugestaltung der gesamten Kultur, z.B. durch Besinnung auf traditionelle Werte, kann Gegenstand prophetischer Forderung sein. (3) Die Umkehr: z.B. ein von der Gemeinschaft durchgeführtes Ritual oder eine von großen Teilen einer Gesellschaft getragene Veränderung, beispielsweise die Rückkehr zur Sittlichkeit und Lebensweise der Väter oder (alternativ) die Ablehnung der Irrwege der letzten Generation. (4) Das Ende der Krise; ein großer, die gesamte Gesellschaft betreffender und manchmal als überwältigendes Wunder erwarteter Umschwung wird als Folge der Umkehrhandlung erhofft.

Zu jedem der vier von uns hervorgehobenen Elemente des Umkehrgeschehens gibt es in der ethnologischen Literatur reiches Belegmaterial und wieterführend Erörterungen. Aus der ethnologischen Debatte möchte ich eine von Vittorio Lanternari und Peter Worsley gemachte Beobachtung zum Thema „sittliche Umkehr" hervorheben: Die eine Heilsbewegung auslösende Krise wird von den Betroffenen oft als inneres, und weniger als von außen auf eine Gesellschaft treffendes Problem gesehen. Das trifft für die biblische Umkehr-

---

36   Vgl. Jes 56,1: „So spricht Jahwe: Wahrt das Recht, sorgt für Gerechtigkeit, denn bald kommt von mir das Heil, meine Gerechtigkeit [d.h. mein rechte Ordnung schaffendes Eingreifen] wird sich bald offenbaren."

bewegung ebenso zu wie für die ethnologisch erforschten Heilsbewegungen. Die auslösende Krise enthält von Lanternari als exogen und endogen bezeichnete Momente; nicht nur der Kolonialismus spielt herein (als exogenes Moment), sondern auch innere Ursachen wie z.B. der Klassengegensatz zwischen arm und reich oder die Vorherrschaft bestimmter Gruppen innerhalb einer Gesellschaft werden von den Befreiungsbewegungen selbst geltend gemacht.[37] Auch Worsley beobachtet den Verweis auf innere Unstimmigkeiten innerhalb der ethnischen Gesellschaft, auf moralische Sünden und Vergehen des eigenen Volkes als Wurzel von allem Übel.[38] Was das Alte Testament betrifft, so wird die Krise – sogar vornehmlich – auf endogene Ursachen zurückgeführt: auf religiöses und moralisches Versagen, auf Schuld. Während wir heute die militärische Bedrängnis und kolonialistische Ausbeutung, die Israel und Juda erfahren hat, auf den Imperialismus Assyriens und Babyloniens zurückführen, legen sich die biblischen Texte von dieser „exogenen" Ursache kaum Rechenschaft ab. So entsteht ein nach unseren Begriffen recht einseitiges Bild, das die historische Forschung zu berichtigen sucht.

Schluss

An dieser Stelle können wir abbrechen. Haben wir doch, wie ich hoffe, unser Ziel erreicht: mit Hilfe ethnologischer Theorie den Wandlungsprozess zu erhellen, der vom polytheistischen Israel zum monotheistischen Frühjudentum des Alten Testaments führt. Soweit sich aus Spuren in der biblischen Überlieferung erkennen lässt, ist die altisraelitische Religion von zwei Institutionen geprägt, die zur Bewältigung kurzfristiger Krisen eingesetzt werden: der „temporären Monolatrie" und dem „Umkehrritual". In Kriegszeiten erhält der Kriegsgott zur Sicherung des Sieges ausschließliche Verehrung. Mit „Umkehr", der von der gesamten Gesellschaft rituell vollzogene Hinwendung zu Gott oder Rückkehr zur wahren Sittlichkeit, werden gesellschaftliche Krisen beantwortet. Unter kolonialem Druck von einer nativistischen Bewegung erfasst, gestaltet das werdende Judentum diese Institutionen in einer Zeit immerwährender Krise um. Durch eine gewaltige Erfindung von Tradition wird nun die temporäre Monolatrie zum Monotheismus, und der Akt der religiösen und sittlichen Umkehr zum Grundakt religiöser Existenz. Gott und Umkehr – oder, modern ausgedrückt: Monotheismus und Moral – werden zu den beiden tragenden Säulen des Judentums. Hier sehen wir, wie sich – nach der glücklichen Terminologie von Theo Sundermeier – eine primäre in eine sekundäre Religion verwandelt.

---

37 Lanternari, V., Religiöse Freiheits- und Heilsbewegungen (s. Anm. 5), 472–474.
38 Worsley, P., Die Posaune wird erschallen (s. Anm. 23), 321.

Ist der Monotheismus Israels das Ergebnis eines prophetischen Umkehrprogramms?

Überlegungen zum Artikel Bernhard Langs

Eberhard Bons (Strasbourg)

1. Einleitung

Im vorhergehenden Artikel hat Bernhard Lang in kondensierter Form eine Reihe von Theorien vorgetragen, mit deren Hilfe er die Entwicklung der Religion im alten Israel zu erklären sucht. Genauer gesagt, steht am Anfang dieses Prozesses die primäre, in herkömmlichen Kategorien: polytheistische Religion, an seinem Ende die sekundäre, traditionell als monotheistisch bezeichnete Religion. Meiner Antwort auf Bernhand Langs Theorien möchte ich zwei Vorbemerkungen vorausschicken:

1. Dass man auf wenigen Seiten keine umfassende und vollständig konsensfähige Erklärung eines äußerst komplexen, Jahrhunderte dauernden Phänomens wie der Entwicklung einer Gesellschaft und einer Religion entwickeln kann, liegt auf der Hand. Daher müssen einige Aussagen in Bernhard Langs Artikel zwangsläufig hypothetisch bleiben, was eine angemessene Würdigung seiner Überlegungen berücksichtigen muss. Insbesondere gilt es zu beachten, dass Bernhard Lang auf einer Theorie der Entstehung des Monotheismus aufbaut, die er schon Anfang der achtziger Jahre entwickelt und seit dieser Zeit – zumindest in ihren zentralen Elementen – nicht verändert hat: Gemeint ist die Theorie, dass, vereinfacht gesagt, eine ursprünglich stark von prophetischen Kreisen getragene JHWH-allein-Bewegung der monotheistischen Religion zum Durchbruch verholfen hat. Nach Anfängen in der Vorexilszeit, für die besonders der Prophet Hosea stehe, sei es letztlich erst in der Exilszeit gelungen, den Glauben an einen einzigen Gott in der Gesellschaft des Alten Israel fest zu verankern.[1] Diese Theorie hat bis in die letzten Jahre vielfache Kritik

---

1   Vgl. Lang, B.„ Die Jahwe-allein-Bewegung, in: ders. (Hg.), Der einzige Gott. Die Geburt des biblischen Monotheismus, München 1981, 47–83. 130–134; ders., The YHWH-Alone-Movement and the Making of Jewish Monotheism, in: ders., Monotheism and the Prophetic

erfahren[2], auf die Bernhard Lang geantwortet hat.[3] Auf diese Diskussion soll hier nur hingewiesen werden. Eine ausführliche Zusammenfassung muss dagegen im Rahmen des vorliegenden Artikels unterbleiben.

2. Bernhard Langs Theorien der Veränderung einer Gesellschaft beruhen auf Modellen, die der Soziologie und der Ethnologie der ersten Nachkriegsjahrzehnte entnommen sind. In welchem Maße diese Modelle Gültigkeit beanspruchen dürfen, insbesondere die der nativistischen Umsturzbewegungen, kann und soll hier nicht beurteilt werden. Diese Frage bedürfte einer eigenen umfangreichen Untersuchung, die den soziologischen und ethnologischen Forschungsstand berücksichtigt und hier ebenfalls nicht geleistet werden kann. Zu behandeln ist jedoch ein anderes Problem: Bernhard Lang überträgt Modelle aus der neueren Soziologie und Ethnologie auf Phänomene der Geschichte des Alten Israel. An der grundsätzlichen Legitimität eines solchen Verfahrens soll keineswegs gezweifelt werden. Wenigstens aus heuristischen Gründen ist es zulässig, von den bekannteren Phänomenen, d.h. von präzise beschriebenen Entwicklungen in Gesellschaften des 20. Jahrhunderts, auf die unbekannteren Phänomene, d.h. die Entwicklungen in Gesellschaften des Altertums, zu schließen. Damit ist jedoch keineswegs a priori entschieden, dass ein solches Verfahren im Detail zu überzeugenden Ergebnissen führt. Im Gegenteil, es ist immer wieder genau zu prüfen, in welchem Maße man Parallelen oder Analogien zwischen verschiedenen Kulturen und Gesellschaften erkennen kann, ob dieselben Begriffe tatsächlich dieselben Wirklichkeiten bezeichnen und ob – gerade im Fall von alten Kulturen – die Quellen schriftlicher und archäologischer Art genügend aussagekräftiges Material bieten, um Vergleiche zuzulassen.

Minority. An Essay in Biblical History and Sociology (The Social World of Biblical Antiquity 1), Sheffield 1983 13–59; ders., Zur Entstehung des biblischen Monotheismus, in: ThQ 166, 1986, 135–142; ders., Art. „Monotheismus", in: Neues Bibel-Lexikon, Lieferung 10, Solothurn/Düsseldorf 1995, 834–844, bes. 835f; ders., Art. „Monotheismus", in: Handwörterbuch religionswissenschaftlicher Grundbegriffe, Bd. IV, Stuttgart 1998, 148–165, bes.161–163; ders., Jahwe, der biblische Gott. Ein Portrait, München 2002, 228–232; ders., Die Jahwe-allein-Bewegung: Neue Erwägungen über die Anfänge des biblischen Monotheismus, in: Oeming, M., Schmid, K. (Hg.), Der eine Gott und die Götter. Polytheismus und Monotheismus im antiken Israel (AThANT 82), Zürich 2003 97–110.

2   Vgl. etwa Lohfink, N., Zur Geschichte der Diskussion um den Monotheismus im Alten Israel, in: Haag, E. (Hg.), Gott, der einzige. Zur Entstehung des Monotheismus in Israel (QD 104), Freiburg i. Br. 1985 9–25, bes. 19–25; vgl. noch aus neuerer Zeit Köckert, M., Von einem zum einzigen Gott. Zur Diskussion der Religionsgeschichte Israels, in: Berliner Theologische Zeitschrift 15, 1998, 137–175, bes. 140 Anm.20, 171 Anm.168. Eine Zusammenfassung der an Bernhard Langs Theorie geübten Kritik findet sich z.B. bei Magnani, G., Religione e religioni. Dalla monolatria al monoteismo profetico, Bd. 1, Rom 2001, 389 – 394.

3   Vgl. Lang, B., Entstehung (s. Anm. 2).

2. Fünf Anfragen an Bernhard Langs Theorien

Die folgenden Anfragen beziehen sich auf einzelne Elemente von Bernhard Langs Argumentation, und zwar gerade auf diejenigen, die – soweit mir bekannt ist – in seinen früheren Publikationen zum Thema noch keine zentrale Rolle spielen. Im einzelnen werde ich offene Fragen aufgreifen, auf methodische Probleme aufmerksam machen, ergänzende Gesichtspunkte vortragen sowie hier und dort Widerspruch anmelden, ohne dabei allzu große neue Hypothesen aufzustellen.

1. Die erste Anfrage betrifft die Epochengliederung, die in Bernhard Langs Überlegungen einfließt. Wenn die sekundäre Religion, zu der sich die Religion des alten Israels entwickelt habe, aus einer kulturellen und sozialen Krisensituation entstanden ist, stellt sich die Frage, welche zeitlichen Dimensionen diese Krisensituation gehabt haben soll. Umfasst sie mehrere Jahrhunderte, d. h. die Zeit von der beginnenden neubabylonischen Bedrohung im 7. Jahrhundert v. Chr. bis zur neutestamentlichen Epoche, wie man aus den Verweisen auf die im Neuen Testament bezeugte Umkehrpredigt Johannes' des Täufers sowie des Petrus nach Apg 2,38 folgern könnte? Wenn dies der Fall sein soll, muss man Bedenken in zwei Richtungen anmelden:

a) Warum lässt man die Krisenzeit nicht bereits mit der Expansion des neuassyrischen Reichs beginnen, die ja immerhin den Untergang des Nordreichs Israel zur Folge hatte und wenige Jahrzehnte später, und zwar um 701 v. Chr., zu einer massiven Bedrohung, ja beinahe zur Auslöschung des Südreichs führte? Warum lässt man die Krisenzeit nicht mit der Rückführung der Exilierten gegen Ende des 6. Jahrhunderts v. Chr. und der anschließenden politischen und religiösen Restauration enden? Wie auch immer die Antwort ausfallen soll, so steht doch fest, dass die historische, soziologische und ethnologische Rekonstruktion der Veränderungen in der Religion Israels eine Epochengliederung voraussetzt, die als solche noch zu begründen wäre.

b) Gewiss kann es hilfreich sein, die Geschichte eines Volkes oder einer Gesellschaft aus der Perspektive einer „histoire de la longue durée" zu betrachten. Eine solche Perspektive darf aber nicht von der Aufgabe dispensieren, präzise zwischen den verschiedenen Krisensituationen zu unterscheiden und die sozialen, politischen, religiösen, kulturellen und ökonomischen Umstände zu beschreiben, in die die verschiedenen Aufrufe zur Umkehr zu situieren sind. Läuft man mit einer pauschalen Verwendung des Begriffs „Krise" nicht Gefahr, den spezifischen Intentionen der einzelnen Aufrufe zur Umkehr von der vorexilischen bis hin zur neutestamentlichen Zeit nicht mehr gerecht zu werden?

2. Was das von Bernhard Lang postulierte Umkehrritual sowie die Umkehrpredigt angeht, ist der biblische Befund vielfältig und komplex. Ob es ein Umkehrritual gegeben hat oder nicht, kann angesichts der gegenwärtigen

Umkehrritual gegeben hat oder nicht, kann angesichts der gegenwärtigen
Quellenlage kaum entschieden werden. Gerade die Existenz eines entsprechenden Rituals lässt sich, so scheint mir, aus den alttestamentliche Texten
kaum ableiten. Wie verhält es sich aber mit dem Terminus „Umkehr" als „reli-
gionspolitische(m) Stichwort"? In diesem Zusammenhang möchte ich nur auf
drei Probleme aufmerksam machen:

a) Als eines der Ereignisse, in denen der Begriff „Umkehr" (Wurzel *šûb*)
als „prägnante(s) religionspolitische(s) Stichwort" gilt, nennt Bernhard Lang
die sogenannte Kultreform Joschijas. Lässt man einmal die viel diskutierte
Frage außer acht, in welchem Maße die Informationen von 2 Kön 23,1–25 als
historisch zuverlässig betrachtet werden können[4], so führt eine auch nur ober-
flächliche Analyse des Textes zu folgendem negativen Ergebnis: Die Aufforderung oder die Selbstaufforderung zur Umkehr begegnet in keinem der Dia-
loge des Berichts. Weder fordert der König Joschija sich selbst zur Umkehr auf
noch ergeht ein solcher Aufruf an das Volk. Dazu kommt: Das Verb *šûb* im
religiösen oder moralischen Sinne spielt in diesem Text eine völlig unterge-
ordnete Rolle – mit Ausnahme von 2 Kön 23,25, wo der Erzähler resümierend
konstatiert: „Seinesgleichen war vor ihm [Joschija] kein König gewesen, der
so von ganzem Herzen, von ganzer Seele, von allen Kräften sich zum Herrn
bekehrte [*šāb*)] ganz nach dem Gesetz des Mose, und nach ihm kam seinesgleichen nicht auf". Das bedeutet: Wie auch immer Joschija und die anwesen-
den Personen auf die Auffindung des Gesetzbuches im Tempel reagiert haben
mögen – nach der Darstellung von 2 Kön 23 verbinden sie selbst ihr Handeln
jedenfalls *nicht* mit dem Thema der Umkehr. Sollte man nicht von einem „religionspolitischen Stichwort" erwarten, dass es in einem solchen Schlüsseltext
breiter eingesetzt wird, gerade damit es eine größere propagandistische Wirkung entfalten kann?

b) Wie wird das Verb *šûb* als „religionspolitisches Stichwort" in den Prophetentexten verwendet? Auch in dieser Hinsicht ist das Ergebnis keineswegs
eindeutig. Insbesondere wird man sich des Eindrucks nicht erwehren können,
dass diejenigen prophetischen Texte, die – vorsichtig gesagt – die religiöse und

---

4   Exemplarisch sei auf folgende Untersuchungen verwiesen: Lohfink, N., Die Kultreform
     Joschijas 2 Kön 22–23 als religionsgeschichtliche Quelle, in: ders., Studien zum Deutero-
     nomium und zur deuteronomistischen Literatur II, Stuttgart 1991, 209–227; Gieselmann, B.,
     Die sogenannte josianische Reform in der gegenwärtigen Forschung, in: ZAW 106, 1994,
     223–242; Niehr, H., Die Reform des Joschija. Methodische, historische und religionsge-
     schichtliche Aspekte, in: Groß, W. (Hg.), Jeremia und die „deuteronomistische Bewegung"
     (BBB 98), Weinheim 1995, 33–55; Uehlinger, Chr., Gab es eine joschijanische Kultreform?
     Plädoyer für ein begründetes Minimum, in: ebd., 57–89; Stolz, F., Einführung in den bibli-
     schen Monotheismus, Darmstadt 1996, 161–163; Arneth, M., Die antiassyrische Reform Jo-
     sias von Juda: Überlegungen zur Komposition und Intention von 2 Reg 23,4–15, in: Zeit-
     schrift für altorientalische und biblische Rechtsgeschichte 7, 2001, 189–216.

politische Atmosphäre der letzten Jahrzehnte vor dem Exil sowie der beginnenden Exilszeit reflektieren, das Verb sehr verschieden einsetzen. Um nur das Jeremiabuch zu zitieren, auf das Bernhard Lang mehrfach verweist, sei folgendes festgestellt: Das Verb *šûb* kann zwar mit dem Thema der „Ehe" zwischen Gott und Israel in Verbindung gebracht werden (Jer 3,7–12.19.22) und folglich die Umkehr zu YHWH bezeichnen (so in Jer 3,12.14). Anderswo jedoch bedeutet die mit dem genannten Verb gemeinte „Umkehr" ganz einfach die Abkehr vom Bösen (Jer 18,8; 23,14; ähnlich 23,22; 25,5; 26,3; 36,7). Dass sich mit dem Stichwort „Umkehr" die Forderung zur alleinigen Verehrung YHWHs sowie die Abkehr von anderen Göttern verbindet, lässt sich somit vielleicht aus einzelnen jeremianischen Texten ableiten (vgl. noch Jer 24,7), aus anderen jedoch weniger oder gar nicht. Um zu präziseren Ergebnissen zu gelangen, wäre eine detaillierte Untersuchung der Stellen erforderlich, die zwischen den verschiedenen Verwendungen des Verbs genauer differenziert. Damit ist noch gar nicht die kontrovers diskutierte Frage berührt, welche Stellen möglicherweise auf den Propheten Jeremiah selbst zurückgehen und welche einer gern als deuteronomistisch bezeichneten Redaktion angehören.[5]

c) Welche rituellen oder eher individuellen Praktiken sich auch immer im Alten Israel mit dem Stichwort „Umkehr" verbunden haben mögen – eine genauere Studie der biblischen Texte kann nur zu der Schlussfolgerung führen, dass wir hier mit einer sehr komplexen, heterogenen und oft schwer beschreibbaren Wirklichkeit zu tun haben, die sich kaum auf einen Nenner bringen lässt. Dann stellt sich aber die grundsätzliche Frage, ob diese biblische Kategorie sich überhaupt als Vergleichsgegenstand eignet: Kann sie als Analogon in einem Verfahren dienen, das gleichartige Phänomene in der sozialen und religiösen Entwicklung von antiken und modernen Gesellschaften zu beschreiben sucht? Oder erweist sich die „Umkehr" nicht eher als eine Wirklichkeit, die zwar in Einzeltexten des Alten und Neuen Testaments einen gewissen Grad an Konkretheit erreicht, sich aber kaum als epochenübergreifender gemeinsamer Nenner religiöser und sozialer Erneuerungsinitiativen begreifen lässt?

3. Die die Umkehr auslösende Krise gilt weniger als exogenes denn als endogenes Phänomen, d.h. durch die Schuld der eigenen Gesellschaft provoziert. Dies trifft – so Bernhard Lang – für die im 19. und 20. Jahrhundert kolonisierten Völker wie auch für das Alte Israel zu. Doch wiederum gilt es zu differenzieren und den alttestamentlichen Textbefund in seiner Komplexität genau zur Kenntnis zu nehmen. Dazu nur folgende Bemerkungen: Gewiss kennt auch die alttestamentliche Geschichtsschreibung, die sich theologischer Wertungen bekanntlich nicht enthält, Ursachen für die verschiedenen Kata-

---

5   Nur zur Orientierung sei verwiesen auf Holladay, W.L., The Root *šûbh* in the Old Testament, Leiden 1958, 128–139; Graupner, A., Fabry, H.J., Art. שוב, in: ThWAT VII, 1993, 1118–1166.

strophen in der Geschichte Israels. Es genügt, auf einen Text wie 2 Kön 17,7–23 hinzuweisen. Diese oft als deuteronomistisch bezeichneten theologischen Reflexionen über die Ursachen des Untergangs des Nordreichs sind mit großer Wahrscheinlichkeit aus der Perspektive der Außenstehenden geschrieben worden, d.h. wohl von Angehörigen des Südreichs, denen das Beispiel des Nordreichs zur Abschreckung dienen soll, die jedoch nicht unmittelbar betroffen sind.[6] Wie die Einwohner des Nordreichs die drohende Katastrophe bzw. wie die Überlebenden das stattgefundene Ereignis erklärten, ja ob sie es auf exogene oder endogene Faktoren zurückführten, ist aufgrund der Quellenlage kaum zu entscheiden. Wenn eine Stelle wie Hos 10,3 irgendeine Authentizität besitzen und die „Stimmung" im Nordreich Israel in den Jahren vor der Katastrophe wiederspiegeln sollte, lässt sich die Aussage „Wir haben keinen König, denn wir fürchteten den Herrn nicht" vielleicht im Sinne eines Schuldeingeständnisses interpretieren. Das eingetretene Unheil hätte demnach vornehmlich endogene Ursachen. Dennoch ist der alttestamentliche Befund komplexer. Vor allem wird man nicht ohne Einschränkung sagen können, dass „die Krise – sogar vornehmlich – auf endogene Ursachen zurückgeführt (wird): auf religiöses und moralisches Versagen, auf Schuld". In der Tat kennt die alttestamentliche Geschichtsschreibung auch relativ nüchterne und knappe Bemerkungen über die Expansion der damaligen Großreiche (z.B. 2 Kön 15,19.29; 16,5–6; 23,29). Dass dabei keine Analoga zu den uns bekannten Kategorien des Imperialismus und Kolonialismus begegnen, liegt wohl im wesentlichen daran, dass ökonomische Faktoren dieser Art von Geschichtsschreibung fremd sind. Zuletzt sei auf Texte aufmerksam gemacht, die die Schuld für die nationale Katastrophe weder bei den Feinden noch im eigenen Fehlverhalten suchen. Ohne hier die Frage der zeitlichen Einordnung der sogenannten Volksklagelieder zu resümieren, seien zwei Texte angeführt: In Ps 80,7 wird die Schuld für die Erniedrigung des Volkes eindeutig Gott zugeschrieben. Noch weiter geht Ps 44,18–19.21–22, wo Israel bestreitet, gegenüber seinem Gott schuldig geworden zu sein.

4. Die von der Ethnologie beschriebenen prophetischen Bewegungen zeichnen sich durch die Ablehnung fremder Kulturen aus, d.h. durch einen sogenannten Nativismus. Kann man hierin ein weiteres Analogon zwischen Israel und anderen, insbesondere modernen Gesellschaften erkennen? Kennt die alttestamentliche Prophetie Vertreter des Nativismus? Ich muss gestehen, dass ich Schwierigkeiten habe, solche Tendenzen etwa in der Prophetie aus der vorexilischen und exilischen Epoche zu identifizieren. Dass die Propheten die fremden Kulturen geringschätzen oder gar ablehnen, geht, soweit ich sehe, aus den wenigsten biblischen Texten hervor. Zwar polemisiert das Deuterojesaja-

---

6   Vgl. etwa Albertz, R., Religionsgeschichte Israels in alttestamentlicher Zeit, Bd. 2, Göttingen 1992 (ATD Ergänzungsreihe Bd. 8/2), 412.

buch verschiedentlich gegen die Götterstatuen, die die Israeliten in Mesopotamien kennengelernt haben durften (ähnlich Jer 10).[7] Eine Ablehnung der fremden Kultur als solcher ist aber nicht erkennbar. Im Jeremiabuch ergeht sogar einmal der Appell an die Exulanten, sich in die fremde Kultur zu integrieren (Jer 29,1–23). Von einer religiösen Integration, d.h. einer Annahme der Religion des fremden Staats, ist dabei freilich nicht die Rede. Dieses Problem steht schließlich auch anderswo nicht zur Debatte. Als Beispiel sei Jer 44 genannt, ein Text, der von den religiösen Praktiken der nach Ägypten geflohenen Israeliten handelt. Dort wirft der Prophet seinen Landsleuten ja nicht vor, die ägyptischen Götter zu verehren, sondern die Israeliten geben selbst zu, der Himmelskönigin zu opfern, wie sie es in ihrem Heimatland schon praktiziert haben (Jer 44,17). Aus all dem kann man vorläufig das Fazit ziehen, dass der Dissens zwischen den Propheten und ihrem Publikum wohl weniger die Annahme oder Ablehnung einer fremden Kultur betraf; vielmehr stand die eigene, bereits im Heimatland geübte religiöse Praxis zur Debatte. Dass Propheten dabei als „Anwalt der Tradition" auftraten, ist durchaus denkbar. Nur wird im Einzelfall zu bestimmen sein, gegen welche Fehlentwicklung die Tradition ins Feld geführt wurde und worin genau der Rückgriff auf die Tradition bestand. In diesem Zusammenhang wäre auch eigens zu prüfen, ob die „temporäre Monolatrie", die sich nach Bernhard Lang in Ri 10,16 erkennen lässt, als Modell für die Forderung einer dauerhaften monotheistischen religiösen Praxis gelten kann.[8] Selbstverständlich kann man eine solche Hypothese aufstellen. Offen bleibt aber, ob sie durch den alttestamentlichen Textbefund oder Daten anderer Herkunft in irgendeiner Weise bestätigt wird.

5. Ist die Kultreform Joschijas Ausdruck einer nativistischen Phase in der Religion Israels? Die Antwort auf diese Frage wird davon abhängen, welchen Grad an historischer Zuverlässigkeit man dem Bericht 2 Kön 22–23 zubilligt und wie man seine Informationen mit den derzeit bekannten archäologischen Daten in Einklang bringt. Diese Fragen haben zu den verschiedensten Hypothesen veranlasst, die hier nicht wiederholt werden müssen.[9] Doch selbst wenn man einen Kern des Berichts von der sogenannten Kultreform Joschijas für zuverlässig hält, wird man sich fragen müssen, wie lange denn die nativistische Phase der judäischen Kultur andauerte und wie erfolgreich die Behauptung war, „der Nationalgott Jahwe habe schon immer ausschließliche Verehrung verlangt". Denn wenige Jahre später setzt die Polemik gegen fremde, d.h. nicht YHWH-gemäße Kulte wieder ein, wie nur ein Blick in das Jeremiabuch zeigt

---

7 Vgl. dazu ausführlich Berlejung, A., Die Theologie der Bilder. Herstellung und Einweihung von Kultbildern in Mesopotamien und die alttestamentliche Bilderpolemik, Fribourg/Göttingen 1998 (OBO 162).

8 Vgl. schon Lang, B., Die Jahwe-allein-Bewegung (s. Anm. 1), 104f.

9 Vgl. dazu die in Anm.4 genannten Autoren.

(Jer 7,18; 11,12f). Wie auch immer man diese Vorgänge einschätzen mag, eine Differenzierung zwischen der sogenannten offiziellen und der privaten Religion ist hier unbedingt erforderlich.

3. Abschließende Bemerkungen

Die zuvor gestellten Anfragen an Bernhard Langs Überlegungen sollen keineswegs den Eindruck erwecken, dass der Vergleich der ethnologischen Daten mit denen aus der Geschichte Israels nicht statthaft sei. Im Gegenteil, derartige Forschungen, die die traditionellen Fächergrenzen in den Geisteswissenschaften überschreiten, können durchaus hilfreich sein und zur Entdeckung von analogen und parallelen Entwicklungen führen. Wie so häufig liegen aber die meisten Probleme im Detail. Vor allem wird es unerlässlich sein, den biblischen Befund in seiner Heterogenität und Komplexität zur Kenntnis zu nehmen, die Texte in einen politischen und religiösen Kontext einzuordnen, soweit derzeit konsensfähige Datierungen möglich sind, den archäologischen und ikonographischen Forschungsstand zu berücksichtigen und schließlich mit einem präzisen und differenzierten Kategorieninstrumentarium zu arbeiten, das die religiösen und sozialen Phänomene in der Gesellschaft des Alten Israel adäquat beschreiben kann.[10]

---

10   Zur Orientierung über die Forschungslage sei nur verwiesen auf Hartenstein, F., Religionsgeschichte Israels – ein Überblick über die Forschung seit 1990, in: VF 48, 2003, 2–28.

Die nachexilische Religion Israels: Bekenntnisreligion oder kosmotheistische Religion?

Rüdiger Schmitt (Münster)

Das Problem: Kosmotheismus versus Monotheismus

Jan Assmann hat das Konzept des „Kosmotheismus" zu einem Gegenkonzept zum Monotheismus Israels und seinem ‚außerweltlichen‘, ‚außerzeitlichen‘ und ‚außerräumlichen‘ Gotteskonzept entwickelt.[1] Nach Assmann sind die Strukturelemente des ‚kosmotheistischen Wissens‘, das die primäre ägyptische Religion kennzeichne, a.) die Mythen, die Götter zueinander in Handlungsbeziehungen setzen, b.) der Kosmos als Modell des Zusammenwirkens vieler verschiedenartiger Mächte und c.) die politische Organisation des Gemeinwesens, die menschliche Herrschaft als Repräsentation der göttlichen Herrschaft begreife.[2]

> „Kosmotheistisches Wissen ist ‚magisches Wissen‘, das Wissen der Schöpfung und in-Gang-Haltung, nicht des Überwachens und Strafens. Es bezieht sich auf Himmel und Erde, also auf die sichtbare Welt, aber auf deren ‚Herz‘, also auf ihre Geheimnisse, ihren verborgenen Sinn, ihre steuernden Zusammenhänge. Kosmotheistisches Wissen ist kosmisch (welt-bezogen), verstehend (sinn-bezogen), magisch (handlungs-bezogen) und hermetisch (geheim)."[3]

Im Gegensatz hierzu wird die monotheistische Jahwe-Religion als Gegenreligion charakterisiert. Als sekundäre Religion eigne dieser ein außerweltliches Gottesbild, das – anders als in der ägyptische Religion – auf die Transzendenz, nicht auf die Immanenz bezogen sei. Ist in Ägypten das Göttliche in die Welt eingeschrieben, so sei im Monotheismus das Göttliche aus der Welt ausge-

---

1   Vgl. Assmann, J., Moses der Ägypter: Entzifferung einer Gedächtnisspur, München/Wien 1998, 247 u.ö.; ders., Die Mosaische Unterscheidung oder der Preis des Monotheismus, München u.a. 2003, insbes. 59ff.

2   Vgl. Assmann, J., Ägypten: Eine Sinngeschichte, Darmstadt 1996, 232f. Der Begriff „Kosmotheismus" wurde in Deutschland von F.H. Jacobi 1785 (Ueber die Lehre des Spinoza, 216ff., im Anschluß an L. de Malesherbes) in der Auseinandersetzung mit Lessing zur Kennzeichnung des Pantheismus Spinozas eingeführt.

3   Assmann, J., Magische Weisheit: Wissensformen im ägyptischen Kosmotheismus, in: Assmann, A. (Hg.), Weisheit: Archäologie der literarischen Kommunikation III, München 1991, 242. Vgl. auch ders., Sinngeschichte (s. Anm. 2), 232ff.

schieden.[4] Dies habe auch gleichzeitig die Konsequenz, daß in der monotheistischen Religion auch der Mensch aus seinem symbiotischen Weltverhältnis gelöst sei und zum autonomen oder theonomen Individuum werde. Auch für Sundermeier ist ein wesentliches Charakteristikum der sekundären Religionserfahrung der Primat des individuellen Verhaltens. Diese sekundäre Religion besitzt Bekenntnischarakter, fordert zu Entscheidungen über ‚wahr' und ‚falsch' auf.[5]

Eine zentrale Frage im Kontext dieser Thematik ist, ob und wann es in der Religionsgeschichtliche Israel einen Impuls zur sekundären Religion hin gegeben hat. Sundermeier sieht diesen Impuls in der Auseinandersetzung der Propheten mit der kanaanäischen Religion:

> „Der aus dem Alten Testament bekannte Kampf der prophetischen Religion mit den vorgegebenen kanaanitischen ist dafür die bekannteste Illustration."[6]

Auch Herbert Nier konstatiert eine Transformation hin zur sekundären Religion. Der wesentliche Impuls zu dieser Transformation sei jedoch die Erfahrung des Exils:

> „Stellen primäre Religionen den Normalfall von Religion in Ägypten und im Alten Orient dar, so kommt es doch gelegentlich zur Ausbildung von sekundären Religionen. (...) In Juda wird nach dem Untergang des Königtums 586 v. Chr. dieser Prozeß ebenfalls eingeleitet. (...) Die Entwicklung zur sekundären Religion setzte sich in Juda während der persischen und hellenistischen Zeit fort, als fremdes Königtum und einheimische JHWH-Religion immer weiter auseinander traten." [7]

Für Sundermeier freilich sind die Impulse sekundärer Religion in der nachexilischen Zeit durch die primäre Religion absorbiert worden:

> "Die grundlegenden Elemente der frühen israelitischen Stammesreligion setzen sich auch im ganz anderen gesellschaftlichen Kontext, im elaborierten Kodex nachexilischer Religion durch. Die alttestamentliche Religion ist keine Erlösungsreligion, sondern durch und durch Versöhnungsreligion."[8]

Auch Albertz konstatiert für die exilisch-nachexilische Zeit eine Integration des deuteronomisch-deuteronomistischen Reformimpulses durch die familiäre Religion,[9] was als Absorbation des sekundären Impulses durch die primäre Religion verstanden werden kann.

---

4   Vgl. Assmann, J., Unterscheidung (s. Anm. 1), 62.
5   Vgl. Sundermeier, T., Was ist Religion? Religionswissenschaft im theologischen Kontext: Ein Studienbuch (ThB 96), Gütersloh 1999, 35f.
6   Sundermeier, T., Was ist Religion? (s. Anm. 5), 37.
7   Vgl. Nier, H., Auf dem Weg zu einer Religionsgeschichte Israels und Judas: Annäherungen an einen Problemkreis, in: Janowski, B./ Köckert, M., Religionsgeschichte Israels: formale und materiale Aspekte (VWGTH 15), Gütersloh 1999, 65.
8   Sundermeier, T., Was ist Religion? (s. Anm. 5), 55.
9   Vgl. Albertz, R., Religionsgeschichte Israels in alttestamentlicher Zeit II (GAT 8/2), Göttingen 1992, 413ff.

Der von Assmann postulierte Gegensatz zwischen ägyptischem kosmo-
theistischem Polytheismus und dem Monotheismus als Gegenreligion war, wie
die im Anhang zu seinem Buch „Die mosaische Unterscheidung" abgedruck-
ten Beiträge u.a. von Rolf Rendtorff, Erich Zenger und Klaus Koch zeigen,
Gegenstand intensiver kritischer Auseinandersetzung. Wenig oder gar nicht
wurde meiner Wahrnehmung nach das Problem thematisiert, inwiefern die Kategorien „kosmotheistische" und „primäre" bzw. „Bekenntnis"-Religion überhaupt geeignet sind, den ägyptischen Polytheismus von der vermeintlich „sekundären" monotheistischen Jahwe-Religion zu unterscheiden.

Ohne Zweifel eignen der nachexilischen Religion Israels spezifische Charakteristika, die der Abgrenzung nach Außen und der Identitätsstiftung nach
Innen dienen, wie das Exogamieverbot, die Reinheits- und Speisegebote, die
Beschneidung etc. und ihre Fixierung in der Mosaischen Tora, die – neben
dem 2. Tempel – zum Angelpunkt der nachexilischen Religion geworden ist.
Die zentrale Frage aber ist, ob diese Tendenzen, deren Ausgang die Forschung
entweder in der Auseinandersetzung mit kanaanäischen „survivals", der „assyrischen Krise" und der hierauf antwortenden josianischen Reform, oder dem
Exil als zentraler Krise zu finden sucht, tatsächlich so etwas wie eine sekundäre, bekenntnisorientierte „Gegenreligion" hervorgebracht haben.

Die nachexilische Religion als kosmotheistische Religion

Wenn wir von der nachexilischen Religion Israels sprechen, so sind zuerst
einige Konkretisierungen von Nöten, denn die nachexilische Religion ist keinesfalls ein erratischer Block, sondern besteht aus unterschiedlichen Substraten, als deren wichtigste wir auf der einen Seite die offizielle Religion, wie sie
in den kultisch-rituellen Vollzügen am 2. Tempel praktiziert wurde, und die
religiösen Vollzüge im Haushalt, d.h. der erweiterten Kernfamilie, unterscheiden können. Neben diesen zentralen Substraten treten weitere religiöse Substrate wie die Weisheitstheologie und späterhin die Apokalyptik auf, die natürlich in Wechselwirkung mit den beiden religiösen Hauptstrata Tempelkult und
familiäre Religion gesehen werden müssen, deren Träger jedoch eine nur
schmale Elite von Literati bildet.

Die nachexilische Religion Israels mit ihrer Fokussierung auf den Opferkult und andere Formen ritualsymbolischer Kommunikation am 2. Tempel,
wie sie insbesondere im priesterlichen Schrifttum belegt ist, scheint einer Kategorisierung als „primäre", „Gegen-", oder „Bekenntnis"-Religion zu widersprechen. Es hat vielmehr den Anschein, daß die nachexilische Religion sowohl auf der Ebene des offiziellen Kultes, wie ihn die priesterschriftlichen Ritualtexte repräsentieren, als auch auf der Ebene der familiären Religion am
zutreffendsten als primäre, kosmotheistische Religion bezeichnet werden kann,

da sie sich im Bereich der offiziellen religiösen Vollzüge im Wesentlichen als
auf die in-Gang-Haltung der Schöpfung bezogen, sowie welt-,-sinn- und handlungsbezogen im Assmannschen Sinn darstellt, sowie im Bereich der familiären Religion auf die Sicherung der existentiellen Bedürfnisse der Familie bezogen ist. Auch in einem weiteren Substratum, der gelehrten Weisheits-theologie
mit ihrer Orientierung an der konnektiven Gerechtigkeit,[10] scheint eine Kategorisierung als sekundäre Religion problematisch zu sein.

Die priesterschriftliche Ritualliteratur als kosmotheistische Praxis

Der Frage nach dem kosmotheistischen Charakter der nachexilischen Religion
nähert man sich am besten über die Ritualtexte, insbesondere die Reinigungs-
und Eliminationsrituale in Lev 13–14, die geradezu den Charakter eines Handbu-
ches für den Reinigungspriester (*hakkohēn hamᵉtahēr*) Lev 14,11) aufweisen.
Die Frage nach dem Charakter der Ritualstiftung berührt auch das Problem des
Mythos im Alten Testament: In der Überlieferung des Alten Testaments fehlt
nach weitverbreiteter Meinung die explizite mythologische Präfiguration im
Sinne einer Stiftung und Normierung von Ritualen in einer mythischen Urzeit
durch Interaktion zwischen Göttern und anderen numinosen Wesen sowie die
rituelle Re-Realisierung mythischen Geschehens nach dem Prinzip von mytho-
logischem Urbild und irdischem Abbild. Das Alte Testament bediene sich
zwar, wie viele Exegeten im Anschluß an Gunkel und in Ablehnung der kult-
funktionalen Deutung im Gefolge Mowinckels festgestellt haben, der Sprache
des Mythos, habe jedoch diesen selbst überwunden.[11] Hinsichtlich der mythologischen Präfiguation von Ritualen in der nachexilischen Religion Israels
scheint mir diese Unterscheidung jedoch nicht zutreffend. Die Opfer- und
Ritualvorschriften des Buches Leviticus gehören ebenso wie die entsprechende
Beschwörungs- und Ritualliteratur aus Ägypten und Mesopotamien in die von
Assmann beschriebene Kategorie des kosmotheistischen ‚magischen‘ Wissens.
    Eine zentrale Funktion kommt hier in der priesterschriftlichen Literatur der
Erzählung vom Zauberwettstreit Ex 7,8–13 und den anschließenden Wundern
der Plageerzählungen, dem Schilfmeerwunder in Ex 14 und den Quellwundern
in Ex 15,22–24; 17,1–7 zu. Mose und Aaron handeln hier keinesfalls aus eige-

---

10   Zum Begriff vgl. Assmann, J., Ma'at: Gerechtigkeit und Unsterblichkeit im alten Ägypten,
     München 1990, 283ff.
11   Vgl. Gunkel, H., Die israelitische Literatur, Nachdruck Darmstadt 1963, 16; Rad, G. von,
     Theologie des Alten Testaments I, München 19879, 154; Schmidt, W.H., Mythos im Alten
     Testament, in: EvTh 27 (1967), 249f.; ders., Art. Mythos III, in: TRE XXIII, 636f.; Otto, E.
     Mythos und Geschichte im Alten Testament: Zur Diskussion einer neuen Arbeit von Jörg Je-
     remias, in: BN 42, 1988, 101, um nur einige wenige Vertreter dieser Sichtweise zu nennen.
     Zur Diskussion siehe Schmitt, R., Magie im Alten Testament (AOAT 313), Münster 2004,
     93ff.

nem Antrieb und aus eigener Kenntnis, sondern auf Geheiß Jahwes und aufgrund der göttlichen Kundgabe der ritualsymbolischen Handlungen und Medien (Ex 7,8–9). Der Zauber mit dem Stab wird sowohl von Jahwe enthüllt als auch bewirkt, auch wenn Mose und Aaron die ritualsymbolischen Akte durchführen. Wie in Mesopotamien ist rituelles Wissen wesenhaft der Gottheit zu eigen, die die notwendigen Formeln und Handlungen an den Ritualspezialisten weitergibt. Im Gegensatz zur mythologischen Präfiguration des Rituals in mythischer Zeit durch Interaktion von Göttern – wie in den Marduk-Ea-Formeln und anderen Typen mythologischer Präfiguration insbesondere in der magischen Literatur Mesopotamiens – geschieht sowohl die Enthüllung der Wunder im Exodusbuch wie auch der Rituale in der priesterschriftlichen Literatur in einer vergangenen – aber historischen – Zeit in Interaktion mit Personen, deren Historizität für den Verfasserkreis unhinterfragt ist. Diese Konzeption der Ritualstiftung in der Vorzeit Israels kann in Anschluss an H. Cancik und H.P. Müller[12] als mytho-historische Präfiguration bezeichnet werden. Die direkte Offenbarung an Mose und Aaron entspricht jedoch strukturell den das Ritual legitimierenden mythologischen Einleitungen altvorderasiatischer Ritualtexte, sind also kosmotheistisch begründet. Die Priesterschrift verortet die magischen Großtaten Jahwes und seiner Mittler als Begründung der ewigen Satzungen des Priestertums des zweiten Tempels sowie seiner alleinigen Zuständigkeit für rituelle Handlungen in einer Mytho-Historie, die ihren Anfang im *incipit* des Plagekomplexes nimmt und in der Stiftung des regulären Kults am Sinai kulminiert.

Werfen wir nun einen Blick auf die alttestamentlichen Eliminationsrituale in Lev 14, insbesondere auf das Ritual zur Beseitigung des Befall mit ṣārā'at an einem Haus in Lev 14,33–53: In Lev 14,34 wird der Befall mit ṣārā'at in in einer Ich-Rede auf Jahwe selbst zurückgeführt. Darüber hinaus spricht die insbesondere in der priesterschriftlichen Literatur häufig bezeugte Bezeichnung der Krankheit *nœga' ṣārā'at* = ‚Aussatz-Schlag'[13] für einen göttlichen Urheber, mithin für einen ‚Gottesschlag'[14] Es ist also davon auszugehen, daß das Haus selbst – wohl durch Verschulden der Bewohner oder von Besuchern

---

12 Vgl. Cancik, H., Myth-Historie: Literalisierung historischer Vorgänge im antiken Epos, in: Aland, B., Hahn, J., Ronning, Chr. (Hg.), Identifikationsfiguren und ihre literarische Konstituierung: Von der Archaik bis zur Spätantike, Studien und Texte zu Antike und Christentum, Tübingen 2002; Müller, H.-P., History-Oriented Foundation Myths in Israel and ist Environment, in: Henten, J. van, Houtepen, A., (Hg.) Religious Identity and the Invention of Tradition (STAR 3), Assen 2001, insbes. 156 mit Anm. 2.

13 Lev 13,2.3.9.20.47.49.59; 14,3.32.34.54.

14 In 2 Kön 15,5 schlägt Jahwe Asarja/Usija mit ṣārā'at aufgrund seiner Abgötterei. In 2 Chr 26,16ff. trifft den König die ṣārā'at aufgrund des Sakrilegs, selbst Räucheropfer darbringen zu wollen. Ebenso werden sowohl der ungetreue Gehasi in 2 Kön 5,27 als auch Miriam in Num 12,10 mit ṣārā'at bestraft. Auch Joab soll in 2 Sam 3,28f. die ṣārā'at treffen, weil er durch die Ermordung Abners Blutschuld auf sich geladen hat.

– von einer ungesühnten Sündenschuld befallen ist. Die Verunreinigung des
Hauses stellt – wie die entsprechenden Verunreinigungen von Personen – eine
Störung des Gottesverhältnisses und damit auch der kosmischen Ordnung dar,
die nun rituell beseitigt werden muß. Nach der materiellen Entfernung des
Befalls und nach der priesterlichen Feststellung der Reinheit vollzieht der
Priester ein *kippēr*-Ritual, dessen Elemente, ein der *ḥattat* funktional ähnliches
Vogelopfer mit einem anschließenden eliminatorischen Vogelritus, die Rein-
heit und Wiederbewohnbarkeit des Hauses auch *coram publico* kommunizie-
ren. Das ganze Ritual ist – wie alle Ritualanweisungen – als Rede Jahwes an
Moses und Aaron stilisiert. Jahwe stiftet somit selbst die Sühnemittel, um die
durch den *ṣārā'at*-Befall angezeigte Störung des Gottesverhältnisses und damit
der kosmischen Ordnung als Ganzer zu beheben.

Das Ritual ist damit zum einen im Assmannschen Sinn welt-bezogen, da
es nicht auf eine jenseitige Versöhnung zielt, sondern auf die Re-Etablierung
der gottgewollten Weltordnung, die durch ungesühnte Sündenschuld beein-
trächtigt wurde, es ist sinn-bezogen, weil es irdisches Unglück begreifbar und
verstehbar, aber auch durch die göttliche Ritualstiftung und die damit verbundene göttliche Intervention zugunsten des Ritualmandanten, behebbar macht
und es ist magisch, also handlungsbezogen, in dem Sinne, daß die Störung der
Ordnung durch die ritualsymbolischen Handlungen für das Ritualpublikum
sichtbar aus der Welt geschafft wird und somit auch die durch die Unreinheit
des Hauses verursachte Beeinträchtigung der sozialen Ordnung behoben wird.
Entsprechendes gilt natürlich um so mehr für die Beseitigung von *ṣārā'at* bei
Personen, die nicht nur absolute soziale Isolation, sondern auch Kultunfähig-
keit und tiefste Gottesferne impliziert. Die innere Einstellung des Ritualmandanten, also das theonome Individuum, spielt in allen Ritualen des *ṣārā'at* –
Komplexes überhaupt keine Rolle. Die Rituale in Lev 13–14 beinhalten keinen
individuellen Bekenntnisakt, sondern sind eine Form der rituellen Kommunikation mit Jahwe, die ein mytho-historisch präfiguriertes Geschehen re-reali-
sieren, um Störungen des Gottesverhältnisses, die sowohl den Ritualmandanten als auch das Kollektiv betreffen, zu beheben. Bieten die Eliminationsrituale
in Lev 13–14 dem Individuum die Möglichkeit, Entsühnung (*kpr*) im Hinblick
sowohl auf ihr Gottesverhältnis als auch auf ihr soziales Umfeld auf rituellem
Wege zu erlangen, so eröffnet das in Lev 16 angeschlossene Ritual zum großen Versöhnungstag eine Möglichkeit zur kollektiven Entsühnung, um Störungen im Gottesverhältnisses ganz Israels zu beseitigen. Mit Sundermeier
kann also festgestellt werden: „Die alttestamentliche Religion ist keine Erlö-
sungsreligion, sondern durch und durch Versöhnungsreligion."[15]

Nur eines ist das Ritual nicht: Nämlich geheim. Der nicht-hermetische
Charakter der priesterlichen Rituallitteratur als Belehrung bzw. Unterweisung

---

15   Sundermeier, Was ist Religion? (s. Anm. 5), 55.

über rein und unrein, wie das Subskript in Lev 14,54–57 deutlich macht, widerspricht dem ‚kosmotheistischen' Charakter der Rituale jedoch keinesfalls, sondern verstärkt ihn sogar: Ganz Israel ist zur Observanz aufgerufen, um die gottgewollte kosmische Ordnung zu erhalten. Das priesterliche System gradueller Heiligkeit ist, ebenso wie das des Heiligkeitsgesetzes, primär auf die Qualifikationen gegenüber Jahwe und seinem Heiligtum bezogen, nicht jedoch auf die Außenabgrenzung.

Die nachexilische Familienreligion als primäre Religion

Auf die Erscheinung, daß die familiäre Frömmigkeit im antiken vorderen Orient in ihren Leistungsbezügen und Vollzügen auch kulturübergreifend weitgehende Gemeinsamkeiten aufweisen und hinsichtlich theologischer Entwicklungen ein konservatives Moment bilden, haben u.a. Rainer Albertz und Karel van der Toorn aufmerksam gemacht.[16] Dieser Konservatismus betrifft zum Teil auch die archäologisch nachweisbaren Praktiken der nachexilischen Familienreligion. So waren z.B. ägyptische Objekt-Amulette, die vorexilisch mit Terrakottafigurinen, Miniatur- und Luxusgefäßen, als häusliche Kultassambles belegt sind,[17] auch noch nachexilisch im Gebrauch.[18] Auch die in der Provinz Yehud gefundenen Räucheraltäre – ob dekoriert oder undekoriert[19] – weisen auf die Beharrungskräfte vorexilischer Praktiken hin. Aufgrund des anhaltenden Mangels an distinktiven Befunden aus perserzeitlichen Wohnbebauungen in Gestalt kultischer Fundkomplexe, wie sie aus der Eisenzeit vorliegen (u.a. in Beersheba), läßt diese Beobachtung jedoch noch keine endgültigen Schlüsse zu. Die wenigen vorliegen Befunde bieten jedoch einen Hinweis auf die Beharrungskräfte der mit Amuletten und anderen Objektgruppen verbunden kultischen Praktiken v.a. im familiären Kontext in der Perserzeit.

Werfen wir einen Blick auf die textlich bezeugten Praktiken familiärer Religion in der exilisch-nachexilischen Zeit, so scheinen zahlreiche zentrale Praktiken und Observanzen der familiären Religion durch die Erfahrung des Exils Bekenntnischarakter im Rahmen der Identitätsstiftung und Abgrenzung

---

16 Vgl. Albertz, Religionsgeschichte II (s. Anm. 9), 413ff.; Toorn, K. van der, Family Religion in Babylonia, Syria and Israel: Continuity and Change in the Forms of Religious Live (SHCANE VII), Leiden/New York/Köln 1996, 374f. u.ö.

17 Vgl. Aharoni, Y., Beer-Sheba I: Excavations at Tel Beer-Sheba 1969–1971 Seasons, Publications of the Institute of Archaeology 2, Tel Aviv 1973, 16f. u. Pl. 22–26. Dazu Schmitt, R., Magie (s. Anm. 11), 182f.

18 Vgl. Herrmann, Chr., Ägyptische Amulette aus Palästina/Israel: Mit einem Ausblick auf ihre Rezeption durch das Alte Testament (OBO 138), Fribourg/Göttingen 1994, Kat. Nr. 145; 283; 773; 1056; 1342; 1345, 1346.

19 Vgl. Zwickel, W., Räucherkult und Räuchergeräte: Exegetische und archäologische Studien zum Räucheropfer im Alten Testament (OBO 97), Fribourg/Göttingen 1990, 99f. (Exemplare aus Gezer, Tell en-Nasbe und Jericho).

Bekenntnischarakter im Rahmen der Identitätsstiftung und Abgrenzung von den Völkern angenommen zu haben. Dies ist einmal die Beschneidung, die für die babylonische Gola zu einem Merkmal der Unterscheidung von den Fremden geworden ist. Richtet man den Blick jedoch auf die Funktionen und Leistungsbezüge dieser Praktiken und Observanzen, so wird deutlich, daß diese nicht primär der Außenabgrenzung dienen: In der priesterlichen Theologie ist die Beschneidung, wie Gen 17,10ff. zeigt, wesentlich Zeichen des Bundes Jahwes in Bezug auf den Familienverband, hier repräsentiert durch Abraham als Identifikationsfigur, nicht jedoch Merkmal der Abgrenzung gegenüber den Völkern. Ein nämliches gilt für den Sabbat, der nach Ex 31,13.17 ein Zeichen ('ôt) des Bundes zwischen Jahwe und Israel ist, nicht jedoch ein Zeichen zur Unterscheidung Israels von den Völkern. Schon die wohl exilischen Sabbatgebote in Dtn 5,12–15 und Ex 20,8–11 fordern dessen Einhaltung nicht als bekenntnishaftes Unterscheidungsmerkmal, sondern als Fest für Jahwe (šabbat ljhwh), das mythologisch an den 7. Tag der Schöpfung rückgebunden ist. Natürlich haben Sabbat, Beschneidung, Speisegebote etc. in der Situation des Exils auch eine abgrenzende und nach außen identitätsstärkende Funktion angenommen, aber alle genannten religiösen Praktiken dienen primär der Sicherung des Gottesverhältnisses und damit dem Wohlergehen und dem Fortbestand der Familie. Sie sind somit deutlich Funktionen primärer Religion. Die Integration der familiären Sabbatfeier in den offiziellen Tempelkult im Festkalender des Heiligkeitsgesetzes (Lev 23,3.8) als miqra'-qōdeš weist die Sabbatfeier schließlich als eine Observanz aus, die dazu dient, die gottgewollte Weltordnung zu erhalten und unterwirft sie damit einem kosmotheistischen Begründungszusammenhang.

Festzuhalten bleibt, daß die genannten Praktiken und Observanzen in der Situation des Exils einen bekenntnishaften Charakter zur Identitätssicherung annehmen konnten, ihrer Genese und Funktion nach jedoch keinen bekenntnishaften Charakter tragen.

Die Weisheitstheologie

Werfen wir zum Abschluß noch einen kurzen Blick auf die weisheitliche Theologie als elitäres Substrat der nachexilischen Religion. Grundsätzlich kann hier festgestellt werden, daß die klassische Lehrweisheit, wie sie uns u.a. im zweiten (10,1–22,16) und fünften Teil (25–29) des Buches der Sprichwörter überliefert und von der nachexilischen Redaktion des Sprüchebuches aufgenommen worden ist, weitgehend vom Denken der konnektiven Gerechtigkeit geprägt ist, wie sie auch für das weisheitliche Denken Ägyptens und Mesopotamiens typisch ist. Die weitgehende Internationalität des weisheitlichen Denkens, die sich insbesondere in der Rezeption weisheitlichen Gutes aus der Umwelt zeigt, bietet sich darüber hinaus kaum als geeignetes Vehikel zur

Promotion einer Gegenreligion an. Der weisheitliche Diskurs im Rahmen der konnektiven Gerechtigkeit setzt sich daher auch bruchlos in der theologisierten Weisheit mit ihrem Leitgedanken von der Jahwe-Furcht als Anfang aller Erkenntnis (Spr 1,7 u.ö) fort. Als didaktische Literatur ruft das Sprüchebuch zur konnektiven Gerechtigkeit auf und preist die Gottesfurcht als Weg zur Weisheit, doch fehlt ihr jedweder Bekenntnischarakter. Auch die spätere Weisheit im Buch Jesus Sirach, das eine konservative Reaktion auf die geistigen Herausforderungen durch den Hellenismus darstellt, thematisiert trotz einzelner Polemiken gegen die „ruchlosen Männer", die das Gesetz des Höchsten verlassen haben (41,8f.) und der ebenso vereinzelten Mahnung, sich des Gesetzes des Höchsten nicht zu schämen (42,1f.) nicht eine bekenntnishafte Entscheidung für oder gegen etwas (etwa den Hellenismus), sondern die positive Orientierung des Einzelnen an der Gottesfurcht, der Mose-Thora und der geschichtlichen Tradition im Sinne der konnektiven Gerechtigkeit. Im Hinblick auf die hellenistische Umwelt bietet das Buch Jesus Sirach insbesondere mit dem Lob der Väter in Sir 44–50 eine positive Identifikation mit der geschichtlichen Tradition, nicht aber eine Theologie scharfer Abgrenzung. Die Theologie der Lehrweisheit mit ihrer Orientierung an der konnektiven Gerechtigkeit kann daher ebenso als Element primärer Religion bezeichnet werden.

Fazit

Die dominierenden Substrate der nachexilischen Jahwe-Religion, der Tempelkult und die familiäre Religion – aber auch die Weisheitstheologie als religiöse Äußerung einer literaten Elite – sind in ihrer Fixierung auf elementare, existentielle Funktionen für den Einzelnen, die Familie und das Kollektiv am ehesten als Ausdruck primärer Religion zu beschreiben. Auch die Assmannsche Unterscheidung zwischen kosmotheistischer Religion einerseits und monotheistischer Religion andererseits ist problematisch, da die rituelle Praxis und die damit verbundenen religiösen Vorstellungen auch der monotheistischen Religion am ehesten als kosmotheistische Praxis beschrieben werden können.[20] In allen genannten Substraten der nachexilischen Religion Israels spielt das Individuum und damit die Frage des Bekenntnisses keine Rolle. Die Familienreligion bleibt nachexilisch das, was sie immer schon war, nämlich auf die existentiellen Bedürfnisse der Kleingruppe in direkter Kommunikation und Interaktion mit der Gottheit ausgerichtet. Die offizielle Religion mit ihrer kultisch-rituellen Ausrichtung bleibt ebenso das, wie sie wohl auch vorexilisch schon war: Eine kosmotheistische Versöhnungsreligion. Ein nämliches gilt für die theologische Lehrweisheit mit ihrer Orientierung an der konnektiven Gerech-

---

20   Vgl. Schmitt, R., Magie (s. Anm. 11), 334.

tigkeit. Die nachexilische Jahwereligion, wie sie in den genannten drei Substraten repräsentiert ist, trägt deutliche Charakteristika einer primären, kosmotheistischen Religion, nicht jedoch einer sekundären Bekenntnisreligion. Das hier zumeist angeführte – und m.E. oft überbetonte Argument – ist der Universalismus der Jahwe-Religion. Dieser Universalismus, wie er u.a. in der nachexilischen prophetischen Fortschreibungsliteratur greifbar ist, spielt in den existentiellen religiösen Vollzügen für den Einzelnen, die Familie und für das Kollektiv jedoch keinerlei Rolle. Es handelt sich hier um einen Diskurs innerhalb einer schmalen literaten Elite, der erst im Zusammenhang mit dem Prozeß der Kanonisierung an Breitenwirkung gewinnen konnte.

Im Hinblick auf den hier dargestellten Befund muss abschließend die Frage gestellt werden, inwieweit die Kriterien primäre und sekundäre Religion bzw. Kosmotheismus und gegenreligiöser Monotheismus heuristischen Wert besitzen. Ich muss mich hier auf einige wenige Aspekte konzentrieren:

a.) Die Kategorien primärer und sekundärer Religion sind nicht im Kontext altvorderasiatischer Religionen entwickelt worden. Sundermeiers grundlegende Arbeiten beziehen sich auf (mehr oder weniger) rezente Gesellschaften Afrikas im Kontext des Aufeinandertreffens traditioneller Religionen mit dem Christentum.

b.) Der Begriff des Bekenntnisses ist ein spezifisch theologischer Begriff, der in seinem Gebrauch schon durch die Erweckungsbewegungen des 18. und 19. Jh., vorbelastet ist. Er beschreibt seinem Ursprung nach spezifisch innerchristliche Entwicklungen im Verhältnis von Amtskirche und individualistisch ausgerichteten Reformbewegungen.

c.) Unterlässt man es, den Begriff des Bekenntnisses im Kontext religiöser Abgrenzung zu definieren, sondern im Sinne einer Vertrauensäußerung einer Person oder einer Familie zu ihrem Gott, so eignet allen altvorderasitischen Religionen Bekenntnischarakter, was sich insbesondere in der Praxis der Vergabe theophorer Namen äußert.

d.) Sowohl der Begriff der Bekenntnisreligion als auch der Gegenreligion bezieht sich auf eine religiöse Invention durch einen Religionsstifter oder eine innovative religiöse Bewegung, die einen Bruch mit religiösen Traditionen herbeizuführen sucht. Die Jahwe-Religion ist jedoch keine Stifterreligion, sondern das Produkt einer längeren – manchmal linearen, zuweilen aber auch beschleunigten – Entwicklung.

e.) Binäre gruppensoziologische Oppositionen, wie rein/unrein, beschnitten/unbeschnitten etc., die insbesondere im Kontext von Migration oder Kulturkontakt abgrenzende Bedeutung gewinnen können, sind eine Konstante religiöser Identitätsstiftung überhaupt, sie sind jedoch keinesfalls konstitutiv oder typisch für die nachexilische Jahwereligion.

f.) Der postulierte Gegensatz zwischen an konnektiver Gerechtigkeit ausgerichteten primären Religionen und individualisierter sekundärer Religion ist im Kontext der durchweg pluralen altvorderasiatischen Religionen nur schwer zu fassen. Eine Religion kann vielmehr in unterschiedlichen Straten oder Funktionsbereichen zum einen die konnektive Gerechtigkeit (so z.B. in der Weisheit) betonen und in ihren rituellen Vollzügen, so z.B. in Eliminationsritualen und Exorzismen, der individuellen und gesellschaftlichen Erlösung und Versöhnung dienen, zum anderen aber auch, wie im Diskurs der nachexilischen prophetischen Literatur, einen Impuls hin zur bekenntnisorientierten, sekundären Religion tragen. Letzterer blieb jedoch in der nachexilischen Zeit wohl Bestandteil des Diskurses innerhalb einer literaten Elite, der – zumindest in der Perserzeit – kaum prägend auf das religiöse Symbolsystem als Ganzes wirken konnte. Erst mit der hellenistischen Zeit und den damit verbundenen andersartigen Herausforderungen für das religiöse Selbstverständnis des (Früh) Judentums und der Herausbildung bekenntnisorientierter konkurrierender religiöser Gruppierungen, läßt sich von einem prägenden sekundären Impuls sprechen.

Aufgrund der oben gemachten Beobachtungen halte ich den heuristischen Wert der Kategorien primäre und sekundäre Religion daher für die nachexilische Jahwe-Religion wie für altvorderasiatische Religionen eher für gering.

Als brauchbar hingegen hat sich der Begriff der ‚kosmotheistischen Religion' auch für die nachexilische Religion erwiesen; nicht jedoch in seiner ursprünglichen Konzeption als Gegenkonzept zum Monotheismus, sondern als ein gemeinsames Kennzeichen insbesondere der Vorstellungen und Vollzüge der familiären und der offiziellen Religiosität in den altvorderasitischen Religionen inklusive der nachexilischen Jahwe-Religion, sowie der an der konnektiven Gerechtigkeit orientierten Weisheitstraditionen.

Elemente sekundärer Religionserfahrung im nachexilischen Juda?

Erwiderung auf R. Schmitt

Martti Nissinen (Helsinki)

Rüdiger Schmitt fragt in seinem Vortrag, inwiefern die Kategorien „kosmotheistische" oder „primäre" Religion bzw. Bekenntnisreligion oder „sekundäre" Religion geeignet sind, die Religion im nachexilischen Juda zu erklären. Damit verbunden ist die Frage, ob der Unterschied zwischen Religion Israels in der vorexilischen und nachexilischen Zeit mit Hilfe dieser Kategorien besser verständlich werde. Die Antwort von Schmitt auf diese Fragen ist eher skeptisch; aufgrund seiner Beobachtungen sei der heuristische Wert der Kategorien primäre bzw. sekundäre Religion gering. Ich bin mit Schmitt in entscheidenden Punkten einverstanden; besonders einleuchtend finde ich seine Ausführungen zu dem „kosmotheistischen" Charakter und Funktion der priesterschriftlichen Ritualen, die in seinem Vortrag am gründlichsten behandelt werden. Im folgenden werde ich mich deswegen weniger mit den Ansichten von Schmitt kritisch auseinandersetzen, sondern eher seine Argumentation mit einigen weiteren Gesichtspunkten unterstützen und ergänzen. Ich möchte meine Aufmerksamkeit vor allem auf die sozialgeschichtlichen Voraussetzungen der Kategorien primäre bzw. sekundäre Religion richten und fragen, ob zumindest Elemente sekundärer Religionserfahrung im nachexilischen Juda zu beobachten sind.

Wie Theo Sundermeier klargemacht hat, sind die primäre und sekundäre Religion keine jeweils ausschließliche Alternativen: die sekundäre Religionserfahrung löst die primäre nicht ab, sondern setzt sie aus und integriert sie.[1] Die Religion kann tatsächlich beides auf einmal sein, denn innerhalb der einen und derselben Religion kann es gleichzeitig primäre und sekundäre Religionserfahrungen geben, je nachdem wie sich die Mitglieder der jeweiligen Gemein-

---

1 Sundermeier, T., Was ist Religion? Religionswissenschaft im theologischen Kontext (ThB 96), Gütersloh 1999, 36–37; ders., Nur gemeinsam können wir leben: Das Menschenbild schwarzafrikanischer Religionen (GTB Siebenstern 784), Gütersloh ²1990, 277–278; ders. "The Meaning of Tribal Religions for the History of Religion: Primary Religious Experience" (Scriptura S 10), 1992, 1–9, bes. 3.

schaft mit der Religion verhalten. In einer großen religiösen Gemeinschaft mit
einer langen einheimischen Tradition, wie zum Beispiel in der evangelisch-
lutherischen Kirche von Finnland,[2] sind die religiösen Grunderfahrungen im
wesentlichen als primär anzusehen.[3] Man wird in sie hineingeboren oder hin-
eingetauft; die Taufe entspricht der allgemeinen Erwartung und gilt als die
notwendige Initiation in den „normalen" Lebensstatus. Die Mitgliedschaft in
der Kirche ist herkömmlich (wenn auch nicht mehr tatsächlich) mit der Mitgliedschaft in der Gesellschaft deckungsgleich. Die Ausübung und der rituelle
Vollzug der kognitiven, emotionalen und moralischen Funktionen der primären Religion, die im Lebenslauf der Menschen eine Rolle spielen, ist der Kirche anvertraut,[4] und obwohl es, anders als in den traditionellen Stammesgesellschaften, möglich ist, aus ihr herauszutreten, wird dies von den meisten
nicht getan.[5] Die Kirche hat eine Lehre und ein Bekenntnis, dessen Inhalt sie
ihren Mitgliedern lehrt, das aber in ihrer Religionserfahrung nicht notwendig
eine entscheidende Rolle spielt.[6] Es gibt in den gleichen Gemeinschaften aber
auch diejenigen, die sich intensiv mit dem Bekenntnis auseinandersetzen und
sich um den inneren Nachvollzug der Religion bemühen: Theologen, Diako-
nen und Laien, die damit beauftragt sind, die Mitglieder mit der Theorie und
Praxis der Kirche vertraut zu machen, und die Konvertiten und Bekehrten, die
wirklich dafür entschieden haben. Bei ihnen handelt es sich ohne Zweifel um
eine sekundäre Religionserfahrung in Sundermeierschen Sinne, aber sie befinden sich eher in der Minderzahl; in der Tat herrscht eine Vielfalt von religiösen
Vorstellungen und Praktiken innerhalb der einen großen Gemeinschaft. Kennzeichnend für sie ist auch, dass es oft einen Unterschied zwischen den recht-
gläubigen oder erweckten einerseits und den säkularisierten Mitgliedern ande-

---

2   S. dazu Kääriäinen, K., Niemelä, K. und Ketola, K., Religion in Finland: Decline, Change
    and Transformation of Finnish Religiosity (Publication 54), Tampere 2005.

3   Zu Kennzeichen der primären Religion s. Sundermeier, T., Art. Religion, Religionen, in:
    Müller, K., Sundermeier, T. (Hg.), Lexikon Missionstheologischer Grundbegriffe, Berlin
    1987, 411–422, bes. 417; ders., "The Meaning of Tribal Religions" (s. Anm. 1), 2–3; ders.,
    Was ist Religion? (s. Anm. 1), 35.

4   Obwohl die Anzahl der Finnen, die an Gottesdiensten regelmäßig teilnehmen, gering ist,
    werden die Kasualien wie Taufe, Konfirmation, Trauung und Beerdigung immer noch von
    der großen Mehrzahl der Finnen beteiligt und gelten als den wichtigsten Grund für die Mit-
    gliedschaft in der Kirche; vgl. Kääriäinen, K., Niemelä, K., Ketola, K., Religion in Finland
    (s. Anm. 2), 127–128.

5   Von den Einwohnern Finnlands sind 84% Mitglieder der evangelisch-lutherischen Kirche,
    von denen nur 5% es für wahrscheinlich halten, dass sie in absehbarer Zeit die Kirche ver-
    lassen werden; vgl. Kääriäinen, K., Niemelä, K. und Ketola, K., Religion in Finland (s.
    Anm. 2), 91.

6   Es ist kennzeichnend für die Finnen, dass ihr Glaube an spezifisch christlichen Lehren wäh-
    rend der letzten Jahrzehnten deutlich zurückgegangen ist, während die Anzahl denen, die an
    Gott glauben sich so gut wie gar nicht vermindert hat; vgl. Kääriäinen, K., Niemelä, K. und
    Ketola, K., Religion in Finland (s. Anm. 2), 94–113.

rerseits gemacht wird. Die Religionssoziologen reden von „schwachen" und „starken" religiösen Verbindung,[7] was wohl einigermaßen der Unterscheidung von primärer bzw. sekundärer Religion entspricht.

Die obige Aufzeichnung der religiösen Situation in dem heutigen Finnland dient dem Zweck, einen heuristisches Beispiel für eine Gesellschaft zu geben, wo deutliche Elemente primärer und sekundärer Religionserfahrungen innerhalb einer und derselben religiösen Gemeinschaft gleichzeitig vorkommen. Wie verhielt es sich im nachexilischen Juda, d.h., in dem persischen Provinz Jehud? Kann man die Religion der nachexilischen Gesellschaft sachgemäß als eine sekundäre Religion beschreiben, oder sollte man auch dort mit einem Zusammenleben von primärer und sekundärer Religionserfahrung rechnen?[8]

Schmitt argumentiert überzeugend dafür, dass die Religion im nachexilischen Juda eine primäre Religion war: nicht nur in der familiären Frömmigkeit, sondern auch in der offiziellen Kult sind die Merkmale der primären Religion zu erkennen. Es stimmt in der Tat, daß die Quellen uns ein Bild einer Religion vermitteln, die die ausschlaggebenden Funktionen der primären Religion ausübte, seien sie denn von kognitiver, emotionaler oder moralischer Art.[9] Sie strukturierte das Leben der Menschen durch Riten und Feiern, lehrte ihnen das rechte Verhalten und befestigte und sanktionierte die Rollen und Stellungen der einzelnen Menschen. Juda war eine Gesellschaft, in der die gesellschaftliche Identität von der religiösen nicht zu trennen war (man spricht herkömmlich von einer Bürger-Tempel-Gemeinde, aber diese Bezeichnung ist heutzutage umstritten geworden[10]). Juda, die politische Größe, und Israel, die Kultgemeinde, waren deckungsgleich, zumindest auf ideologischer Ebene.[11] In der Regel wurde man in diese Gesellschaft geboren; es gab wahrscheinlich auch Konvertiten, schwerlich aber in großen Mengen. Auf jeden Fall setzte die volle Bürgerschaft die Mitgliedschaft in der Kultgemeinde voraus. Die Wahlmöglichkeiten des Einzelnen waren sehr begrenzt, der Raum der individuellen

---

7   Kääriäinen, K., Niemelä, K. und Ketola, K., Religion in Finland (s. Anm. 2), 134–147.

8   Zur Geschichte und zu den sozioreligiösen Verhältnissen in Juda/Jehud in der nachexilischen Zeit, s. die folgenden Gesamtdarstellungen: Albertz, R., Religionsgeschichte Israels in alttestamentlicher Zeit, Teil 2: Vom Exil bis zu den Makkabäern (ATD Ergänzungsreihe 8/2), Göttingen 1992; Grabbe, L.L., A History of the Jews and Judaism in the Second Temple Period, Vol. 1: Yehud: A History of the Persian Province of Judah (Library of Second Temple Studies 47), London/New York 2004.

9   Zu diesen Funktionen der primären Religion, s. Sundermeier, T., Was ist Religion? (s. Anm. 1), 40.

10   So besonders Weinberg, J., The Citizen-Temple Community (übers. Daniel L. Smith-Christopher) (JSOT.S 151), Sheffield 1992; zur Kritik und zu alternativen Modellen s. Grabbe, L.L., A History of the Jews and Judaism (s. Anm. 8), 142 – 148.

11   Vgl. Ben Zvi, E., "Inclusion in and Exclusion from Israel as Conveyed by the Use of the Term 'Israel' in Post-Monarchic Biblical Texts," in: Holloway, S.W., Handy, L.K. (Hg.), The Pitcher Is Broken: Memorial Essays for Gösta W. Ahlström (JSOT.S 190), Sheffield 1995, 95–149.

Entscheidungen gering, und der Raum der Profanität nicht einmal vorhanden. Insgesamt können wir mit guten Gründen feststellen, dass die Religion im nachexilischen Juda „dem vitalen Wohl der Gemeinschaft"[12] diente und die Menschen ganzheitlich umgriff.

War diese Religion aber nur primär, oder weist sie auch Elemente der sekundären Religion auf? Diese Frage ist schwieriger zu beantworten, weil, wie Schmitt konstatiert, die nachexilische Religion kein erratischer Block ist, sondern besteht aus verschiedenen Substraten, die oft mit Hilfe der Kategorien „offizielle" und „familiäre" bzw. „populäre" Religion erfasst werden.[13] Diese aber sind nicht mit Kategorien primäre und sekundäre Religion austauschbar, denn die offizielle, d.h. die öffentliche und institutionalisierte Religion des nachexilischen Juda hatte einen stark konfessionellen Charakter und insofern als eine sekundäre Religion bezeichnet werden kann, übte aber zugleich ausschlaggebende Funktionen der primären Religion aus, vor allem durch Kult und Ritual. Andererseits waren wohl auch in der privaten Religion die volkstümlich-gemeinschaftlichen Auffassungen und Gebräuche notwendig mit persönlichen religiösen Überzeugungen verbunden.

Darüber hinaus dauerte die nachexilische Zeit, oder die Zeit des zweiten Tempels, ein halbes Jahrtausend, während dieser sich tiefgreifende Wandlungen auch im Bereich der Religion vollgezogen haben. Die Religion im frühnachexilischen Juda ist kaum mit der Religion der hellenistisch-römischen Zeit, die man schon Judentum nennen kann, gleichzusetzen. Dies bedeutet, dass die eventuellen Elemente der sekundären Religion in verschiedenen Zeiten und Segmenten der Gesellschaft unvermeidbar unterschiedlich sind.

Der Untergang von Jerusalem und das babylonische Exil waren ohne Zweifel Ereignisse, die eine neue Weltbewältigung forderten; zu dieser gehört eine theologische Geschichtsinterpretation,[14] die nicht nur die frühere Geschichte, sondern auch das – ideologische und dekonstruierbare – Konzept des Exils einschließt.[15] Ohne Annahme einer dramatischen Wende im Jahre 586

---

12   Sundermeier, T., Was ist Religion? (s. Anm. 1), 40.

13   Zu dieser Unterscheidung s. die grundlegenden Arbeiten von Albertz, R., Persönliche Frömmigkeit und offizielle Religion: Religionsinterner Pluralismus in Israel und Babylon (CthM A 9), Stuttgart 1978; vgl. ders., Religionsgeschichte Israels (s. Anm. 8), 556–561; van der Toorn, K., Family Religion in Babylonia, Syria and Israel: Continuity and Change in the Forms of Religious Life (SHCANE 7), Leiden 1996. Zur Kritik s. Berlinerblau, J., "The 'Popular Religion' Paradigm in Old Testament Research: A Sociological Critique" (JSOT 60), 1993, 3–26.

14   Dazu z.B. Albertz, R., Die Exilszeit: 6. Jahrhundert v. Chr. (Biblische Enzyklopädie 7), Stuttgart 2001, 325–332.

15   Zur kritischen Diskussion zum Konzept des Exils s. die Aufsätze von Rainer Albertz, Hans M. Barstad, Bob Becking, Robert P. Carroll, Philip R. Davies, Lester L. Grabbe, Knud Jeppesen und Thomas L. Thompson in: Grabbe, L.L. (Hg.), Leading Captivity Captive: "The Exile" as History and Ideology (JSOT.S 278), Sheffield 1998.

v.Chr.[16] und unter der Voraussetzung einer deutlich erkennbaren Kontinuität ist es berechtigt zu sagen, dass als Ergebnis der Bewältigung dieser Krise eine allmähliche religiöse Wandlung stattgefunden hat.[17] Dies führte dazu, dass die Jerusalemer Kultgemeinde eine im Vergleich mit ihren Nachbarn sehr verschiedene Religion hatte. Die Wandlung wurzelte wahrscheinlich in der monolatrischen Bewegung kurz vor dem Exil, aber erst während der nachmonarchischen Zeit verwandelte sich die judäische Religion von einer lokalen Variante der gemeinorientalischen Religionsvielfalt zu einem sich dagegen profilierenden Glaubenssystem und dementsprechender Praxis. In einer schwierig zu datierenden (aber nicht allzu frühen) geschichtlichen Stunde kann man diese Religion wohl schon eine Gegenreligion nennen; erst hier kann von einer „mosaischen Unterscheidung"[18] im vollen Sinne die Rede sein. Diese Religion profilierte sich nicht nur gegen die Religionen der Nachbarn; es geht aus dem Buch Nehemia ganz deutlich hervor, dass es in Jehud noch in der Mitte des fünften Jahrhunderts v.Chr. Bevölkerung gab, die mit den Nachfolgern der aus dem Exil eingewanderten keine Zusammengehörigkeit fühlte und folglich ihrer Reformen keinen Beifall klatschte[19] – unter der Opponenten Nehemias scheinen z.B. prophetische Kreise aufgetreten haben (Neh 6).[20] Es ist schwierig zu sagen, wie lange die Durchführung der neuen Auslegung der Jahwereligion dauerte und wer die Stifterfiguren, Propheten und Reformer, die diese neue Religionserfahrung vermittelten, eigentlich waren. Die dem Esra zugeschriebene leitende Stellung als Bekräftiger der Tora weist allenfalls auf die ausschlaggebende Rolle der Schriftgelehrten, als deren Verkörperung Esra eigent-

---

16 Vor der Übertreibung der Bedeutung dieser Wende warnt mit Recht Barstad, H.M., The Myth of the Empty Land: A Study in the History and Archaeology of Judah During the "Exilic" Period (SO.S 28), Oslo 1996.

17 S. z.B. Niehr, H., "Religio-Historical Aspects of the 'Early Post-Exilic' Period," in: Becking, B., Korpel, M.C.A. (Hg.), The Crisis of Israelite Religion: Transformation of Religious Tradition in Exilic and Post-Exilic Times (OTS 42), Leiden 1999, 228–44; Ben Zvi, E., "What Is New in Yehud? Some Considerations," in: Albertz, R. und Becking, B. (Hg.), Yahwism after Exile: Perspectives in Israelite Religion in the Persian Era (Studies in Theology and Religion 5), Assen 2003, 32–48.

18 Zu diesem Begriff s. Assmann, J., Moses der Ägypter: Entzifferung einer Gedächtnisspur, Frankfurt a.M. ²2000, 17–23.

19 Zur Opposition gegen Nehemia, s. z.B. Grabbe, L.L., A History of the Jews and Judaism (s. Anm. 8), 298–301.

20 Vgl. Kessler, R., „Mirjam und die Propheten der Perserzeit", in: Bail, U. und Jost, R. (Hg.), Gott an den Rändern: Sozialgeschichtliche Perspektiven auf die Bibel. FS Willy Schottroff, Gütersloh 1996, 64–72 (Engl. "Miriam and the Prophecy of the Persian Period," in Prophets and Daniel [ed. Athalya Brenner; A Feminist Companion to the Bible, Second Series, Sheffield 2001], 77–86); Fischer, I., Gotteskünderinnen: Zu einer geschlechterfairen Deutung des Phänomens der Prophetie und der Prophetinnen in der hebräischen Bibel, Stuttgart 2002, 255–273.

lich vorgestellt ist.[21] In dieselbe Richtung weist auch die Hochachtung des ge-
schriebenen Textes sowie die im Verhältnis zu den sehr begrenzten Ressourcen unvergleichliche Akribie in deren Produktion.[22]

Zu einem gewissen Zeitpunkt gab es auf jeden Fall in Jerusalem, der
Hauptstadt des persischen Provinz Jehud, eine Kultgemeinde, die sich tatsächlich als *vera religio*[23] ansah – sei es denn, daß es noch um keine monotheistische Universalreligion geht, sondern eher um einer (intoleranten) Monolatrie
im Sinne des Sch^ema-Bekenntnisses[24]; ich halte diese Unterscheidung nach
wie vor für wichtig.[25] Monotheismus im strengen Sinne ist in der hebräischen
Bibel nur vereinzelt zu finden (Deut 4,32–49; 7,7–11; 2 Sam 7,22–29; 1 Kön
8,57–61; 18, 21–40; Jes 43,10–11; 44,6.8; 45,5–7.14.18.21; 46,9). Diese späte
Texte bereiten schon den Weg für den theoretischen, alles andere ausschließenden Monotheismus, der wohl erst durch hellenistische Philosophie hervorgerufen wurde. Will man den Übergang von der vorexilischen „primären" und
weitgehend polytheistischen Religion zum monotheistischen Judentum[26] als
Revolution bezeichnen, so handelt es sich wohl um die am längsten gedauert
habende Revolution der Weltgeschichte.

Dem intoleranten monolatrischen Programm gemäß stand der Gott der Jerusalemer Gemeinde in einem unvereinbaren Widerspruch mit allen anderen
Göttern. Der Unterschied zwischen wahrer und falscher Religion ist in den
einschlägigen Texten klar und begreiflich vorgestellt. Folglich aktualisierte
sich auch die Angst vor Synkretismus, die es unter den vorexilischen Umständen eigentlich noch nicht gab, weil die vorexilische Religion eben das war,
was wir mit dem Wort Synkretismus bezeichnen pflegen.[27] Der vermeintliche
"Kampf der prophetischen Religion mit der vorgegebenen kanaanitischen"[28] ist
wohl zum großen Teil Rückprojektion von nicht nur nachexilischen sondern
auch modernen Angelegenheiten auf die vorexilische Zeit.

---

21   Veijola, T., Moses Erben: Studien zum Dekalog, zum Deuteronomismus und zum Schriftge-
     lehrtentum (BWANT 149), Stuttgart 2000, 192–240; Pakkala, J., Ezra the Scribe: The Deve-
     lopment of Ezra 7–10 and Nehemia 8 (BZAW 347), Berlin/New York 2004.
22   Vgl. Ben Zvi, E., "What Is New in Yehud?" (s. Anm. 17), 45–46.
23   Nach Sundermeier, T., Was ist Religion? (s. Anm. 1), 36, ist die sekundäre Religion „„vera
     religio", die sich von der falschen Religion absetzt, während die primäre Religion nur an das
     gemeinschaftsgemäße gute Handeln appelliert, also nur richtiges vom falschen unterschei-
     det, nicht richtigen vom falschen Glauben."
24   S. dazu Veijola, S.T., Moses Erben (s. Anm. 21), 76–93.
25   Zu den Begriffen Monolatrie, Monotheismus und tolerante bzw. intolerante Monolatrie s.
     Pakkala, J., Intolerant Monolatry in the Deuteronomistic History (Publications of the Finnish
     Exegetical Society 76), Helsinki/Göttingen 1999, 15–19.
26   Zu dieser Entwicklung s. Smith, M.S., The Origins of Biblical Monotheism: Israel's Po-
     lytheistic Background and the Ugaritic Texts, Oxford/New York 2001, der teils eine frühere
     Datierung der monotheistisch geprägten Texten vorschlägt.
27   Zum gemeinwestsemitischen Charakter der frühisraelitischen Religion s. a.a.O., 27–80.
28   Sundermeier, T., Was ist Religion? (s. Anm. 1), 37.

Einige kennzeichnende Elemente der sekundären Religion sind also in der formativen Phase der nachexilischen Religion gut erkennbar. Trotzdem berechtigt sich die Frage, ob es sich hier wirklich um eine sekundäre Religion im Sinne von Sundermeier handelt, denn nach ihm ist die sekundäre Religion durch Individualisierung gekennzeichnet.[29] Daraus entstehen weitere Fragen: In welchem Grade standen die einzelnen Menschen in Jehud vor dem Wahl, diese oder jene Religion zu eigen zu machen? Wie wurde der neue Lehre in der Anfangsphase beigetreten? Durch Massenbekehrungen, durch persönlicher Überzeugung oder durch allmähliche Anpassung? War die sekundäre Religion zunächst Religion der religiösen Elite, worauf das Volk „Amen" sagte weil sie keine Wahlmöglichkeit hatte?

Es ist ohnehin klar, dass die ganze Reform sich überhaupt nicht hätte durchführen lassen, hätte es nicht eine vorhergehende Identität gegeben, an der die Mitglieder der Gemeinschaft beteiligten und die der neuen Theologie anpassungsfähig war. Aller Wandlung zum Trotz besteht auch eine Kontinuität zwischen Juda und Jehud.[30] Die alte Identität, oder die primäre Religion, enthielte Elemente, die von der neuen theologischen Innovationen weitgehend ungestört blieben oder zumindest neben der offiziellen Glaubensäußerungen existieren konnten.[31] Demnach könnte die Religion, die sich in Jerusalem in der mittleren und späten Perserzeit etablierte, vielleicht als eine durch einen Integrationsprozeß der Religionserfahrungen entstandene „Dritte" bezeichnet werden;[32] es wird schön anschaulich, wie die primäre Religionserfahrung als Vorverständnis und Deutungsrahmen für die sekundäre dient.

Das Element der Individualisierung, die eine Autonomie der Religionserfahrung voraussetzt und mit dem auch die persönliche Bekehrung eng verbunden ist, war in perserzeitlichen Juda wohl noch sehr begrenzt vorhanden. In der soziokulturellen Umgebung der hellenistischen Zeit gab es aber schon mehr Wahlmöglichkeiten, was die Frage der Synkretismus und Apostasie der jüdi-

---

29 A.a.O., 36; vgl. Sundermeier, T., Art. Religion, Religionen (s. Anm. 3), 418; ders., "The Meaning of Tribal Religions" (s. Anm. 1), 3.

30 Vgl. Niehr, H., "Religio-Historical Aspects of the 'Early Post-Exilic' Period" (s. Anm. 17); Grabbe, L.L., "Israel's Historical Reality after the Exile," in: The Crisis of Israelite Religion (s. Anm. 17), 9–32, bes. S. 30–32.

31 Ein gutes Beispiel dafür sind die perserzeitlichen Terrakottafigurinen, die auch in Jehud nicht ganz fehlen, und deren Verhältnis zum biblischen Bilderverbot (Ex 20:4–6; Deut 5:8–10) zu erklären ist. Rüdiger Schmitt kommt zu dem Ergebnis, „daß die Kleinplastik und ihr Gebrauch in der nachexilischen Zeit große Kontinuitäten zur EZ II aufweist und das mit Ihnen verbundene Votivbrauchtum überaus populär gewesen sein muß. Die Terrakottafigurinen aus Yehud zeugen von der traditionellen Frömmigkeitspraxis der Judäer, nicht aber von einem Bildersturm nach dem Exil." Schmitt, R., „Gab es einen Bildersturm nach dem Exil? Einige Bemerkungen zur Verwendung von Terrakottafigurinen im nachexilischen Israel," in: Albertz, R. und Becking, B.(Hg.), Yahwism after Exile (s. Anm. 17), 186–198, bes. S. 198.

32 Vgl. Sundermeier, T., Was ist Religion? (s. Anm. 1), 37; ders., "The Meaning of Tribal Religions" (s. Anm. 1), 3; ders., Nur gemeinsam können wir leben (s. Anm. 1), 277–278.

schen Identität in einer neuen Weise aktuell machte. Die geistige Herausforderung durch den Hellenismus wurde von den Juden auf verschiedenen Weisen angenommen, und dies rief Reaktionen wie das Buch Jesus Sirach hervor, das zwar, wie Schmitt konstatiert, keine bekenntnishafte Entscheidung für oder gegen den Hellenismus fordert, aber durch die starke Orientierung an der Tora[33] doch ein bekenntnishaftes Element hervorbringt. Diese Tendenz verstärkte sich dann erheblich durch die Hasmonäer, die in ihrem programmatischen Antihellenismus doch durch und durch hellenisiert waren, wollten aber die jüdische Gemeinschaft vor griechischem Einfluss schützen.[34]

Die Wandlungen der hellenistisch-römischen Zeit rückten das Judentum schon in die Richtung einer Bekenntnisreligion, wobei das Bekenntnis immer noch nicht so sehr in einem dogmatischen sondern eher in einem soziologischen Sinne als eine Identitätsstrategie verstanden werden muß. Denn Bekenntnis ist ein sozioreligiöser Begriff, der sich nicht nur auf das persönliche Gotterverhältnis, sondern auch und vor allem auf zwischenmenschliche Verhältnisse bezieht. Es ist die Funktion eines Bekenntnisses, nicht nur die Glaubenssätze zu formulieren, sondern auch den Unterschied von „uns" und den „anderen" begreiflich zu machen. Selbst in der modernen Welt ist Religion niemals nur Sache der persönlichen Überzeugung oder einer selbständigen Wahl eines autonomen Individuums, sondern immer auch ein Ausdruck gesellschaftlicher Identität.

Zusammenfassend lässt sich mit Rüdiger Schmitt feststellen, dass die judäische Religion des zweiten Tempels in vielen Hinsichten durchaus als eine primäre Religion bezeichnet werden kann. Darüber hinaus sind aber in der biblischen Darstellung dieser Religion auch Elemente der sekundären Religionserfahrung zu beobachten: die Intergrierung älterer Traditionen in dem neuen Glaubenssystem, eine mit der Ausschließlichkeitsanspruch des Gottes von Israel zusammenhängende Unterscheidung zwischen wahrer und falscher Religion und der damit verbundene Kummer um Synkretismus, eine normative Auslegung der literarischen Tradition und der Anspruch auf eine persönliche Verpflichtung zu dieser Religion im Gegensatz zu den anderen. Diese Elemente wurzeln zum Teil schon in der vorexilischen Zeit, gewinnen aber im Laufe der Zeit (und mit der Etablierung der judäischen Führungseliten) immer mehr an Bedeutung, so dass die jüdische Religion der hellenistischen Zeit wohl schon als eine Bekenntnisreligion bezeichnet werden darf, obwohl man auch hier dessen bewusst sein muss, dass es sich immer noch nicht um ein einziges

---

33   Vgl. dazu z.B. Carr, D.M., Writing on the Tablet of the Heart: Origins of Scripture and Literature, Oxford/New York 2005, 206–212.

34   A.a.O., 253–272. Carr betrachtet die hebräische Kanonbildung als Ergebnis einer bewußten antihellenistischen Inkulturation, wobei die vorhellenistischen hebräischen Schriften als Gegenpol der griechischen Schrifttum als einen antihellenistischen Lehrplan („anti-hellenistic curriculum") diente.

einheitliches Judentum handelt. Andererseits treten andere Elemente der sekundären Religion kaum zum Vorschein, zum Beispiel kann von einer Individualisierung in einer sehr begrenztem Sinne die Rede sein, ebenso wenig von
einer Profilierung gegen Profanität.

Wogegen profiliert sich dann die Religion des zweiten Tempels? Diese
Frage impliziert schon die sozioreligiöse Frage von Religion als Identitätsstrategie. Wie die schriftlichen Zeugnisse den konkreten Verhältnissen in verschiedenen Phasen der Zeit des zweiten Tempels genau genommen entsprechen ist schwierig zu beantworten, denn die Schriften sind zumeist aus der
Perspektive der religiösen Elite, d.h. der der Priester und der Gelehrten, verfasst und spiegeln ihr sozioreligiöses Ideal wider. Der polemische Ton vieler
Schriften aus dieser Zeit deutet darauf hin, dass sich die von den biblischen
Schriften vertretene Glaubenssystem nur langsam und mit großem Mühe
durchgesetzt hat. Eine dramatische Wende von der vorexilischen zur nachexilischen Religion hat schwerlich stattgefunden, vielmehr geht es um ein schwierig rekonstruierbares Ringen verschiedener Religionserfahrungen – primärer
wie sekundärer – der jeweiligen sozioreligiösen Trägergruppen. Denjenigen,
die in diesen Kämpfen aktiv beteiligt waren, war ihre Religion sicher etwas,
was man mit der Kategorie sekundäre Religion erklären kann; in welchem
Grade dies für das עם הארץ gilt, ist eine andere Frage.

Das Konzept von primärer und sekundärer Religion
im Bereich A.O., Griechenland und N.T.

Konstanz und Neuerung in der Religion Mesopotamiens

Walther Sallaberger (München)

Die mesopotamische Keilschriftkultur wird über drei Jahrtausende von verschiedenen Völkern, Reichen und Dynastien getragen. Neben der die Kultur definierenden Keilschrift bildet das Pantheon eine zweite Konstante, die sich über Sprachgrenzen hinweg durch Zeiten und Regionen zieht. So lässt sich beispielsweise in den ältesten Texten aus Uruk die Göttin Inana nachweisen und am Ende der Keilschriftkultur, im Hellenismus, ist sie ebenfalls noch in derselben Stadt Uruk beheimatet, nun unter ihrem akkadischen Namen Ištar. Schon die archaische Inana galt wohl ebenso wie später als Göttin des Abend- und Morgensterns, was im Namen dieses Planeten als „Venus" bis heute nachklingt. Freilich verschwanden im Lauf der Zeit manche Gottheiten, andere tauchten auf, gewannen an Einfluss, die Hierarchien änderten sich je nach Kontext; und doch lassen sich Gottheiten mit ihren Funktionen häufig vom III. bis ins späte I. Jahrtausend verfolgen.[1] Diese Konstanz der Göttergestalten könnte eine grundsätzlich gleichbleibende Religion in Mesopotamien suggerieren, und letztlich ist es diese Konstanz, die mich von „mesopotamischer" Religion anstelle von sumerischer, babylonischer oder assyrischer Religion sprechen lässt. Doch auch der historische Wandel ist bekannt, und religionsgeschichtliche Darstellungen verweisen immer auf unterschiedliche Phasen, wie etwa in Quellen ab dem II. Jahrtausend die stärkere Gewichtung der persönlichen Frömmigkeit.

Mesopotamien stellt nun religionshistorisch insofern einen interessanten Fall dar, als sich eine polytheistische Religion in einer Schriftkultur über Jahrhunderte, ja Jahrtausende verfolgen lässt, dass dabei anders als in Ägypten durch die offenen naturräumlichen Grenzen sprachlich und ethnisch eine größere Durchlässigkeit herrscht, dass sie zudem zeitlich im wesentlichen vor die großen Neuerungen des Monotheismus oder der griechischen Philosophie gehört. An dieser Religion können die Kriterien überprüft werden, die andernorts religionshistorisch gefunden und religionssystematisch angesetzt wurden.

Die vorliegende Diskussion geht von der Einteilung in eine „primäre", idealtypisch die vorgefundene Stammesreligion, und eine „sekundäre" Weltre-

---

[1] Zum mesopotamischen Pantheon allgemein Sallaberger, W., Art. Pantheon, A.I. Mesopotamien, RLA 10, 2004, 294–308, mit weiterer Lit.

ligion der Mission oder eines religiösen Neuerers, aus, eine Einteilung, die T. Sundermeier[2] zu verdanken ist, bzw. um das Prinzip der ‚Mosaischen Unterscheidung', die Trennung einer „wahren" von einer „falschen" Religion, wie sie J. Assmann[3] herausgearbeitet hat.[4] Beide Konzepte wollen die Einteilung anhand des Gottesbildes von Monotheismus vs. Polytheismus überwinden, und beide stellen ein zentrales Kriterium in das Zentrum: für Sundermeier ist es die Missionierbarkeit,[5] die eine sekundäre von einer primären Religion trennt, für Assmann die unbedingte Entscheidung für eine „wahre" Religion. Nun verbinden beide Modelle mit dem zentralen Kriterium der Missionierbarkeit bzw. der „Mosaischen Unterscheidung" weitere Kriterien, etwa die Initiierung durch einen Religionsstifter, die schriftliche Lehre gegenüber der Tradition, die persönliche Gottesbeziehung, die Zugehörigkeit durch Entscheidung. Bei beiden Darstellungen wurde nicht auf Mesopotamien eingegangen. Die Religion dieser Hochkultur lässt sich zwar nach der zentralen Grenzziehung Sundermeiers und Assmanns leicht als „primär" einordnen, doch zeichnet sie sich auf der anderen Seite durch eine Reihe von Merkmalen aus, die für eine sekundäre Religion in Anspruch genommen werden: die Schriftlichkeit und eine theologische Lehre, wie sie beispielsweise in Götterlisten, in den dauernd umgestalteten Mythen oder der Königsideologie entgegentritt; die historische Dimension von Religion etwa in der Gilgameš-Dichtung, der als früher König die kultische Ordnung installierte; den innerlichen Vollzug und das individuelle Verhalten, damit die Entscheidung für oder gegen ein Leben in der Religion, das Achten oder Missachten der Götter, wie es Gebete, Weisheitstexte oder Königsinschriften ansprechen. Ein anderer, ganz zentraler Aspekt lässt sich bei der selektiven und nur in Resten erhaltenen Textüberlieferung nicht sinnvoll behandeln: ob „Propheten, Seher, Reformer, Religionsstifter"[6] aufgetreten seien und ihnen eine kleine, sich abgrenzende Gruppe folgte, die die erforderliche Exklusivität wahrt. Und schließlich wird man ein an bestimmte politisch-soziale Voraussetzungen gebundenes Phänomen wie die Mission nicht in gleicher Form im Alten Orient vorfinden wollen.

Wenn sich auch die auf spezifische Probleme zugeschnittene Klassifizierung in primäre und sekundäre Religion nicht ohne weiteres als allgemeines

---

2   Vgl. Sundermeier, T., Art. Religion/Religionen, Lexikon missionstheologischer Grundbegriffe, Berlin 1987, 411–422; ders., Nur gemeinsam können wir leben. Das Menschenbild schwarzafrikanischer Religionen, Gütersloh ²1990.

3   Vgl. Assmann, J., Die mosaische Unterscheidung, München/Wien 2003.

4   Zu den Merkmalen, die einer primären bzw. einer sekundären Religion zugeordnet werden, s. den Beitrag von A. A. Diesel im vorliegenden Band.

5   T. Sundermeier danke ich sehr für seine Erläuterung in Heidelberg, dass für ihn die Missionierung die Wasserscheide darstellt, die die sekundäre von der primären Religion trennt, während andere Kriterien weiter diskutiert werden können.

6   Sundermeier, T., Religion (s. Anm. 2), 417.

heuristisches Prinzip zum Verständnis mesopotamischer Religion[7] anwenden lässt, so ergeben sich doch aus der Auseinandersetzung damit weiterführende Fragen. Dabei werde ich mich in zwei Schritten einem zentralen Thema nähern: der religiösen Neuerung, dem Schaffen einer neuen verbindlichen Form und der damit einhergehenden Abgrenzung gegenüber der bisherigen Tradition. Denn Mesopotamien böte mit seinen naturräumlichen Gegebenheiten ohne feste Grenzen, mit der Sprachen- und Völkervielfalt und mit den schweren politischen und sozialen Krisen im Laufe seiner langen Geschichte durchaus die Voraussetzungen für religiöse Neuerungen. Dennoch blieb, wie schon einleitend betont, das Pantheon in Grundzügen konstant. Im ersten Teil möchte ich daher die Frage aufwerfen, auf welche Weise es dem Polytheismus in Mesopotamien gelang, alle politischen und sozialen Umbrüche und Krisen zu meistern, oder besser in anderer Perspektive gesehen, wie die Religion in jedem neuen politisch-sozialen Kontext neu definiert wurde. Wenn aber, wie noch genauer auszuführen ist, das Pantheon prinzipiell konstant blieb, dann verdienen religiöse Neuerungen einen zweiten Blick. Denn es wurde zwar der tradierte Rahmen hinsichtlich der grundlegenden Vorstellung von Göttern nicht verlassen, doch findet sich Neues in Hinsicht auf die Tradition der Lehre, die persönliche Einstellung, es konnten religiöse Polemiken entstehen, treten also Merkmale der „sekundären" Religionen auf. Auf diese Weise kann das Aufbrechen der strengen Zweiteilung helfen, Merkmale der Religion in Mesopotamien herauszuarbeiten

Tradition: Die integrative Fähigkeit des mesopotamischen Polytheismus

Über den gesamten Zeitraum, wahrscheinlich schon zur Zeit der frühesten Schriftzeugnisse am Ende des IV. Jt., sicher ab dem III. Jt. bis in die hellenistisch-parthische Zeit, wird ein Pantheon verehrt, in dem die Götter vor allem durch ihre Funktionen definiert sind, die in der Frühzeit eher denen in der Familie, später eher denen im Staat entsprechen. Die Götter werden in ihren lokalen Heiligtümern verehrt, die als kulturell-ideelle Mittelpunkte eines Ortes anzusehen sind. Mesopotamien ist damit in vielerlei Hinsicht Ägypten oder noch besser dem Klassischen Altertum vergleichbar.[8]

---

7   Sowohl der „Dreierschritt von Basiserfahrung, Neusetzung und Integration" Sundermeiers [Religion (s. Anm. 2), 418] wie auch die Grenzziehung der ‚Mosaischen Unterscheidung' Assmanns beinhalten eine Dynamik, die aber im Fall Mesopotamiens, das zur Gänze der Kategorie ‚primär' zugeordnet würde, überhaupt nicht zur Geltung käme.

8   Der Vergleich mit dem Klassischen Altertum umfasst neben dem Pantheon insbesondere die vergleichbare Stellung der Priesterschaft (dazu Sallaberger, W./Huber, F., Art. Priester. A.

Das Ziel kann nun nicht sein, darüber zu spekulieren, ob das gesamtmeso-
potamische Pantheon sich „ursprünglich" auf lokal und sozialpolitisch eng be-
grenzte Einzelpanthea zurückführen ließe, ob sich verschiedene Lokalpanthea
zu einem sumerischen Pantheon vereint hätten und ob dieses sich mit einem
akkadischen Pantheon dann zu einem gemeinmesopotamischen entwickelt
hätte. Diese Frage ist deshalb verfehlt, weil mit Beginn einschlägiger Quellen
eine Gesamtstruktur auftritt, die neben und über der lokalen Gliederung besteht. Ein einzelner Ort ist zwar auf das lokale Pantheon hin ausgerichtet, auf
den Stadtgott mit seiner Familie, dem Hofstaat, den damit verbundenen weiteren Heiligtümern. Aber die lokalen Götter fügen sich mit ihren spezifischen
Funktionen in einen gesamtmesopotamischen Kontext etwa mit dem Sitz des
Götterkönigs Enlil als Zentrum ein. Beide Seiten lassen sich einzeln betrachten, aber *de facto* nicht von einander trennen.

Götter anderer Regionen werden über vergleichbare Funktionen mit mesopotamischen Göttern gleichgesetzt; ein Beispiel dafür ist die Schreibung hethi-
tischer Gottheiten mit einem sumero-akkadischen Namen, ein anderes, dass für
Herodot (*Historien* I, 181) in Babylon *Zeus Belos* verehrt wurde. In dieser
Weise sind bekanntlich polytheistische Götterwelten fast unbegrenzt miteinander kompatibel. Die Übersetzbarkeit der Götter hilft auch, kulturelle Grenzen
zu überbrücken, wie sie etwa bei diplomatischen Heiraten auftreten, oder sie
erlaubt, sich der Macht der Götter über alle Grenzen hinweg zu versichern,
etwa durch das Übersenden von Götterbildern.

Die unterschiedliche Perspektive auf Lokalpantheon, gesamtmesopotami-
sches Pantheon und überregionale Übersetzungen sollte zeigen, dass sich innerhalb der „primären" Religionen nicht ein Gegensatzpaar „Stammesreligion"
vs. „Polytheismus" definieren lässt.[9] Denn soviel ist deutlich: Der Unterschied
besteht *nicht* in der religiösen Vorstellung von einer Götterwelt, sondern in den
jeweiligen sozialpolitisch gegebenen Möglichkeiten der Anbindung an andere
Religionen.

In Mesopotamien stellt das Pantheon mit den differenzierten Funktionen
der Gottheiten in erster Linie ein transzendentes Idealbild einer Gesellschaft
dar, weniger Kräfte in der Natur.[10] Dabei kommt dem göttlichen Herrscher,

---

Philologisch. I. In Mesopotamien, RLA 10, 2004, 617–640.) Vgl. zum hier behandelten Thema den Beitrag von W. Burkert im vorliegenden Band.

9   Bei Sundermeier ist die ‚primäre' Religion als Stammesreligion definiert, Sundermeier, T.,
     Religion (s. Anm. 2); Assmann hat beiläufig den Polytheismus als eigene Kategorie neben
     der Stammesreligion eingeführt, dies aber nicht weiter ausgearbeitet; Assmann, J., Mosai-
     sche Unterscheidung (s. Anm. 3), 39.

10   Vgl. Sallaberger, W., Pantheon (s. Anm. 1). Assmanns Bestimmung des Polytheismus als
     „Kosmotheismus" [Assmann, J., Mosaische Unterscheidung (s. Anm. 3), 61f.] kann für Me-
     sopotamien nicht fruchtbar fortgeführt werden, denn hier stellt das Pantheon mit den diffe-
     renzierten Funktionen der Gottheiten in erster Linie ein transzendentes Idealbild einer Ge-
     sellschaft dar, weniger Kräfte in der Natur.

Enlil im Frühen Mesopotamien, Marduk in Babylonien oder Aššur in Assyrien, ebenso wie dem irdischen König eine herausragende Rolle zu. Dennoch genügt der Aspekt des Herrschers allein nicht, bietet das Pantheon doch Identifikationen auf verschiedenen Ebenen, man denke außer den ‚sozialen' Funktionen an die Geschlechtsdifferenz von Göttinnen neben Göttern, lokale Rollen wie den Stadtgott oder gar familiäre Bindungen wie den persönlichen Gott. Auch der wichtige Aspekt des Schöpfergottes ist in dieser Perspektive zu sehen: in Mesopotamien kann es keinen einzigen Schöpfergott geben, weil dieser Akt Göttern nach ihrer Funktion zugeschrieben wird, meist der Muttergöttin und dem Gott kreativer Gestaltung, Enki/Ea. Auch eine dominierende Stellung eines Gottes, etwa von Assur oder besonders Marduk/Bēl im I. Jt., führt deshalb noch nicht zu einem Monotheismus. Denn der Monotheismus überwindet die Vielfalt an Aufgaben, so dass die Funktion Gottes sich dort dann allein als „Gott sein" definiert.

Trotz aller Kontinuität mesopotamischer Religion in der Götterwelt und ihren Funktionen, ihren Orten, den Texten und Riten, lassen sich immerhin bemerkenswerte Änderungen feststellen. Einen ersten, gravierenden Einschnitt bedeutet etwa das Konzept des göttlichen Königs im späten III. und im frühen II. Jahrtausend. Narām-Suen von Akkade, der es einführte, spricht das in einer einzigartigen Inschrift an, der nach ihrem Fundort benannten *Bassetki-Statue*:

> „Als die vier Weltgegenden insgesamt gegen ihn rebellierten, da hat er durch die Liebe, die Ištar ihm erwiesen hat, neun Schlachten in einem Jahr siegreich bestanden ... Weil er in dieser Not die Basis seiner Stadt gefestigt hatte, haben (die Bürger) seiner Stadt ihn zum Gott ihrer Stadt sich erbeten bei [den großen Göttern des Landes in ihren Heiligtümern] und sie haben in Akkade seinen (= Narām-Suens) Tempel errichtet." [11]

Die Funktion der Königsvergöttlichung tritt damit offen zu Tage: das Reich, das auseinander zu brechen gedroht hatte, findet in der Gestalt des göttlichen Herrschers und seines Tempels einen neuen geistig-religiösen Identifikationspunkt in der politischen Hauptstadt. Bezeichnender Weise erreichte dieses Konzept im Reich der Könige von Ur, das den einzelnen Stadtstaaten weitgehende Freiheiten ließ, einen Höhepunkt. Nach dem Ende des Reiches von Ur übernahm dann der Stadtgott die Rolle des göttlichen Königs, der irdische Herrscher war sein Stellvertreter; so ist es zumindest in Assur und Ešnunna nachweisbar.[12] So wirkten sich politische Krisen unmittelbar auf das Pantheon des Reichs aus, und in dieser Weise lässt sich die altorientalische Religionsge-

---

11 Frayne, D.R., Sargonic and Gutian Periods (2334–2213 BC) (The Royal Inscriptions of Mesopotamia. Early Periods 2) Toronto 1993, 113f.

12 Zu den Daten s. Sallaberger, W., Den Göttern so nahe – und fern den Menschen? Formen der Sakralität des altmesopotamischen Herrschers, in: Erkens, F.-R. (Hg.), Die Sakralität von Herrschaft. Herrschaftslegitimierung im Wechsel der Zeiten und Räume, Berlin 2002, 85–98.

schichte im dauernden Wechselspiel mit der politischen Geschichte beschreiben.

Den Polytheismus Mesopotamiens möchte man deshalb als integrativ charakterisieren. Dies ist insbesondere in der Gottesvorstellung deutlich, wo neue
Gottheiten in das Pantheon aufgenommen werden können, konzeptionelle
Neuerungen wie die Königsvergöttlichung oder die Erhöhung von Göttern zu
verkraften sind. Das offene, integrative Pantheon erlaubt und erfordert individuelle Entscheidungen und zwingt nicht zu einer Entscheidung für oder gegen
die Religion als gesamtes. Auch wenn die Entscheidungen durch Traditionen
vorgegeben sind, ergibt sich hier eine prinzipielle Wahlfreiheit auf mehreren
Ebenen. Ein Polytheismus bietet etwa Männer- wie Frauenrollen, Identifikation nach der Funktion, stiftet Identität auf lokaler und staatlicher Ebene. Und
das Individuum ist schließlich an seine persönliche Gottheit gebunden, die ihn
beschützt oder deren Zorn zu beschwichtigen ist. Allen Göttern ebenso wie
den Dämonen eignet Macht, doch werden sie prinzipiell weder positiv noch
negativ bewertet. Götter wie Dämonen können sich gegen den Einzelnen stellen und insbesondere die aus der Unterwelt stammenden Dämonen sind meist
auf die negative Rolle fixiert, können aber nur mit ihren hilfreichen Verwandten, den guten Dämonen, bekämpft werden; und dem guten Gott steht auf der
gefährlichen Seite der „böse" Gott gegenüber. Die Entscheidung für oder gegen einen Gott ist also keine moralische Entscheidung.

Die Offenheit des Pantheons bedeutet freilich nicht, dass man die von den
Göttern vorgegebene Ordnung ungestraft verlassen darf. Entsprechend ihrer
Zuständigkeit überwachen Gottheiten bestimmte Bereiche. Handlungen gegen
Götter sind nicht notwendiger Weise ein Akt gegen die Religion an sich. Die
allerdings singuläre Beschimpfung der Göttin Ištar durch Gilgameš wird nicht
als Blasphemie gewertet; und entführt ein Eroberer die Götterstatuen einer
Stadt, so ist dies Ausdruck der Entscheidung des Gottes gegen seinen Ort.

Diese in so vielfältiger Weise erkennbare Flexibilität mesopotamischer
Religion hat sicher die Kontinuität über Jahrtausende bei all den politischen
und gesellschaftlichen Umbrüchen gewährleistet, das System war offen und
ausbaubar und vertrug Erweiterungen und Umdeutungen.

Wird der Polytheismus aufgegeben, so geht die für Mesopotamien mit einigen Beispielen beschriebene Flexibilität verloren, wie dies B. Gladigow
dargestellt hat:

> „Polytheismus ist auch ein „Reflexionsmedium" ... Erst mit einer Negation einer
> Wahlmöglichkeit zwischen Göttern ... ergeben sich weiterreichende Konsequenzen
> innerhalb eines Teilsystems: eine dramatisierte Soteriologie und ... das Postulat ...
> einer Konversion vom falschen Kult zur wahren Religion. Da der Gedanke von
> Konversion (und Konfession) den polytheistischen Religionen dem Grundsatz

nach fremd ist, rufen derartige Innovationen beschleunigte Wandlungs- und Differenzierungsprozesse des religiösen Gesamtsystems hervor".[13]

Neuerungen am Ende des II. Jahrtausends v. Chr.

Vor dieser im ersten Teil beschriebenen prinzipiellen Konstanz sind die Neuerungen in der mesopotamischen Religion zu sehen. Ein deutlicher Einschnitt lässt sich am Ende des II. Jahrtausends im 12./11. Jahrhundert festmachen. Die Neuerungen im Pantheon mit dem Aufstieg Marduks, mit der „Kanonisierung" der Literatur und mit einer neuen Form persönlicher Frömmigkeit sind als einzelne Phänomene wohlbekannt und oft besprochen worden. In meinem Beitrag in Heidelberg hatte ich sie als einzelne Beispiele genannt, in denen Merkmale einer sog. „sekundären" Religion in Mesopotamien nachzuweisen sind. In historischer Perspektive können diese Phänomene jedoch gemeinsam betrachtet werden.

Im Frühen Mesopotamien bis zur Mitte des II. Jahrtausends und danach noch während der Dynastie der Kassiten (ca. 16./15.Jh. bis 1155) galt Enlil als der göttliche Herrscher im Pantheon. Mit Nebukadnezar I. aus der II. Dynastie von Isin (1124–1103) wird Marduk dieser oberste Rang eingeräumt, dem Stadtgott von Babylon, der seit Hammurabi von Babylon (1792–1750) einen unaufhaltsamen Aufstieg erfahren hatte.[14]

Der Rang Marduks wird im Mythos von der Entstehung der Welt und der Etablierung der Weltordnung unter Marduk, *Enūma eliš*, begründet, der mit einer gewissen Plausibilität in das 12./11. Jahrhundert datiert wird. Der Mythos führt die Rolle Marduks als Herrscher und Anführer der Götter auf seinen Sieg gegen Ti'amat zurück, worauf er als Schöpfer der Welt und ihrer Lebewesen auftritt. Erstmals ist damit in Mesopotamien der Herrscher auch der Schöpfergott. Auch wenn sich bei Marduk zwei Stränge, nämlich der des Kriegers und Herrschers (als Enlil-Sohn und Enlil) und der des Heilers (als Asarluḫi, Sohn Eas), verbinden, so wird dadurch die alte starke Differenzierung aufgrund von Funktionen weitgehend eingeschränkt. Die Verleihung der fünfzig Namen an Marduk bezeugt seinen Anspruch auf die Nachfolge Enlils, dem die Zahl fünfzig zugeordnet ist, und auf die lange Liste der Namen bezogen lautet der Schluss des Textes (VII 145–52. 157–62):

---

13   Gladigow, B., Polytheismus und Monotheismus. Zur historischen Dynamik einer europäischen Alternative, in: Krebernik, M./Oorschot, J. van (Hg.), Polytheismus und Monotheismus in den Religionen des vorderen Orients (AOAT 298), Münster 2002, 10f.

14   Vgl. grundlegend Lambert, W.G. The reign of Nebuchadnezar I: A turning point in the history of ancient Mesopotamian religion, in: McCullough, W.S. (Hg.), The seed of wisdom. Essays in honour of T.J. Meek, Toronto 1964, 3–13; zusammenfassend Sommerfeld, W., Art. Marduk. A. Philologisch. In Mesopotamien, RLA 7, 1989, 360–370.

„Sie (die 50 Namen) sollen in Erinnerung gehalten werden, ein Führer soll sie erläutern,
der Weise und Gebildete sollen sie gemeinsam beraten,
ein Vater soll sie wiederholen und den Sohn lehren,[15]
dem Hirten und Hüter soll man sie erklären.
Wer nicht nachlässig ist gegenüber Marduk, dem Enlil der Götter,
dessen Land wird blühen, und er selbst heil sein.
Denn sein Wort ist verlässlich und sein Befehl unveränderlich,
kein Gott kann verändern den Ausspruch seines Mundes.
...
Die Offenbarung, die ein Führer vor ihm (= Marduk) wiederholte,
legte er schriftlich nieder, so daß die Nachfahren sie hören können.[16]
[Das Wor]t(?) von Marduk, der die Götter, die Igigi schuf,
... mögen beenden, sie mögen seinen Namen erinnern,
... das Singen von Marduk,
der Tiamat band und das Königtum annahm."[17]

Enūma eliš findet seinen Ort im zentralen Kultfest des Landes und des Königtums, im Neujahrsfest von Babylon[18]. Die Theologie von *Enūma eliš* wird zu dem zentralen Referenzpunkt, was unter anderem daran deutlich wird, dass in den Chroniken die Durchführung des Neujahrsfestes von Babylon durch den König vermerkt wird[19] oder dass sich die religiöse Auseinandersetzung Aššurs mit Babylon unter Sanherib auf die in *Enūma eliš* gefasste Begrifflichkeit konzentriert[20]. *Enūma eliš* wird zu einem wichtigen Text der Schreiberausbildung des I. Jahrtausends[21]. So prägt *Enūma eliš* grundlegend das Weltbild des I. Jahrtausends, wie das etwa in der Rolle Marduks, der Bedeutung von Babylon, der Verbreitung des Mythos vom Kampf gegen Ti'amat deutlich wird.

---

15 *enqu mūdû mithāriš limtalkū / lišannīma abu māri lišāḫiz.*
16 *taklimti maḫrû idbubu pānuššu / ištur-ma ištakan ana šimê arkûti.*
17 Nach Lambert, W.G., Enuma elisch, in: Kaiser, O. (Hg.), Texte aus der Umwelt des Alten Testamentes III/4, Gütersloh 1994, 565–602, 602.
18 Der Text wird auch beim Kislīmu-Fest zitiert, worauf Lambert eindringlich hinweist (Lambert, W.G., Enuma elisch (s. Anm. 17), 568f. Allerdings wird dabei übersehen, dass Enūma eliš da nur vom Sänger (*nāru*; JCS 43–45 [1991–93] 96 ii 62f.), nicht vom Oberpriester (*aḫu rabû*) wie beim Neujahrsfest vorgetragen wird. Die besondere Bindung von Enūma eliš an das Neujahrsfest wird damit unterstrichen.
19 Vgl. Grayson, A.K., Chronicles and the Akītu Festival, in: Finet, A. (Hg.), Actes de la XVIIe Recontre Assyriologique Internationale, Ham-Sur-Heure 1970, 160–170; Grayson zeigt, dass die Chroniken nur Vorkommnisse zum Neujahrsfest vermerken, aber zu keinem anderen Fest, auch wenn die Teilnahme des Königs nicht seine Anerkennung im Land bedeutet.
20 Frahm, E., Einleitung in die Sanherib-Inschriften (AfO.B 26), Wien 1997, 284–286.
21 Gesche, P., Schulunterricht in Babylonien im ersten Jahrtausend v. Chr (AOAT 275), Münster 2000, 177f.

In *Enūma eliš* sind ältere Motive verarbeitet und manche mögen schon vorher mit Marduk verbunden gewesen sein;[22] doch die Gesamtkomposition wird man schwerlich einer anderen Epoche als dem 12./11. Jh. zuweisen wollen. In dieser Zeit werden zentrale religiöse Texte geschaffen, vor allem aber wird die Textüberlieferung gesichtet und in eine verbindliche Form gebracht; nicht umsonst spricht man in der Assyriologie von der Phase der ‚Kanonisierung‘ der keilschriftlichen Literatur. In dieselbe Epoche ist wohl das *Erra*-Epos zu datieren,[23] hierher gehört die *Theodizee*, die dem Weisen (E)sagil-kīna-ubbib unter Nebukadnezar I. (1124–1103) und Adad-apla-iddina (1067–1046) zugeschrieben wird[24], und die großartige Sichtung, Auswahl und Serialisierung von Beschwörungs- und medizinischer Literatur durch den Gelehrten Esagil-kīn-apli ebenfalls unter Adad-apla-iddina.[25] Das hier geschaffene Corpus an keilschriftlicher Literatur, das über das gesamte I. Jahrtausend tradiert wird, umfasst etwa Beschwörungen und Gebete, Rituale, Omentexte, Weisheitsliteratur. Die Querbezüge innerhalb des Corpus, nicht zuletzt die Ausdeutung von Texten in sogenannten Kommentaren, zeigen die Bedeutung der Schriftlichkeit religiöser Texte, ohne dass der letzte Schritt zu einer allgemein verbindlichen Textsammlung getan wäre.

Die erwähnte *Theodizee*, ein Weisheitstext, der aufgrund der antiken Überlieferung ebenfalls dem 11. Jahrhundert entstammt, behandelt das Thema des leidenden Gerechten.[26] In der *Theodizee* wie im (sicher nicht älteren) *Ludlul bēl nēmeqi* wird deutlich, dass der Betroffene trotz seiner Religiosität ein miserables Leben führt, während seine Umwelt unbekümmert um den rechten Glauben im Glück schwelgt. Der leidende Gerechte klagt:

> „Es gehen den Weg des Wohls die, die Gott nicht suchen,
> arm und schwach werden die, die die Gottheit verehren." (Z. 70f.) [27]

Das Thema zieht sich durch den gesamten Dialog zwischen Dulder und Freund, bis dieser die Lösung bietet, dass die Götter den Menschen verdrehte, falsche und unrechte Worte gegeben hätten, so dass der Reiche, nicht der fromme Arme unterstützt wird. Die Diskrepanz zwischen der persönlichen Ent-

---

22 Vgl. Dalley, S., Statues of Marduk and the date of Enūma eliš, Altorientalische Forschungen 24, 1997, 163–171.

23 So mit Brinkman, J.A., A political history of Post-Kassite Babylonia 1158–722 B.C. (AnOr 43), 1968, 139f., der selbst wieder die Argumentation von W.G. Lambert aufnimmt.

24 Vgl. Lambert, W.G., Babylonian wisdom literature, Oxford 1960, 63 zum Katalog von Texten und Autoren (v 1–2) und die *apkallu*-Liste W 20030,7: 17–18 (Dijk, J.J.A. van, Die Inschriftenfunde, in: Lenzen, H.J., XVIII. vorläufiger Bericht über die Ausgrabungen in Uruk-Warka, Winter 1959/60, Berlin 1962, 39–62, 43–47). Zu Nebukadnezar I. zusammenfassend nun Brinkman, J.A., Art. Nebukadnezar I., RLA 9, 1998–2001, 192–194.

25 Vgl. die Zusammenfassung Heeßel, N.P., Babylonisch-assyrische Diagnostik (AOAT 43), Münster 2000, 104f. 108f. (mit weiterer Literatur).

26 Edition Lambert, W.G., Babylonian wisdom literature (s. Anm. 24).

27 *illakū uruḫ dumqi lā mušte'û il[i] / iltapni ītenšu muštēmiqu ša* A[N-*ti*?]

scheidung für ein religiöses Leben und der gesellschaftlichen Anerkennung wird hier deutlich thematisiert. Für die geistesgeschichtliche Einschätzung des Textes ist wichtig, dass Religiosität kaum ein Thema in der älteren Weisheitsliteratur darstellt: *Šuruppag* handelt von Lebensweisheiten, und dass Opfer und Gebet Jahre des Überflusses bedeuten, ist praktisch alles, was dort über religiöse Lebensführung gesagt wird. In der altbabylonischen Zeit kommt der Tod als neues Thema hinzu, nicht aber die Religion.[28] Erst durch diesen Vergleich wird offenkundig, in welcher Weise das Auftreten persönlicher Religiosität eine Neuerung des späten II. Jt. bedeutet. Nicht persönliche Frömmigkeit als solche ist das Neue, sondern dass sie ein Thema der Auseinandersetzung in der Weisheitsliteratur wird. Die Götter des Pantheons, Mythen über die Entstehung der Welt oder Praktiken des religiösen Lebens waren immer Themen der keilschriftlichen Literatur gewesen, doch nun wird das Verhältnis des Menschen zur Religion thematisiert.

Dieser Diskurs um die Grundlagen der Religion lässt sich wohl noch an einer anderen Stelle wiederfinden, wenn wir nämlich nach der historischen Begründung für die religiöse Ordnung fragen. Den Kulturheros, der die Kultordnungen in das Land brachte, erkennen wir in Gilgameš. Nicht nur im akkadischen Epos wird er gepriesen als „der die Kultstätten restaurierte, die die Flut zerstört hatte, der die Riten festsetzte für die „umwölkten" Menschen"[29] (SB I 43f.), sondern auch in der altbabylonischen Erzählung *Tod des Gilgameš* wird er gerühmt als derjenige, der den Kult im Land Sumer etablierte.[30] Gilgameš galt in altbabylonischer Zeit nach der *Sumerischen Königsliste* als König von Uruk, war also in Mesopotamien eine historische Figur. Es passt durchaus in die Zeit des späten II. Jahrtausends, als das Verhältnis des Menschen zur Religion behandelt wurde, dass nun in der Neufassung des Epos durch Sîn-lēqi-unninni[31] die Leistung von Gilgameš als Überbringer der göttlichen verborgenen Weisheit aus der Zeit vor der Sintflut hervorgehoben wurde: dem gelten die ersten Zeilen der neuen Einleitung, die der altbabylonischen vorangestellt wurde, und dies begründet auch den Einschub der gesamten Sintfluterzählung.

Etwa zur gleichen Zeit entstanden also die exklusive Marduk-Theologie, wurde eine vorbildhafte schriftliche Tradition geschaffen, wurde die persönliche Entscheidung zur Religiosität in der Dichtung thematisiert und fand sich eine historische Begründung des Kultes. Diese Phänomene lassen sich wohl

28   Vgl. Alster, B., Wisdom of ancient Sumer, Bethesda, 2005; Sallaberger, W. im Druck: Skepsis gegenüber väterlicher Weisheit. Zum altbabylonischen Dialog zwischen Vater und Sohn, in: H. Baker u.a. (Hg.), Jeremy A. Black Memorial Volume.
29   George, A.R., The Babylonian Gilgamesh epic. Introduction, critical edition and cuneiform texts, Oxford 2003, 540f.
30   Vgl. Cavigneaux, A./al-Rawi, F., Gilgameš et la mort. Textes de Tell Haddad VI. (Cuneiform Monographs 19), Groningen 2000, Z. M 58–60 und Par.
31   Zusammenfassend George, A.R., Babylonian Gilgamesh (s. Anm. 29), 28–33.

auch als Ausdruck einer verstärkten Auseinandersetzung des Menschen mit Religion begreifen.[32]

Die politische Geschichte zeigt, dass das 11. Jahrhundert eine Zeit des Umbruchs war. Die erste assyrische Eroberung Babylons durch Tukulti-Ninurta (1233–1176) war lange überwunden[33], die spätere Plünderung durch den elamischen Šutruk-Nahhunte durch die triumphale Rückführung der Marduk-Statue unter Nebukadnezar I. aufgehoben. Es ist eine Epoche der Restauration Babylons. In einer größeren Perspektive mag vielleicht auch eine Rolle gespielt haben, dass die Zeit der überregionalen Keilschriftkultur der Späten Bronzezeit, die bis nach Syrien und Palästina, Kleinasien und Ägypten gereicht hatte, mit der Katastrophe um 1200 endgültig zu Ende war und so eine regionale Begrenzung und auch Abgrenzung erfolgen musste. Die in Babylonien geschaffenen Werke, zuerst der Mythos *Enūma eliš*, bestimmten die religiöse Diskussion Mesopotamiens während der folgenden Jahrhunderte.

Die radikale Umdeutung der Theologie von *Enūma eliš* durch den assyrischen König Sanherib (705–681) zeigt vielleicht am deutlichsten die Bedeutung dieses Textes für die babylonische Religion. Nach Sanheribs Eroberung von Babylon 689 wurde die Marduk-Theologie auf Aššur umgedeutet, wurde das babylonische Neujahrsfest in Assur etabliert, *Enūma eliš* womöglich in dieser Zeit auf Aššur umgeschrieben.[34] Die Härte der theologischen Auseinandersetzung spürt man noch im *Marduk-Ordal*, einer beißenden Satire auf die Riten des Neujahrsfests, die als Gefangennahme Marduks und eine Gerichtsverhandlung vor Aššur umgedeutet wurden. So heißt es in dieser religiösen Polemik: „*Enuma eliš*, was man vor Bēl im Nisannu rezitiert und singt, ist über seine Gefangenname.", oder: „Es heißt in *Enūma eliš*: als Himmel und Erde nicht geschaffen waren, da war Gott Aššur (an.šár) schon vorhanden".[35]

In beiden Fällen, der *Enūma eliš*-Theologie und bei den religiösen Reformen Sanheribs, schränkten die neuen Weltbilder die zuvor gültigen in einer Wiese ein, dass diese nicht mehr im gleichen Raum in gleicher Weise existieren konnten. Die Praxis der Religion fand dann immer einen Weg des Ausgleichs, schon Asarhaddon rückte die Reformen Sanheribs zurecht. Das Bei-

---

32 Und deshalb sind sie auch Merkmale einer ‚sekundären' Religion, auch wenn Monotheismus (mit all seinen Konsequenzen, s. oben), Mission bzw. das schriftliche Zeugnis für eine Unterscheidung in ‚wahre' und ‚falsche' Religion fehlen, die nach dem Konzept von Sundermeier und Assmann eine sekundäre Religion definieren.

33 Michalowski weist darauf hin, dass Enūma eliš mit den Namen Marduks und der Hervorhebung von Babylon auch eine anti-assyrische Grundhaltung aufweist; Michalowski, P., Presence at the creation, in: Abusch, T. u.a. (Hg.), Lingering over words. Studies in ancient Near Eastern literature in honor of William L. Moran (Harvard Semitic Studies 37), Atlanta 1990, 381–396.

34 Frahm, E., Einleitung in die Sanherib-Inschriften (s. Anm. 20), 285.

35 Livingstone, A., Court poetry and literary miscellanea (State Archives of Assyria 3), Helsinki 1984, 82ff., Assur-Version Z. 34 und 54.

spiel Sanheribs und der im Prinzip vergleichbare Fall der religiösen Reform Nabonids zeigen jedenfalls hervorragend, dass Änderungen in einer polytheistischen Religion nicht immer glatt und reibungslos verlaufen sein müssen, sondern durchaus Anlass für erbitterte Debatten um das richtige Gottesbild geben konnten. Die Ausnahme bei den Beispielen des 7. und 6. Jahrhunderts besteht dann wohl darin, dass überhaupt entsprechende schriftliche Zeugnisse über theologische Auseinandersetzungen verfasst wurden und erhalten blieben.

Altmesopotamische Religion und die Kategorien Primäre und sekundäre Religion, mit Seitenblicken auf Ugarit und Phönizien

Erwiderung auf W. Sallaberger

Paolo Xella (Rom)

Zunächst möchte ich betonen, dass ich mit den allgemeinen Schlussfolgerungen W. Sallabergers vollständig übereinstimme. Als Assyriologe, Althistoriker und Philologe hat er sorgfaltig (und erfolgreich) die Anwendbarkeit der Kategorien „primäre Religion" und „sekundäre Religion" (nach den Definitionskriterien Th. Sundermeiers und J. Assmanns) auf die altmesopotamischen Kulturen geprüft.

Auch wenn „(Alt)mesopotamien" ein nicht unproblematischer Begriff ist, weil er eine sowohl räumliche als auch chronologische Komponente der kulturellen Welt umfasst, habe ich die Ergebnisse seiner Untersuchung sehr überzeugend gefunden. Besonders wichtig scheint mir seine Bewertung der grundlegenden Rolle der (Keil-)Schrift. Die Schrift ist der Filter der Zeugnisse jener Kulturen: was nicht geschrieben wurde, bleibt uns meistens unerkennbar (eine besondere Ausnahme bilden die Hinterlassenschaften der sog. materiellen Kultur und der Ikonographie). Auch was die Religion betrifft, haben es die Altorientalisten mit schwierigen methodischen Problemen zu tun, etwa mit der Bestimmung der verschiedenen Ebenen des religiösen Lebens, hauptsächlich des Kultes: Stichworte sind hier „individuell/privat" oder „kollektiv/offiziell/ öffentlich", vielleicht auch andere?

Wenig oder nichts hinzuzufügen habe ich dem Referat von Herrn Sallaberger aus „fach-technischer" Perspektive. Meine Beobachtungen betreffen nicht die Inhalte, sondern die Ergebnisse dieser Untersuchung und die Nützlichkeit des Gebrauchs der diskutierten idealtypischen Kategorien im Rahmen der altorientalischen Kulturen.

Zu Recht hat W. Sallaberger unter anderem bemerkt, dass Spuren von Reformen und Reformern in Altmesopotamien – wie z.B. Echnaton oder Moses „der Ägypter" oder Muhammad, usw. – als Umbrüche der vorhandenen Systeme und Traditionen kaum auffindbar sind. Deswegen (und wegen anderer Faktoren, siehe unten) ist er der Meinung, dass die altmesopotamische Religion nicht einfach als „primäre Religion" bestimmbar ist. Aber auch gegen ihre Einfügung in die Kategorie der „sekundären Religion" sieht W. Sallaberger Schwierigkeiten, wie man (zusammenfassend) aus den folgenden Argumentationen entnehmen kann:

1) von dem politisch-gesellschaftlichen Gesichtspunkt her gibt es in Mesopotamien keine Stammesgruppe, sondern weiten geographischen Raum mit einer Vielheit von Sprachen und Kulturen;

2) von dem Gesichtspunkt des Belegmaterials her hat man es mit einer Schriftreligion und mit fundierenden Texten zu tun;

3) die persönlichen Entscheidungen und die persönliche Frömmigkeit werden nicht gesellschaftlich sanktioniert;

4) Die (religiöse) „Wahrheit" ist nicht an „Absolutheit" gebunden, d.h. sie ist verbindlich aber nicht exklusiv; wie auch J. Assmann zu Recht feststellt, „den antiken Polytheismen war der Begriff einer unwahren Religion vollkommen fremd".[1]

5) Die Religion Altmesopotamiens ist unmissionarisch (wie übrigens alle polytheistischen Systeme): sie erreicht die Grenzen der Gemeinschaft, hat aber keinen Anspruch, diese zu überwinden. Ihr fehlt das „Dogmatische" der „sekundären Religion".

Zu Recht sieht W. Sallaberger (implizit) keine andere Lösung, als eine dritte Kategorie (mehr oder weniger: man könnte auch von „Typ", „Stufe", „Vorstufe", usw. sprechen) vorzuschlagen. Ich zitiere aus seinem Entwurf: „Die Religion Mesopotamiens möchte man gegenüber der isolierten Stammesreligion und der sich selbst isolierenden sekundären Religion (in ihrer wirksamen Frühzeit) als integrativ charakterisieren."

In der Tat behauptet Sallaberger, dass „(...) das Nachdenken über die Kategorien „primärer" und „sekundärer" Religion zu einem tieferen Verständnis mesopotamischer Religion führt", aber gleichzeitig muss er anerkennen, dass „(...) zu denen (scil.: die zwei Kategorien) Mesopotamien nicht so recht passt". Es geht also um eine interessante Prüfung, welche aber mit einer negativen Schlussfolgerung endet.

En passant will ich auch darauf hinweisen, dass nicht nur diese zwei Kategorien ihre Begrenzungen haben, sondern dass auch (unserer) Begriff „Religion" nicht völlig angemessen ist. Nehmen wir z.B. diese ganz richtige Behauptung Sallabergers (immer aus seinem Entwurf): „Handlungen gegen Götter sind nicht notwendiger Weise Akt gegen Religion".

Es ist also klar, dass wir eine begriffliche Kategorie verwenden, welche zumindest teilweise altmesopotamischer Kultur (und nicht nur jener!) fremd war. Es geht hier um eine fundamentale Frage der religionsgeschichtlichen Forschung und ich hoffe, dass man darüber weiter diskutieren wird. Ich kann

---

1   Assmann, J., Moses der Ägypter. Entzifferung einer Gedächtnisspur, Frankfurt a.M. [2]2000, 19.

hier nicht viel ausführen, aber die Schlussfolgerungen Sallabergers über Altmesopotamien können *mutatis mutandis* auch für die nordwestsemitischen
Religionen (Syrien und Palästina) des II. und I. Jahrtausend v. Chr. gelten.
Was z.B. Ras Schamra-Ugarit anbelangt, haben wir es trotz des Gebrau-
ches eines alphabetischen Schriftsystems mit einer Zivilisation zu tun, welche
typologisch nicht sehr verschieden von den Keilschriftkulturen Mesopotamiens
und Altsyriens (ich denke vor allem an Ebla) ist.

Ein Blick auf Ugarit bestätigt, dass auch hier eine Bewertung dieser Religion nach dem Kriterium der „primären" und „sekundären" Religion kaum
möglich ist. Der Fall Ugarits bietet uns eine hervorragende Möglichkeit für
eine Studie über die historische Stratifikation syrischer Traditionen. Die Religion Ugarits wird von einem aus verschiedenartigen Teilen bestehenden und
chronologisch genau begrenzten Text-Corpus dokumentiert: sie ermöglicht
also eine Untersuchung, die zugleich *synchronisch* und *diachronisch* ist. *Synchronisch*, im Hinblick auf die Beschreibung, Analyse und Rekonstruktion des
mythologischen und rituellen Systems, des Pantheons in seiner Gänze, der
einzelnen göttlichen Figuren in ihrer Individualität und in ihren gegenseitigen
Beziehungen; *diachronisch*, da sie auf die Erforschung der historischen Vorläufer dieses Religionssystems und auf die Veränderungen blickt, die in ihm in
den folgenden Epochen eingetreten sind. Der „synchronische" Zugriff scheint
keine größeren Erörterungen zu erfordern, doch stellt er eine unumgängliche
heuristische Phase der Untersuchung dar. Da die ugaritische Religion einen
komplexen und schichtartigen Charakter hat, wird man sich bemühen müssen,
auf der einen Seite den ältesten archaischen Kern der lokalen Tradition heraus-
zuschälen und auf der anderen Seite in angemessener Form die Vielzahl der
verschiedenen Einflüsse festzustellen, die aus Kulturen wie der hurritischen,
babylonischen und auch ägyptischen herrühren – ohne die sicherlich bedeut-
same Rolle zu vergessen, die Kontakte mit indo-europäischen Traditionen
gespielt haben. Solche Komplexität schliesst jedenfalls die systematische Anwendbarkeit der Kategorien der „primären" und „sekundären" Religion aus.

Auch bei den Aramäern und den Phöniziern – welche beide ihre eigenen
mythologischen und rituellen Traditionen besaßen – gibt es eine Reihe von
Merkmalen, die uns nicht erlauben, ihre Religionen der einen oder der anderen
Kategorie zuzuschreiben. Sie könnten möglicherweise zu einer dritten oder
einer vierten (Sub-?)Kategorie gehören, so dass das „System" der zwei Kategorien modifiziert oder weiter differenziert werden sollte.

Was die Phönizier betrifft, muss ich mich hier nur auf eine Skizze beschränken. Ihre Religion (in Orient wie in Okzident) weist die Charakteristika
eines polytheistischen Systems auf, das auf der Verehrung zahlreicher und
verschiedener übermenschlicher Wesen basiert, die göttlich und meistens anthropomorph konzipiert sind. Jedem Gott wurde dabei in einem organischen
System von Verwandtschaftsverhältnissen, Gemeinschaft bzw. Antagonismen

eine Reihe von Attributen zugeordnet, zum Teil gemeinsam mit anderen Gottheiten. In der Regel unterscheidet man zwischen phönizischer (im Orient) und
punischer (im Okzident) Religion, wobei man zum einen den Zeitpunkt des
politischen Hervortreten Karthagos berücksichtigt, zum anderen den ausge-
dehnten chronologischen und geographischen Horizont, in dem sich die Belege
finden, die Entwicklungen und teilweise Veränderungen der göttlichen Persönlichkeit vermuten lassen. Darüber hinaus beobachtet man auf der historisch-
vergleichenden Ebene auf der einen Seite eine bemerkenswerte Kontinuität
zwischen den kanaanäischen Traditionen des 2. Jahrtausends vor Chr. und dem
phönizischen Polytheismus, ebenso wie zwischen der Religion Phöniziens und
phönizischen Kulten auf Zypern und in der punischen Welt des Westens. Auf
der anderen Seite ist dagegen eine gewisse Eigenständigkeit der Kulte in den
verschiedenen Zentren zu erkennen, der vom Willen, den lokalen Kult zu unterscheiden herrührt, aber auch von synkretistischen Tendenzen mit den Gottheiten der verschiedenen kulturellen Substrata und Adstrata, mit denen man in
Folge der Expansion im Mittelmeer in Kontakt kam.

Im jeweiligen Pantheon der phönizischen Städte, und im punischen Westen treten einige charakteristische Elemente einer gemeinsamen Struktur hervor. An der Spitze findet sich üblicherweise ein göttliches Paar, zusammenge-
setzt aus einem Gott, dessen Identität von Zentrum zu Zentrum wechselt
(Adonis in Byblos, Eschmun in Sidon, Melqart in Tyros, Baal Hammon in
Karthago, usw.), und einer Göttin, in der normalerweise Aschtart wiederzuer-
kennen ist. Das schließt allerdings nicht Eigentümlichkeiten und weitere Spezi-
fikationen aus. In Byblos scheint die hervorragende Position von der weibli-
chen Figur besetzt zu sein, eine Aschtart, hier Baalat Gubal genannt, d.h.
„Herrin von Byblos", die auch gern mit den ägyptischen Göttinnen Hathor und
Isis gleichgesetzt wird; in Karthago finden wir neben der Figur Baal Hammon
die Göttin Tinnit, nicht unbedingt in untergeordneter Position. Aus der E-
pigraphik kennen wir auch einige spezifische göttliche Zusammenstellungen in
der Formel der Doppelnamen, bestehend zum Beispiel aus Eschmun-Melqart
in Zypern, Eschmun-Aschtart, Sid Tinnit und Sid-Melqart in Karthago. Das
Phänomen verbreitet sich gegen die Mitte des 1. Jahrtausends v. Chr. Es handelt sich um eine ziemlich starke Beziehung zwischen zwei göttlichen Figuren
in Kombination, die man als besonders benachbart innerhalb der Mythologie
oder im Kult aufgefasst hat. Kombinationen von Götternamen sind nicht nur
aus dem semitischen Orient bekannt, sondern auch aus der griechischen Religion, die zum Beispiel einen Zeus Heraios, einen aphrodisischen Zeus einen
artemisischen Apollon und eine Assoziation Apollon-Asklepios kennt.

Diesen Gemeinsamkeiten stehen lokale Eigenheiten gegenüber: jedes
städtisches Zentrum besaß ein eigenes Pantheon und eigene Schutzgötter, sei
es auch im Rahmen einer gemeinsamen religiösen Tradition, vor deren Hintergrund die Diversifikation der Kulte eine unterschiedliche kulturelle Identität
ausdrückte. In dieser Hinsicht ist von großer Wichtigkeit der zivile Aspekt im

Kult einiger Gottheiten, die ihren hohen Status den ursprünglichen Funktionen der Gottheit im Regierungshaus und ihrer Verbindung mit dem Kult der Vorfahren des Königshauses verdanken, eine lange Tradition im bronzezeitlichen Syrien-Palästina. In Phönizien sind beispielhafte Stadtgötter Melqart in Tyros, Eschmun in Sidon, und höchstwahrscheinlich Adonis in Byblos. Aber auch im Westen finden sich Gottheiten, denen in inschriftlichen oder literarischen Belegen in lateinischer Sprache das Appellativ *Pater* oder *deus patrius* gegeben wird (z.B.: Baal Hammon/Saturn mit Tinnit/Juno in Karthago, Shadrafa/Liber Pater mit Milkaschtart/Herakles in Leptis Magna, Sid/Sardus Pater in Sardinien, Baal Addir in einigen Orten Nordafrikas).

Ein weiteres wichtiges Element des phönizischen Polytheismus ist der Einfluß der ägyptischen Religion, sei es wegen der Herkunft synkretistischer Konnotationen in der Verehrung von solchen phönizischen Gottheiten (besonders in Byblos), sei es wegen des Erwerbs von Glaubensinhalten und spezifischen Kulten aus dem Land des Nil, besonders im „magischen" Bereich. Aber die Disposition des phönizischen Polytheismus, Persönlichkeiten anderer religiöser Dimensionen aufzunehmen, direkt oder als „Interpretationen" semitischer Gestalten, betrifft auch die Gottheiten der klassischen Welt. Auf Zypern wie in Griechenland, in Sizilien und in Sardinien, in Nord Afrika und Spanien tauchen Namen und Eigenschaften von griechischen, etruskischen sikeliotischen, protosardischen und römischen Gottheiten unter verschiedenem Titel in den inschriftlichen wie literarischen Belegen und sogar in der materiellen Kulturdokumentation auf. Andererseits wurden dieselben phönizisch-punischen Gottheiten manchmal von den benachbarten Kulturen aufgenommen, wie es zum Beispiel in Anatolien, Ägypten, Israel, Griechenland und sogar in Rom vorkam.

Die phönizischen Gottheiten sind normalerweise anthropomorph, sind also in menschlicher Gestalt gedacht. Sie können demnach die Gläubigen hören, segnen und heilen, wie man in den Inschriften lesen kann, und menschlichen Handlungen und Verhaltensweisen unterworfen sein, was Statuen oder anderen Abbildungen zeigen. Die phönizischen Götter benehmen sich außerdem wie die klassischen Götter, was interpersonale Beziehungen, göttliche Hierarchien, und Machtteilung angeht. In dieser Hinsicht ist die Erzählung einer *phönizischen Geschichte* interessant, die in hadrianischer Zeit in Griechisch von Philon von Byblos geschrieben wurde, und fragmentisch bei Euseb von Caesarea, einem Bischof im 4.Jhdt. nach Chr., erhalten ist. Darin werden die ursprünglichen göttlichen Begebenheiten berichtet, zunächst in ausdrücklichen Genealogien von Erfindern und Kulturheroen und darauf die gegensätzlichen Fronten zur Erlangung der Herrschaft.

Man kann dennoch auch Grenzen dieser anthropomorphen Realisierung der göttlichen Welt feststellen: Das deutlichste Beispiel ist die verbreitete Darstellung der Gottheit, sei es männlich oder weiblich, in Form eines *baity-*

los, einem heiligen, in der Regel konisch geformten Stein. Der *baitylos* ist auch epigraphisch mit eigener Persönlichkeit belegt: in einem Vertrag, den der assyrische König Asarhaddon im 7. Jhdt. mit Baal, dem König von Tyros, abgeschlossen hat. Auch bei den Griechen ist *baitylos* (so bei Philon bezeugt) ein wirklicher Gott aus Stein, Sohn des Uranos und Verbündeter von Kronos/El. Diese Anmerkung über die Grenzen des Anthropomorphismus gilt auch für *Sakon*, die Gott-Stele, die die Phönizier in Griechenland und Karthago verehrt haben, ebenso wie für andere Gottheiten, die noch in der späten punischen Zeit in zumindest teilweise theriomorphen Formen dargestellt sind.

Ein weiteres wichtiges Element des phönizischen Polytheismus ist der Einfluß der ägyptischen Religion, sei es wegen der Herkunft synkretistischer Konnotationen in der Verehrung von solchen phönizischen Gottheiten (besonders in Byblos), sei es wegen des Erwerbs von Glaubensinhalten und spezifischen Kulten aus dem Land des Nil, besonders im magischen Bereich. Aber die Disposition des phönizischen Polytheismus, Persönlichkeiten anderer religiöser Dimensionen aufzunehmen, direkt oder als „Interpretationen" semitischer Gestalten, betrifft auch die Gottheiten der klassischen Welt. Auf Zypern wie in Griechenland, in Sizilien und in Sardinien, in Nord Afrika und Spanien tauchen Namen und Eigenschaften von griechischen, etruskischen, sikeliotischen, protosardischen und römischen Gottheiten unter verschiedenem Titel in den inschriftlichen wie literarischen Belegen und sogar in der materiellen Kulturdokumentation auf. Andererseits wurden dieselben phönizisch-punischen Gottheiten manchmal von den benachbarten Kulturen aufgenommen, wie es zum Beispiel in Anatolien, Ägypten, Israel, Griechenland und sogar in Rom vorkam.

Auch aus diesem Fall kann man schliessen, dass die phönizisch-punische Religion weder als „primäre Religion" noch als „sekundäre Religion" bestimmbar ist. Sollen wir also an eine weitere Gliederung (Stufe, Vorstufe, usw.) denken?

Was diesen (für unsere Diskussion) fundamentalen Punkt betrifft, will ich noch konstatieren, dass auch J. Assmann in seiner Forschung über die ägyptische Religion das Bedürfnis gespürt hat, Zwischenphasen oder Vorstufen zu postulieren. Siehe z.B. die folgenden Ausführungen:

„Wir müssen nun fragen, ob das pharaonische Ägypten, so wie es eine Mittelstellung zwischen primären und sekundären Lebensformen einnimmt, auch in einer entsprechenden Mittelstellung zwischen primären und sekundären Religionen verstanden werden muss (...)".[2]

Oder auch: „Ägypten lässt sich (...) als eine Vorstufe sekundärer Religionen verstehen".[3]

---

2   Assmann, J., Ma'at. Gerechtigkeit und Unsterblichkeit im Alten Ägypten, München 1990, 279.
3   A.a.O. 380.

Stufe, Vorstufe, Mittelstellung: noch einmal muss man sich fragen, worum es sich handelt, ob um weitere Gliederungen der Kategorien, oder um eine neue Kategorie tout court? Denken wir darüber nach!

Der Fall Altmesopotamiens gibt uns noch einmal die Gelegenheit, der Gebrauchsfähigkeit unserer theoretischen Voraussetzungen nachzugehen. Ich lenke die Aufmerksamkeit auf wenige aber wichtige Punkte, welche ich hier ohne Vollständigkeitsanspruch aufzähle:

a) Wie immer sind wir gezwungen, Sinn und Bedeutung der von uns benutzten Termini klar zu machen: hier geht es hauptsächlich um „Religion" und „Kultur".

b) Kultur/Religion ist nie statisch, sondern immer dynamisch. Man sollte also sich fragen, ob es nicht zu einschränkend ist, nur von zwei „Typen" oder „Phasen" von Religion zu sprechen, außer im Fall von besonderen Phänomenen oder bestimmten historischen Ereignissen. Auch die „primäre" und die „sekundäre" Religion sind mehr als zwei Typen: Wie Th. Sundermeier selbst festgehalten hat, gibt es ständig Transformationen und Dynamismem im Rahmen einer Kultur; die zwei Typen sind vielmehr Folge als Ursache dieser Entwicklung.

c) Es ist natürlich möglich und richtig, „starke" Momente oder Phasen im Laufe der (Religions)Geschichte zu bestimmen (welche zumindest als solche uns scheinen: siehe z.B. die wunderschönen Seiten von J. Assmann über die Übernahme- und Transformationsprozesse der „Tradition"!). Zweifellos stellen z.B. der Gebrauch der Schrift (um die Texte zu fixieren) oder die Geburt „religiöser Institutionen" besonders wichtige Phasen/Momente dar: aber lohnt es sich aus wissenschaftlicher Sicht, alles in zwei Typen einzuschränken? Warum wollen wir um jeden Preis solche Typologien ausarbeiten, welche meistens bearbeitet/modifiziert/gegliedert werden müssen?

d) Die Theorie Sundermeiers – welchem ich hier für seinen lobenswerten intellektuellen Anstoß herzlich danken möchte – birgt für mich eine Grundschwierigkeit. Sie stützt sich auf eine Definition von „Religion", welche den Bereich des geschichtlich Bedingten übersteigt und einen Begriff von „Transzendenz" verwendet, der meiner Meinung nach nur im Rahmen der genuinen Theologie sein Bürgerrecht finden kann.

e) Wenn Sundermeier von der „primären" Religionserfahrung spricht, behauptet er (ich zitiere): „Es handelt sich um eine grundlegende Erfahrung, die VON AUSSEN auf den Menschen zukommt, die sich ihm aufdrängt. Er schafft sie nicht selbst". Und weiter: „In den meisten Religionen ist das Eintreten Gottes in das Leben einer Gruppe oder eines Menschen konstitutiv".

f) Damit sind wir von der Geschichte ganz entfernt. Ich würde sagen: in einer anderen Dimension. Und es geht nicht einfach um wissenschaftliche Abstraktion. Als Religionshistoriker kann ich nicht annehmen, dass die Religion eine ontologische Kategorie ist, oder eine transzendente Realität welche

ihre eigene Existenz hat. Die Religion ist nicht etwas, welches man erle-
ben/erfahren kann (wer könnte dasselbe für Recht, Wirtschaft, Kunst, Musik,
usw. sagen?), sondern ein menschliches Produkt und sie existiert nicht außerhalb der menschlichen Kultur.

g) Was die „Transzendenz" betrifft (Sundermeier schreibt: „es gibt keine
Religion ohne Transzendenzerfahrung"), muss man hier klar machen, wovon
man sprechen will. Aber Achtung! Da wir nicht mehr in der Zeit der substantiellen (Aristotelischen) Definitionen leben (wo jede Definition die Behauptung des substantiellen Wesens des Objekts war), müssen wir einfach klar
machen, was wir unter diesem Begriff genau verstehen, wie wir ihn gebrauchen wollen. Dasselbe gilt selbstverständlich für Religion, Kultur usw.

Diese wenigen Beobachtungen haben nur das Ziel, einen theoretischen
Diskussionsbeitrag anzubieten.

Ma'at und die „gespaltene Welt"

Zur Anwendung der Unterscheidung von primärer und sekundärer Religion auf die Religion Ägyptens

Bernd U. Schipper (Bremen)

Wenn man, wie es der Wunsch der Veranstalter ist, nach der Weiterführung und Aufnahme des Konzepts von primärer und sekundärer Religion in der Ägyptologie fragt, dann ergibt sich ein recht spärlicher Befund. Eine Weiterführung des Modells in dem Sinne zeigt sich nicht und eine Aufnahme lässt sich allenfalls ansatzweise erkennen.[1] Der Grund hierfür liegt zum einen darin, dass innerhalb der Ägyptologie eine inhaltliche Auseinandersetzung mit Jan Assmanns kulturtheoretischen Überlegungen kaum stattfindet. Die Forschung konzentriert sich zumeist auf die Sachfragen und das Verständnis der ägyptischen Texte. Das Fehlen der Begriffe der primären und sekundären Religion in der ägyptologischen Diskussion ist jedoch auch darin begründet, dass die Termini bei Assmann vor allem zur Verdeutlichung eines Sachverhaltes dienen und nicht zwingend eine systematische Kategorie darstellen, die für die weitere Diskussion des Sachverhaltes vonnöten wäre. Es geht ihm um die Bestimmung der Grundlagen der ägyptischen Kultur, um die Bedeutung des Begriffs Ma'at und um die Interpretation einer Entwicklungslinie, die bereits in seinen älteren Arbeiten zu finden ist: vom Loyalismus des Alten Reiches zur persönlichen Frömmigkeit der Ramessidenzeit, von einer als kontingent gedachten Weltordnung zu der, wie er es formuliert, „Theologisierung der konnektiven Gerechtigkeit".[2] Dabei dient die Unterscheidung von primärer und sekundärer Religion dazu, diese Entwicklungslinie zu beschreiben und dabei der altägyptischen

---

1   Vgl. die kurze Erwähnung bei Junge, F., Die Lehre Ptahhoteps und die Tugenden der ägyptischen Welt (OBO 193), Fribourg/Göttingen 2003, 49, Anm. 92 zu Ptahhotep 9–12. Eine kritische Auseinandersetzung findet sich bei Junge, F., Rez. „J. Assmann. Ma'at. Gerechtigkeit und Unsterblichkeit im Alten Ägypten, München 1990" (GGA 245), 1993,145–160; und bei Hermsen, E., Perspektiven zum Verstehen der altägyptischen Religion (DE 34), 1996, 5–16, hier 12–14.

2   Assmann, J., Ägypten. Eine Sinngeschichte, München/Wien 1996, 267.

Religion jene Anstößigkeit zu nehmen, die ihr von der älteren Forschung oft beigemessen wurde.[3]

Ich möchte in der Folge zunächst einen kurzen Blick auf die Erklärungsmodelle der älteren Forschung werfen (I), um dann die ägyptologische Auseinandersetzung mit Assmanns Ma'at-Modell darzulegen (II). Abschließend soll ein knappes Resümee stehen zur Frage der Anwendung des Modells der primären und sekundären Religion auf die ägyptische Religionsgeschichte (III).

I Magie versus Religion –
zur Einordnung der ägyptischen Religion

Im Jahr 1952 schrieb der Bonner Ägyptologe Hans Bonnet in seinem „Reallexikon der ägyptischen Religionsgeschichte":

> „Ein entscheidendes Merkzeichen der geistigen Struktur des Ägypters bildet seine Verhaftung an die Magie. Unter ihrem Zeichen stehen sein Denken und sein Glauben, und vollends wird das Leben des Alltages von ihr umfangen."[4]

Die Sätze Bonnets umreißen einen Problemhorizont, der die Ägyptologie seit ihren Anfängen prägt: das Verhältnis von Magie und Religion. Dabei bestimmte Bonnet dieses Verhältnis im Sinne zweier einander entgegen gesetzter Größen. „Reine Religion" und „reine Magie" stellen für ihn, wie er es formulierte, „aufs Ganze gesehen in der Wirklichkeit des Lebens nur Pole dar..., zwischen denen das Empfinden des Ägypters hin und hergleitet".[5] Mit diesen Worten spricht Bonnet jedoch direkt ein weiteres Problem an. Denn inwiefern gibt es überhaupt „reine Magie" und „reine Religion"? Die ältere Forschung hat sich, je nach ihrem Religionsbegriff, für unterschiedliche Antworten entschieden. So schrieb Alfred Wiedemann in seinem Buch „Die Religion der alten Ägypter" aus dem Jahr 1890:

> „Man kann in Ägypten wohl von religiösen Vorstellungen reden, aber nicht von einer ägyptischen Religion. Immer und immer wieder ist der Versuch gemacht worden, ein ägyptisches Religionssystem aufzustellen und damit den Ägyptern zu geben, was sie nie besessen haben. Alle die hierher gehörigen Arbeiten, mögen sie

---

3   Auf diesen Sachverhalt wird z.B. Bezug genommen bei Fitzenreiter, M., Bemerkungen zur Beschreibung altägyptischer Religion. Mit einer Definition und dem Versuch ihrer Anwendung (GM 202), 2004, 19–53, hier 30, Anm.20. Eine inhaltliche Auseinandersetzung mit Assmann wurde vor allem um das Ma'at-Konzept geführt, vgl. DuQuesne, T., „I know Ma'et: Counted, Complete, Enduring" (DE 22), 1992, 79–90; Lichtheim, M., Ma'at in E-gyptian Autobiographies and Related Studies (OBO 120), Fribourg/Göttingen 1992, 46f.; Hermsen, E., Perspektiven (s. Anm. 1), 12–14 und dazu Abschnitt II dieses Beitrags.

4   Bonnet, H., Reallexikon der ägyptischen Religionsgeschichte, Berlin/New York ³2000 (¹1952), 435.

5   Ebd.

auch noch so geistreich sein, sind wissenschaftlich als verfehlt zu betrachten; stets beruhen sie auf einer willkürlichen Auswahl von Textstellen, welche ihre Verfasser von einem vorgefaßten Standpunkte aus vorgenommen haben."[6]

Wiedemanns Ausführungen haben, wie zu zeigen sein wird, nichts von ihrer Aktualität verloren. Die Fokussierung auf eine bestimmte Textgruppe verbunden mit einem – teils reflektiert, teils unreflektierten – Theoriemodell scheint ein wesentliches Charakteristikum der Forschung zur altägyptischen Religion zu sein.[7] Setzt man bei Alfred Wiedemann und damit im 19. Jahrhundert an, so zeigt sich, dass Wiedemann bei den zitierten Worten die Versuche seiner Zeit vor Augen hatte, hinter den Texten ein monotheistisches System erkennen zu wollen. Obwohl man die Texte nun endlich im Original lesen konnte, sei – so die herrschende Meinung – doch vom Wortsinn abzusehen und vielmehr nach „übergreifenden Leitgedanken" zu suchen.[8] Die Forschung jener Zeit, allen voran der Ägyptologe Heinrich Brugsch in seinem Werk „Religion und Mythologie der alten Ägypter" (Leipzig 1887), fragte nach dem Sinn hinter dem Text und arbeitete so ein System heraus, das von der Zeit der Pyramiden bis zu den Römern gelten sollte. Solchermaßen bestimmt, konnten die Ägypter, wie Brugsch es formulierte, als „älteste und würdigste Lehrer des Menschenthums" gelten, deren „Ideen den besten christlichen Lehren an die Seite gestellt werden" können.[9]

Die Worte Brugschs verdeutlichen ein Zweifaches. Zum einen spiegeln sie das romantisierende Ägyptenbild des 19. Jahrhunderts wider, bei dem die Ägyptologie ganz im Banne des Blicks der alten Griechen auf Ägypten stand.[10] Zum anderen wird in der Rede von den „christlichen Lehren" ein Zugang zur ägyptischen Religion greifbar, bei dem das, was ‚Religion' ist, unter einem dezidiert christlichen Blickwinkel bestimmt wurde. Ein solcher, „eurozentristischer" Blick[11] auf die Religion des Alten Ägypten findet sich auch in der Zeit

6   Wiedemann, A., Die Religion der alten Ägypter (DNCRG III), Münster 1890, 3.
7   Vgl. dazu auch jüngst Fitzenreiter, M., Bemerkungen zur Beschreibung altägyptischer Religion (s. Anm. 3), 21–29.
8   So die treffende Formulierung von Koch, K., Das Wesen altägyptischer Religion im Spiegel ägyptologischer Forschung (Berichte der Joachim Jungius-Gesellschaft der Wissenschaften 7), Hamburg 1989, 38 in seinem knappen, aber äußerst instruktiven Einblick zur ägyptologischen Forschung. Vgl. auch Assmann, J., Vorwort, zu: A. Erman, Die Religion der Ägypter. Ihr Werden und Vergehen in vier Jahrtausenden, Berlin/New York ²2001, V–XXVII, hier VIII mit Anm.5.
9   Brugsch, H., Religion und Mythologie der alten Aegypter, Leipzig 1885, 48f. Ders., Die Aegyptologie. Abriss der Entzifferungen und Forschungen auf dem Gebiete der aegyptischen Schrift, Sprache und Alterthumskunde, Leipzig 1897. Vgl. dazu Köhler, U., Die Anfänge der deutschen Ägyptologie: Heinrich Brugsch (GM 12), 29–41, hier 37f. und zum Ganzen Koch, K., Das Wesen altägyptischer Religion (s. Anm. 8), 38f.
10   Vgl. Assmann, J., Vorwort, zu: A. Erman (s. Anm. 8), VIII.
11   Vgl. zum Begriff und seinen Implikationen Ahn, G. Eurozentrismen als Erkenntnisbarrieren in der Religionswissenschaft (ZfR 5), 1997, 41–58.

nach Brugsch, angefangen von Ernest Wallis Budge über Adolf Erman bis hin zu Siegfried Morenz. Dieser entfaltete in seinem Werk „Ägyptische Religion" aus dem Jahr 1960 die Religion Ägyptens fast wie eine christliche Dogmatik: erst die Gotteslehre, dann der Mensch in seiner Beziehung zu Gott und am Ende Tod und Jenseitsvorstellungen – die Eschatologie.[12]

Allen diesen Versuchen ist gemeinsam, dass sie eine Entwicklungslinie beschreiben, die – um es mit Siegfried Morenz zu sagen – von der „Immanenz zur Transzendenz" verläuft.[13] Die beiden genannten Pole, Magie und Religion, werden dabei unterschiedlich bewertet. So schrieb Adolf Erman in seinem Buch zur ägyptischen Religion aus dem Jahr 1905:

> „Die ägyptische Magie ist ein wilder Auswuchs der Religion; die Gewalten, die über des Menschen Schicksal schalten, unternimmt sie zu zwingen. (...) Hat das Denken eines Volkes erst einmal diese Richtung eingeschlagen..., so ist kein Halten mehr und neben der edlen Pflanze der Religion wuchert das tolle Unkraut der Zauberei empor."[14]

Erman stand mit dieser Sicht nicht alleine. Sein Fachkollege Ernest Wallis Budge sah gleichermaßen in der Magie lediglich die Vorstufe zur eigentlichen Religion.[15]

Wenn man diese Ansätze wissenschaftsgeschichtlich betrachtet, dann bestätigt sich der von Wiedemann geäußerte Verdacht, die ägyptische Religion sei jeweils von einem theoretischen Modell her bestimmt. Ernest W. Budge war von der zeitgenössischen Animismustheorie beeinflusst, bei der im Sinne einer evolutionären Entwicklung die sogenannten „primitiven Gesellschaften" an den Anfang der Geschichte der menschlichen Kulturen gestellt wurden.[16] Gleiches gilt für Adolf Erman, der bereits mit dem Untertitel seines Spätwerkes „Die

12 Vgl. den Aufriss von Morenz' Buch: Kap. II „Die Götter", Kap. III-VI der Mensch vor Gott und Kap. IX „Der Tod und die Toten". Dazu ausführlich Koch, K., Das Wesen altägyptischer Religion (s. Anm. 8), 69 und zur generellen Problematik einer solchen Herangehensweise Fitzenreiter, M., Bemerkungen zur Beschreibung altägyptischer Religion (s. Anm. 3), 20.

13 Vgl. Morenz, S., Die Herkunft des transzendenten Gottes in Ägypten [1964], in: Ders., Religion und Geschichte des alten Ägyptens, Köln/Wien 1977, 107–119, hier 112. Morenz versteht darunter das Heraustreten Gottes aus Immanenz und Verfügbarkeit und damit eine Bewegung von unten nach oben.

14 Erman, A., Die Ägyptische Religion (Handbücher der königlichen Museen zu Berlin), Berlin 1905, 148.

15 Vgl. Budge, E.W., Egyptian Magic. Books on Egypt and Chaldaea II, London/Boston 1979 [= ¹1899], IX und als aktuellen Forschungsüberblick Ritner, R.K., The Mechanics of Ancient Egyptian Magical Practice (SAOC 54), Chicago 1993, 3–13.

16 S. dazu Schmitt, R., Magie im Alten Testament (AOAT 313), Münster 2004, 42. Zum Begriff des ‚Animismus' und seiner historischen Entwicklung Kippenberg, H.G., Die Entdeckung der Religionsgeschichte. Religionswissenschaft und Moderne, München 1997, 83 und Schlatter, G., Art. Animismus, in: Auffahrt, C. u.a. (Hg.), Metzler Lexikon Religion, Bd. 1 Stuttgart/ Weimar 1999, 61.

Religion der Ägypter. Ihr Werden und Vergehen in vier Jahrtausenden" darauf
verweist, dass es ihm um eine Entwicklungs- und Verfallsgeschichte geht. Ihren Höhepunkt erreicht die ägyptische Religion unter Echnaton, was dann
folgt, ist eine „lange Periode des Niedergangs, die trotz allen Aufflackerns
doch zum Ende führt."[17] Entgegen einem Fachkollegen wie Brugsch war Erman wichtig, auf jeglichen Hintersinn zu verzichten, denn:

> „Unklarheiten und Widersprüche gehören nun einmal zum Wesen einer jeden Re-
> ligion, und wer diese als einen klaren Gedankenbau hinstellen will, der nimmt ihr
> das, was doch eigentlich ihre Lebensluft ist: das Mystische, das Übersinnliche. Das
> allein macht sie dem Menschen teuer, sie ist nicht aus seinem Verstande entspros-
> sen, sondern aus seinem Gefühl."[18]

Die Worte weisen Erman nicht nur als Kind des historischen Positivismus
aus[19], sondern auch als Vertreter eines Religionsbegriffs, der wesentlich von
Schleiermacher her bestimmt ist. Religion ist Gefühl – Schleiermacher spricht
vom „Gefühl schlechthinniger Abhängigkeit" – gegenüber dem sich offenba-
renden Gott.[20] Erman ist mit dieser Position in der Geschichte der ägyptologischen Religionsforschung kein Einzelfall, sie findet sich neben dem bereits
genannten Siegfried Morenz auch bei Helmut Brunner, der in seinen 1983 veröffentlichten „Grundzüge(n) der ägyptischen Religion" betont, dass die Götter
„kein Produkt einer spekulativen Theologie" sind, sondern „erlebt" werden.[21]
Für Brunner garantiert somit die Kategorie des „Erlebnisses" die „Echtheit der
religiösen Phänomene."[22] Ein solchermaßen christlich geprägter Religionsbegriff, für den die Offenbarung des transzendenten Gottes das entscheidende Kriterium ist, hat nun zwangsläufig Auswirkungen auf die Bestimmung des Verhältnisses von Magie und Religion. So findet sich die bei Adolf Erman scharf
gezogene Trennung der beiden Bereiche im Ansatz auch noch bei Helmut
Brunner, der betont:

---

17   Erman, A., Die Religion der Alten Ägypter. Ihr Werden und Vergehen in vier Jahrtausen-
     den, Berlin 1934, 1.
18   Ebd., 2.
19   So Assmann, J., Vorwort, zu: A. Erman (s. Anm. 8), VII. Vgl. dazu auch Nagel, A.K., Adolf
     Erman im Lichte der historischen Soziologie, in: Schipper, B.U. (Hg.), Ägyptologie als
     Wissenschaft. Adolf Erman (1854–1937) in seiner Zeit, Berlin/New York 2006, 371–395.
20   So die berühmte Formulierung von Schleiermacher, erstmals zu finden in der Glaubenslehre
     von 1821/22, § 9. Schleiermacher, F.D.E., Der christliche Glaube nach den Grundsätzen der
     evangelischen Kirche im Zusammenhange dargestellt (1821/22) (KGA), hg. von H.-J.
     Birkner, G. Ebeling, H. Fischer, H. Kimmerle, K.-V. Selge, Band I/7,1, Berlin/New York
     1980, 31.
21   Brunner, H., Altägyptische Religion. Grundzüge, Darmstadt ³1989, 11.
22   So die treffende Formulierung von Assmann, J., Vorwort, zu: A. Erman (s. Anm. 8), XI.

„Der Unterschied ist der, dass die Magie vor allem etwas erzwingen will, während
die Kulthandlung mit der Gottheit nur Verbindung sucht, um sie zu besänftigen,
sie ‚gnädig zu stimmen‘ oder sie zu verstehen, jedenfalls nicht, sie zu zwingen."[23]

Die Worte Brunners sind beispielhaft für eine Position, die zwar die Bedeutung
der Magie für die Religion des Alten Ägypten erkennt, jedoch beide Bereiche
scharf voneinander trennen will. Religion und Magie stehen eher in einem Gegensatz zueinander, als dass sie sui generis miteinander verwoben wären. Der
Grund hierfür liegt im Religionsbegriff. Dort, wo dieser unter einem christlichen Vorzeichen geprägt und vor dem Hintergrund des europäischen Ver-
ständnisses von Religion bestimmt ist, muss jeder Versuch scheitern, eine innere Verbindung zwischen Religion und Magie im Alten Ägypten herzustellen,
im Gegenteil, sie werden stark voneinander abgegrenzt und bieten damit Anlass für Polemik. So betonte der Ägyptologe Herman Junker, von Hause aus
katholischer Priester, für die Religion des Alten Reiches:

„Der Satz, daß die Ägypter ihre großen Geistesschätze nicht zu nutzen wußten, gilt
auch für das Alte Reich. Es fehlte seiner Religion vor allem die Ausgeglichenheit;
da liegen kostbare Perlen neben wertlosem Gestein, berühren sich die erhabensten
Gedanken mit krausen Zauberphantasien."[24]

Die neuere ägyptologische Forschung setzt nun ganz anders an. Sie geht nicht
mehr von einem engen, eurozentristischen Religionsbegriff aus und berücksichtigt stattdessen den Aspekt der Magie als ein Wesensmerkmal ägyptischer Religion. Wilfried Gutekunst formuliert es in einem Artikel aus dem Jahr 1987
wie folgt:

„Alles deutet darauf hin, dass man der ‚Magie‘ im alten Ägypten das Prädikat
‚magisch‘ überhaupt nicht verleihen sollte, sondern weitaus passender scheint mir
für sie das Prädikat ‚religiös‘ zu sein."[25]

Die Worte Gutekunsts stehen für eine Position, die anerkennt, dass ein eurozentristischer Blick auf das Alte Ägypten nicht geeignet ist, die Spezifika der
ägyptischen Religion zu erkennen. So betont der Alttestamentler Klaus Koch in
seiner „Geschichte der ägyptischen Religion" aus dem Jahr 1993: „Magie und
Religion gehören zu allen Zeiten in Ägypten untrennbar zusammen".[26] Ganz
ähnlich lautet auch die Formulierung von R.K. Ritner in der bislang umfas-
sendsten Monographie zur ägyptischen Magie:

---

23 Brunner, H., Zitate in Lebenslehren (s. Anm. 21), 101. Vgl. dazu auch den forschungsge-
    schichtlichen Abriss bei Schmitt, R., Magie im Alten Testament (s. Anm. 16), 44f.
24 Junker, H., Pyramidenzeit. Das Wesen der altägyptischen Religion, Einsiedeln/Zürich/Köln
    1949, 182.
25 Gutekunst, W., Wie „magisch" ist die „Magie" im alten Ägypten? Einige theoretische Be-
    merkungen zur Magie-Problematik, in: Roccati, A., Siliotti, A. (Hg.), La Magia in Egitto ai
    Tempi dei Faraoni. Atti Convegno Internazionale di Studi Milano 29–31 Ottobre 1985,
    Verona 1987, 77–98, hier 94.
26 Koch, K., Geschichte der ägyptischen Religion. Von den Pyramiden bis zu den Mysterien
    der Isis, Stuttgart/Berlin/Köln 1993, 36. Vgl. auch ebd., 542f. zum Begriff ḥk3.

"Performed by priests as the technique of Religion, Egyptian 'magic' cannot be opposed to religion, and the Western dichotomy of 'religion vs. magic' is thus inappropriate for describing Egyptian practise."[27]

Mit diesen Positionen ist zugleich der Boden bereitet für Jan Assmanns Ma'at-Buch und seine Anwendung der Terminologie Theo Sundermeiers von ‚primärer und sekundärer Religion'.

II Jan Assmanns Ma'at-Begriff und das Konzept von primärer und sekundärer Religion in der Ägyptologie

Wenn man vor dem skizzierten Hintergrund Jan Assmanns Ma'at-Buch aus dem Jahr 1990 und sein Konzept von primärer und sekundärer Religion in den Blick nimmt, so zeigt sich zunächst, dass letzteres für Assmann keine hermeneutische Kategorie darstellt. Assmanns Umgang mit der Terminologie Theo Sundermeiers erhält vielmehr ihre Bedeutung vor dem Hintergrund der innerägyptologischen Diskussion über das Verhältnis von Magie und Religion. Es geht ihm um die Gegenüberstellung zweier Konzepte innerhalb der ägyptischen Religionsgeschichte, der Ma'at-Vorstellung und der sogenannten ‚Persönlichen Frömmigkeit', wobei ersteres für die ältere Zeit, das Alte und Mittlere Reich, gilt, und letzteres für die jüngere, die Ramessidenzeit.[28]

Die Ma'at ist für Assmann ein Begriff, „der menschliches Handeln und kosmische Ordnung miteinander verknüpft und damit Recht, Moral, Staat, Kult und religiöses Weltbild auf eine gemeinsame Grundlage stellt."[29] Die Ma'at erscheint gleichsam als eine Art Weltformel, sie geht einher, mit der, wie Assmann es formuliert, „Begründung des kosmotheistischen Wissens." Zentral hierfür ist die Magie, denn:

„kosmotheistisches Wissen ist ‚magisches Wissen', das Wissen der Schöpfung und in-Gang-Haltung, nicht des Überwachens und Strafens. Es bezieht sich auf Himmel und Erde, also auf die sichtbare Welt, ... auf ihre Geheimnisse, ihren verborgenen Sinn, ihre steuernden Zusammenhänge."[30]

---

27   Ritner, R.K., The Mechanics (s. Anm. 15), 2.

28   Vgl. Assmann, J., Ma'at. Gerechtigkeit und Unsterblichkeit im Alten Ägypten, München 1990, 282. So schon Assmann, J., Ägypten. Theologie und Frömmigkeit einer früheren Hochkultur (UTB 366), Stuttgart 1984, 198, der die persönliche Frömmigkeit als „vierte Dimension" innerhalb der ägyptischen Religion bezeichnet (vgl. auch ebd., Kap. 9.3.).

29   Assmann, J., Ma'at (s. Anm. 28), 17. Vgl. zum Folgenden auch Schmitt, R., Magie im Alten Testament (s. Anm. 16), 49f.

30   Assmann, J., Magische Weisheit. Wissensformen im ägyptischen Kosmotheismus, in: Assmann, A. (Hg.), Weisheit. Archäologie der literarischen Kommunikation III, München 1991, 241–257, hier 242 und ders., Ägypten (s. Anm. 2), 232ff.

Die Ma'at ist wesentlich durch Magie bestimmt, sie ist Kultur und nur „in einem weiten Sinne" Religion:[31]

> „Die Ma'at-Lehre ist eine ‚Religion', aber eine heidnische, sie ist weltbezogen, innerweltlich und umfassend; als In- und Oberbegriff aller Normen, Verpflichtungen und Axiome, die das menschliche Leben in den sozialen und politischen Ordnungen des Zusammenlebens steuern."[32]

Der Mensch ist innerhalb dieser Konzeption nicht als Individuum zu verstehen, sondern durch seine Einbindung in die Gesellschaft bestimmt. Es geht um die horizontale Interaktion, um die Ausrichtung des Menschen auf den Mitmenschen und den König.[33] Demgegenüber tritt der Mensch bei dem Konzept der persönlichen Frömmigkeit der Ramessidenzeit als Individuum hervor. War er zuvor noch auf den König bezogen, so steht er nun der Gottheit selbst gegenüber.

An diesem Punkt greift nun die Unterscheidung von primärer und sekundärer Religion. Assmann geht es darum, zwei Entwicklungsstadien der ägyptischen Religionsgeschichte zu beschreiben, die von der älteren Forschung mit unterschiedlichen Vorzeichen versehen wurden: Magie und Religion. Die Kategorien der primären und sekundären Religion dienen dazu, die beiden genannten Entwicklungsstadien gegenüber der älteren Forschung als gleichwertig auszuweisen – als zwei Formen von Religion.[34] Es geht nicht mehr um eine Entwicklung vom einfachen Weltbild zum religiösen oder vom Animismus zum Theismus, sondern von der primären Religion zur sekundären, und damit von der „symbolischen Sinnwelt"[35] zur Ausrichtung des Menschen auf Gott. Die Begriffe der ‚primären' und ‚sekundären' Religion dienen somit in Assmanns Ma'atbuch zur Verdeutlichung, dass die Religion des Alten Ägypten eine ganz andere ist als die des neuzeitlich geprägten Lesers, das, wie er es formuliert, „genaue Gegenteil zu Religion in diesem neuen Sinne".[36] Allerdings zeigt sich bei jenem Konzept deutlich, dass in der Fokussierung auf das Bekenntnis als zentrales Wesensmerkmal der sekundären Religion letztlich wieder eine eurozentristische Sichtweise ins Spiel kommt, denn die sekundäre Religion kann – so Assmann – auch als „Bekenntnisreligion" bezeichnet werden.[37]

---

31   Vgl. Assmann, J., Ma'at (s. Anm. 28), 19.
32   A.a.O., 18.
33   Vgl. a.a.O., 20.
34   Assmann selbst spricht in seinem 1984 in erster Auflage erschienenen Buch „Ägypten. Theologie und Frömmigkeit einer früheren Hochkultur" (s. Anm. 28.) noch von „zwei Religionsbegriffen" (S. 11). Die Sache war somit schon bekannt, die Begriffe (‚primäre und sekundäre Religion') kamen erst später hinzu.
35   Zum Begriff Assmann, J., Ma'at (s. Anm. 28), 20.
36   A.a.O., 18.
37   A.a.O., 20. Vgl. dazu die pointierte Formulierung von Junge, F., Rez. „J. Assmann. Ma'at." (s. Anm. 1), 154, der von der „Innensicht eines radikalen Protestanten" spricht.

Das hier nur kurz skizzierte Modell der ‚primären und sekundären Religion' von Jan Assmann[38] steht und fällt mit zwei Fragen: 1) der Bestimmung jener symbolischen Sinnwelt und ihrer Qualität sowie 2) der Bewertung der von Assmann aufgezeigten Entwicklungslinie. Beide Fragen wurden in der ägyptologischen Diskussion angerissen und zum Teil kontrovers diskutiert. So hat der Göttinger Ägyptologe Friedrich Junge im Jahr 1993 in einer Art Generalabrechnung mit Assmanns Ma'at-Buch vor allem dessen Modell der „gespaltenen Welt" kritisiert und vor diesem Hintergrund dann auch die Unterscheidung von primärer und sekundärer Religion abgelehnt.[39] Ich möchte Junges zum Teil sehr polemische Auseinandersetzung nicht im Einzelnen darlegen, sondern die beiden genannten Punkte in der Folge selbst aufgreifen.

Jan Assmanns Ma'at-Begriff knüpft an ältere Vorgaben an, unterscheidet sich jedoch in einem wesentlichen Punkt von diesen. Anders als die Forschung vor ihm ordnet Jan Assmann die Ma'at nicht der Schöpfung zu. Während Gelehrte wie C.J. Bleeker, A. Moret oder der eingangs genannte H. Bonnet die Ma'at noch als „Stück der Weltschöpfung" betrachteten[40], sieht Assmann in der Ma'at zunächst keine kosmische Ordnungsmacht. Dieser Aspekt tritt – so seine These – erst auf, als die Ma'at zur Göttin wird und damit in der Zeit des Neuen Reiches.[41] Die Ma'at werde so von einem „Prinzip" des Denkens, Sprechens und Handelns zu einer göttlichen „Person".[42] Diese Vorstellung bilde nicht die ursprüngliche Vorstellung der Ma'at, bei der die Ma'at gerade nicht die von Atum bei der „Schöpfung gesetzte Ordnung" sei, wie es die ägyptologische Forschung oftmals meinte.[43] Die Ma'at werde vielmehr erst durch den König installiert, der wiederum von Re eingesetzt ist: „Re bewirkt, daß der König bewirkt, daß Ma'at bewirkt, daß den Menschen Gerechtigkeit und den Göttern Opfer zuteil werden."[44] Es geht somit um die Installation von Herrschaft, bei der die Ma'at an das Handeln des Königs gebunden ist. Vorausgesetzt ist bei dieser Konzeption die Vorstellung einer „gespaltenen Welt". Darunter versteht Assmann, dass die Welt gefährdet ist, allerdings nicht im Sinne einer kosmogonischen Distinktion. Die Unterscheidung zwischen gut und böse, zwischen Ma'at und Isfet ist in Assmanns Modell keine Konstellation bei der Schöpfung, sondern vielmehr durch eine „schuldhafte(n) Störung der ursprünglichen Ord-

---

38   Für eine ausführlichere Darlegung vgl. den Beitrag von A. Diesel in diesem Band.
39   Vgl. Junge, F., Rez. „J. Assmann. Ma'at" (s. Anm. 1).
40   Bonnet, H., Reallexikon (s. Anm. 4), 430. Vgl. auch den Überblick zu den älteren Positionen bei Assmann, J., Ma'at (s. Anm. 28), 33.
41   Vgl. a.a.O., 160 und dazu auch Helck, W. Art. Ma'at, in: LÄ III (1980), 1110–1119, hier 1111f.
42   Assmann, J. Ma'at (s. Anm. 28), 160.
43   A.a.O., 165.
44   So die von Assmann genannte Gesetzmäßigkeit: a.a.O., 210.

nung in die Welt gekommen".[45] Insofern ist das Böse kein Funktionselement des Weltsystems, wie Friedrich Junge oder Miriam Lichtheim meinen, sondern eine kontingente Größe, deren Entstehung freilich „im Dunkeln" bleibt.[46]

Genau dies ist jedoch der Punkt, über den zu diskutieren wäre.[47] In der Tat gibt es in Ägypten keine Chaoskampfvorstellung, wie auch Assmann zu Recht darauf verweist, dass die Ma'at in ramessidischen Hymnen wie z.B. Papyrus Chester Beatty IV rto zwar als Tochter des Sonnengottes begegnet, jedoch von einer Rolle bei der Schöpfung nicht die Rede ist.[48] Auch ist ihm darin recht zu geben, dass in den klassischen Schöpfungskosmogonien sowie in dem soge-nannten Ma'at-Hymnus, Papyrus Berlin 3055, sich nicht die Vorstellung von der Ma'at als einer kosmischen Kraft bei der Schöpfung findet.[49] Die Frage ist jedoch, ob man den Kampf zwischen Re und Apophis so stark von den Kos-mogonien trennen darf, wie Assmann dies tut.[50] Assmanns einziges Argument für die These, dass der Kampf nicht ein urzeitliches, sondern ein endzeitliches Geschehen darstellt, ist eine Notiz in einer Variante des Himmelskuh-Mythos.[51] In dem von H. Beinlich herausgegebenen „Buch vom Fayum" heißt es: „Nicht gibt es ein Ende des Tages des Gerichtes."[52] Diese Formulierung muss einer Deutung des Apophis-Kampfes als kosmogonisches Prinzip jedoch nicht widersprechen.[53] So scheint der Apophis-Kampf deutlich mit dem kosmi-schen Kreislauf verbunden zu sein, wie es diverse Anklänge in den ägyptischen Hymnen erkennen lassen. So heißt es beispielsweise in pLouvre 3292 H:[54]

> Du bist aufgegangen in deiner schönen Barke
> Bei deinem Dahingleiten auf dem Wege der unendlichen Zeit,
> in der Aufgabe, die du in unwandelbarer Dauer vollbringst.
> Deine Umringler-Schlange, sie hat deine Feinde verzaubert,
> die Kraft deiner Mannschaft steht dem Bösartigen entgegen.
> Dein Herz weitet sich bei dem Erfolg,
> das Messer des „Achsamen" hat Apophis gemetzelt.

---

45   Assmann, J., Ma'at und die gespaltene Welt oder: Ägyptertum und Pessimismus (GM 140), 1994, 93–100, hier 94.

46   So die Formulierung bei Assmann, J., Ma'at und die gespaltene Welt (s. Anm. 45), 95; und demgegenüber Junge, F., Die Lehre Ptahhoteps (s. Anm. 1), 87 mit Anm. 155.

47   Vgl. auch DuQuesne, T., I know Ma'et (s. Anm. 3), 84–90 und Hermsen, E. Perspektiven zum Verstehen (s. Anm. 1), 12–14.

48   Vgl. Assmann, J., Ma'at (s. Anm. 28), 164 und zum Text Assmann, J., Ägyptische Hymnen und Gebete (OBO), Fribourg/Göttingen ²1999, 429–440 (Nr. 195).

49   Vgl. dazu den Text bei Assmann, J., Ägyptische Hymnen, (s. Anm. 48), 277ff. (Nr. 125).

50   Für eine kritische Lektüre und Diskussion der folgenden Ausführungen danke ich dem Freund und Kollegen Dr. Carsten Knigge, Basel.

51   Vgl. dazu die Einzelargumentation bei Assmann, J., Ma'at und die gespaltene Welt (s. Anm. 45), 95.

52   Beinlich, H., Das Buch vom Fagum. Zum religiösen Eigenverständnis einer ägyptischen Landschaft (ÄA 51), Wiesbaden 1991, 300f.

53   Freundlicher Hinweis von Dr. Carsten Knigge.

54   Zitiert nach Assmann, J., Ägyptische Hymnen (s. Anm. 48), 135 (Nr. 45,9–19).

Auch im großen Amunshymnus (pKairo CG 58038) findet sich die Verbindung des Apophis-Kampfes mit dem urzeitlichen Geschehen. Allerdings fällt auf, dass die Schilderung des Kampfes der Beschreibung des Schöpfungsvorganges im Text nachgeordnet ist.[55] Ob diese Nachordnung jedoch nur literarisch oder womöglich doch im zeitlichen Sinne zu verstehen ist, müsste im Einzelnen noch diskutiert werden.[56]

Wenn man die skizzierten Ausführungen auf die übergreifende Frage zuspitzt, so scheint es, als ob bei der Schöpfung zwar eine Auseinandersetzung zwischen ‚Gut' und ‚Böse' intendiert ist, jedoch die Ma'at noch nicht als explizite Größe begegnet, wie beispielsweise F. Junge und M. Lichtheim es meinen.[57] Die Frage ist jedoch dann, ob sie nicht implizit mit angelegt ist. Auch wenn die ägyptischen Schöpfungsvorstellungen keinen Chaoskampf im Sinne der altorientalischen Götterkämpfe kennen, so funktioniert die Schöpfung doch nur durch die Unterscheidung von Ordnung und Unordnung (Chaos).[58] Diese wird zwar nicht mit den Begriffen Ma'at und Isfet verbunden, stellt jedoch ein Funktionselement des Weltlaufes dar, an dem letztlich nicht zu rütteln ist. Insofern wäre zu überlegen, ob Ma'at und Isfet nicht implizit in den Kosmogonien mitgedacht sind und dann später explizit hervortreten, als das Königtum seine Bedeutung als ma'atsichernde Instanz nach und nach verliert und der Mensch nunmehr auf Gott ausgerichtet ist.[59] Es scheint sich – um eine andere Formulierung Jan Assmanns aufzugreifen – um den „Prozeß eines allmählichen Explizitwerdens impliziter Axiome"[60] zu handeln, wobei erst noch zu diskutieren wäre, ob diese tatsächlich mit den neuzeitlichen Begriffen ‚gut' und ‚böse' bezeichnet werden können.[61]

Damit ist der zweite Punkt angerissen, der für die Diskussion des Assmann'schen Ansatzes zentral ist – die Entwicklung vom Loyalismus des Alten und Mittleren Reiches zur persönlichen Frömmigkeit der Ramessidenzeit. Jan

---

55 Vgl. a.a.O., Nr. 87,107–122.176–183.

56 Dies kann an dieser Stelle nicht geleistet werden. Vgl. zum Thema die demnächst in der Reihe ‚Orbis Biblicus et Orientalis' erscheinende Publikation von C. Knigge.

57 Vgl. Junge, F., Rez. „J. Assmann. Ma'at (s. Anm. 1), 155–157 und Lichtheim, M., Ma'at in Egyptian Autobiographies (s. Anm. 3), 46f.

58 Vgl. dazu auch Hermsen, E., Perspektiven zum Verstehen (s. Anm. 1), 14 und Bickel, S., La cosmogonie égyptienne avant le Nouvel Empire (OBO 134), Fribourg/Göttingen 1994, 168–176.

59 Vgl. zu den Begriffen ‚implizit' und ‚explizit' Assmann, J., Ägypten. Theologie und Frömmigkeit (s. Anm. 28), 21.

60 Assmann, J., Die Wende der Weisheit, in: B. Janowski (Hg.), Weisheit außerhalb der kanonischen Weisheitsschriften (Veröffentlichungen der Gesellschaft für Theologie 10), 20–28, hier 26, der dies auf die weisheitliche Tradition bezieht.

61 M.E. sollte man eher von den ‚lebenserhaltenden' (= schöpferischen, die Ordnung garantierenden) und den ‚lebensbedrohlichen' (= chaotischen, die Ordnung gefährdenden) Kräften sprechen und nicht von ‚gut' und ‚böse'. Eine ausführliche Darlegung dessen würde den Rahmen dieses Aufsatzes sprengen.

Assmann zeigt eine Entwicklungslinie auf, die er selbst als „geradezu kopernikanische[n] Wende in der ägyptischen Religions- und Geistesgeschichte" bezeichnet[62]: die Ersetzung der Beziehung Beamter-Pharao durch die Mensch-Gott. Verbunden ist diese Linie mit einer Veränderung innerhalb der loyalistischen Tradition. Dabei handelt es sich um eine Entwicklungslinie, die in ihren Anfängen bis in das Alte Reich zurückreicht. So wird die Ausrichtung des Beamten auf den Pharao bereits in den Autobiographien jener Zeit greifbar:

> Die gerechte Sache, die ich ausgeführt hatte, war hoch geehrt bei Seiner Majestät.
> Sagt nichts Schlechtes über mich ... zum König als Lüge, denn wahrlich, der Herrscher kennt meinen Charakter und meine Führung.[63]

Dies beinhaltete auch die Belohnung durch den Pharao für geleistete Loyalität in Bezug auf die jenseitige Existenz:

> Seine Majestät veranlasste, dass mir ein Totenopfer aus Brot, Bier, Geflügel und
> Rindfleisch aus allen Büros der Residenz festgesetzt wurde.[64]

Diese Tradition wird im Mittleren Reich in einem Text aufgenommen, der durch eine ganze Reihe von Handschriften belegt ist, die sogenannte ‚Loyalistische Lehre'. Dabei handelt es sich um einen Weisheitstext, der auf einigen Handschriften des Neuen Reiches in einer Langfassung begegnet und auf einem Denkstein des Friedhofes von Abydos aus dem Mittleren Reich in einer Kurzfassung.[65] Ganz gleich, ob man der vom Verfasser dieses Beitrags vorgeschlagenen Unterscheidung der beiden Fassungen zustimmt oder die Langfassung, obwohl diese nur in späterer Zeit begegnet, doch für so alt wie die Kurzfassung hält[66], zeigt sich an dem Text eines deutlich: Der Mensch – im vorliegenden Fall der Beamte – ist auf den Pharao bezogen, welcher die Gesetzmäßigkeit der Welt garantiert. So heißt es schon in der Einleitung der Lehre:

> (§ 1,3) Ich werde Großes sagen,
> (2) indem ich euch hören
> (3) und euch wissen lasse
> (4) einen Rat für die Ewigkeit,

---

62   Assmann, J., Ma'at (s. Anm. 28), 256.
63   Zitiert nach Kloth, N., Die (auto-)biographischen Inschriften des ägyptischen Alten Reiches.
      Untersuchungen zu Phraseologie und Entwicklung (SKA.B 8), Hamburg 2002, 154 (7) und
      155 (4).
64   A.a.O., 173 (3).
65   Vgl. dazu die Zusammenstellung bei Posener, G., Littérature et politique dans l'Égypte de la
      XIIᵉ dynastie, Paris 1956, 1–8.
66   Schipper, B.U., Von der ‚Lehre des Sehetep-jb-Reʿ zur ‚Loyalistischen Lehre'. Überlegungen zur Überlieferung loyalistischer Aussagen (ZÄS 125), 161–179; vorsichtig zustimmend:
      Burkard, G., Thissen, H.J., Einführung in die altägyptische Literaturgeschichte I. Altes und
      Mittleres Reich (Einführungen und Quellentexte zur Ägyptologie 1), Münster/Hamburg/London 2003, 174f., ablehnend: Parkinson, R., Poetry and Culture in Middle Kingdom Egypt.
      A Dark Side of Perfection, London 2002, 266–272.

(5) eine richtige Lebensführung

(6) und das Verbringen der Lebenszeit in Frieden.[67]

Es geht um die „richtige Lebensführung", um die *šsr ʿnḫ m3ʿ.w*, man könnte auch sagen, das Gelingen eines ma'atgemäßen Lebens. Was dann folgt, sind Aussagen über die Bedeutung des Königs, welcher der Garant für das gelingende Leben und die jenseitige Existenz ist:

(§ 2,1) Preist den König, er möge ewig leben, in eurem Innersten.

(2) Vereinigt euch mit seiner Majestät in euren Herzen.

(5) (Denn) er ist die Sia-Erkenntnis, die in den Herzen ist,

(6) und seine Augen können jeden Leib erforschen.

(…)

(§ 3,7) So pflegt er Ka-Kraft zu geben an die, die in seinem Gefolge sind,

(8) indem er den speist, der seinen Weg befolgt.

(…)

(§ 5,11) Er ist Bastet, die die beiden Länder schützt;

(12) der, der ihn preist, wird einer sein, den sein Arm schützt.

(13) Er ist Sachmet gegen den, der seinen Befehl übertritt;

(14) den, den er haßt, wird im Elend sein.

(…)

(§ 6,1) Kämpft für seinen Namen, haltet rein seinen Eid.

(2) Möget ihr euch frei halten von schlechten Taten.

(3) (denn) der, den der König liebt, wird ein Versorgter sein.

(4) Es gibt aber kein Grab für den, der gegen seine Majestät rebelliert.

(5) indem sein Leichnam ins Wasser geworfen wird.

(9) Möget ihr dieses tun, dann sind eure Leiber heil,

(10) und ihr werdet es (so) (vor)finden ewiglich.

Der Text veranschaulicht die Bedeutung der Ma'at als soziale und konnektive Gerechtigkeit und illustriert zugleich deren Bindung an den Pharao. Das Entscheidende ist jedoch, dass sich diese Ausrichtung im Verlauf der weiteren Entwicklung loyalistischer Texte ändert. Jan Assmann hat in einer Reihe früherer Arbeiten, die u.a. aus seiner Bearbeitung der ägyptischen Hymnen hervorgegangen sind, darauf hingewiesen, dass im Neuen Reich zwar ähnliche Formulierungen begegnen, sich jedoch das Bezugssystem wandelt.[68] So heißt es in einem Hymnus an den Schöpfergott:

Er lässt dauern den, der seinen Ka anbetet und seine beiden Gestirne (Sonne und Mond) erhöht, aber er vernichtet den, der an ihm achtlos vorübergeht und seine Macht ignoriert.[69]

67 Die folgende Übersetzung basiert auf der Edition des hieroglyphischen Textes von Posener, G., Littérature et politique (s. Anm. 65), 53–96.

68 Vgl. Assmann, J., Ägyptische Hymnen (s. Anm. 48), Assmann, J., Die „loyalistische Lehre" Echnatons (SAK 8), 1–32; aufgenommen in Assmann, J., Die Wende der Weisheit (s. Anm. 60), 25.

69 pBerlin 3049, Assmann, J., Ägyptische Hymnen (s. Anm. 48), 127B, 49–50.

Die Loyalität ist nicht mehr an den König gebunden, sondern auf die Gottheit bezogen. Ähnlich formuliert es ein Text aus der 19. Dynastie:

> Ich will Lob spenden deinem schönen Angesicht,
> und deinen Ka zufrieden stellen Tag für Tag,
> denn ich habe mich auf dein Wasser gesetzt
> und mein Herz mit dir erfüllt.
> Du bist ein Gott, zu dem man rufen kann,
> freundlichen Herzens gegenüber den Menschen.
> Wie freut sich, wer dich in sein Herz gesetzt hat!
> Wehe dem der dich angreift!
> Weil dein Zorn so gewaltig ist,
> weil deine Pläne so wirkungsvoll sind,
> weil deine Gnade so schnell ist.[70]

Der Gottesfürchtige setzt sich Gott „ins Herz", denn allein dies sichert ein gelingendes Leben. Diese Formulierungen lassen sich bereits in der Voramarnazeit finden. So liegen die Anfänge der seit James Breasted so bezeichneten ‚Persönlichen Frömmigkeit' in der 18. Dynastie.[71] In einem Text jener Zeit heißt es über den Gott Thot:

> Er erweist seine Gunst dem, der ‚auf seinem Wasser' handelt und liebe dem, der seiner nicht vergisst.[72]

Und in Bezug auf den Gott Amun-Re findet sich die Formulierung:

> Der Luft gibt dem, der ihn anbetet und die Lebenszeit trefflich macht dessen, der ‚auf seinem Wasser' handelt.[73]

Die Aussagen verdeutlichen die Bindung der Texte an die Loyalistische Lehre und weisen zugleich über diese hinaus. Dabei lässt sich eine Theologisierung loyalistischer Aussagen bereits im Nilhymnus aus der 18. Dynastie und auch in der sogenannten „Loyalistischen Lehre" Echnatons finden.[74] Die persönlichen Frömmigkeit der Ramessidenzeit schließt daran an und führt so eine Tradition an ihr vorläufiges Ende. Jan Assmann hat diese Veränderung innerhalb der Geschichte loyalistischer Aussagen als „Theologisierung der konnektiven Gerechtigkeit" bezeichnet;[75] die direkte Gottesbeziehung tritt an die Relation Mensch-Pharao.

---

70 Würfelhocker des Ramose, zitiert nach Assmann, J., Die Wende der Weisheit (s. Anm. 60), 32. Eine gute Zusammenstellung des Materials findet sich bei Assmann, J., Ägyptische Hymnen (s. Anm. 48), 54-72.
71 Vgl. Assmann, J., Weisheit, Loyalismus und Frömmigkeit, in: Hornung, E., Keel, O. (Hg.) Studien zu ägyptischen Lebenslehren (OBO 28), Fribourg/Göttingen 1979, 11-72, hier 45.
72 Urk IV 53, zitiert nach Assmann, J., Ägyptische Hymnen (s. Anm. 48), 54 (A 1).
73 TT 11, zitiert nach Assmann, J., Ägyptische Hymnen (s. Anm. 48), 54 (A 4).
74 Dazu Assmann; J., Die „loyalistische Lehre" (s. Anm. 68), 25f. und Schipper, B.U., Von der ‚Lehre des Sehetep-jb-Re' (s. Anm. 66), 177–179.
75 Assmann, J., Ägypten (s. Anm. 2), 267.

Es ist das große Verdienst Jan Assmanns, diese Entwicklungslinie nach-
gewiesen zu haben.[76] Die Frage ist jedoch, ob hier tatsächlich eine Tradition an
ihr Ende kommt. Betrachtet man das Material, so zeigt sich, dass hier eher ein
anders Merkmal der ägyptischen Religionsgeschichte greift, das ebenfalls von
Jan Assmann über die Grenzen des Faches hinaus bekannt gemacht wurde –
das kulturelle Gedächtnis.[77] Assmann hat sich im Rahmen seiner archäologischen Arbeiten in den thebanischen Privatgräbern u.a. auch mit den überlieferten Texttraditionen befasst.[78] Dabei ließen sich für die ägyptische Spätzeit (25.
und 26. Dynastie) eine Reihe von Texten nachweisen, die aus älterer Zeit
stammen. Religiöse Texte wie das Stundenritual oder der kulttheologische
Traktat über den König als Sonnenpriester (vgl. TT 27,37,196,279)[79] sowie
weisheitliche Literatur finden sich in Gräbern jener Zeit.[80] Zudem begegnen
Zitate aus der Lehre des Königs Amenemhet I. in der Pije-Stele aus der 25.
Dynastie und Anklänge an die Lehre des Ptahhotep auf der Traumstele des Ta-
nutamun aus gleicher Zeit.[81] Neben den Zitaten finden sich auch Abschriften
der Texte selbst, wie z.B. die Lehre des Amenemope aus der Ramessidenzeit,
von der eine komplette Abschrift aus der 26. Dynastie vorliegt.[82] Der Befund
verweist deutlich darauf, dass in Ägypten Texttraditionen über Jahrhunderte
hinweg tradiert wurden, sei es in Abschriften oder in literarischer Verarbeitung.
Das Bemerkenswerte ist nun, dass sich dies auch für die Loyalistische Lehre
nachweisen lässt. Auch wenn sich die Entwicklung innerhalb des Loyalismus in
der 18. Dynastie mit der Amarnazeit und der persönlichen Frömmigkeit ändert,
so tut dies der Tradierung des Textes keinen Abbruch. Die derzeit bekannten
Handschriften datieren von der 18. bis zum Ende der 20. Dynastie[83], und die
Zitation aus der Lehre lässt sich bis in die 26. Dynastie hinein nachweisen und
damit bis ins 7. Jh. v. Chr. So findet sich im Grab des Ibi (TT 36) ein Zitat aus

---

76   Vgl. dazu auch Loprieno, A., Loyalistic Instructions, in: Ders. (Hg.), Ancient Egytian Lit-
     erature. History and Forms (PdÄ 10), Leiden u.a. 1996, 403–414.
77   Vgl. Assmann, J., Das kulturelle Gedächtnis. Schrift, Erinnerung und politische Identität in
     frühen Hochkulturen, München 1992.
78   Einen Überblick hierzu bietet Assmann, J., Sonnenhymnen in thebanischen Gräbern (The-
     ben I) Mainz 1983, X–XXXV.
79   Vgl. a.a.O., XVIII, XXXIVf. und XIX.
80   Vgl. dazu die Auflistung bei Brunner, H., Zitate in Lebenslehren, in: Hornung, E., Keel, O.,
     Studien zu ägyptischen Lebenslehren (OBO 28), Fribourg/Göttingen 1979, 105–171.
81   Vgl. dazu die Belege a.a.O., 141.149.
82   Zu den Handschriften vgl. die Zusammenstellung bei Verhoeven, U., Von hieratischen
     Literaturwerken der Spätzeit, in: Assmann, J., Blumenthal, E. (Hg.), Literatur und Politik im
     pharaonischen Ägypten (BdE 127), Kairo 1999, 255–265, hier 259; sowie Schipper, B.U.,
     Die Lehre des Amenemope und Prov 22,17–24,22. Eine Neubestimmung des literarischen
     Verhältninsses (ZAW 117), 2005, 53–72.232–248, hier 246.
83   Vgl. dazu die Belege bei Posener, G., Littérature et politique (s. Anm. 65), 3–11. Auf eine
     weitere Handschrift aus dem Ende der 20. Dynastie hat Chappaz, J.-L., Un nouvel ostracon
     de l'enseignement loyaliste (BSEG 7), 1982, 3–10, aufmerksam gemacht.

§ 7,1–3.[84] Es zeigt sich deutlich, dass die Entwicklung nicht in dem Sinne an ein Ende gelangt, dass die eine Tradition durch die andere abgelöst wäre, sondern es wird vielmehr die alte Tradition fortgeführt – sie besteht parallel zur neuen. Es zeigt sich – will man es pointiert formulieren – eine Transformation älterer Vorstellungen ohne Traditionsbruch.

Ganz ähnliches lässt sich nun auch beim Ma'at-Konzept nachweisen. Nachdem dieses einmal von der impliziten Axiomatik zur expliziten übergegangen ist und die Ma'at in den Hymnen des Neuen Reiches auch als Göttin beschrieben wurde, lässt sich die ganze Breite der Ma'at-Vorstellungen bis in die Spätzeit hinein nachweisen.[85] Allerdings zeigt sich hier neben dem Aspekt der Tradierung älterer Vorstellungen ein weiteres Moment der ägyptischen Religionsgeschichte – die Veränderung des Bezugsrahmens. So findet sich auf den ptolemäischen Tempeln zunächst die gleiche Darstellung des Königs wie in klassisch-pharaonischer Zeit.[86] Der Pharao unterwirft die Feinde und sichert damit den Bestand der Ma'at auf Erden. Doch der Topos der klassischen Königsideologie erscheint in der Spätzeit nunmehr neu kontextualisiert, da sich die Rolle des Königs verändert. So ist in einem jüngst von Martin Bommas publizierten Text (pBM EA 10081) zwar vom „Pharao" die Rede[87], jedoch erscheint der Terminus nur noch als priesterliches Amt, wie es auch die zahlreichen Priestertitel jener Zeit belegen.[88] Der König ist nunmehr einer externen Norm unterworfen, wie es beispielsweise auch in der Demotischen Chronik begegnet, wo der König nun – ähnlich dem deuteronomistischen Geschichtswerk des Alten Testaments – am Gesetz gemessen wird.[89] Erhart Graefe hat darauf aufmerksam gemacht, dass in ptolemäischer Zeit mit dem Wort *tp bj3(t)* „rechtes Verhalten", „pflichtgemäßes Handeln" erstmals ein Begriff für die Verpflichtung des Königs im Hinblick auf seine Funktion beim Opfer- und Ritualvollzug begegnet.[90] Entsprechend den von Graefe zusammengetragenen

---

84   Vgl. den Beleg bei Brunner, H., Zitate in Lebenslehren (s. Anm. 80), 162 (2 c).

85   Darauf hat bereits Junge, F., Rez. „J. Assmann. Ma'at." (s. Amn.1), 151 aufmerksam gemacht. Vgl. auch Lichtheim, M., Ma'at in Egyptian Autobiographies (s. Anm. 3), 99–101.

86   Vgl. die Zusammenstellung bei Schoske, S., Das Erschlagen der Feinde. Ikonographie und Stilistik der Feindvernichtung im Alten Ägypten, Diss. Phil., Heidelberg 1982, 58f.

87   Kol 26.36a: "Er hat alle lebenden Münder [damit versiegelt], [wenn sie gegen] Pharao [sprechen wollen]", vgl. Bommas, M., Zwei magische Sprüche in einem spätägyptischen Ritualhandbuch (pBM EA 10081): Ein weiterer Fall für die „Verborgenheit des Mythos" (ZÄS 131), 2004, 95–113, hier 102.

88   Vgl. a.a.O., 113. Auf die Veränderung in der Titulatur und die zahlreichen priesterlichen Titel hat bereits Otto, E., Gott und Mensch nach den Tempelinschriften der griechisch-römischen Zeit, Heidelberg 1964, 69ff. aufmerksam gemacht.

89   Vgl. für eine ausführlichere Darlegung dieser Schipper, B.U., Vom Pharao zum Tempel. Transferprozesse im ptolemäischen Ägypten, in: Ahn, G., Langer, R., Snoek, J. (Hg.), Ritualtransfer, (im Druck), 2006.

90   Vgl. Graefe, E., König und Gott als Garanten der Zukunft (Notwendiger Ritualvollzug neben göttlicher Selbstbindung) nach Inschriften der griechisch-römischen Tempel, in:

Texten erhält der König dieses „rechte Verhalten" von den Göttern, d.h. der Ritualvollzug liegt bei den Göttern selbst und der König handelt nur als ausführendes Organ. So sagt in einem Text die Göttin Isis zum Pharao:[91]

> Willkommen in Frieden, Liebling des prächtigen Djed-Pfeilers (des Osiris), reich an Gliedern, der die Rituale (*tp rd*) handhabt. Ich habe deine Zeremonien empfangen, ich jubelte über dein Verhalten, mein Herz freut sich über dein rechtes Verhalten (*tp bj3*).

Die Sicherung der Ma'at obliegt nur noch vordergründig dem Pharao. Es sind nunmehr die Rituale, welche den Lauf der Welt garantieren und die allein das ‚Böse', die Isfet, überwinden können.[92]

Faßt man diesen Befund zusammen, so zeigt sich zweierlei. Einerseits lässt sich eine Transformation innerhalb der ägyptischen Religionsgeschichte erkennen, die an der Geschichte des Loyalismus beispielhaft festgemacht werden kann. Andererseits ist diese Transformation jedoch nicht so zu verstehen, dass eine Tradition durch eine andere abgelöst würde. Vielmehr bewahrheitet sich eine Beobachtung, die bereits Adolf Wiedemann im Jahr 1890 notierte und in der ihm eigenen Sprache festhielt:

> „Selbstverständlich ließ es sich nicht vermeiden, daß Forschritte gemacht wurden, daß man durch eigenes Nachdenken oder unter fremdem Einflusse neue Anschauungen gewann, aber wenn man sich diesen auch nicht verschließen konnte, so hat man doch bei ihrer Übernahme die alten, liebgewordenen Vorstellungen nicht verworfen, man hat sie bewahrt und sie neben den neuen Gedankengängen als gleichberechtigt bestehen lassen."[93]

Es scheint so, als ob in der Religionsgeschichte des Alten Ägypten verschiedene Denkfiguren durchaus gleichberechtigt nebeneinander stehen konnten. Die Frage ist jedoch dann, was die Unterscheidung von ‚primärer und sekundärer Religion' überhaupt für das Alte Ägypten austragen kann.

III ‚Primäre und sekundäre Religion' als diskursive Parameter

Die vorstehenden Ausführungen haben gezeigt, dass eine Transformation in der ägyptischen Religionsgeschichte zu erkennen ist, die mit einer unterschiedlichen Bestimmung des Ma'at-Begriffes einhergeht. Diese ist jedoch nicht im Sinne einer Ablösung des einen Modells durch das andere zu verstehen, sondern vielmehr als das Hinzutreten eines neuen Aspektes. Es handelt sich um

Westendorf, W. (Hg.), Aspekte spätägyptischer Religion (GOF IV/9), Wiesbaden 1979, 47–78, hier 47f.

91   Übersetzung nach Graefe, a.a.O., 50.

92   Vgl. Blumenthal, E., Weltlauf und Weltende bei den alten Ägyptern, in: Jones, A. (Hg.), Weltende. Beiträge zur Kultur- und Religionswissenschaft, Wiesbaden 1999, 113–145, 139.

93   Wiedemann, A., Die Religion der alten Ägypter (s. Anm. 6), 1.

zwei Pole, welche die ägyptische Religionsgeschichte bestimmen und bei denen durch die Einführung des neuen Aspektes der alte nicht etwa verdrängt
wird. Jan Assmann kommt das Verdienst zu, auf diese Pole hingewiesen und
sich zugleich von der älteren Forschung gelöst zu haben, die noch von einem
engen, theologisch geprägten Religionsbegriff ausging und dementsprechend
die Magie und das ältere Ma'atkonzept als Vorstufe zur eigentlichen Religion
betrachten wollte. Diese Pole kann man, sofern man es will, mit der Begrifflichkeit von ‚primärer und sekundärer Religion‘ bezeichnen. Jedoch muss man
sich dann bewusst sein, dass man die Begrifflichkeit völlig anders verwendet
als im Sinne Theo Sundermeiers. Der Grund hierfür liegt im Religionsbegriff.
Es geht nicht um Religion im Sinne einer Transzendenzerfahrung, wie es den
Missionswissenschaftler interessiert, der die Stammesreligionen auf Augenhö-
he zu den sogenannten Weltreligionen bringen will[94], sondern es geht um Religion als eine diskursive Größe, und zwar als eine Größe, die Gegenstand gesellschaftlicher und kultureller Kommunikationsprozesse ist. Während Sundermeier davon ausgeht, dass es „keine Religion ohne Transzendenzerfahrung"
gibt,[95] setzt ein solcher Religionsbegriff auf einer dezidiert anderen Ebene an.
Die Religion wird als eine symbolische Sinnwelt bestimmt und als eine Größe,
die im Hinblick auf ihre Leistung in kulturellen Diskursen zu bewerten ist.
M.E. kann nur ein solchermaßen bestimmter Religionsbegriff verhindern, dass
man sich mit einem eurozentristischen, christlich geprägten Blickwinkel dem
Alten Ägypten nähert, und nur so wird man jene Irrwege vermeiden können, zu
denen die Forschung immer wieder gelangte. Als ein Beispiel mag Siegfried
Morenz stehen, der sich 1960 noch zu dem Satz hinreißen ließ, „ich für meinen
Teil glaube nicht an die ägyptischen Götter", um dann zu betonen, dass er in
seinen Arbeiten zur ägyptischen Religion auch „die Wirklichkeit Gottes, die in,
hinter und über dem Lebens des Menschen steht" zum Vorschein bringen
möchte.[96] Ein solches Verständnis wird weder dem Alten Ägypten gerecht,
noch kann es Religion beschreiben als eine dynamische Größe im historischen
Diskurs. Geht man vielmehr von einem modernen, d.h. diskursiven Religionsbegriff aus, wie ihn beispielsweise Hans G. Kippenberg entwickelt hat[97], dann

---

94 Vgl. dazu Sundermeier, T., Was ist Religion? Religionswissenschaft im theologischen Kontext (ThB 96), Gütersloh 1999, 358 und besonders ders., Nur gemeinsam können wir leben.
Das Menschenbild schwarzafrikanischer Religionen (GTB Siebenstern 784), Gütersloh
²1990, 74f.
95 Sundermeier, T., Art. ‚Religion/Religionen‘, in: Müller, K., ders. (Hg.), Lexikon missionstheologischer Grundbegriffe, Berlin 1987, 411–422, hier 412.
96 Morenz, S., Ägyptische Religion (RM 8), Stuttgart 1960, IX. Vgl. dazu auch Assmann, J.,
Vorwort, zu: A. Erman (s. Anm. 8), XVI, der betont, dass Morenz daran glaubte, dass der
christliche Gott auch der Gott ist, der sich den Ägyptern geoffenbart hat.
97 Vgl. Kippenberg, H.G., Diskursive Religionswissenschaft. Gedanken zu einer Religionswissenschaft, die weder auf einer allgemein gültigen Definition von Religion noch auf einer
Überlegenheit von Wissenschaft basiert, in: Gladigow, B., ders. (Hg.), Neue Ansätze in der
Religionswissenschaft (FRW 4), München 1983, 9–28, 24–28.

wird es möglich, gerade die Eigenarten der ägyptischen Religion zu beschreiben, die wiederum Jan Assmann in seinem Ma'at-Buch in die schöne Formulierung von der „Kulturgeschichte als Diskursgeschichte" gefasst hat.[98]

Insgesamt zeigt sich somit, dass sich die ägyptische Religion und ihre Geschichte kaum holzschnittartig in ein starres Schema pressen lassen. Es handelt sich vielmehr um einen dynamischen Prozess, bei dem unterschiedliche Konzepte nebeneinander bestehen, die nicht als einander ausschließend angesehen wurden. Dabei wäre zu fragen, ob man die unterschiedlichen Pole in einem solchermaßen bestimmten, „diskursiven Feld"[99], auch unterschiedlichen Trägergruppen zuordnen kann. Antonio Loprieno hat dies für die Tradition loyalistischer Aussagen erwogen, die er verschiedenen Segmenten der ägyptischen Gesellschaft zuordnet.[100] Die ‚Religion' wäre dann an einen „gesellschaftlichen Kommunikationsprozeß" rückgebunden, der durch ein mehrschichtiges Repertoire an Texten, Zeichen und Handlungen bestimmt ist, und nicht im christlichen Sinne als Offenbarungsgeschehen verstanden.[101] Innerhalb des genannten Kommunikationsprozesses kommt es im Alten Ägypten durchaus zu Transformationen und Entwicklungen, aber eben zu einer Transformation ohne Traditionsbruch. Ob man nun im Rahmen eines solchen, diskursgeschichtlichen Paradigmas die Kategorie von primärer und sekundärer Religion noch verwenden will oder nicht, bleibt dem jeweiligen Betrachter überlassen. Über eins muss man sich jedoch im Klaren sein: mit dem Modell von Theo Sundermeier hat dies dann nichts mehr zu tun.[102]

---

98 So der Untertitel von Kapitel 2 „Der Diskurs über die Ma'at", Assmann, J., Ma'at (s. Anm. 28), 40.

99 Zum Begriff Kippenberg, H.G.,von Stuckrad, K., Einführung in die Religionswissenschaft, München 2003, 14f.

100 Vgl. Loprieno, A., Loyalistic Instructions (s. Anm. 76), 407.

101 Auffarth, C., Mohr, H., Art. Religion, in: Auffahrt, C., u.a., Metzler Lexikon Religion (Bd. 3), Stuttgart/Weimar 1999, 160–172, hier 167.

102 Vgl. dazu Sundermeiers scharfe Kritik an dem Konzept von Hans G. Kippenberg und seine Abgrenzung: Sundermeier, T., Religionswissenschaft versus Theologie? Zur Verhältnisbestimmung von Religionswissenschaft und Theologie aus religionswissenschaftlicher Sicht (JBTh 5), 189–206, hier 202.

Griechische Religion als „primäre Religion"?

Walter Burkert (Zürich)

Die Unterscheidung „primärer" und „sekundärer" Religionen, wie sie Jan Assmann und Theo Sundermeier vorgeschlagen haben, bringt eine neue Perspektive ins Spiel der religionswissenschaftlichen Interpretationen. Im Fokus stehen einerseits Israel mit der offenbar „sekundären" Durchsetzung des Eingott-Jahwe-Glaubens, andererseits das Zusammentreffen christlicher und auch islamischer Mission in Schwarzafrika mit hergebrachten Stammesreligionen. Wie Erscheinungen aus weiteren, ferner liegenden Kulturen wie Hinduismus, Buddhismus, Konfuzianismus einzuordnen wären, bleibe dahingestellt.

Vorneweg sei allerdings der Begriff der ‚primären religiösen Erfahrung' in Frage gestellt. Seit vielen Jahrtausenden beginnen Religionen nicht mit individuellen Erfahrungen, sondern mit sozialen Rollenspielen zumal zwischen Erwachsenen und Kindern und mit entsprechender Einpassung und Belehrung. Anders ausgedrückt: Seit unvordenklicher Zeit ist kein individueller Mensch durch eigene Erfahrung darauf gekommen, dass es Religion geben müsse; alle wurden und werden, meist schon als Kinder, in nachdrücklicher Weise mitgenommen und darauf hingeführt, religiöse Praxis mitzumachen; auch die wenigen originellen Religionsschöpfer gehen von einer solchen Basis aus. Jesus war Jude, und Mohammed fand den Stein von Mekka schon vor. Einen ‚Ursprung' fassen wir nicht. Kultur ist immer Tradition – Religion war immer schon da.

Aufzeigen lässt sich dagegen das „Sekundäre" in der Selbstaussage bestimmter Religionen wie auch in der äußeren historischen Beschreibung. Wir finden, was Jan Assmann die ‚Mosaische Unterscheidung' genannt hat, die Absage an eine falsche Religion als Basis der eigenen religiösen Identität. „Du sollst keine anderen Götter neben mir haben", im zweiten Buch Mose, „Ich aber sage euch..." bei Jesus, oder: „Nicht ein Gott außer Allah" – das „Nein" steht da betont am Anfang des Glaubensbekenntnisses. Ein anderes Musterbeispiel wäre die Religion Zarathustras, in der die *Mazda*-Verehrer ausdrücklich zur Absage an die *Daeva*-Verehrer verpflichtet werden; in diesem Fall zeigt die Sprachwissenschaft, dass die *Daeva*-Verehrung das Ursprüngliche war.[1] In

---

1 Zum Mazdaismus Stausberg, M., Die Religion Zarathustras. Geschichte, Gegenwart, Rituale, Stuttgart 2002.

all diesen Fällen geht es wiederum nicht vorrangig um eine „Erfahrung", vielmehr um ein Programm der gewollten Umgestaltung, um Reformation, um Organisation mit bewusst polemischer Ausrichtung: Nicht A, sondern B.

„Primäre" Religionen wären demgegenüber zunächst negativ zu fassen: Keine bekenntnishafte Absage, kein reformatorischer Elan, keine „Mosaische Unterscheidung", was offenbar zusammengeht mit geringerer priesterlicher Organisation und weniger festgelegter Theologie. Gegenbild im Sinne des „Sekundären" sind die äußerlich und theologisch wohl organisierten Weltreligionen, also vor allem Christentum und Islam, trotz ihrer Differenzen. Gemeinsam ist ihnen ja auch die Festlegung auf das Heilige Buch, die Schriftlichkeit.

Was bleibt den „primären" Religionen an positiven Eigenheiten Dies führt auf die heikle Frage einer allgemeinen Definition von „Religion". Hier nur ein kurzer Hinweis:[2] Es geht um eine sehr ernst genommene Kommunikation mit einem Jenseitigen, „Höheren", mit einer nicht direkt zugänglichen Daseinssphäre inmitten der realen sozialen Interaktionen, eine Kommunikation durch Rituale und durch Mythen, d.h. traditionelle Erzählungen inmitten von Ängsten, Hoffnungen und Erfolgserlebnissen. Die Kommunikation läuft dabei immer auf zwei Ebenen, die sich schneiden, mit dem „Höheren" einerseits, mit den sozialen Partnern andererseits, die mit im Spiele sind, sogar beim Einsiedler.

Was nun die griechische Religion betrifft, sei nicht diskutiert, inwieweit wir von einer Religion oder von Religionen sprechen sollten.[3] In der historischen, literarisch zugänglichen Periode ist ein Zusammenhang und eine gewisse Einheit durch die griechische Sprache und bald einmal durch die griechische literarische Bildung von Homer bis zur Christianisierung zweifelsfrei zu konstatieren.

Diese griechische Religion ist sicher keine „tribal religion", ist sie doch inmitten einer intellektuellen Hochkultur entfaltet; sie hat trotzdem einiges mit den von Theo Sundermeier geschilderten Eigenheiten gemein: Man wird in die Religion hineingeboren, nimmt wie selbstverständlich daran teil; es bedürfte besonderer Energie, ‚auszusteigen', während die gelingende Integration sozial belohnt wird. Anderseits ist griechische Religion sicher ein Gegenpol zu dem Gott des Alten Testaments: Griechische Religion nimmt als selbstverständlich den Polytheismus, sie kennt keinen Schöpfergott, keinen göttlichen Herrn der Geschichte, keinen Gott als Gesetzgeber. Die Götter sind da, als wichtige

---

2   Ausführlicher Burkert, W., Kulte des Altertums: Biologische Grundlagen der Religion, München 1998, 18–21.

3   Religions of the Ancient Greeks ist der Titel von S. Price, Cambridge 1999; den traditionellen Singular verwenden Nilsson, M.P., Geschichte der griechischen Religion, München ²1955/1961; Burkert, W., Griechische Religion der Archaischen und Klassischen Epoche, Stuttgart 1977; Bremmer, J.N., Greek Religion, 1994 (dt.: Götter Mythen und Heiligtümer im antiken Griechenland, Darmstadt 1996).

Mächte der natürlichen und der sozialen Wirklichkeit, miteinander, zuweilen auch gegeneinander; man hat mit ihnen zu rechnen.

Zunächst seien einige Elemente des „Primären", des scheinbar Voraussetzungslosen im Rahmen der griechischen Religion oder vielmehr des religiösen Verhaltens skizziert. Als allgemeines Anliegen im Umgang mit Göttlichem kann man das „Heil" nennen, griechisch *soteria*, oder, wie Griechen es noch lieber genannt haben: „das Gute"; „das Gute" ist dabei nicht moralische Verordnung, sondern Inbegriff des Erwünschten überhaupt, das, „wonach alle streben" – so die Definition des „Guten" am Anfang der Nikomachischen Ethik des Aristoteles.[4] Als Initiative gegen alles Unerwünschte, Bedrohliche, alles, was als „schlecht" und „böse" erlebt wird, als Verneinung des Negativen bedeutet religiöse Aktivität demnach zuvörderst Krisenbewältigung.

Insofern hat die Religion durchaus diesseitige Ziele. Was man von den Göttern erwartet, ist Fruchtbarkeit des Landes zur Abwehr von Hungersnot, Heilung von Krankheit und Rettung im Krieg. Man sollte dies, vom Status unserer derzeitigen Sekurität aus, nicht gering schätzen. Im Bereich der Krankheit zumindest bleiben auch wir dem Schrecken ausgesetzt und damit bereit für das überwältigende Erlebnis, wenn Heilung zustande kommt; einen verheerenden Krieg überlebt zu haben, ist unauslöschliche Erinnerung einer jetzt aussterbenden Minderheit.

Religion leistet in solchen Situationen eine bestimmte, durchaus effiziente Art der Angststeuerung; sie schafft virtuelle Ergänzung mit Ansprechpartnern, sie etabliert dabei Rangverhältnisse mit der empfohlenen – von der Primatenintelligenz sowieso vorgesehenen – Unterwerfung unter die „Stärkeren"; „die Stärkeren" (*kreittones*), dies ist ein frommer Ausdruck für Götter und Heroen in der griechischen Sprache. Rang lässt sich auch im Familienbild ausdrücken; dann erscheinen „Herr" und „Herrin" als „Vater" oder „Mutter"; eine grundlegende Distanz zu den „Stärkeren" bleibt erhalten. Das griechische Grundwort der religiösen „Verehrung" ist *sébesthai*, das heißt etymologisch etwas wie „zurückweichen", „zurückschrecken".[5] Es geht um das „gute Distanz-Halten", *eusébeia*; wir übersetzen das mit ‚Frömmigkeit'.

Die Angststeuerung erfasst Individuelles so gut wie Kollektives. In der Tat finden wir vor allem die etablierten Ordnungen der Gesellschaft durch Religion akzentuiert. So profiliert sich die herrschende Elite, ob König im Orient oder die gewählten Beamten in der griechischen Polis, so gut wie Kaiser Augustus in Rom. Als Opfernder stellt sich Augustus, der Herr der Welt, auf seiner Ara Pacis dar.[6]

---

4   Arist. EN 1094a3; darum wird empfohlen, schlicht um „das Gute" zu beten, Eur. Hel. 753, Xen. Mem. 1,3,2, Plat. Alk. II 141c.

5   Chantraine, P., Dictionnaire étymologique de la langue grecque I/II, Paris 1968/80, s.v. *sébomai*.

6   Vgl. Simon, E., Ara pacis Augustae, Tübingen 1967.

Unter den Ritualen, den Handlungen mit Zeichencharakter, stehen „Opfer" voran; Opfer ist die „heilige Handlung" schlechthin, griechisch *hierá*, lateinisch *sacri-ficium*. Die vorrangige Rolle des Tiere-Schlachtens in diesem Zusammenhang sei hier nicht besprochen.[7] Hand in Hand damit geht immer auch die „Gabe", d.h. eine wirtschaftliche Transaktion und Verteilung.[8] Die Kommunikation mit dem Höheren wird akzentuiert durch das Gebet, oft auch durch Gesang – durch „Hymnen" – und durch Tänze; das Spektrum reicht dabei von tränenreicher Klage bis zum himmelhohen Jubel. Die Antwort von der anderen, höheren Seite her wird durch Formen der Divination gesichert: durch sie geben die Götter Bescheid, durch welche Methode auch immer, durch Vögel, Leberschau, Träume und Visionen.[9]

Das Sprechen über Götter wird ausgebaut durch Formen des Erzählens, durch „Mythen" – um das griechische Wort zu gebrauchen, das sich durchgesetzt hat.[10] Solches Erzählen gestattet vor allem, mehrere Götter in den Blick zu fassen und damit verschiedene Aspekte der Wirklichkeit ins Benehmen zu setzen; dazu gehört der beliebte Begriff einer „Götterversammlung", vom Alten Orient bis zum Parthenon.

Eine besondere Rolle gewinnt die Interaktion mit dem Höheren in den feierlichen Formen des Vertrags, durch die „Eide". Dass man Religion vor allem darum braucht, weil es ohne Eide keine soziale Verlässlichkeit gäbe, im privaten wie im öffentlichen Bereich, das ist eine altverwurzelte und bis in die Neuzeit anhaltende Überzeugung.[11] Hier wird, freilich zunächst eher punktuell, „Ethik" in der Religion aufgebaut, was oft genug freilich dann von den Raffinierten auch wieder unterlaufen wird.

Was bisher skizziert wurde, lässt kaum grundsätzliche Unterschiede zu Sumerern, Assyrern, Hethitern, Syrern, Kelten oder Germanen erkennen. Für die ältere nahöstlich-mediterrane Welt kann man von einer *Koiné* der Bronze-

7   Dazu Burkert, W., Homo Necans. Interpretationen altgriechischer Opferriten und Mythen, Berlin 1972.

8   Burkert, W., Kulte (s. Anm. 2), 158–188.

9   Vgl. ‚Divination' in: Thesaurus Cultus et Rituum Antiquorum (ThesCRA III), Los Angeles 2005, 1–51.

10   Die Diskussion um den Begriff des „Mythos" ist unübersehbar. Verwiesen sei auf Assmann, A. u. J., Handbuch religionswissenschaftlicher Grundbegriffe IV, Stuttgart 1998, 179–200 s.v. Mythos; Graf, F., Griechische Mythologie, München/Zürich ³1991; R. Buxton, Imaginary Greece. The Contexts of Mythology, Cambridge 1994; Brisson, L., Einführung in die Philosophie des Mythos I, Darmstadt 1996; Moreau, A., Mythes grecs: Origines, Montpellier 1999; Calame, C., Politique des mythes dans la Grèce antique, Paris 2000; Detienne, M., The Writing of Orpheus. Greek Myth in Cultural Contact, Baltimore 2003; eigene Versuche: Burkert, W., Structure and History in Greek Mythology and Ritual, Berkeley 1979; ders., Mythos – Begriff, Struktur, Funktionen, in: Graf, F. (Hg.), Mythen in mythenloser Gesellschaft, Stuttgart 1993, 9–24; ders., Antiker Mythos – Begriff und Funktion, in: Hofmann, H., (Hg.), Antike Mythen in der europäischer Tradition, Tübingen 1999, 11–26.

11   Burkert, W., Kulte (s. Anm. 2), 205–212.

zeit sprechen, die auch Kreta und Griechenland umfasst. Zur *Koiné* gehört auch die fast selbstverständliche Praxis von Götter-Gleichungen: Götter sind übersetzbar, von eine Sprache, einem Volk zum anderen.[12] Eine solche *Koiné* bleibt auch im 1. Jt. bestehen, obgleich mit der Alphabetschrift, die statt Tontafeln vergängliches Schreibmaterial verwendet, ein fast totaler Blackout der Überlieferung eingetreten ist; einigermaßen genau kennen wir dann neben Ägypten und dem Keilschrift-Iraq nur noch Israel und Griechenland, wo literarische Werke durch Tradition erhalten blieben.

Freilich gibt es im Rahmen einer solchen *Koiné* gewiss auch Besonderheiten des Griechischen. Negativ genannt sei zunächst die auffällige Unterentwicklung der priesterlichen Organisationen. Es gibt keinen Stand von Priestern, keinen gegenseitigen Verband, kein Kriterium der Zugehörigkeit; Priester kann „jeder machen", heißt es einmal ausdrücklich.[13] Das steht im Gegensatz zu indischen Brahmanen wie zu Ägyptern, aber auch zu Rom, wo Gruppen wie *flamines* und *pontifices*, auch *Salii* und *Fratres Arvales* ihre unveränderlichen Rituale beibehalten, mit bald einmal unverständlichen Texten. Es gibt in Griechenland wie auch in Rom keine Tempelwirtschaft als Zentrum der Ökonomie, wie sie im Nahen Osten und in Ägypten entwickelt war. Die Tempel fallen weithin in die Zuständigkeit der Polis, Priestertümer beziehen sich jeweils nur auf einen lokalen Kult, sie können zumindest seit dem Hellenismus auch versteigert werden. Im Hintergrund steht die Reduktion bzw. Abschaffung des Königtums, wo doch in den älteren Religionen der König, der Pharao die religiösen Aktivitäten in seiner Person konzentriert hatte.

Positiv steht dem gegenüber die maßgebende Gestaltung des Polytheismus durch die Dichtung. Wir brauchen „Homer" hier nicht zu erklären,[14] nur zur Kenntnis zu nehmen, dass Homer zusammen mit Hesiod „den Griechen ihre Götter gegeben hat", wie schon Herodot es formuliert.[15] Inwieweit das „Homerische" als Einheit oder Sammelsurium zu nehmen ist, mag beiseite bleiben. Jedenfalls haben dann auch die späteren Dichter in ihrer Weise am Bild der Götter gearbeitet. Was wäre Dionysos für uns ohne Euripides' *Bakchai*? Der Dichtung folgt die Entwicklung der Bildkunst; seit dem Ende des 7.Jh. tritt der Tempelbau in den Vordergrund. Pheidias, der Schöpfer des wirkungsmächtigen Zeusbildes im Tempel von Olympia, soll gesagt haben, die Inspiration zu diesem Werk sei ihm von jenen Homerversen gekommen, als da Zeus mit dem

---

12 Burkert, W., Migrating Gods and Syncretisms: Forms of Cult Transfer in the Ancient Mediterranean, in: Kleine Schriften II, Göttingen 2003, 17–36.

13 Isokrates 2,6.

14 Zur Einführung und Übersicht: Latacz, J., Zweihundert Jahre Homer-Forschung, Stuttgart 1991; Morris, I., Powell, B., A New Companion to Homer, Leiden 1997; Montanari, F., Omero tremila anni dopo, Rom 2002; Fowler, R., Cambridge Companion to Homer, Cambridge 2004; Foley, J.M., A Companion to Ancient Epic, Oxford 2005.

15 Hdt. 2,53.

Nicken seines Hauptes den großen Olymp erschüttert.[16] Dichtung, Tempel,
Götterbild, dies konstituiert einen Inbegriff von „Schönheit" und „Erhaben-
heit" im Zentrum der griechischen Religion. Es stellt zugleich ein durchaus
gesamtgriechisches Charakteristikum heraus. Sofern „Theologie" damit Hand
in Hand geht, ist es vor allem der Gegensatz von Unsterblichen und Sterblichen, wie ihn Homer maßgebend benannt und gestaltet hat; das unveränderliche, dauerhaft „schöne" Götterbild ist Gegenbild des Menschlichen. Der
Mensch geht dem Tod entgegen; doch Trauerrituale und Totenkult werden
vom Götterkult strikt abgetrennt. Unmöglich wäre es, einen Tempelbezirk zum
Friedhof zu machen.

Einige Zeugnisse mögen beispielhaft die Dimensionen religiöser Aktivität
in Griechenland anzeigen.

1. Die Bronzestatuette des Mantiklos, heute in Boston,[17] um 700 v.Chr. datiert, mit der Inschrift „Mantiklos hat mich gestiftet für den Ferntreffenden mit
dem Silberbogen, vom Zehnten: Du, Phoibos, gib erfreuliche Gegengabe."
Man entnimmt dem Namen, dass der Stiftende ein Seher war, den seine Seher-
kunst zu Ruhm und Erfolg geführt hatte. Solchen Erfolg verdankt er seinem
Gott, dem er darum den „Zehnten" stiftet – der „Zehnte" für den Gott, das ist
im Orient und auch in Israel recht verbreitet, z.B. im Heiligtum von Beth-El.[18]
Bei Mantiklos geht mit der Opfergabe die ungescheute Bitte um Gegengabe
einher: Die Offenbarung des Gottes-Kontaktes wird in Kraft gesetzt und weitergeführt durch den Zehnten. Ein Zyklus von göttlichem Segen, Dank und
erneuertem Segen wird entworfen. Der Seher lebt von seinem Gott und er
erfreut den Gott, mit der Gabe wie mit den schmückenden Beiwörtern. Gegengabe ist *charis*-reich: *Charis*, das ist sozusagen das gegenseitige Sich-
Anlächeln. Der Text zeigt zugleich die Verwurzelung in der Sprache Homers:
es sind „homerische" Hexameter, der Gott hat seine rhythmischen Beinamen
aus der Dichtung, *hekebólos argyrótoxos*. Durch das Aufstellen der Statuette in
einem Heiligtum erfolgt zugleich die Mitteilung an die sozialen Partner: ein
Auserwählter des Gottes stellt mit seinem Gott sich selber dar.

2. Als zweites Beispiel der Abschluss des sogenannten homerischen De-
meterhymnos, ein Stück hexametrischer Dichtung, um 600 v.Chr., „Einleitung" (*prooímion*) zu einem Epos-Vortrag im lokalen Heiligtum, in diesem
Fall wohl Eleusis.[19] Hauptinhalt des mythischen Erzählung ist die Einkehr der
Göttin Demeter in Eleusis und die Stiftung der Mysterien eben dort: „Selig,
wer das geschaut hat": Der Geweihte hat eine Sonderstellung in der Welt der

---

16   Strab. 8,3,30 p. 354; Ilias 1,528–530.
17   Lexikon Iconographicum Mythologiae Classicae s.v. Apollon nr. 40; Carmina epigraphica
     Graeca saeculorum VIII–V a. Chr. n. ed. P. A. Hansen, Berlin 1983, nr. 326; Burkert, W.,
     Kulte (s. Anm. 2), 158 f.
18   1. Mose 28,22.
19   The Homeric Hymn to Demeter ed. N.J. Richardson, Oxford 1974.

Toten. Dann aber folgt: Demeter und Persephone „gingen zum Olymp, in die Versammlung der anderen Götter; dort wohnen sie bei Zeus, dem blitzesfrohen, ehrwürdig, Achtung gebietend; besonders glücklich, wen jene unter den irdischen Menschen sich bereitwillig zum Freunde machen: Ihm schicken sie alsbald als Genossen in sein großes Haus den Ploutos, der den sterblichen Menschen ihren Wohlstand gibt".[20] *Ploutos*, das ist der Getreidereichtum, wobei eben Getreide in vor-monetärer Zeit den wahren Reichtum ausmacht – in der Bildkunst wird Ploutos, personifiziert, als ein Knabe inmitten reifer Weizenähren dargestellt.[21] Das ist das allgemeinste „Gut", das alle von den eleusinischen Göttinnen erwarten; das will man im Hause haben; die jenseitige Seligkeit, die die Mysterien verheißen, scheint damit sogar in den Hintergrund gedrängt zu sein. Die Athener haben offiziell durch Volksbeschluss alle Menschen aufgefordert, „Erstlingsgaben" von Getreide, *aparchai*, nach Eleusis zu schicken, denn dort sei das Getreide ja von den Göttinnen gestiftet worden;[22] die Athener haben dort ganz reale Getreidespeicher gebaut, deren Steinfassungen noch heute deutlich zu erkennen sind. Die Menschen leben von der „Gabe" der Göttinnen, sie ehren diese mit ihren „Gaben", wovon dann in diesem Fall die Athener wiederum in besonderer Weise profitieren – ein glücklicher Kreislauf.

3. Zum dritten sei für die Situation des Krieges Aischylos herausgegriffen, sein Thebanerdrama, 467 v.Chr.[23] Die „Sieben gegen Theben" starten soeben zum Angriff. Die Frauen von Theben sind in ihrer Angst auf die Burg geeilt, – das ist der Chor im Drama –, sie suchen Hilfe bei den „Göttern, die die Stadt halten", *theoì poliaoûchoi* (108). Das sind Zeus, Athena, Ares, Aphrodite, Apollon, Artemis, alle zusammen; die Frauen beten (166–181):

> „O Ihr allstarken Götter, oh ihr zielsicheren Burgwächter dieses Landes, gebt die vom Speer bedrängte Stadt nicht einem fremdsprachigen Heere preis... O ihr lieben Gottheiten, umsteht als Erlöser die Stadt, zeigt, daß ihr Stadt-liebend seid, bedenkt die Opfer des Volks, dies bedenkend kommt zu Hilfe, seid mir eingedenk der gernopfernden Feste der Stadt."

Später heißt es (304–320):

> „Welches Stück Erde könntet Ihr allenfalls finden, das besser wäre als dieses hier, falls Ihr den Fremden dieses tiefverwurzelte Land preisgebt?... Drum, ihr Stadthaltenden Götter, flößt denen da draußen vor den Toren männervernichtende Feigheit ein, Verblendung, die die Waffen wegwirft, zum Ruhm für diese Bürger hier; als Retter der Stadt nehmt Platz auf den guten Thronen – kraft dieser schrill klagenden Bitten."

---

20   Hy. Dem. (s. Anm. 19), 484–489.
21   Clinton, K., Myth and Cult. The Iconography of the Eleusinian Mysteries, Stockholm 1992, 160; 172.
22   Inscriptiones Graecae I³ 78.
23   Text nach West, M.L., Aeschylus Tragoediae, Stuttgart 1990.

Kein Zweifel, dies ist Theater, obendrein geht es um Theben, nicht um Athen, und es beten emotional aufgelöste Frauen, denen König Eteokles als der gefaßte Mann gegenübersteht, Eteokles, der dann seinerseits aber gottverlassen, wie er weiß, dem Tod im Bruderkampf entgegengeht (702): „Die Götter haben irgendwie die Sorge um mich eingestellt"; sagt er. Die Stadt aber wird gerettet. In Athen hatte man 13 Jahre früher immerhin die Bedrohung und die Eroberung durch die Perser mitgemacht; damals hat man „die Stadt der Athena, die sich Athens annimmt, anvertraut", wie das Dekret des Themistokles es formuliert,[24] und vollständig evakuiert. Dann konnte man zurückkehren. „Nicht wir haben das geschafft, sondern die Götter", lässt Herodot den Themistokles nach der Schlacht von Salamis sagen.[25] Die Götter, sie alle vereint, sind die möglichen Garanten der Rettung, in einem Verhältnis der Nähe, das von Seiten der Stadt durch die städtischen Opfer in Kraft erhalten wird und im Erfolg der Rettung sich manifestiert. Es bleiben, auch im Interesse der Götter, die Tempel und ihre Kulte, samt den Dankgeschenken nach dem glücklichen Ende – vom Perserkrieg blieb die Schlangensäule in Delphi, deren kümmerlicher Rest noch in Istanbul steht. Als der Gotenherrscher Alarich auf seinem Plünderungszug sich Athen näherte, sah er Athena Promachos und Achilleus auf den Mauern stehen, und darum versuchte Alarich nicht, Athen zu erobern, und er verschonte auch Attika; er ließ sich mit einer kleinen Delegation in der Stadt freundlich bewirten – so die heidnische Geschichtsschreibung.[26] Als Alarich dann 410 n.Chr. Rom eroberte, sagte man: da sieht man, was der Abfall von den alten Göttern angerichtet hat.

4. Schließlich noch ein Beispiel aus dem Bereich der Heilung: Isyllos von Epidauros.[27] Darüber informiert uns eine große Inschrift aus Epidauros, deren Angaben hier wiedergegeben werden, umgestellt in die reale Zeitfolge: Um 338 v.Chr. wurde ein kranker Knabe – offenbar eben Isyllos selbst – ins Heiligtum nach Epidauros gebracht, um die Hilfe des Heilgottes Asklepios zu suchen. Er hatte dort eine Vision des Gottes, wie man sie erwartete – es gibt umfassende Aufzeichnungen von Heilungen, Wunderheilungen, sagen wir, in Epidauros.[28] Auch Isyllos, der kranke Knabe, sah Asklepios, aber überraschenderweise „glänzend in goldenen Waffen", und er ließ sich vom Gott sagen, er, der Gott, müsse jetzt erst einmal nach Sparta gehen, um die brave Stadt Sparta vor König Philipp zu retten; dann werde er zur rechten Zeit wiederkommen – offenbar heißt dies, dass die Heilung versprochen, aber verzögert ist. Sie ist

24   Meiggs, R., Lewis, D., A Selection of Greek Historical Inscriptions to the End of the Fifth Century B.C., Oxford 1969, nr. 23; die anhaltende Diskussion um die Authentizität dieses Textes ist hier nicht von Belang.
25   Hdt. 8,109,3.
26   Zosimos 5,6,1.
27   Inscriptiones Graecae IV² 128; U. v. Wilamowitz-Moellendorff, Isyllos von Epidauros, Berlin 1886; Furley, W.D., Bremer, J.D., Greek Hymns, Tübingen 2001, nr. 6.4.
28   Herzog, R., Die Wunderheilungen von Epidauros, Leipzig 1931.

dann doch zustande gekommen, und nun steht die Danksagung an; man lässt sich dies etwas kosten: Der Knabe – er gibt sich jetzt mit ‚ich' zu erkennen – reist nach Sparta, um dort kraft seiner Vision zu verkünden, wem Sparta die inzwischen erfolgte Rettung zu verdanken hat; man hört auf Isyllos, die Spartaner feiern ein großes Dankfest für Asklepios, den Retter – eine Hauptrolle im Fest fiel ja wohl Isyllos zu. Nicht genug damit: Isyllos hat dann auch in Epidauros ein Gesetz durchgebracht, wonach regelmäßig ein zusätzliches Fest für Asklepios zu feiern sei, und er hat dafür selbst einen „Paian" gedichtet – ein recht konventionelles Elaborat, das die etwas komplizierte Genealogie und Geburt des Gottes zum Inhalt hat, ein Stück sozusagen hesiodeischer Mythologie. Und nun hat Isyllos sich auch noch vom Orakel von Delphi die Anweisung verschafft, diesen Paian öffentlich aufzeichnen zu lassen – so entstand die Inschrifttafel, die wir haben.

Der Heilgott bewährt sich in der Krankenheilung – Tempel und Theater von Epidauros waren damals gerade gebaut. Isyllos aber wurde durch sein privates, verzögertes Heilungserlebnis, samt der Verflechtung in das politisch-militärische Geschehen der Tage, zum Herold seines Gottes, er konnte in Sparta Eindruck machen und auch in Epidauros sich durchsetzen. Er reiste mit seiner Geschichte, möchte man meinen, über Jahre hin; daß er die Autorisierung des Delphischen Orakels für die Aufzeichnung seiner Gedichte brauchte, deutet doch wohl darauf, daß manche selbst im Asklepios-frommen Epidauros der Meinung waren, es reiche allmählich. *Mikrophilotimos*, ehrgeizig im Kleinen, möchte man ihn nennen, mit einem Terminus aus Theophrasts ‚Charakteren'. Immerhin gibt er ein individuelles Beispiel, wie ein Mensch aus religiösem Erlebnis religiöse Aktivität entwickeln und dadurch besonderen Status gewinnen kann; zugleich wird illustriert, wie die „Missionierung" eines Kultes vom persönlichen Einsatz abhängt. Das religiöse Erlebnis drängt an die Öffentlichkeit und setzt etablierte Formen des Gottesdienstes in Bewegung.

Nahrung, Rettung aus Krieg, Krankenheilung, dazu die Divination – das sind „primäre", elementare Bereiche, in denen sich griechische Religion bewährt. Die Einordnung als „primäre Religion" lässt sich trotzdem hinterfragen: Was wir fassen, ist nicht in schlichter Weise einfach da und entsteht auch nicht immer neu aus spontaner Erfahrung. Gegeben sind die Traditionen. Diese aber lassen ihrerseits durchaus „Reformen" und Umbrüche oder zumindest bemerkenswerte Veränderungen erkennen, auch wenn nur wenig aus der Vorgeschichte zu fassen ist und Einzelheiten weithin versunken bleiben. Es geht insofern mehr um eine Problemanzeige als um Fakten.

Zum einen: Die Rekonstruktion einer indogermanischen Sprache, die weithin gelungen ist, stellt uralte Kontinuitäten vor Augen; [29] dies reicht bis weit vor die Pyramiden zurück. Dazu gehört *Deiv-/Dieu-*, ein Wort für einen

---

29   Burkert, W., Griechische Religion (s. Anm. 3), 42–48.

„Gott", das zugleich mit „lichtem Himmel" und „Tag" assoziiert ist. Man
kennt es aus dem Lateinischen, *deus dies Diespiter*, also ‚Vater Himmel' –
Juppiter ist der Vokativ dazu. Dem entspricht griechisch der *Zeùs patér*. Er hat
von der indogermanischen Tradition her eine Frau, *Plataía* die ‚breite' Erde –
dies ist nur noch in einem Nebentrieb der griechischen Tradition zu fassen –,
er hat auch eine Tochter, die Morgenröte *Ausos* – griechisch ist das Wort zu
Eós weitentwickelt, lateinisch *Aurora*.

Das allgemeine Wort für einen „Gott" aber, *deivos*, lateinisch *deus*, ist im
Griechischen, und zwar bereits in der Bronzezeit, verschwunden; anders als im
Fall Zarathustra, wo *Daeva*-Verehrung das explizit abgelehnte Fehlverhalten
ist, existiert *deios* im Griechischen nicht mehr, es ist ersetzt durch *theós*, ein
völlig anderes Wort, Stamm *thes-*, nicht *deiv/dieu*. Dieses Wort ist nur griechisch, hat keine indogermanische Verwandtschaft, keine sichere Etymologie.[30] Übrigens haben wir ja auch im Germanischen mit „Gott" eine Neubildung unbestimmter Etymologie.

Was ist das Besondere an *theós*? Offenbar geht es nicht um Naturhaftes,
Aufleuchtendes, Aufstrahlendes; wir finden *theós* vor allem mit Divination
verbunden, einem Sagen und Raunen: *thespésios*, *thésphatos*, *Thesprotoí*,
theoprópos. Altgriechisches *theós* bildet normalerweise keinen Vokativ –
anders das Neugriechische –, es wird eher als Prädikat verwendet, auch in der
Verdoppelung wie ein Warnruf: *theós theós*, *deus ecce deus*.[31]

Eine andere Veränderung scheint damit einherzugehen: das griechische
Wort für „heilig", *hierós*, ist neu in dieser Funktion; das indogermanische
Wort für „heilig", „verehrungswürdig" ist in der Wortfamilie *hágios*, *hagnós*,
házesthai erhalten und immer noch vorwiegend im religiösen Bereich geläu-
fig;[32] eigentlich Religiöses aber bezeichnet *hierós*; seit man einen Artikel hat,
ist das Heiligtum *tò hierón*, die Opfer sind *tà hierá*; dazu *hiereús* der Priester,
hiéreia die Priesterin. Es fehlt für die Bronzezeit an Kontexten. Immerhin kann
man eine enge Verbindung mit den Palästen vermuten, die, wie im Osten, die
Religion über die Abgaben organisieren. Die Septuaginta und dann die Christianisierung ließen *hágios* wieder in den Vordergrund treten.

Ein zweiter Umbruch nicht sprachlicher, sondern ritueller Art ist anzuzei-
gen, er fällt offenbar zwischen die Bronzezeit und die historische Zeit: Es
handelt sich um die Etablierung des Brandopferaltars mit der seit Homer fass-
baren Opferzeremonie des Knochen-Verbrennens. Das übliche Zentrum griechischer Heiligtümer ist die Verbindung von Tempel und Brandaltar je vor
dem Eingang. Eines der frühesten Beispiele ist offenbar Samos, im 8. Jh.

---

30   Burkert, W., From epiphany to cult statue, in: A. B. Lloyd, ed., What is a God? Studies in
      the nature of Greek divinity, London 1997, 15–34. Die bronzezeitlichen Texte in: Gérard-
      Rousseau, M., Les mentions religieuses dans les tablettes mycéniennes, Rom 1968.
31   Bacchylides 3,21; Vergil Aen. 6,46.
32   Chantraine, P., Dictionaire (s. Anm. 5), s.v. *hazomai*.

Dieser Standard ist nicht bronzezeitlich; man kennt mykenische Heiligtümer, nicht aber eigentliche Tempel, und keinen Altar zum Knochen-Verbrennen.[33] Dabei gab es im Mykenischen bestimmt Tieropfer, sogar die dann im Römischen prominente Kombination von Schwein-Schaf-Rind, *suovitaurilia*.[34] Man kann die funktionelle Veränderung vermutungsweise beschreiben: Das vom Palast vorgegebene Rollenspiel ist verschwunden; niemand nährt mehr die Götter durch Präsentation auf „tables of offerings", wobei viele Menschen von den Überbleibseln' solcher Präsentation leben konnten; man trifft sich einfach zur gemeinsame Fleischmahlzeit, wobei die Rituale des „Anfangens" und des Verbrennens von Knochen und Fett die göttliche Dimension, auch die göttliche Legitimation festhalten. Dass die Götter bei dieser Verteilung zu kurz kommen, gibt der Prometheusmythos zu bedenken.[35] Sozial eingeprägt wird die Notwendigkeit, ja Unabänderlichkeit einer „Verteilung", *Moira*. Eigentümlicherweise geht das griechische Ritual um den Brandopferaltar eng zusammen mit Westsemitischem, wie wir es aus dem Alten Testament kennen; auch archäologisch ist dies an Hand von entsprechenden Altären früher als in Griechenland zu fassen.[36] Dass Cypern als Zwischenglied eine Rolle spielte, lässt sich vermuten; auch an die Philister, die ja aus der Ägäis nach Palästina kamen, lässt sich denken; *bamah*, die hebräische Bezeichnung der „Kulthöhe", scheint sprachlich identisch mit griechisch *bomós*, dem Altar, wobei das griechische, nicht aber das hebräische Wort eine Etymologie hat.[37] Doch sei dem Dunkel der „Dunklen Jahrhunderte" nicht weiter nachgegangen. Genüge es festzuhalten, dass nicht alles in einer „primären" Religion unveränderlich-uralt sein muss.

Eine dritte Veränderung dürfte noch im Einbruch der poetisch entfalteten Göttermythologie aus den orientalischen Hochkulturen vorliegen, wie sie gerade bei Homer und bei Hesiod zu fassen ist.[38] Damit war der Vorrang einer eloquenten Phantasie gegenüber schlichter Tradition und „Glauben" auf den Weg gebracht. Aber es gab mythologischen Polytheismus offenbar schon im Indogermanischen, er ist in Spuren auch im Mykenischen zu fassen; dies zu entwirren sei hier nicht versucht.

---

33 Burkert, W., Griechische Religion (s. Anm. 3) 94 f.; vgl. Hermary, A., Les sacrifices dans le monde Grec (ThesCRA I), Los Angeles 2004, 59–135.
34 Burkert, W., Griechische Religion (s. Anm. 3), 87.
35 Hes. Theog. 535–616.
36 Vgl. Anm. 34; Yavis, C.G., Greek Altars, Saint Louis 1947.
37 Burkert, W., Reshep-Figuren, Apollon von Amyklai und die ‚Erfindung' des Opfers auf Cypern, Grazer Beiträge 4, 1975, 51–79; ders., Lescha-Lishkah. Sakrale Gastlichkeit zwischen Palästina und Griechenland, in: Janowski, B., Koch, K., Wilhelm, G. (Hg.), Religionsgeschichtliche Beziehungen zwischen Kleinasien, Nordsyrien und dem Alten Testament, Freiburg 1993, 19–38.
38 Burkert, W., The Orientalizing Revolution, Cambridge, Mass. 1992; M. L. West, The East Face of Helicon. West Asiatic Elements in Greek Poetry and Myth, Oxford 1997.

Gibt es Reformansätze oder etwa gar zerstörerische Krisen, gab es das Andrängen eines „Sekundären" Stadiums im Bereich der griechischen Religion der historischen Zeit?

Hier ist zunächst eine Konstruktion abzuweisen, die für die Religions- und Geistesgeschichte Bedeutung gewonnen hat, nämlich die These vom sekundären Einbruch der Dionysos-Religion in der archaischen Epoche. Es geht dabei im Wesentlichen um das an sich bewunderungswürdige Buch *Psyche* von Erwin Rohde.[39] Nach dieser These wäre Dionysos ein fremder Gott, noch unbekannt in den älteren Schichten der Überlieferung, auch in den alten Schichten der Ilias; er sei aus thrakischem Bereich nach Griechenland vorgedrungen, und er habe nicht nur Formen des veränderten Bewusstseins, der „Raserei", mitgebracht, sondern insbesondere auch die Idee von einer Unsterblichkeit, ja Göttlichkeit der Seele; das würde ein grundsätzlich verändertes Stadium der griechischen Religion bedeuten. Diese imponierende, freilich auch umstrittene Konstruktion ist endgültig zusammengebrochen, als 1991 eine Linear-B-Tafel aus Chania auf Kreta – antik Kydonia – veröffentlicht wurde, die Honig-Opfer „in das Zeusheiligtum", „für Zeus" und „für Dionysos" vorschreibt.[40] Schon im 13.Jh. also wird in Kydonia Dionysos im Zeusheiligtum verehrt; sicher hört man auch damals schon aus dem ersten Teil seines Namens „Zeus" heraus. Dionysos in Verbindung mit Zeus ist bronzezeitlich. Freilich bleibt die Aufgabe, den vielgestaltigen Dionysos-Komplex in seiner auch historischen Entfaltung und Veränderung zu analysieren.

Deutlich ist seit dem 6.Jh. wenn nicht ein Neubeginn, so doch eine neue Aktivität von „Mysterien", einerseits an der Mysterienstätte von Eleusis, andererseits in lokal nicht fixierten „bakchischen", dionysischen Mysterien.[41] Es geht um geheime Weihen, die insbesondere auf ein privilegiertes Leben nach dem Tod ausgerichtet sind. Die bakchischen Mysterien waren offenbar von wandernden Reinigungspriestern, *kathartaí*, *telestaí*, getragen. Von „vielen Büchern" ist die Rede, offenbar gab es esoterische Mythenversionen, etwa vom Tod des Gottes Dionysos. Inwieweit man dabei von ‚Orphik' zu sprechen hat, insofern etliche Schriften als Werke des vorhomerischen Sängers Orpheus ausgegeben wurden, steht dahin; sicher spielen, gerade im 6.Jh., Einflüsse vom ägyptischen Totenglauben und Totenritual eine Rolle.[42] Die Situation ist also alles andere als schlicht „primär". Und doch dürfte festzuhalten sein: Es geht hier nicht um neue Religionen, allenfalls um neue Spielarten, um Ergänzungen der bestehenden „Religionen", um neue Möglichkeiten innerhalb des vorgege-

---

39   Rohde, E., Psyche, Tübingen 1894, ²1898.

40   Kadmos 31, 1992, 75–81; Palaima, T.G., in: Die Geschichte der Hellenischen Sprache und Schrift, Ohlstadt 1998, 205–222.

41   Übersicht jetzt in Burkert, W., Initiation (ThesCRA II), Los Angeles 2004, 91–124; vgl. ders., Antike Mysterien, München ³1994.

42   Burkert, W., Die Griechen und der Orient, München 2003, 79–106.

benen allgemeinen Rahmens. Die Wallfahrt der Jakobspilger nach Santiago di Compostela macht keine neue Religion, auch wenn sie als eindrucksvolle Variante, wenn nicht gar „Mode" in die christliche Praxis des späteren Mittelalters eingeht.

Ähnliches gilt, meine ich, auch für das, was gleichfalls seit dem 6. Jh. in Erscheinung tritt: alternative Lebensformen, die empfohlen werden. Es gibt einen „pythagoreischen *bios*" und einen „orphischen *bios*";[43] für diesen besonders ist die Fleischenthaltung, der Vegetarismus wesentlich. Überhaupt ist man bemüht um besondere „Reinheit"; Telesten, Weihepriester bieten entsprechende „Reinigungen" (*katharmoí*) an. Auch *pístis* „Glaube" als dauerhaftes Vertrauen, das die Wirkung solcher Riten in Kraft setzt und in Kraft hält, scheint dabei wichtig zu werden.[44] Man hat, nach Marcel Detienne,[45] solche Lebensformen als „déviance", als Abweichlertum gegenüber der Normalform einer Polis-Existenz bezeichnet. Von verheerenden Gewaltausbrüchen wird im Bereich der Pythagoreer berichtet, wobei wohl Religiöses und Politisches ineinandergingen; doch fehlt es an Primärquellen. Die „Orphiker" scheinen weniger Skandal erregt zu haben, dürften aber eher als recht lockeres Konglomerat zu betrachten sein.

Gewiss, die Polis, ob aristokratisch oder demokratisch verfasst, behält sich vor, auch den Götterkult zu regeln – so wie die Gesetzgeber auch unbedenklich in die Rituale des Totenkultes einzugreifen pflegten. Sokrates wurde verurteilt, „weil er die Götter nicht im Brauch hält, wie die Stadt das tut, sondern neue *daimonia* einführt";[46] einige private Seherinnen/ Priesterinnen wurden im 4. Jh. in Athen hingerichtet wegen Verdachts auf Magie und bedenkliche Sektenbildung;[47] man sollte Privatkulte überhaupt verbieten, meinte Platon und andere nach ihm.[48] Ein Sonderfall sind die vom römischen Senat im Jahr 186 brutal unterdrückten Bacchanalia, Dionysos-Mysterien in Italien. Laut dem – kritischen Einwänden durchaus ausgesetzten – Bericht des Livius warf man den Eingeweihten ein Initiationsritual durch sexuelle Vergewaltigung vor, außerdem zweifelhafte Finanzgeschäfte mit erschlichenen Testamenten, wenn nicht gar Mord. „Ein neues Volk" sei da im Entstehen, heißt es. Verfolgt und bestraft wird indes nur die angeblich korrumpierte Praxis; der Gott Bakchos-

---

43   Plat. Resp. 600a; Leg.782c; Eur. Hippol. 952–954; Burkert, W., Lore and Science in Ancient Pythagoreanism, Cambridge, Mass. 1972, 166–192; Riedweg, Chr., Pythagoras. Leben – Lehre – Nachwirkung, München 2002, 47–60.

44   Pap. Derveni: Betegh, G., The Derveni Papyrus, Cambridge 2004, col. 5; Plat. Gorg. 493c.

45   Detienne, M., Les Chemins de la Déviance: Orphisme, Dionysisme et Pythagorisme, in: Orfismo in Magna Grecia, Napoli 1975, 49–79.

46   Plat. Apol. 24bc; Diog. Laert. 2,40. Garland, R., Introducing New Gods, Ithaca 1992.

47   Burkert, W., Profanation, in: ThesCRA III 6 h, Los Angeles 2005, 275.

48   Plat. Leg. 909d– 910e; (fingierte) Maecenas-Rede bei Cass. Dio 52,36,1–2.

Dionysos bleibt unberührt.[49] Kein „Verbrenne was du angebetet hast, bete an, was du verbrannt hast" – so Bischof Remigius zum Frankenkönig Chlodwig.[50] Das authentische Dokument, das *Senatus Consultum de Bacchanalibus*, fügt den Verboten gleich die Ausnahmeregelung an: „Wenn es Leute gibt, die sagen, für sie sei es notwendig ein Bacchanal zu haben, sollen sie zum Prätor in die Stadt Rom kommen", und der Senat kann dann von Fall zu Fall Beschluss fassen. Solche Ausnahmeregelung, mit Rücksicht auf individuelle oder familiäre „Notwendigkeit", wäre ja wohl in christlicher oder islamischer Missionierung oder in Ketzerprozessen ausgeschlossen. *Eusebeia* ist eine Art Vorsicht, ohne Bekenntnis.

Eine andere Krise der traditionellen, sozusagen „primären" Religion war wohl bedeutender: Die Entdeckung einer intellektuellen Debattierwelt durch die Intellektuellen, die sogenannte Aufklärung mit dem Aufblühen von Rhetorik und Philosophie. Hatte, seit Homer und Hesiod, die Dichtung die Sprachregelung für die Religion geleistet, so ist diese seit Xenophanes, seit dem Ende des 6. Jh. schärfster Kritik ausgesetzt. Man kennt die Verse des Xenophanes gegen Homer und Hesiod, die den Göttern „alles Schändliche aufgeladen haben, Stehlen, Ehebruch treiben und einander zu betrügen";[51] Xenophanes und seine Nachfolger wurden nie widerlegt, nur mit mühsamer allegorischer Auslegung ließen sich Homer und Hesiod einigermaßen rehabilitieren. Wenn Aristoteles in der Metaphysik bei den „ganz Alten" eine mythische Einsicht findet, wonach die Himmelskörper Götter sind, und hinzufügt: „das andere ist mythisches Anhängsel, zur Überzeugung der Massen, und für den Gebrauch für die Gesetze und den jeweiligen Vorteil",[52] so ließe sich die Verdammung alles dessen, was bei Homer und Hesiod tatsächlich über die Götter steht, gar nicht schärfer formulieren. Solche „Aufklärung" hütet sich allerdings, atheistisch zu werden; gerade bei Aristoteles steht sie im Rahmen einer neu entworfenen Kosmos-Theologie. Auch sonst gibt sich solche Haltung gern als „Reinigung" des Gottesbildes. Man konnte dichterische Aussagen über die Götter in jedem Einzelfall preisgeben, es stand ja kein „Glaube" dahinter. Der Kult jedoch, die Praxis der sozialen Rollenspiele blieb unangetastet; allenfalls politische Konflikte traten ein: Königin Olympias von Epirus wollte den Athenern verbieten, eine Stiftung nach Dodona zu machen, denn dies sei „ihr" Hoheitsgebiet.[53] In der Philosophie gab es praktisch keine atheistische Richtung, die Schule machte; die erklärten Atheisten blieben Außenseiter, die man an einer Hand aufzäh-

---

49   Liv. 39,8–19; *Senatus consultum de Bacchanalibus* CIL I² 581; Pailler, J.M., Bacchanalia. La repression de 186 av. J.-C. à Rome et en Italie, Paris 1988; ThesCRA (s. Anm. 9) II 3c p.97.

50   *adora quod incendisti, incende quod adorasti*, Greg. Tur. 2,31.

51   Xenophanes B 11–12, 14–16 Diels-Kranz.

52   Arist. Met. 1074b3.

53   Hypereides or. 4,19 ff.

len konnte.[54] Platoniker und Stoiker erheben die Religion, und sich mit ihr, je nachdem im überweltlichen oder innerweltlichen Bereich; die Moral wird damit zugleich in philosophischen Beschlag genommen und verschmilzt mit der Religion. Aber auch Epikur lässt die Götter bestehen, auch Demokrit ist nicht gezielt atheistisch. Nur Lucrez hat den Kampf gegen die *religio* zum Hauptanliegen seines Werks gemacht. Das zielte gegen eine Weltanschauung der Angst; als orientierende Bilder lässt auch Lucrez, wie sein Meister Epikur, die Götter in den Intermundien bestehen, von wo die ‚schönen' Bilder zu uns dringen.

Eine andersartige Krise drängt sich in unserer Perspektive in den Vordergrund: Die Bereitschaft der Griechen zum Herrscherkult. Der hellenistisch-kaiserzeitliche Herrscherkult ist eine griechische Erfindung, nicht etwas Orientalisches; der Perserkönig hat sich nicht als Gott verehren lassen, das war nur ein täuschender Eindruck für Griechen; der König ist Vorbild der Frömmigkeit. In das Rollenspiel des griechischen Kultes aber ließ sich der Herrscher fast allzu leicht einfügen; an Stelle der imaginierten „Höheren" und „Stärkeren" trat der Monarch, auch als Adressat der Gebete; und jenes „Heil", jenes „Gute", auf das es ankam, war von seiner Seite sehr viel direkter zu erlangen. Der Herrscherkult ist insofern keine Krise, sondern eine Ergänzung, eine neue Akzentsetzung im Rahmen der griechischen Religion.[55] Ein Großteil der kaiserzeitlichen Tempel im ganzen Imperium sind Kaisertempel, von der lokalen Bevölkerung in Hoffnung auf das „Gute", das von Rom kommen soll, errichtet; an anderen, alten Göttertempeln gab es überall mehr als genug. Die Intellektuellen haben das ganze nicht ernst genommen. „Nichts als Gerede und Schmeichelei gegenüber der Macht", schreibt Pausanias;[56] auch von den kleinen Leuten gibt es m. W. recht wenig Gelübde und Weihgeschenke für die Herrscher, auch kaum Heilungswunder[57] – die mittelalterlichen Könige von Frankreich und England sind da sehr viel wirksamer gewesen. Aber nur Christen fanden es notwendig, Opposition zu betreiben. Die Christenverfolgungen mit ihrem Ergebnis sind dann allerdings der historisch erstmalige Beweis dafür, dass es der Staat nicht vermag, die Religion zu kontrollieren.

Bei allem Dissens im Detail, und inmitten der gern gegebenen Eingeständnisse, dass das wahre Wesen der Götter wohl doch verborgen bleibe, gab es Jahrhunderte lang doch eine gewisse Einmütigkeit in der Distanz und in der Akzeptanz der Religion, eine Koexistenz von Kritik und Apologie zumal bei

---

54   Drachmann, A.B., Atheism in Pagan Antiquity, Gyldendal 1922.
55   Verwiesen sei auf Nilsson, M.P., Geschichte der griechischen Religion II², München 1961, 132–185; 384–95; Clauss, M., Kaiser und Gott. Herrscherkult im römischen Reich, Stuttgart 1999; Cancik, H., Hitzl, K. (Hg.), Die Praxis der Herrscherverehrung in Rom und seinen Provinzen, Tübingen 2003.
56   Paus. 8,2,4; Vgl. Plut. De Is. 360c.
57   Singulär war die Heilung, die von Vespasian in Alexandreia ausging, Suet. Vesp. 7, 2–3.

den Gebildeten. Selbstverständlich ist die Kritik am Mythos, an Homer, den doch jeder von der Schule her kennt; akzeptiert ist auch besonnene Kritik an Einzelheiten des Kultes; mit einer Reihe theologischer Postulate lässt sich eine Ethisierung und Verinnerlichung der Religion darstellen: ein Gott ist mächtig, gut, bedürfnislos, selig ... ; und doch wird zugleich die bestehende Kultpraxis akzeptiert.[58] Es ist eine Religion, mit der man leben kann, wie Jacob Burckhardt formulierte.[59]

Dazu noch das Zeugnis eines spätantiken Platonikers, Sallustios, Beamter, als *praefestus orientis*, und Freund des Kaisers Julian.[60] Er schreibt (6,3), es gebe überweltliche und innerweltliche Götter. Als überweltlich gelten Sein (Ousia), Geist (Nous), und Seele – entsprechend den ‚Hypostasen' Plotins – ; Funktionen der innerweltlichen Götter seien das Erschaffen, Beseelen, Harmonisieren, Bewahren.

Erschaffende Götter sind: Zeus, Poseidon, Hephaistos; beseelende Götter sind Demeter, Hera, Artemis, also lauter weibliche Gestalten; harmonisierende Götter sind Apollon, Aphrodite, und Hermes; bewahrende Götter sind Hestia, Athena, Ares.

Da hat man glücklich die ganze Gruppe der traditionellen Zwölfgötter untergebracht, fast wie an dem fast 800 Jahre älteren Parthenonfries, nur daß hier Hestia eingesetzt ist und Dionysos fehlt. Die „homerische" Religion ist „gut zu denken"; kein Grund sie aufzugeben – meint die julianische Reaktion. Als dann um 460 das goldene Athenabild des Pheidias von Athen nach Konstantinopel abtransportiert wurde, wo es dann verschütt ging, hatte der Philosoph Proklos einen Traum: eine wohlgestaltete Frau erschien ihm und gebot, sein Haus zu bereiten, denn „Die Herrin von Athen will bei dir bleiben."[61] Der Philosoph braucht Tempel nicht noch Götterbild und hält umso mehr an seinen Göttern fest: Die Götter bleiben.

In den letzten Jahrzehnten sind die „primären Religionen" im Sinne von Theo Sundermeier weltweit am Verschwinden, zumal in Afrika. Überall drängen sich die anderen Religionen vor, vor allem Christentum und Islam, und in diesem Rahmen sind zudem allenthalben die sogenannten Fundamentalisten im Vormarsch. Vielleicht arbeiten wir hier also nur noch an einem Museum der Gegenbeispiele, nicht ohne Morgensternschen Galgenhumor. Und doch sollte bei uns „Westlern" humanistisches Verstehen und Verständnis auch für Vergangenes noch zu retten sein. Aus solcher Haltung gebührt der griechischen Religion immer noch ein Ehrenplatz.

---

58   Vgl. Babut, D., La religion des philosophes grecs, Paris 1974.
59   Burckhardt, J., Griechische Kulturgeschichte, Stähelin, F. (Hg.), Basel 1956/7, II 44 f,
60   Nock, A.D., Sallustius – Concerning the Gods and the Universe, Cambridge 1926; Saloustios. Des Dieux et du Monde, ed. G. Rochefort, Paris 1960.
61   Marin. V. Procl. 30.

Theorie der urchristlichen Religion und Theologie des Neuen Testaments

Ein evolutionärer Versuch

Gerd Theißen (Heidelberg)

„In secular culture some theory of religion is always necessary ... in order to connect believer's talk of God with the generally acknowledged reality that can be investigated by anyone. Theologians choose a theory of religion and reality which does not deny the reality of their religion's transcendent referent. This general theory of religion is then joined by a theological judgement, specific to the religion concerned, about where revelation is located – which in the Christian case includes a view of how it is related to the Bible".[1]

R. Morgan hat als einer der ersten für das Verständnis der Bibel eine Verbindung von Exegese und Theorie der Religion verlangt. Meine „Theorie der urchristlichen Religion"[2] ist ein Versuch, dieses Programm durchzuführen.

Was unterscheidet eine solche Theorie der urchristlichen Religion von einer Theologie des Neuen Testaments? Eine Theorie der urchristlichen Religion analysiert mit den Kategorien der allgemeinen Religionswissenschaft den Glauben, die Riten und das Ethos des Urchristentums aufgrund aller erhaltenen (kanonischen und nicht-kanonischen) Quellen. Sie dient wissenschaftlichem Erkenntnisgewinn, nicht der religiösen Identitätsbildung. Eine Theologie des Neuen Testaments ist dagegen die normative Selbstauslegung einer Religion durch eine zusammenfassende Interpretation ihrer kanonischen Texte. Sie geschieht durch Menschen mit christlicher Identität und will christlichen Glau-

---

1   Morgan, R., Barton, J., Biblical Interpretaion, The Oxford Bible Series, Oxford 1988.
    Ich danke mit diesem Aufsatz für alle Unterstützung und Förderung, die ich R. Morgan verdanke. Ich kann mich gut daran erinnern, wie er mich in den 70er Jahren in Bonn besuchte. Ich erzählte ihm, dass ich eine kleine „Soziologie der Jesusbewegung" geschrieben hatte. Während ich in der Küche Tee kochte, begann er mit der Lektüre des Manuskripts. Als ich aus der Küche zurückkam, sagte er: Ich werde dafür sorgen, dass dies Manuskript ins Englische übersetzt wird. R. Morgan hat viele junge Talente und neue Gedanken in seiner menschlichen und sympathischen Art gefördert. Diese Festschrift soll das für die wissenschaftliche Öffentlichkeit ein wenig sichtbar machen.
2   Theißen, G., Theory of Primitive Christian Religion, London 1999, erweitert und überarbeitet: Die Religion der ersten Christen. Eine Theorie des Urchristentums, Gütersloh ²2003.

ben ermöglichen. Identitätsoffene Religionswissenschaft und identitätsver-
pflichtete Theologie lassen sich klar unterscheiden. Aber jede dieser beiden
Größen umfasst in sich eine große Mannigfaltigkeit. In der Theologie des Neu-
en Testaments gibt es existenziale, heilsgeschichtliche und apokalyptische Ansätze. Die Religionswissenschaft kann Religion als autonomes Phänomen, als
Teil der Kultur oder als Produkt der Natur betrachten, so dass wir hier nebeneinander phänomenologische, kulturtheoretische und evolutionäre Ansätze
finden. Dieser Aufsatz will einige religionswissenschaftliche Alternativen darstellen und am Ende einen Versuch skizzieren, sie zu integrieren und mit einer
theologischen Perspektive zu verbinden.

Wenn man heute das Urchristentum als *Religion* analysiert, folgt man oft
(bewusst oder unbewusst) der phänomenologischen Tradition in der Religionswissenschaft. Ihr zufolge ist Religion ein autonomer Bereich menschlichen
Lebens, der durch ein spezifisches Erleben des Heiligen bestimmt ist: durch
Anschauung und Gefühl des Universums[3] oder durch ein *mysterium fascino-
sum et tremendum*[4]. Das Heilige gilt dabei als ein objektives „Phänomen", das
sich von sich selbst her zeigt und nicht nur Konstrukt des Menschen ist.[5] Für
manche ist solch eine Religionstheorie verkappte Theologie, auch wenn sie
alle Religionen gleich behandelt. Ein religionsphänomenologischer Ansatz ist
nämlich grundsätzlich transzendenzoffen und mit einem religiösen Glauben
vereinbar, auch wenn er in streng phänomenologischer Einstellung Urteilsenthaltung (*epoché*) hinsichtlich der Realität seines Gegenstandes übt. Ob man
von Phänomenen spricht, die sich von sich selbst her zeigen oder von „Offenbarungen", macht keinen so großen Unterschied für den, der in der Religion
ein menschliches Konstrukt sieht. Aufgabe einer Theorie der urchristlichen
Religion ist es in diesem Rahmen, die spezifische religiöse Erfahrung herauszuarbeiten, die in neutestamentlichen Texten verarbeitet wird.

Eine neuere (und heute vorherrschende) Strömung in den Religionswis-
senschaften versteht Religion als Aspekt der *Kultur*.[6] Kultur ist im Unterschied
zur Natur alles, was wir selbst hervorbringen. Hier wird die Religion als ein
von Menschen hervorgebrachtes Zeichensystem untersucht. Dieses Zeichensystem kann semantisch auf eine objektive Dimension der Wirklichkeit bezogen
werden. Insofern Religionswissenschaft diese Position einnimmt, steht sie der
Religionsphänomenologie nahe. Sie kann aber auch die Bedeutung von Zei-

---

3   Schleiermacher; D.F.E., Über die Religion. Reden an die Gebildeten unter ihren Verächtern
     (1799), Hg. Meckenstock, G., Berlin/New York 1999.
4   Otto, R., Das Heilige. Über das Irrationale in der Idee des Göttlichen und sein Verhältnis
     zum Rationalen, Breslau ⁴1920.
5   Gantke, W., Der umstrittene Begriff des Heiligen. Eine problemorientierte religionswissen-
     schaftliche Untersuchung, Marburg 1998.
6   Vgl. Sabbatucci, D., Kultur und Religion (HRG 1), Stuttgart 1988, 43–58; vgl. Kippenberg,
     H.G.; Stuckhard, K. von, Einführung in die Religionswissenschaft. Gegenstände und Begrif-
     fe, München 2003.

chen in ihrem pragmatischen Gebrauch sehen – ohne dass diese sich auf etwas Objektives beziehen müssen. Dann wird sie zur Kulturwissenschaft. Bei einer Theorie der urchristlichen Religion wären leitende Fragen bei diesem zweiten Ansatz: Welchen Beitrag zu unserer Kultur (oder Unkultur) hat es gebracht? Wie hat es menschliches Handeln koordiniert? Welche Impulse gab es für Weltbildveränderungen und für die Selbsterforschung des Menschen? Vieles von dem, was für einen religionsphänomenologischen Zugang zum Kontext der religiösen Erscheinungen gehört, wird hier zu ihrem „Kern".

Eine dritte Strömung in der Religionswissenschaft betrachtet die Religion nicht nur als kulturelle Schöpfung von Menschen, sondern als Produkt der *Natur*. Sie erklärt die Entstehung von Religion durch ihren evolutionären Vorteil: Menschen mit religiösen Verhaltensweisen hatten in vorgeschichtlichen Zeiten Überlebensvorteile: Religion fördert den Zusammenhalt der eigenen Gruppe, stimuliert Feindseligkeit gegen Außengruppen, rechtfertigt Autorität im Innern, stärkt altruistisches Verhalten bzw. unterdrückt egoistische Tendenzen und fördert die körperliche und geistige Gesundheit.[7] Dadurch erzielte Reproduktionsvorteile erklären, warum Religion universal verbreitet ist. Dieser Ansatz wurde vor allem durch die Integration der kognitiven Evolutionspsychologie fruchtbar.[8] Das Filter der Selektion hat im Menschen genetisch fundierte Datenverarbeitungsmechanismen verankert, die in der Religion produktiv werden. Eine Theorie der urchristlichen Religion müsste gemäß diesem Ansatz zeigen, dass die urchristliche Überzeugungswelt auf diesen kognitiven Verarbeitungsmechanismen basiert, die einst für die Entstehung von Religion überhaupt verantwortlich waren und dass sie evolutionären Überlebensnotwendigkeiten entspricht.

Wir unterscheiden also vier Theorien: einen naturalistischen, kulturellen, phänomenologischen und theologischen Ansatz. Offen ist, ob sie sich als „geschichtete Erklärungen" verstehen lassen, d.h. als Interpretationen, die einander ergänzen, ohne sich zu widersprechen. Rembrandts Kunst kann z.B. durch chemische Analysen als *Natur* untersucht werden, geschichtlich als Teil der

---

7   Vgl. Euler, H.E., Sexuelle Selektion und Religion, in: Lüke, U, u.a. (Hg.), Darwin und Gott. Das Verhältnis von Evolution und Religion, Darmstadt 2004, 66–88, 67f.

8   Boyer, P., The Naturalnessof Religious Ideas: A Cognitive Theory of Religion, Cambridge 1994. Ders., Religion Explained. The Evolutionary Origins of Religious Thought, New York 2001. Andresen, J. (Hg.), Religion in Mind: Cognitive Perspectives on Religious Belief, Ritual and Experience, Cambridge 2001. Pyysiäinen, I., How Religion Works: Towards a New Cognitive Science of Religion, Leiden 2001. Ders., Antonnen, V. (Hg.), Current Approches in the Cognitive Science of Religion, London/New York 2002. Söling, C., Der Gottesinstinkt. Bausteine für eine evolutionäre Religionstheorie, Diss., Giessen 2002 (http://geb.uni-giessen.de/geb/volltexte/2002/816/pdf/d020116.pdf). Voland, E., Sölling, C., Die biologische Basis der Religiosität in Instinkten – Beiträge zu einer evolutionären Religionstheorie, in: Lüke, U. u.a. (Hg.), Darwin und Gott. Das Verhältnis von Evolution und Religion, Darmstadt 2004, 47–65.

niederländischen *Kultur* des 17. Jh., ästhetisch als verinnerlichter *Realismus*,
theologisch als Ausdruck protestantischer *Frömmigkeit*. Keine der Analyse-
ebenen widerspricht einer anderen. Bei der Religion ist das schwieriger. Wenn
die Religion z.B. durch ihren Überlebensvorteil erklärt wird, ist sie bestenfalls
eine produktive Illusion. Eine phänomenologische und theologische Deutung
erübrigt sich dann.

1) Der Ausgangspunkt bei einer naturalistischen Religionstheorie

Naturalistische Religionstheorien befinden sich noch immer in einem Experi-
mentierstadium. Sie haben aber in jüngerer Zeit einen hohen Grad an Differen-
ziertheit und Reife erlangt. Diskussionswürdig ist der Entwurf des Philosophen
E. Voland und des Theologen C. Söling, der auf einer evolutionären Kogniti-
onspsychologie basiert (2004). Diese Theorie sieht in den Religionen in vier
Bereichen evolutionär entwickelte Datenverarbeitungsmechanismen am Werk:
in Mystik, Mythos, Ethos und Ritus. Ich führe ihre Überlegungen an einigen
Punkten weiter, lehne mich aber insgesamt an ihren Entwurf an.

Religiöse *Erfahrung*[9] unterbricht den Alltag durch außergewöhnliche Er-
lebnisse voll Evidenz, Klarheit, Sicherheit und Glück. Solche Erfahrungen werden in der Religion anthropomorph gedeutet, so dass Menschen ihre soziale
Intelligenz auf sie anwenden können: Sie haben gelernt, wie man sozial inter-
agierende Wesen beeinflussen kann. Die anthropomorphe Deutung religiöser
Erfahrung beruht darauf, dass Menschen aufgrund einer angeborenen Sensibilität bei auffallenden Erscheinungen Intentionalität unterstellen; sie verfügen
über einen angeborenen „Intentionalitätsdetektor". Er ist tief in uns verwurzelt,
weil es im Zweifelsfalle vorteilhafter ist, etwas Unbelebtes (vorübergehend)
für belebt zu halten als Belebtes für unbelebt, was bei der Begegnung mit
manchen Tieren tödlich enden könnte. Bei der Deutung ihrer religiösen Erfahrungen verletzen wir daher immer wieder die uns vertrauten Kategorien unserer „intuitiven Alltagsontologie" durch „kontra-intuitive Ideen", indem wir Belebtes und Unbelebtes vermischen[10]: Alles ist von Intentionen und Absichten

---

9   E. Voland und C. Söling sprechen hier von „Mystik". Der Begriff ist m.E. auf bestimmte
     religiöse Erfahrungen zu beschränken. Mystik begegnet als Schau Gottes, die in dessen We-
     sen verwandelt (2 Kor 3,18), als Hören einer Stimme, die in einen anderen Zustand versetzt
     (2 Kor 12,1ff), als Vereinigung mit der Gottheit, die in reziproken Immanenzformeln zum
     Ausdruck kommt (1 Joh 4,16). Die „prophetische" Erfahrung, vom Auftrag einer Gottheit
     ergriffen zu werden, ist dagegen keine mystische Erfahrung, sondern vom Bewusstsein einer
     Distanz und eines qualitativen Unterschieds zwischen Mensch und Gott bestimmt (Jes
     6,1ff).

10   Pyysiäinen, I., Religion and the Counter-Intuitive, in: Ders., Antonnen, V. (Hg.), Current
     Approches in the Cognitive Science of Religion, London/New York 2002, 110–132.

bestimmt. Die Welt wird zum Ausdruck handelnder Gottheiten. Mit dieser Deutung bewältigen wir die uns unverfügbaren Dimensionen der Wirklichkeit. Der evolutionäre Vorteil besteht in Kontingenzverarbeitung durch Kategorisierung der Wirklichkeit und durch eine schnellere Entscheidungsfindung.

Der *Mythos* besteht aus Erzählungen von raum- und zeittranszendenten Begebenheiten, in denen die Welt so geschaffen wurde, wie sie jetzt ist. Der Mythos verleiht ihr Legitimität. Er basiert auf der intuitiven Ontologie der Religion und zeigt deren typische Gefährdungen durch Unreinheit, durch die rastlose Suche nach Glück, durch Streben nach Status und Rang, durch Auseinandersetzungen mit Verwandtschaft und Partnerschaft. Ein Mythos hat narrative Form. Eine Erzählung verwandelt die Situation, die an ihrem Anfang stand. So werden in Mythen oft Chaos und Vieldeutigkeit überwunden. Der evolutionäre Vorteil des Mythos entspricht dem Vorteil jeder Sprache: Diese macht individuelle Erfahrungen mitteilungsfähig und ist beim Menschen das wichtigste soziale Band. Unter allen sprachlichen Ausdrucksformen schafft besonders der Mythos eine kollektive Identität und differenziert zwischen ingroup und out-group. Vor allem kann er durch seine Erzählstruktur Erfahrungen verwandeln: Religionsstifter gestalten jeweils den Mythos ihrer Gemeinschaft neu und knüpfen damit in neuer Weise das soziale Band, das Menschen verbindet (und trennt).

Auch die *Ethik* ist in der Religion begründet. Alle Religionen schärfen Reziprozität des Handelns ein. Die Goldene Regel ist in fast allen verbreitet[11] oder wird in allen rezipiert. Sie basiert auf einer angeborenen Sensibilität für Gegenseitigkeit – einer Fähigkeit, sich in andere hineinzuversetzen, als stünde man an ihrer Stelle. Dass Reziprozität überall gefordert wird, heißt aber nicht, dass sie immer praktiziert wird. Oft gibt es zu wenig Gelegenheit zu Gegenleistungen. Oft sind Menschen bereit, Leistungen zu empfangen, wollen sich aber nicht an den Kosten beteiligen. Sie nutzen das Ethos der Gruppe aus. Das Aufspüren von Regelbrechern ist daher für das Funktionieren eines Ethos existenzwichtig. Betrugsdetektoren sind für soziale Kooperation unerlässlich. Menschen haben dafür eine Sensibilität, die auf angeborenen kognitiven Mechanismen beruht. Sie werden in der Religion durch die Vorstellung vom allwissenden Gott und Richter der Menschen, durch den Tun-Ergehens-Zusammenhang und den Eid verstärkt. Der evolutionäre Vorteil ist evident: Kooperative Gruppen haben mehr Überlebenschancen als andere, auch wenn in jeder Gruppe die Gruppenmoral von einigen manipulativ ausgebeutet wird.

Riten sind stereotyp wiederholte Handlungen, die über ihren utilitaristischen Zweck hinaus einen kommunikativen Sinn haben: Waschungen dienen im Ritus nicht mehr der Reinigung, sondern der Herstellung von Kult- und Gemeinschaftsfähigkeit. Häuser dienen nicht mehr zum Wohnen, sondern der

---

11 Philippides, L.J., Die Goldene Regel religionsgeschichtlich untersucht, Leipzig 1929.

Verehrung von Göttern. In allen Riten ist ein Verteuerungsmechanismus wirksam: Riten sind aufwändig, Tempel und Kirchen bezeugen eine über jede Lebenserhaltung hinausgehende Investition. Sie sind als die größten Gebäude eines Ortes Demonstration einer Verschwendung von Mitteln! Religionen verlangen Opfer. Verteuerungsmechanismen haben denselben evolutionären Vorteil wie Betrugsdetektoren: Sie schrecken Trittbrettfahrer der Moral ab. Wer viel für eine Gemeinschaft opfert, wird ihre Solidarität nicht betrügerisch ausbeuten.

Die Religion setzt angeborene Datenverarbeitungsmechanismen voraus: Intentionalitätsdetektoren, Gegenseitigkeitssinn, Betrugsdetektoren, Verteuerungsmechanismen. Sie vernetzt die vier genannten Bereiche. Erfahrung und Mythos, Ethos und Ritus gehören jeweils zusammen: Religiöse Erfahrungen werden durch eine intuitive Ontologie gedeutet, deren Gefährdung in Mythen überwunden wird. Das Ethos verlangt eine Solidarität, deren Gefährdung durch Riten bekämpft wird. Wir finden eine vergleichbare Grundstruktur in allen Teilbereichen der Religion: Mythen stellen Übergänge von einer instabilen zu einer stabilen Situation dar.[12] In Riten werden (besonders gut erkennbar in den rites de passage) Übergänge von einer Lebensphase zur anderen organisiert. Dabei durchlaufen die Menschen eine instabile Schwellenphase zwischen altem und neuem Zustand.

Kann man mit solchen Kategorien auch das Urchristentum analysieren? Zweifellos! In vieler Hinsicht wird man Entsprechungen finden. Uns interessieren in diesem Zusammenhang vor allem die Erscheinungen, die solch einer Theorie widersprechen. Begründet der *Mythos* wirklich die Gruppenidentität? Schon der Täufer erschütterte das Erwählungsbewusstsein seiner jüdischen Mitbürger. Er warnte davor, allzu leichtfertig darauf zu vertrauen, Kinder Abrahams zu sein. Gott habe die Freiheit, aus Steinen dem Abraham neue Kinder zu erwecken! (Mt 3,8f). In der Verkündigung Jesu begegnet der Mythos vom kommenden Gottesreich als Kritik an Abgrenzungen: Von allen Himmelsrichtungen werden Heiden (und Juden?) in die Gottesherrschaft strömen, während diejenigen, die sie zu besitzen meinen, hinausgeworfen werden (Mt 8,11f). Die Anfänge des Urchristentums werden durch Konflikte um zwei *identity-* und *boundary marker* des Judentums erschüttert: Beschneidung und Speisegebote. Sie werden für unverbindlich erklärt, um Heiden in die Gemeinde aufnehmen zu können. Die Ethik Jesu macht mit der Feindesliebe die Durchbrechung traditioneller Abgrenzungen zur Pflicht. Gewiss begründen die neutestamentlichen Texte die kollektive Identität der entstehenden Kirche auch in Abgrenzung zu anderen, aber ebenso bezeugen sie ein Ringen um Überwindung von Grenzen: Aus einer auf ein Volk beschränkten Religion soll sich eine universale Religion entwickeln, die für alle Völker offen ist.

---

12   Stolz, F., Der mythische Umgang mit der Rationalität und der rationale Umgang mit dem Mythos, in: Schmid, H.H. (Hg.), Mythos und Rationalität, Gütersloh 1988, 81–106.

Jesu *Ethik* ist nur begrenzt dazu geeignet, menschliches Handeln zu koordinieren. Seine Verkündigung ruft Krieg in den Familien hervor (Lk 12,51–53). Seine Forderung, dem Bösen nicht zu widerstehen, scheint die ethische Aufgabe, den Schwächeren vor seiner Ausbeutung durch den Stärkeren zu schützen, zu vernachlässigen. Auf Übergriffe soll man vielmehr paradox reagieren und, wenn man geschlagen wird, auch die andere Backe hinhalten (Mt 5,39). Selbst die klassische Regel der Gegenseitigkeitsverpflichtung wird fast unrealistisch radikalisiert: Die Goldene Regel findet sich in einer positiver Formulierung (Mt 7,12). Dafür gibt es viele Parallelen in der Antike. Jedoch beziehen sie sich in positiver Formulierung nur auf privilegierte Beziehungen im Rahmen eines Familien-, Freundschafts- und Herrscherethos. Sonst gilt nur die negative Goldene Regel als wirklich universale Norm: Das Böse zu vermeiden, wird von allen Menschen gegenüber allen anderen verlangt, das Gute durch eigene Initiative zu tun, aber nur gegenüber bestimmten Gruppen.[13] Bei Jesus wird die positive Goldene Regel dagegen für alle Beziehungen formuliert. Das Gute aufgrund eigener Initiative spontan zu tun, wird von allen und gegenüber allen verlangt.

Was schließlich den *Ritus* angeht, so ist die Verkündigung Jesu durch Entritualisierung gekennzeichnet. Der Täufer verlangte als Zeichen der Umkehr ein Sündenbekenntnis *mit* Taufe, Jesus predigte Umkehr ohne eine solche rituelle Absicherung (Lk 13,1ff). Sündenvergebung wird bei ihm allein durch das Gebet vermittelt (vgl. das Vaterunser). Er treibt durch kein aufwändiges Ritual den Preis seiner Nachfolge in die Höhe. Freilich zahlt der Nachfolgende in anderer Hinsicht einen hohen Preis: den Schritt in Heimat- und Schutzlosigkeit. Gegenüber den meisten Menschen aber war Jesus keineswegs so streng. Er wurde im Gegenteil kritisiert, weil er mit zweifelhaften Menschen zusammen aß, bei denen nicht sicher war, ob sie wirklich umgekehrt waren (Sanders 1985, 174–211). Was die Kosten der Rituale angeht, so war das zentrale Ritual der Christen betont schlicht: Man brauchte nur Wein und Brot. Manchmal fehlte es den Christen an Wein. Deshalb heißt es (abweichend vom Brotwort) beim Kelchwort: „Dies tut, *sooft ihr davon trinkt*, zu meinem Gedächtnis" (1 Kor 11,25). Der Eintritt in die christliche Gemeinde kostete nichts. Die immateriellen *Kosten* eines Eintritts (im übertragenen Sinne) waren dennoch hoch – und insofern trifft die oben skizzierte Theorie zu: Wer Christ wurde, verzichtete auf viele Möglichkeiten des Verhaltens, die damals selbstverständlich waren. Wieder finden wir beides: Ein Hochtreiben der „Kosten" und deren demonstrative Reduktion.

Einige Beobachtungen bestätigen die oben skizzierte naturalistische Religionstheorie, andere widersprechen ihr. Man könnte daraus folgern, im Urchristentum liege eine kulturelle Auseinandersetzung mit den primären Funktionen

---

13   Theißen, G., Die goldene Regel (Matthäus 7:12//Lukas 6:31). Über den Sitz im Leben ihrer positiven und negativen Form, Biblical Interpretation 11, 2003, 386–399.

der Religion vor – eine Mischung aus Funktionen, die in der biologischen Ausstattung des Menschen begründet sind, und kulturellen Gegentendenzen, die bei solchen Funktionen sogar gegensteuern können. Die Frage aber ist, ob diese Mischung nicht von Anfang an die Religion prägt: Beruhen nicht schon die ersten „evolutionären" Vorteile auf einem Zusammenspiel von Biologie und Kultur? Wer sie ausschließlich biologisch deuten will, muss annehmen, dass die religiösen Verarbeitungsmechanismen genetisch vererbt worden sind, weil ihre Träger größere Vermehrungschancen hatten als andere. Aber wurde die anthropomorphe Deutung der Welt, die Mythen der Vorväter, das Ethos des Stammes und seine Riten – nicht schon immer durch kulturelle Tradition übermittelt? Gewiss wird es genetische Prädispositionen geben, ohne die Religion in ihren verschiedenen Ausdrucksformen nicht zustande kommen kann – so wie keine Sprache ohne natürliche Grundlagen entsteht. Aber das Erlernen einer konkreten Sprache (einschließlich ihres Regelsystems) bleibt ein Akt kulturellen Lernens, auch wenn die Sprachfähigkeit ererbt ist. Ebenso ist das Erlernen jeder Religion ein kultureller Akt, auch wenn die Religionsfähigkeit biologische Wurzeln hat. Dass kulturell Erlerntes und Tradiertes dazu dienen kann, das Leben (auch im biologischen Sinne) zu erhalten, widerspricht dem nicht. Mit der Erkenntnis einer Funktion hat man noch nicht die Ursachen entdeckt, welche die Ausübung einer Funktion ermöglichen.

Wenn man das Urchristentum (und die Alte Kirche) evolutionär betrachtet, stellt sich ohnehin das Problem: Wie ist es zu erklären, dass in ihm Einstellungen bewundert und geschätzt wurden, die gewiss nicht die Reproduktionschancen vermehrten? Ich denke an Askese und Martyrium. Die frühen Christen vertrauten so sehr auf die kulturelle Ausbreitung ihrer Überzeugungen, dass physische Verluste durch Askese und Martyrium nicht ins Gewicht fielen. Denn gerade durch Askese und Martyrium gewannen sie eine Ausstrahlungskraft, die andere Menschen bewegte, sich zu ihnen zu bekehren.

Trotz dieser Einschränkungen bringt die Deutung kultureller Schöpfungen auf dem Hintergrund biologischer Voraussetzungen unersetzliche Erkenntnisgewinne. Religion ist ein universales Phänomen mit einer in vielen Kulturen vergleichbaren Formensprache. Die Religionsphänomenologie hat die Fülle der Erscheinungen auf wenige Grundmuster reduziert.[14] Eine plausible Hypothese ist in der Tat, dass dabei *auch* genetische Prädispositionen eine Rolle spielen. Sie könnten erklären, warum sich unter den vielen kulturell bedingten Variationen von Vorstellungen und Handlungen immer wieder dieselben Muster in allen Kulturen durchsetzen. Dennoch müssen wir den kulturellen Faktor (und die Variabilität von Religion) viel ernster nehmen.

---

14   Leeuw, G. v.d., Phänomenologie der Religion, Tübingen ⁴1976.

2) Die Notwendigkeit einer kulturellen Religionstheorie

Auch der bedeutende Altphilologe W. Burkert versteht seine Deutung der antiken Religionen als eine biologische Theorie. Er deutet wiederkehrende Zügen in ihnen auf eine mögliche biologische Funktion hin.[15] Dennoch ist seine Theorie eine kulturelle Theorie. Die Funktionen, die er den antiken Religionen zuschreibt, sind soziale Funktionen. Auch hier geht es um das „Überleben". Aber das Überleben einer Gesellschaft ist nicht mit dem Überleben seiner genetischer Träger identisch. Gesellschaften überleben z.B. auch dadurch, dass sie durch kulturelle Anziehungskraft Einwanderer assimilieren oder andere Länder mit ihrer Kultur friedlich infiltrieren. „Genetisch" fremde Menschen können Träger der eigenen Kultur werden. Das kann man in der Antike gut beobachten. Die in ihr wurzelnde europäische Kultur wurde von zwei Völkern geprägt, die nicht zu den Siegern gehörten: von Griechen und Juden. Die Griechen mussten sich gegen die Übermacht der Perser behaupten, die Juden gegen die Großreiche im Süden und Norden. Beide wurden von den Römern unterworfen. Beiden gelang es aber, die Römer für ihre Kultur zu gewinnen. Die Römer wurden kulturell „Griechen"; sie übernahmen griechische Philosophie, Bildung und Literatur. Sie bekehrten sich zu einer jüdisch geprägten Religion, denn sie übernahmen das Christentum. Sie wurden durch die Kultur der von ihnen besiegten Völker von innen her verwandelt. Aber auch unabhängig davon kann man die auf die Antike bezogene Religionstheorie von W. Burkert (gegen ihr Selbstverständnis) kaum als naturalistische Religionstheorie vertreten. Sie ist eine durch und durch funktionalistische soziale Theorie. Modell für funktionalistische Sozialtheorien ist zwar immer die Biologie gewesen, aber ein soziologischer Funktionalismus ist kein biologischer Funktionalismus. Er arbeitet wohl mit Analogien zwischen Kultur und Natur, aber nur begrenzt mit Ursachenverbindungen zwischen Natur und Kultur. Doch nun zur konkreten Analyse antiker Religionen bei W. Burkert. Er stellt fest, dass die Menschen in der Antike aus vier Gründen Religion brauchten – und diese vier Gründe entsprechen vier Funktionen zum Überleben einer Gesellschaft.

1. Religion muss *Autorität* begründen. Autoritätsbegründung geschieht durch Differenzierung von „Oben" und „Unten". Wie sehr sie Differenzierung von oben und unten legitimiert, geht aus dem Begriff „Hierarchie" (= „heilige Herrschaft") hervor. Religionen haben Herrschern und Hierarchien immer Legitimität verliehen

2. Religion ist nötig zur Sanktionierung des *Eids*. Jedes Ethos kann durch Betrüger ausgenutzt werden. Die leichteste Form der Täuschung ist die Lüge. Eine Gesellschaft kann nicht alle Lügen hinnehmen. In wichtigen Fällen ver-

---

15   Burkert, W., Kulte des Altertums. Biologische Grundlagen der Religion, München 1998.

langt sie die bedingte Selbstverfluchung des Eides – wobei Gottheiten angerufen werden, welche die Bestrafung des Meineidigen vollstrecken sollen.

3. Religion ist notwendig zur Bewältigung von *Unheil*. Das gilt für privates wie kollektives Unheil. Wer von Krankheit und Schicksalsschlägen heimgesucht wurde, konnte opfern, beten und Heilstätten aufsuchen. War die ganze Gesellschaft von Unheil bedroht, so griff man zu Opfern und Sühneriten, um die erzürnten Götter zu beschwichtigen.

4. Religion sichert schließlich die *Reziprozität* von Gabe und Gegengabe. Diese Reziprozität stellt sich oft erst zeitverschoben ein. Eltern investieren lange in ihre Kinder, ehe diese für die Eltern aufkommen. Es ist daher kein Zufall, dass die Achtung vor den Eltern in allen Religionen eingeschärft werden musste. In der paganen Antike gelten sie als die „zweiten Götter", im Judentum hatte nur das Elterngebot eine positive Verheißung. Zu seiner Erfüllung musste man besonders motivieren.[16]

Im Urchristentum wurden nun gerade diese vier grundlegenden (sozialen) Funktionen der Religion problematisiert. Machen wir uns das an allen vier Aufgaben und Funktionen klar:

1. Die Jesusüberlieferung stellt Autorität in Frage. Der Grundsatz des Statusverzichts begegnet an vielen Stellen und in vielen Variationen: „Wer der Erste sein will, soll der Letzte von allen und der Diener aller sein." (Mk 9,35). Diese Maxime wird dem Verhalten der Herrscher in der Welt entgegengesetzt (Mk 10,42–44). Aber selbst unter diesen Herrschern finden wir eine vergleichbare Problematisierung der Herrschaft: Der König Antigonos Gonatas gab seinem Sohn die paradoxe Maxime auf den Weg, dass die Königsherrschaft eine „ehrenvolle Sklaverei" (eine ἔνδοξος δουλεία) sei (Aelian, var. 2,20). In all diesen Traditionen wird den faktischen Machtverhältnissen eine Humanisierung und Selbstbegrenzung von Herrschaft entgegengesetzt.[17]

2. Die Lehre Jesu dient nicht zur Eidbegründung. Im Gegenteil, er verwirft den Eid. Das ist in der Antike singulär.[18] Alle Worte und Versprechen sollen so glaubhaft sein, als seien sie durch Eid beschworen (Mt 5,33–37) – unabhängig davon, ob es sich um promissorische Versprechungen oder assertorische Wahrheitsbeteuerungen handelt. Hier wird die archaische Funktion der Religion, Betrugsdetektor zu sein, bis ins Unbegrenzte gesteigert. Überall soll unbedingte Wahrhaftigkeit herrschen. Dieser Wahrheitsradikalismus, der sich in

16   Balla, P., The Child-Parent Relationship in the New Testament and its Enviroment (WUNT 155), Tübingen 2003.

17   Guttenberger, G., Status und Statusverzicht im Neuen Testament und seiner Umwelt (NTOA 39), Fribourg/Göttingen 1999.

18   Kollmann, B., Das Schwurverbot Mt 5,33–37 / Jak 5,12 im Spiegel antiker Eidkritik (BZ 40), 1996, 179–193. Luz, U., Das Evangelium nach Matthäus. 1–7 (EKK 1,1), Düsseldorf/Zürich ⁵2002, 369–382.

Wirklichkeit nicht durchhalten lässt – Paulus schwört in seinen Briefen ganz unbefangen –, steht in Spannung zur primären Funktion der Religion.

3. Ohne Zweifel dient das Wirken Jesu der Unheilsbewältigung. Auch wenn die Wundergeschichten schon früh einen symbolischen Sinn erhielten, wird ihr ursprünglicher Sinn, die Überwindung von Krankheit und Not, Gefahr und Bedrohung nicht getilgt. Nirgendwo in der Antike finden wir so viele Wundergeschichten auf eine einzelne Person konzentriert.[19] Gerade deshalb schärft die Passionsgeschichte ein: Der, der anderen geholfen hat, stirbt hilflos am Kreuz. Der Gerechte muss leiden. In seiner Nachfolge müssen die Christen bewusst Konflikte und Leid riskieren. Paulus wird nicht geheilt, sondern erhält die Zusage: „Meine Kraft ist in den Schwachen (d.h. den Kranken) mächtig" (2 Kor 12,9).

4. Auch die Reziprozität von Gabe und Gegengabe wird im Urchristentum durchbrochen. Die Mahnungen zum Gewaltverzicht und zur Feindesliebe sind asymmetrisch. Sie mögen auf ein Einlenken des Gegners hoffen und durch Durchbrechen eingefahrener Reaktionen dazu eine Chance schaffen – gewiss aber binden sie sich nicht an dessen symmetrische Reaktion. Sie riskieren bewusst deren Ausbleiben.[20]

Die von W. Burkert genannten vier Funktionen der Religion treffen auf archaische Religionen zu, nicht aber auf das Urchristentum, das sich im Römischen Reich gegen die Konkurrenz älterer Kulte und Religionen durchgesetzt hat. Eine Theorie der urchristlichen Religion wird auch diese neue Religion (mit W. Burkert) auf eine natürliche Grundlage beziehen, aber sie letztlich als ein kulturelles Phänomen interpretieren. Zwar muss jede Religion mit elementaren Überlebensnotwendigkeiten vereinbar sein, sonst verschwindet sie aus der Geschichte. Aber sie gehört zur Kultur: Sie ist ein vom Menschen hervorgebrachtes Zeichensystem aus Überzeugungen, Riten und Ethos. Die konkreten Formen der Religion werden dabei kulturell stark variiert. Am deutlichsten tritt diese kulturelle Bedingtheit der Religion zutage, wenn sie sich verändert. Die Entstehung des Urchristentums steht in Zusammenhang mit solch einer Veränderung. Sie ist Teil eines großen „Religionswandels".

---

19   Theißen, G., Urchristlichen Wundergeschichten. Ein Beitrag zur formgeschichtlichen Erforschung der synoptischen Evangelien (StNT 8), Gütersloh [7]1998.

20   Gemünden, P. v., La gestion de la colère et de l'aggression dans l'Antiquité et dans le sermon sur la montagne, Henoch 25 (2003), 19–45.

3) Die Plausibilität einer phänomenologischen Religionstheorie

Dieser Religionswandel besteht in der Überformung primärer Religionen (die man oft Stammesreligionen oder primitive Religionen nannte) durch sekundäre Religionen, die aus Kritik an den primären Religionen hervorgegangen sind.[21] Zu den sekundären Religionen gehören die „Weltreligionen": Judentum, Christentum, Islam, Hinduismus und Buddhismus. Da sie alle auf älteren Stammesreligionen basieren, kann man die universale religiöse Formensprache als ein gemeinsames Erbe deuten: Was Religionsphänomenologie „querkulturell" herausgearbeitet hat, erklärt sich weniger durch eine gemeinsame genetische Prädisposition als durch eine gemeinsame Vorgeschichte:

> „Das Gemeinsame in allen Religionen ist nicht durch eine phänomenologische Beschreibung bestimmter gleicher Erscheinungsformen in den Religionen zu gewinnen, auch nicht aufgrund eines aus der Abstraktion gewonnenen Begriffes von Religion oder einer wie auch immer zu definierenden Bezogenheit auf Transzendenz, sondern aufgrund des jeweiligen gemeinsamen, geschichtlich greifbaren religiösen Erbes, das in den Stammesreligionen noch heute am klarsten erkennbar und in den verschiedenen Religionen nicht als ‚Überrest', sondern als Basiserfahrung und – gestaltung weiterhin präsent ist".[22]

In allen sekundär in die Religionsgeschichte eingetretenen Weltreligionen kommt es zu einer Kritik und Überformung primärreligiöser Traditionen. Diese verschwinden nicht, sondern leben als Grundschicht religiösen Verhaltens und Erlebens weiter. Daher sind die großen Religionen durch einen strukturellen Widerspruch zwischen einer primärreligiösen Grundschicht und deren sekundärreligiösen Überformung charakterisiert. Die Spannung geht letztlich auf die großen Religionsstifter und Reformatoren und ihre Kritik an den von ihnen vorgefundenen primärreligiösen Traditionen zurück. Jesus steht dabei exemplarisch für andere. Wir können seine Kritik an vorhergehenden Traditionen „religionsphänomenologisch" einordnen. Dabei müssen wir fragen, von welchen Erfahrungen diese Wende von den Primär- zu den Sekundärreligionen bestimmt war. Welche Erfahrung des Heiligen hat sich hier durchgesetzt? Die folgende Skizze folgt A. Feldtkeller.[23]

Charakteristisch für primäre Religionen wie für die alten antiken Religionen ist, dass sie die sichtbare Welt und die gegenwärtige menschliche Existenz heiligen. Geheiligt wird die Abstammungsgemeinschaft als Grund des Lebens: Sakrosankt sind Sippe und Stamm. Geheiligt wird die *Zeit*, die in den Zyklen des Tages und des Jahres sowie durch den Ablauf des menschlichen Lebens

---

21 Sundermeier, T., Was ist Religion? Religionswissenschaft im theologischen Kontext (ThB 96), Gütersloh 1999, 34–42.
22 A.a.O. 239.
23 Feldtkeller, A., Theologie und Religion. Eine Wissenschaft in ihrem Sinnzusammenhang (ThLZ.F 6), Leipzig 2002, 46–62.

strukturiert wird. Geheiligt wird der *Raum*: Heilige Zeiten und heilige Räume ermöglichen Feste und ihre Ordnung. Geheiligt wird schließlich die Lebensordnung der *Gemeinschaft*. Sie ist eine natürliche Ordnung, die nicht anders gedacht werden kann. Geheiligt wird überhaupt die erfahrbare *Welt*. Die Gottheiten stehen in konkreten Beziehungen zu Quellen und Bergen, zu Gewitter und Regen, zu Fruchtbarkeit und Krieg. Ihre Transzendenz ist begrenzt.

Die Schriftreligionen entstanden alle durch Kritik an dieser primärreligiösen Heiligung der Welt. Die Religionskritik ihrer Stifter und Propheten ist in „Heilige Texte" eingegangen, während das alltägliche Leben primärreligiöse Traditionen fortsetzt. Daher können sich im selben Traditionskontinuum sekundärreligiöse Erneuerungen immer wieder neu durchsetzen: die Propheten im Judentum, Jesus im Urchristentum, Mohammed im Islam. Was aber wird in diesem Wandel von einer Primär- zu einer Sekundärreligion kritisiert?

1. Kritisiert wird die *Gottesvorstellung* aufgrund einer radikaleren Transzendenzerfahrung: Erst jetzt wird Religion zum Erleben des „Ganz Anderen". Der Polytheismus wird in den monotheistischen Religionen verworfen. Das Judentum begann mit einer einschneidenden Revolution: Es bekannte sich zum Glauben an den einen und einzigen Gott. Auch einige griechische Philosophen (wie Xenophanes) waren gleichzeitig mit Deuterojesaja zu dieser Erkenntnis gelangt. Aber sie ließen die polytheistischen Kulte bestehen. Nur die Juden versuchten, das ganze Leben konsequent von der Religion her zu gestalten. Bei ihnen wurde Religion ein eigener Kommunikationsraum. Alles sollte von ihr durchdrungen sein. Weil das nirgendwo sonst der Fall war, wurde die Religion ein autonomes Zentrum, das allen gesellschaftlichen Bereichen potentiell gegenübertrat. Der eine und einzige Gott, der sich Israel zuwendet, wurde im Urchristentum der Gott, der auf alle Menschen seinen Bund ausweiten will. Im Urchristentum treten dabei neue Züge im Gottesbild hervor: Charakteristisch sind die drei „Gottesdefinitionen", die wir im johanneischen Schrifttum finden. Die erste findet sich im Gespräch zwischen Jesus und der Samaritanerin: „Gott ist Geist, und die ihn anbeten, die müssen ihn im Geist und in der Wahrheit anbeten." Das heißt: Er kann definitiv weder in Jerusalem noch auf dem Garizim verehrt werden, sondern findet in der ganzen Welt unabhängig von bestehenden Kultorten und Völkern Menschen, die ihn anbeten (Joh 4,23). Die zweite Definition sagt: „Gott ist Licht, und in ihm ist keine Finsternis. Wenn wir sagen, dass wir Gemeinschaft mit ihm haben, und wandeln in der Finsternis, so lügen wir und tun nicht die Wahrheit. Wenn wir aber im Licht wandeln, wie er im Licht ist, so haben wir Gemeinschaft untereinander ..." (1 Joh 1,6). Der eine und einzige Gott gründet eine Gemeinschaft, anstatt schon bestehende Gemeinschaften zu stärken. Die dritte Definition betont diesen sozialen Charakter der Gotteserfahrung: „Gott ist *Liebe*, und wer in der Liebe bleibt, der bleibt in Gott und Gott in ihm" (1 Joh 4,16b). Die neue Erfahrung des Heiligen ist die Erfahrung göttlicher Liebe, die sich allen zuwenden will.

2. Kritisiert wird in allen Sekundärreligionen die *Kultpraxis*: Die Propheten kritisieren das Vertrauen auf kultische Opfer bei gleichzeitiger Verletzung des Rechts. Die Upanishaden, der Buddhismus und der Jainismus kritisieren die Unwirksamkeit der Opfer zur Erlösung. Im Urchristentum werden die Opfer durch Taufe und Abendmahl abgelöst – durch zwei unblutige Riten, die (bei Paulus) geheimnisvoll mit dem Tod Jesu verbunden werden: Die Taufe ist ein Sterben mit Christus; der einzelne nimmt freiwillig einen symbolischen Tod auf sich, um mit Christus schon jetzt neues Leben zu erlangen. Das Abendmahl ist Gedenken an den Tod Christi, also an das Sterbens eines anderen für die Gemeinschaft. Nur wer sich taufen lässt, wird zum Abendmahl zugelassen (Did 9,5), das heißt: Nur wer bereit ist, sein Leben für Gott als lebendiges Opfer hinzugeben (Röm 12,1), partizipiert daran, dass ein anderer sein Leben für ihn hingibt: „Gott erweist seine *Liebe* zu uns darin, dass Christus für uns gestorben ist, als wir noch Sünder waren" (Röm 5,8).

3. Kritisiert wird in allen Sekundärreligionen die bestehende *Welt*, die in kosmischen Untergangserwartungen ihre Legitimität verliert: Jesus und Mohammed verkündeten das nahe Ende der Welt. Ein Gericht wird über sie kommen. Auch der Buddhismus sieht die Welt negativ und kritisch: Für ihn ist Erlösung eine Auflösung dieser Welt. Im Urchristentum wird dieser Untergang der Welt als Beginn einer neuen Welt in der Gegenwart gefeiert. Diese doppelte Eschatologie verbindet die Illegitimität der Welt mit der Legitimität des Lebens in ihr auf eine paradoxe Weise. Die erneuerten Christen haben das Gericht schon hinter sich: „So ist nun keine Verurteilung mehr für die, die in Christus Jesus sind" (Röm 8,1). „Wahrlich, wahrlich, ich sage euch: Wer mein Wort hört und glaubt dem, der mich gesandt hat, der hat das ewige Leben und kommt nicht in das Gericht, sondern er ist vom Tode zum Leben hindurchgedrungen" (Joh 5,24). Die Gewissheit für dieses Sein jenseits des Gerichts aber ist die Liebe: „Wir wissen, dass wir aus dem Tod in das Leben hinübergegangen sind; denn wir *lieben* die Brüder. Wer nicht liebt, der bleibt im Tod" (1 Joh 3,14).

4. Kritisiert werden in allen Sekundärreligionen schließlich die traditionellen *Lebensordnungen*, die Thora im Christentum, die arabische Lebensordnung im Islam, die hinduistische Askese im Buddhismus. Quer zu allen Religionen entstehen Bewegungen von Aussteigern, von heimatlosen Wandermönchen und Asketen. Im Urchristentum bilden zwei aus dem Judentum übernommene Grundgebote eine neue Lebensform: das Liebesgebot und der Statusverzicht. Das Liebesgebot wird zur Liebe des Feindes und des Fremden radikalisiert. Der Entgrenzung nach außen hin entspricht eine Einschränkung nach innen: Jesusworte verlangen von Nachfolgern den Bruch mit der Familie: „Wenn jemand zu mir kommt und hasst nicht seinen Vater, Mutter, Frau, Kinder, Brüder, Schwestern und dazu sich selbst, der kann nicht mein Jünger sein" (Lk 14,26). In der Askese des Christentums lebt dieses afamiliäre Ethos weiter. Beim Statusverzicht können wir Analoges beobachten: Der Verzicht auf Herr-

schaft wird für die Binnenbeziehungen in der Gemeinde verlangt. Hier gilt: „Wer groß sein will unter euch, der soll euer Diener sein; und wer unter euch der Erste sein will, der soll aller Sklave sein" (Mk 10,43f). Diese Bereitschaft findet ihre Grenze, wenn der Glaube auf dem Spiel steht. Dann gilt gegenüber Außenstehenden: „Man muss Gott mehr gehorchen als den Menschen" (Apg 5,29). Das ist das Ende jeder „Demut", d.h. der Bereitschaft sich unterzuordnen. Die Gehorsamsverweigerung lebt in den Märtyrern des Christentums weiter. Askese und Martyrium weisen somit auf grundsätzliche Spannungen zwischen dem Christentum und dem Ethos des Hauses auf der einen und dem Ethos des Staates auf der anderen Seite.

Innerhalb der Religionen lassen sich also zwei Stufen unterscheiden: eine primärreligiöse und eine sekundärreligiöse Schicht. In Sekundärreligionen wird die ursprüngliche Überlebensfunktion der Religion in Frage gestellt! Wo z.B. Askese und Martyrium einen hohen Wert erlangen, findet eine Rebellion gegen die biologischen Überlebensnotwendigkeiten statt. Fragt man, worin diese (wirkliche oder prätendierte) Emanzipation von den Notwendigkeiten biologischen Überlebens im Christentum begründet ist, so kann man phänomenologisch sagen: Sie ist in einer Erfahrung des Heiligen begründet, in der das Heilige als ein Energiezentrum von Liebe begegnet, das den Menschen ergreift, verwandelt und verpflichtet. Diese Liebe umfasst auch extreme Verhaltensweisen: die Hingabe des Gottessohns am Kreuz, Askese und Martyrium seiner Nachfolger. Aus dieser Zentralerfahrung ergeben sich die entscheidenden Änderungen im Gottesbild: Gott ist der liebende Vater, der sich dem größten Leid aussetzt. Die rituelle Ordnung wird verändert. Denn Liebe und Barmherzigkeit sind wichtiger als Opfer (vgl. Mt 9,13; 12,7 = Hos 6,6). Die Welt erhält ein neues Aussehen: Die Liebe unter den Brüdern (und Schwestern) wird als Eintritt in eine neue Welt erlebt (1 Joh 3,14). Natürlich steht das Liebesgebot im Zentrum der neuen Lebensform. Der Rekurs auf eine phänomenologisch beschreibbare Erfahrung des Heiligen aber befriedigt theoretisch nicht. Wir haben damit zwar eine funktionalistische Analyse hinter uns gelassen: Religion erklärt sich weder aus ihrer evolutionären Funktion durch ihren adaptiven Wert noch durch ihre soziale Funktion für das Überleben einer Gesellschaft. Sie basiert auf grundlegenden Erfahrungen, die ihre Wahrheit und ihren Wert in sich haben. Gerade der Liebesgedanke kann das zum Ausdruck bringen: Liebe antwortet auf etwas, das einen Wert in sich darstellt. Die irakische Mystikerin rabi'a al-adawiya (ca. 717–801) hat dies in einem beeindruckenden Gedanken zum Ausdruck gebracht, den der christliche Dichter K. Marti so wiedergegeben hat [24]:

---

24   Marti, K., abendland, gedichte, Darmstadt/Neuwied 1980, 61.

betete ich dich an
aus furcht vor der hölle
dann ach verbrenne mich
in der hölle

betete ich dich an
in hoffnung auf das paradies
dann ach verriegle mir
das paradies

bet' ich dich aber an
um deinetwillen allein
dann – o gott – vermähle mich
mit deiner ewigen schönheit

4) Versuch einer zusammenfassenden evolutionären Religionstheorie

Am Ende soll die Skizze einer evolutionären Religionstheorie stehen, welche die Anfänge der Religion in der biologischen Evolution sucht, ihre Entwicklung aber als Ausdruck der kulturellen Evolution deutet, die zu einem Eigenwert religiöser Erfahrung hinführt. Zwischen beiden Evolutionsphasen gibt es Analogien und Unterschiede. Die Analogien erlauben es, von einer durchgehende Evolution zu sprechen, die Unterschiede nötigen dazu, die kulturelle Evolution deutlich von der vorhergehenden biologischen Evolution abzugrenzen. Ein Leitgedanke dieser Skizze ist, dass die Religionen in verschiedener Weise das heimliche Programm der Kultur kodieren – gerade in den Elementen, die über die Natur hinausführen.

Biotische Evolution	*Kulturelle Evolution*
Gene: Information wird durch Vererbung von einer Generation zur anderen weitergegeben.	*Tradition:* Information wird durch Lernen von einer Generation an die nächste weitergegeben: Das kulturelle Gedächtnis hat dabei die Chance, auch gescheiterte Experimente des Lebens festzuhalten
Selektion: Die Gesamtbedingungen der Realität führen zu einer Auswahl zwischen Varianten von Lebensformen durch Tod und Leben: Selektion bedeutet Verminderung von Lebenschancen auf zweifachem Wege:	*Prüfung:* Menschliche Intelligenz trifft aufgrund ihrer Vorwegannahmen über die Realität eine Auswahl von Ideen und Verhaltensweisen: Es werden Fehler statt Leben ausgemerzt, Hypothesen statt Menschen geopfert.

a) In der „natürlichen" Selektion wird durch Aggression und Krankheit Tod herbeigeführt: Es geht ums Überleben. b) In der „sexuellen" Selektion wird durch Attraktivität und Bindung Leben vermehrt: Es geht um Vermehrung.	a) Beim Lernen durch (negative) Konsequenzen wird eine Löschung von Verhaltensweisen herbeigeführt b) Beim Lernen durch positive Konsequenzen wird neues Verhalten aufgebaut
Mutation: Zufallsfehler beim Kopieren und bei der Kombination von Genen führen entweder zu selektionsneutralen, selektionsprämierten oder selektionsreprimierten Mutationen.	*Schöpfung:* Kreative Intuitionen, neue Ideen, Lernen durch Einsicht entstehen nicht durch Zufall, sondern aufgrund eines wahrgenommenen Problemdrucks und einer bewussten Bemühung um eine Lösung. Aber sie enthalten ein irrationales, kontingentes Element und sind insofern „Mutationen" des Bewusstseins.
Anpassung: Vorinformationen im Organismus über die Umwelt sorgen für eine lebensdienliche Passung zwischen Organismus und Umwelt.	*Entsprechung:* Übereinstimmung mit der Realität ermöglicht das Bewusstsein, „in der Wahrheit" zu leben.

Inwiefern wird das Spezifische der kulturellen Evolution in der Religion kodiert? Das sei wenigstens kurz anhand der biblischen Religion gezeigt.[25] Die Kultur basiert auf der Informationsweitergabe von Generation zu Generation durch Tradition. Die biblische Religion macht eine spezifische Chance der kulturellen Evolution zur Pflicht: die *Erinnerung*.[26] Man erinnert sich in der Bibel an die Vergangenheit in bewusster Unterscheidung von der Gegenwart – auch dann, wenn sie sich von der Gegenwart entfernt hat und ihr widerspricht. Israel erinnert sich im Lande an die Wüstenzeit, in der Königszeit an die Zeit der Richter, träumt in der Exilszeit von vergangener Größe und bewahrt nach der Rückkehr die Erinnerung ans Exil. In Israel entstand eine „kontrapräsentische Erinnerung". Dabei wurde die Erinnerung an das Gescheiterte und das Leiden zur Pflicht. Israel sollte sich an seine Zeit in der Sklaverei in Ägypten erinnern, um seine Sklaven menschlich zu behandeln. Es sollte sich an die Katastrophen Israels erinnern, um sich immer wieder zur Umkehr zu motivieren. Die Verarbeitung von Tempelzerstörung und Exil formte die jüdische Re-

---

25   Vgl. Theißen, G., Biblischer Glaube aus evolutionärer Sicht, München 1984.
26   Theißen, G., Tradition und Entscheidung. Der Beitrag des biblischen Glaubens zum kulturellen Gedächtnis , in: Assmann, J., Hölscher, T. (Hg.), Kultur und Gedächtnis (stw 724), Frankfurt a.M. 1988.

ligion. Im Mittelpunkt des Neuen Testaments steht die Erinnerung an einen am Kreuz gescheiterten Propheten und Prediger.

Die Erinnerung an die gescheiterten „Varianten" des Lebens weist auf ein Proprium der kulturellen Evolution: Die Kultur kann „harte" Selektion durch ungleiche „Reproduktion", durch „weiche" Selektion menschlicher „Produktion" ersetzen: Bei harter Selektion stehen Selbsterhaltung und Vermehrung auf dem Spiel. Hier geht es um die physische Existenz. „Weiche" Selektion setzt dagegen bei den Produkten des Menschen an: bei seinen Gedanken, Einstellungen und Verhaltensweisen. Aufgrund einer inneren Vorwegnahme der Realität durch unseren Verstand „merzen" wir vorgreifend in uns aus, was mit der Realität kollidiert und für das Leben schädlich sein könnte. Wir ziehen es vor, Hypothesen statt Menschen sterben zu lassen (Popper). Man kann das auf den Nenner bringen: Der Mensch strebt nach „Verwandlung statt Tod". Die biblische Religion hat einen wichtigen Schritt in diese Richtung getan. Eine ihrer wichtigsten Überzeugungen ist: *Umkehr* (eine den ganzen Menschen umfassende Verhaltensänderung) kann den Tod ersetzen: „So wahr ich lebe, spricht der Herr, ich habe keinen Gefallen am Tode des Gottlosen, sondern dass sich der Gottlose bekehre von seinem Weg und lebe" (Hes 33,11). Im Neuen Testament wird der freiwillig übernommene symbolische Tod in der Taufe das Tor zum neuen Leben schon hier und jetzt (Röm 6,1ff). Diese Umkehr enthält nach innen gewandte Aggression: Selbstanklage und Selbstkritik. Aber sie besteht vor allem in einer Zuwendung zu Gott durch die Nachfolge Jesu und den Glauben an ihn.

Die Kultur experimentiert nicht mit genetischen Mutationen, sondern mit Ideen und Visionen, um neue Antworten auf Herausforderungen zu geben. Diese Ideen werden bewusst gesucht. Sie sind kreative *Schöpfungen* des Menschen. Und dennoch sind unsere Ideen mehr als logische Konsequenzen aus schon bestehenden Wissensbeständen. Ihre Schöpfung und Erfindung ist auch etwas Irrationales. Es handelt sich um Intuitionen, die wir nie ganz rechtfertigen können und die uns dennoch weiterbringen. Gerade die Religion wird von solchen Intuitionen bestimmt. Auch hier handelt es sich oft um Neukombinationen bekannter Elemente. Die Elemente sind traditionell, ihre Kombination aber macht etwas Neues aus ihnen. In der Religion nennen wir solche Intuitionen „Offenbarungen". Zwischen ihrer Deutung als menschliche Schöpfungen und göttliche „Offenbarungen" scheint ein unüberbrückbarer Widerspruch zu bestehen. Er wird relativiert, wenn man bedenkt, dass neue Ideen wie Organe sind, die neue Räume in der Umwelt aufschließen. Die Offenbarungen der Religion sind solche Änderungen im Menschen, die ihm ein Organ für das geben, das er vorher nicht gesehen hat. Sie öffnen ihn ihm die „Augen des Herzens" (Eph 1,18), damit er erfährt, „was kein Auge gesehen hat und kein Ohr gehört hat und in keines Menschen Herz gekommen ist, was Gott bereitet hat denen, die ihn lieben" (1 Kor 2,9).

Die Kultur sucht nicht nach Anpassung, sondern nach Entsprechung: Sie will nicht nur Leben ermöglichen, das Überlebenschancen hat, weil es an seine Umweltbedingungen angepasst ist, sondern ein Leben in der Wahrheit, das in Übereinstimmung mit der Realität geführt wird. Vor allem will sie ein Leben in Gerechtigkeit ermöglichen, das in Übereinstimmung mit Gott und den Mitmenschen geführt wird. Die biblische Religion sieht hier eine tiefe Störung im menschlichen Leben. Der Mensch lebt „in der Lüge" und an der Realität vorbei, er verfehlt die Realität Gottes und seiner Mitmenschen. Das ist Sünde, Entfremdung von Gott. Im Scheitern dieses Lebens aber bietet die biblische Religion eine Chance: eine geschenkte Entsprechung zur Realität Gottes, die Rechtfertigung des Lebens *sola gratia*. Die Bibel sieht in ihr eine schöpferische Macht *ex nihilo* (Röm 4,17), eine Erneuerung der Schöpfung, als wenn der Mensch zu einer ursprünglichen Übereinstimmung zurückkehrt, aus der er einmal gefallen ist.

Eine Theorie der urchristlichen Religion kann viele theoretischen Ansätze verfolgen. Wir fragen abschließend, in welchem Verhältnis die hier gewählte evolutionäre Religionstheorie zu den verschiedenen Ansätzen steht.

Es handelt sich um keine *rein naturalistische Religionstheorie*, sie rechnet jedoch mit einem Beginn der Religion in der Geschichte der Natur. Die Religion basiert auf kognitiven Verarbeitungsstrukturen von Daten, die dem Menschen einen evolutionären Vorteil im Sinne einer harten Selektion geboten haben. Durch solche Selektion sind auch die Voraussetzungen für Sprache, Tradition, Sozialität und Technik des Menschen entstanden: Sie haben die Reproduktionschancen jener Menschen gesteigert, deren Nachkommen wir sind. Der *Homo sapiens* hat sich dabei auf Kosten anderer Lebewesen durchgesetzt – einerseits gegen konkurrierende Artgenossen, die er verdrängte, andererseits gegen andere Arten, die er immer effektiver für sich zu nutzen verstand. Aber der Mensch kann sich von der Natur emanzipieren. In ihm werden Tendenzen wie Askese und Martyrium stark, die der Vermehrung von Reproduktionsvorteilen entgegenstehen. Der Mensch ist der erste Freigelassene der Schöpfung. Ein „Hauch" von Naturalismus liegt trotzdem über der ganzen Theorie: Denn auch (nach der natürlichen Entstehung der Voraussetzungen von Religion) verlief die kulturelle Geschichte der Religion nach analogen (nicht nach denselben) Bedingungen wie das Leben überhaupt: Sie ist ein Spiel aus *trial and error*, dessen Ergebnis in die kulturelle Tradition eingeht – analog dem Spiel von Mutation und Selektion, das bei allen Lebewesen die genetische Information bestimmt. Eine solche (Natur und Kultur umgreifende) evolutionäre Religionstheorie rechnet mit einer „Evolution der Evolution", einer Änderung wichtiger Strategien der Evolution beim Übergang von biologischer zu kultureller Evolution. Sie betont zwar, dass die Voraussetzungen der kulturellen Evolution ein Produkt der „natürlichen" Evolution sind und betrachtet auch die auf ihnen aufbauende weitere kulturelle Evolution als Fortsetzung (wenn auch nicht als Teil) der biologischen Evolution. Aber hier tritt auch Neues auf – gegenläufig zu natürlichen Tendenzen. Was aber ist dieses Neue?

Die vorgelegte Skizze einer Religionstheorie basiert im Wesentlichen auf einer Theorie der Kultur, die dies Neue so bestimmt: Alle Kultur hat die Aufgabe, Selektionsdruck zu verringern. Sie ermöglicht Leben auch dort, wo es unter natürlichen Bedingungen keine Chancen hätte. Jeder Kultur aber wachsen mit den Mitteln zur Verringerung des Selektionsdrucks auch die Mittel zu seiner Vergrößerung bis hin zur unsinnigsten Barbarei ohne jede erkennbare selektive Funktion. Man kann den Beitrag der Religion zur Kultur darin sehen, dass sie deren Programm, die Verringerung des Selektionsdrucks, als Aufgabe bewusst macht und als Gebot formuliert, dass sie das Scheitern an ihr als Sünde aufdeckt und Zuspruch und Trost anbietet, der es ermöglicht, diesem Grundprogramm der Kultur durch alle Krisen hindurch treu zu bleiben. Dabei rebellieren zwei Religionen am deutlichsten gegen die Härte des Selektionsprinzips: Buddhismus und Christentum. Der Buddhismus tut es, indem er den Lebensdurst im Menschen zum Verlöschen bringen will. Nur dieser Lebensdurst lässt uns mit andern Menschen und andern Lebewesen konkurrieren. Das Christentum will dagegen den Lebensdurst in Liebe zum Schwachen verwandeln – also in Liebe zu den Mitmenschen und Geschöpfen, die im Lebenskampf zu kurz kommen. Ein „Antiselektionismus" ist hier wie dort spürbar, ein Aufbegehren gegen das Selektionsprinzip. Was die Kultur generell auszeichnet, wird also in der Religion (in Bildern und Symbolen) bewusst thematisiert.

Inwiefern ist diese Skizze einer Religionstheorie *phänomenologisch*? Die Erfahrung des Heiligen hat in ihr eine zentrale Bedeutung. Der Schritt des Menschen über die biologische Evolution hinaus besteht darin, dass er eine Sache um ihrer selbst willen betrachten und lieben kann. Sobald die Welt und sein Leben für ihn einen Selbstzweck hat, hat er seinen Kopf aus dem Strom des Lebens herausgehoben, in dem er wie alle Lebewesen schwimmt: Das Heilige ist das, was schlechthin Selbstzweck ist. Sofern der Mensch eine unverrechenbare Würde hat (und nicht nur einen Wert, den man für etwas anderes eintauschen kann), ist er Ebenbild oder Abglanz des Heiligen.

Wann aber wird solch eine evolutionäre Religionstheorie „*Theologie*"? Theologie hebt die doppelte Urteilsenthaltung der Religionsphänomenologie auf: die Enthaltung hinsichtlich der Realität des Heiligen und die Neutralität bei der Entscheidung zwischen verschiedenen Religionen. Sie bekennt sich zu einer Gestalt des Heiligen und bringt als *fides quaerens intellectum* Argumente, um diese Entscheidung einsichtig zu machen. Abschließend sei kurz skizziert, warum ich meine, dass religiöse Erfahrung nicht nur Konstrukt des Menschen ist. Sie lässt sich als Transzendenz-, Kontingenz- und Resonanzerfahrung beschreiben, in denen wir auf eine überlegene Wirklichkeit stoßen.

Wir wissen, dass unsere „Welt" nicht die Wirklichkeit an sich ist. Unsere Lebenswelt ist die von uns gedeutete, konstruierte, auf unsere Sinne und unser

Gehirn bezogene Erscheinungswelt. Die Wirklichkeit an sich entzieht sich uns. Sie bleibt uns verborgen, mögen wir sie nun „Gott" oder die „Wirklichkeit an sich" nennen. Wir machen ein notwendige Unterscheidung zwischen Sein und Erscheinung. Wir erleben die Differenz von Erscheinung und Sein am intensivsten im Scheitern unserer Gedanken, die letzte Wirklichkeit zu erreichen. Wir spüren dies Scheitern wie die Welle den Fels spürt, an dem sie sich zerschlägt. In diesem Scheitern unserer Gedanken und unseres Lebens machen wir bis in die Gegenwart hinein originäre *Transzendenzerfahrungen*.

Dieselbe Transzendenz, die sich unserem Erkennen entzieht, ist uns ungeheuer nah: Wir *sind*, auch wenn wir nicht adäquat erkennen, was wir eigentlich sind. Dieses Wunder durchdringt uns in jedem Augenblick und umfasst selbst den Gedanken, mit dem wir uns dieses Wunders vergewissern. Diese alles durchdringende *Kontingenzerfahrung* ist die zweite Quelle religiöser Erfahrung. In ihr wird nicht der Gegensatz von Sein und Erscheinung, sondern von Sein und Nichts erfahren. Alles, was existiert, könnte auch nicht sein. Alles was existiert, wird einmal nicht mehr sein. In Transzendenzerfahrungen entzieht sich uns das Sein, in Kontingenzerfahrungen ist es uns näher, als wir selbst uns nahe sind. Es erweist sich als alles bestimmende Realität.

Das Wunder von Sein und Nichtsein „spricht uns an". Wir erleben das Heilige als *Resonanzerfahrung*, d.h. wir stoßen in der Wirklichkeit auf etwas, das uns zutiefst verwandt ist und Verwandtes in uns in Schwingung versetzt.[27] Die Ordnung der Welt findet ein Echo in unserer Intelligenz, die Dynamik der Natur in unserer Vitalität, das Du des anderen Menschen in unserem Ich. Jedes Mal erleben wir dabei etwas unbezweifelbar Objektives. Solche Erfahrungen versichern uns: Es ist wertvoll zu leben. In Resonanzerfahrungen erleben wir die Einheit von Sein und Wert. Dabei sind Werte keine Eigenschaften der Gegenstände, sondern basieren auf einer Interaktion zwischen uns und den Gegenständen: auf Resonanz. Wir gehen dabei mit „Intentionalitätsdetektoren" an die Wirklichkeit heran und erfahren in ihr etwas Verwandtes, das wir aufgrund dieser Verwandtschaft als „Intention" deuten können. Entscheidend ist: Es ist zutiefst mit uns verwandt: Es ist Vernunft wie unsere Vernunft, Leben wie unser Leben, Leiden wie unser Leid. Solche Resonanzerfahrungen sind Werterfahrungen. Sie transzendieren das Faktische. Zur Differenz von Sein und Schein, Sein und Nichts tritt die dritte grundlegende Differenz von Sein und Sollen oder von Wirklichkeit und Wert.

Abschließend seien diese Gedanken anhand der berühmten Parabel von A. Flew vom Gärtner, den es gar nicht gibt, illustriert:[28] Zwei Forschungsreisende stoßen im Urwald auf einen Garten, finden aber keinen Gärtner. Sie widerle-

---

27   Theißen, G., Argumente für einen kritischen Glauben oder: Was hält der Religionskritik stand? (THE 202), München ³1988.

28   Zitiert nach Dalfert, I.U., Sprachlogik des Glaubens. Texte analytischer Religionsphilosophie und Theologie zur religiösen Sprache, München 1974, 84.

gen die Vermutung, er sei unsichtbar, durch Zäune, Bluthunde und Elektrofallen. Einer der Forschungsreisenden ist gläubig. Er ist überzeugt, dass der Gärtner unempfindlich gegen elektrische Schläge ist, ungehindert durch Zäune steigen kann und Hunde ihn nicht riechen können. Der andere ist ein Agnostiker. Er sieht keinen Unterschied zwischen einem unsichtbaren, ungreifbaren und ewig entweichenden Gärtner und einem Gärtner, den es nicht gibt. Die Parabel wurde erfunden, um einer agnostischen Haltung Ausdruck zu verleihen. Was ich an dieser Parabel als unstimmig erlebe, ist: Nicht nur der Skeptiker, sondern auch der Gläubige handelt zutiefst unreligiös. Beide bauen Stacheldraht, hetzen Bluthunde und stellen Elektrofallen auf. Dass Gott sich ihren Methoden entzieht, spricht weniger gegen ihn als gegen diese Methoden. Wie würden religiöse Menschen auf die Entdeckung des Gartens reagieren? Sie würden ein Fest veranstalten, weil sie im Urwald Ordnung und Sinn gefunden haben – und zwar als etwas Unerwartetes, Kontingentes, das ebenso gut auch nicht sein könnte, so unwahrscheinlich ist es! Sie würden dies Fest wiederholen. Sie würden ferner Gebote formulieren, die dazu verpflichten, den Garten zu erhalten und zu pflegen. Denn sie hören in dieser Ordnung einen Appell, ihn zu erhalten. Er ist nicht nur gegeben, er ist aufgegeben. Er stellt einen Wert dar. Sie würden schließlich erkennen, dass die Ordnung in diesem Garten und in ihrem Leben dieselbe ist. Beide klingen zusammen, wie Melodie und Begleitung. Der Garten ist Gegenstand einer tiefen Resonanzerfahrung. Ganz gewiss werden sie auch eine Geschichte von einem Gärtner erzählen, der alles geschaffen hat, der ihnen den Garten anvertraut hat und die wunderbare Übereinstimmung des Gartens mit ihren Bedürfnissen und Möglichkeiten geschaffen hat. Aber dieser Gärtner, der letzte Grund des Seins und ihrer Existenz, wird immer transzendent bleiben. Sie werden ihn nie sehen. Sie werden immer wieder Hinweise auf ihn finden, aber immer wieder daran scheitern, ihn zu „ergreifen". Sie machen in der Suche nach ihm elementare Transzendenzerfahrungen. Die Geschichte von ihm ist natürlich Poesie. Sie ist erfunden. Aber mit dieser Poesie erheben sie Anspruch auf Wahrheit – so wie die Parabel vom Gärtner eine Wahrheit enthält, obwohl sie durch und durch erfunden ist! Weil die Religion bis heute der Transzendenz-, Kontingenz- und Resonanzerfahrungen eine poetische Sprache gibt, ist sie mehr als ein Konstrukt des Menschen.

Weitere Perspektiven und Einschätzungen

Jenseits von „primärer" und „sekundärer" Religion

Andreas Grünschloß (Göttingen)

Das Sundermeiersche Modell der primären und sekundären Religionserfahrung ist mir seit meiner Heidelberger Studienzeit Mitte der achtziger Jahre vertraut, und durch mein damaliges Promotionsprojekt wurde ich auch einer formellen „Initiation" in die Sundermeiersche Vorstellungswelt teilhaftig. Als Teil meiner Heidelberger akademischen Muttermilch gehört das Modell daher gleichsam in den Bereich meiner eigenen „primären" universitären „Erfahrung". – Noch einmal spielerisch in den Sprachformen dieses Modell reformuliert, stellt sich daher die Frage, ob ich mich (1) auch heute noch, nach rund zwanzig akademischen Berufsjahren, in diesem primären Lebensraum aufhalte, in dem Sundermeiers Grundunterscheidung zur Gestaltung und Bewältigung des religionswissenschaftlichen Lebens „unmittelbar plausibel" ist und daher in zyklischer Wiederkehr herangezogen werden kann, um die Vielfalt religiöser Lebensäußerungen terminologisch zu integrieren. – Oder haben mich (2) zwischenzeitlich andere und „neue" Propheten überzeugt, wurde das Sinnlich-Intuitive des Modells abgelöst durch eine neue Heilslehre und sein ritueller Nachvollzug daher äußerst fragwürdig; befinde ich mich nun im Widerstand, in einer bekenntnismäßigen Absetzung vom primären Erbe? – Oder strebe ich womöglich (3) längst eine neue „Synthese" an, in dem Versuch, Sundermeiers Einsichten mit *Anderem* zu amalgamieren – in einem kritisch-konstruktiven *sic et non*?

Wenn ich zunächst auf unseren Tagungsverlauf zurückblicke, dann bietet sich mir als Resultat folgendes Bild: Offenbar gab es bislang nur eine geringe Rezeption des Modells innerhalb der alttestamentlichen Wissenschaft, und sie geschah eher punktuell – ohne weitere Entfaltung seiner Implikationen – oder nur mit Vorbehalten. Auch der Kollege Schipper meldete mit Blick auf ägyptologische Konkretionen ebenfalls Zurückhaltung gegenüber einer leichten religionswissenschaftlichen Verwendung an; weitere direkte „Vorbehalte" waren auch von Walter Burkert angesichts der griechischen Religion zu hören. Der New Yorker Kollege Smith äußerte Zweifel an der heuristischen Brauchbarkeit des Modells und stellte den zugrunde liegenden Erfahrungsbegriff (als konstitutives Moment eines Religionsbegriffs) in Frage, dagegen schien den Kollegen Sallaberger und Xella v.a. die Unterscheidung zwischen Stammes- und Weltreligionen zu kurz zu greifen (usw.). – Hier sind bereits mehrere Äußerungen eines empirischen und systematischen „Unbehagens" zu vernehmen, das auch den

Religionswissenschaftler in mir umtreibt. *Apropos* „Religionswissenschaft" –
über die dezidiert *religionswissenschaftliche* Rezeption des Modells wurde bislang noch gar nicht gesprochen! – Aber dies lässt sich an dieser späten Stelle
durchaus leicht nachzutragen, denn in diesem Bereich ist eine komplette *Fehl-
anzeige* zu konstatieren: Aus der systematisch-religionswissenschaftlichen Theoriebildung ist mir jedenfalls *keine* konstruktive Rezeption des Modells bekannt.

These: *Ohne Jan Assmanns ausführlichere Rezeptions- und Umsetzungs-
versuche hätte es wohl kaum einen forschungsgeschichtlichen Grund für dieses
Symposium gegeben, denn Sundermeiers Modell ist – neben wenigen punktuellen Bezugnahmen – weitestgehend unbeachtet geblieben (abgesehen von direkten Übernahmen in seinem unmittelbaren „Schülerkreis").*

Pro und Contra

Worin liegen dennoch *wichtige Verdienste* von Sundermeiers bipolarem
Modell bzw. in den mit diesem Modell verbundenen *Intentionen?*

Aus meiner Sicht wären hier vor allem die folgenden Punkte thesenartig zu benennen:

a) Das Modell lenkt den Blick auf die systematischen Fragen nach *Kontinuität* und *Differenz* zwischen traditionalen und komplexeren Religionen, v.a. bis
hin zu solchen mit universalem Geltungsanspruch (sog. „Weltreligionen").

b) ... und zwar auf der Basis sozialwissenschaftlicher bzw. empirischer Beobachtungen zu den Eigentümlichkeiten von Religionen in unterschiedlichen
sozio-kulturellen Konstruktionsmilieus (allerdings auch mit deutlichen Spitzen
gegen einen rein *soziologistischen* Funktionalismus).

c) In speziell *missionswissenschaftlicher* Hinsicht – und aus diesem Kontext stammen Sundermeiers Überlegungen ursprünglich (!) – soll das Modell
eine systematische Klärung der Überlagerungsprozesse zwischen einer *kontext-
übergreifend* „missionarisch erfolgreichen" Religion wie dem Christentum und
den jeweils traditional-autochthonen Religionsformen ermöglichen (daher sind
Sundermeiers eigene Überlegungen zur Synkretismusterminologie auch sehr
eng mit diesem Modell verknüpft).

d) Gegenüber vielen herkömmlichen theologischen Diskurstraditionen im
Kontext der christlichen Dialog- und Religionstheologie, die mit den vormals
noch „primitiv" genannten Religionsformen wenig Konstruktives im Sinn hatten, geht es Sundermeier im Zusammenhang seines Modells u.a. um eine betonte Würdigung der traditionalen Religionen im Sinne einer grundsätzlichen
„Gleichwertigkeit" ihres Lebensvollzugs. – Dies ist auch heute noch eine wichtige Korrektur an die Adresse derjenigen, die den interreligiösen Dialog oder

das religionstheologische Interesse primär für die „gestandenen" bzw. „gebildeten" Religionen mit langem geschichtlichen Bewusstsein und „Durchhaltever-
mögen" reservieren wollen.

e) Sachlich entbehren viele der organisatorischen und konzeptionellen Un-
terscheidungsmerkmale, die Sundermeier zur Charakterisierung von primärer
und sekundärer Religionserfahrung aufzählt, keineswegs einer gewissen religi-
ons- oder sozialwissenschaftlichen Plausibilität, *aber* sie „konstruieren" zwei
künstliche Extrempole in einem empirisch weitaus heterogeneren Feld.

Problemanzeigen

Der letzte Punkt (e) leitet bereits zu meinen kritischen „Vorbehalten" angesichts
des Modells über. Diese sind nun in analogen Thesen zu benennen, die zum
Teil jedoch einer etwas breiteren Entfaltung bedürfen:

a) Sundermeiers Modell ist nach wie vor einer *Religionsphänomenologie*
„alten Stils" verpflichtet, indem es einen unhistorischen, normativ-präskriptiven
Begriff religiöser „Erfahrung" voraussetzt, der allen Religionskontexten trotz
ihrer Vielfalt gleichermaßen zugrunde liegen soll. Dieser Ausgangspunkt bei
einem derartig *invariaten* terminologischen Modell ist seit langem ins Kreuz-
feuer der Kritik geraten und nachhaltig dekonstruiert worden. Diese allseits bekannte Kritik ist von Sundermeier jedoch an keiner Stelle für eine mögliche Re-
vision seines Modells fruchtbar gemacht worden.

Entfaltung: Selbst in der erneuten Wiedergabe des Modells in Sundermeiers Buchpublikation *Was ist Religion?* (1999) – mittlerweile fast zwanzig Jahre
nach der ersten Veröffentlichung – wird die primäre Religionserfahrung nach
wie vor als eine „grundlegende *Erfahrung*" beschrieben, „die von außen auf den
Menschen zukommt, die sich ihm aufdrängt."[1] Sie komme allerdings „niemals
in reiner Gestalt" vor, sondern ist von „Welterfahrung" mitgeprägt – d.h. sie
zeigt sich im Stile der klassischen phänomenologischen Konstruktion einer
‚Manifestation des Heiligen' gemäß Otto oder Eliade, oder mit Hegel: als „unmittelbare Religion"[2]. Der Mensch könne daher nicht ohne die primäre Religionserfahrung existieren, er neige sonst zu „Ersatzhandlungen". – Diese Beschreibungen wiederholen ganz offensichtlich die typischen Diskursformationen
einer weit zurückliegenden religionsphänomenologischen Epoche in völlig un-
kritischer Weise, und schon allein dieses Faktum disqualifiziert Sundermeiers
Beitrag für eine breitere *religionswissenschaftliche* Rezeption.

---

1   Sundermeier, T., Was ist Religion? Religionswissenschaft im theologischen Kontext (ThB
    96), Gütersloh 1999, 35.
2   Ebd.

b) Die Religionsgeschichte verläuft wesentlich komplexer, als dass sie auf die von Sundermeier anvisierte Weise geordnet und systematisiert werden könnte. – Anders gesagt: *Das bipolare Modell ist viel zu schlicht.*

Entfaltung: Die historische Ausdifferenzierung von religionsgeschichtlich Neuem entsteht z.B. historisch nie einfach nur als „Antithese" zum Vorausgehenden, sondern eher in der Form komplexer Interaktionsmuster, bei denen Anknüpfung und Widerspruch mehrschichtig (und vielfach auch gegenläufig) konstruiert werden. Außerdem verlaufen Interaktionsprozesse nicht einfach nur von der sog. „primären" zur „sekundären Religionserfahrung", sondern auch umgekehrt. Faktisch bedarf es daher auch nicht jenes künstlichen dritten Schritts der „Synthese", da das Neue meist schon als kompliziertes Zusammenspiel von Übernahme/Beibehaltung und Innovation/Abgrenzung „entwickelt" ist. Sundermeiers Hypostasierung zweier antagonistisch aufeinander bezogener, grundsätzlich differenter „Erfahrungs"-Räume, die dann zusätzlich noch einmal künstlich zu einer „Synthese" vermittelt werden müssen, erweist sich daher alles andere als plausibel und hilfreich, auch wenn sich manche der in seinem zunächst bipolaren Modell angesprochenen Elemente in der sozialen und religiösen Wirklichkeit in Ansätzen erkennen lassen.[3]

c) Faktisch enthält Sundermeiers bipolares Modell eigentlich ein *triadisches* Konzept geschichtlicher Abläufe[4], das diskursiv auf den deutschen Idealismus zurückverweist. Diese geschichtsphilosophische – und unterschwellig trinitätstheologisch begründete – *Agenda*, mit der alle religionsgeschichtlichen Überlagerungs-, Begegnungs- und Entwicklungsprozesse in Triaden konzipiert werden, ist ausgesprochen künstlich und nicht empirietauglich.

Entfaltung: Schon in der Ursprungspublikation des Modells in der Gensichen-Festschrift von 1980 wird eine direkte Entgegensetzung der beiden Bereiche von „Erfahrung" vorgenommen, die dann *künstlich* mit einer – rein spekulativen, weil *trinitarisch notwendigen (!)* – dritten Phase dialektisch ‚aufgehoben' werden. Empirisch nicht einleuchtend ist die Behauptung, dass eine solche sog. „dritte Phase" überhaupt erfolgen *muss* – und dann auch noch in der Form einer

---

3   Ich meine damit die grundlegende Tatsache der durchaus beobachtbaren sozialen und kognitiven Differenzen zwischen traditionalen Kleingesellschaften (und ihrer Religionen) und komplexeren Gesellschaftsformationen (und ihrer Religionen), wie sie z.B. in Sundermeiers Primärpublikation von 1980 auf S.162f beschrieben werden; vgl. ders., „Die ‚Stammesreligionen' als Thema der Religionsgeschichte. Thesen zu einer Theologie der Religionsgeschichte", in: Fides pro mundi vita (FS H.-W. Gensichen, hg. v. Th. Sundermeier), Gütersloh 1980, 159–167; vgl. dann analog u.a. wieder in ders., Was ist Religion? (s. Anm. 1), 35f.

4   „Die Religionsgeschichte verläuft nicht als eine Entwicklung von primärer zu sekundärer Religionserfahrung (von der ‚Primitivreligion' zur ‚Hochreligion') [...]. Vielmehr ist ein Dreierschritt in anderer Weise, sind drei Phasen erkennbar: Auf die sekundäre Religionserfahrung, die die primäre voraussetzt, folgt der Schritt zur Synthese oder Integration beider Erfahrungen", Sundermeier, T., ‚Stammesreligionen' (s. Anm. 3), 164. Diese Integrationsleistung stellt für Sundermeier keine historische Beliebigkeit dar, sondern sie sei notwendiger Bestandteil einer ‚ausgereiften' ‚Stifterreligion'.

Synthese oder *Integration* des „Neuen" („Prophetischen" o.ä.) und des „Alten"
(in späteren Publikationen spricht Sundermeier diesbezüglich auch von einem
„vertikalen" oder „unbewussten" Synkretismus). – Diese Konstruktion eines religionsgeschichtlichen „Dreierschritts" verdankt sich ganz explizit theologisch-
trinitarischen Motiven und ist daher religionsgeschichtlich auch nicht nachweisbar[5]. Sundermeiers Dreierschritt steht unter dem Gesichtspunkt seiner empirischen Brauchbarkeit daher vor demselben unüberwindbaren Problem wie
analoge Konstruktivismen aus dem Spätidealismus Schellings oder etwa Paul
Tillichs Offenbarungs- und Religionstheologie, bei denen die religionsgeschichtlichen Prozesse ebenfalls trinitarisch-triadisch „abgewickelt" werden, ohne dass
die dabei hypostasierten „Potenzen" noch irgendwie mit der empirischen Realität in Verknüpfung stehen. Dieses *normative* Problem ergibt sich bei Sundermeier aus dem dezidiert *missionstheologischen Kontext*, demzufolge einerseits
der Versuch unternommen wird, der traditionellen Religiosität zwar ihr Recht
zuzugestehen, andererseits aber auch die Idee einer umfassenden *Inkulturation*
der neuen Religion (hier: des Christentums) in diesem kontextuellen Fleisch als
„wahre" und „gültige Synthese" zu ermöglichen – also ein primär *(missions-
)theologisches* und latent *religionspolitisches* Anliegen.[6]

d) Sundermeiers Modell vermischt zudem auf unzulässige Weise mehrere
unterschiedliche Vorgänge: (1) die *Entstehung* neuer, innovativer Religionsbil-
dungen innerhalb eines religiösen Kontextes (der sog. Wechsel von der primären zur sekundären Religionserfahrung), (2) die *Selbstbehauptung* dieser inno-
vativen Religionsgebilde innerhalb dieses Kontextes während der weiteren
historischen Auseinandersetzung und (3) die *Inkulturation* neuer, aber in ihrer
Herkunft „fremder" Religionsgebilde. Diese verschiedenen Prozesse – v.a. aber
die völlig unterschiedliche Dynamik, die bei der Selbstbehauptung *binnenkon-
textueller* Neubildungen *(2)* oder bei der Durchsetzung einer *kontextfremden*
Religion *(3)* entsteht – können nicht über *denselben* terminologischen und systematischen Kamm geschoren werden, selbst wenn sich mitunter auch einmal
vereinzelte Strukturanalogien beobachten lassen.

Erstes Fazit

*Mit seiner schlichten Undifferenziertheit weist Sundermeiers Modell einerseits
elementare deskriptive Schwächen auf, angesichts seiner phänomenologischen,
trinitätstheologischen und geschichtsphilosophischen Hintergrundagenda tre-*

---

5   „Die Synthese gehört in den Bereich des im Geist präsenten Christus, ist Teil des dritten
     Glaubensartikels", Sundermeier, T., ,Stammesreligionen' (s. Anm. 3), 166.

6   Diese „Einheimischwerdung" ist das Ziel, damit eine „neue, echte religiöse ,synthetische'
     Glaubenserfahrung im Lebensganzen [...] möglich wird", Sundermeier, T., ,Stammesreligi-
     onen' (s. Anm. 3), 166.

*ten aber auch unterschwellige Elemente einer problematischen „präskriptiven"
Theoriebildung hervor. Zusammengenommen ist das „Modell" daher für eine
historisch und empirisch orientierte Religionsforschung unbrauchbar; es müsste sogar eher als ein „religionstheologischer"[7] Entwurf gelesen werden, dessen
empirische Brauchbarkeit aber nicht weniger fraglich ist.*
Unsere Diskussionen haben meines Erachtens deutlich gezeigt, dass man in
der konkreten Anwendung des Modells selten richtig weiter kommt, sondern
immer wieder mit eigenartigen Ausflüchten und Neologismen wie „Re-Primarisierung" und „Re-Sekundarisierung" operieren musste, um die zur Analyse anstehenden realen Entwicklungsvorgänge noch irgendwie mit der simplen Struktur des sperrig-abstrakten Modells in Beziehung setzen zu können. Das stellt
aber nicht nur seine allgemein-*religionswissenschaftliche*, sondern auch seine
religionstheologische Tauglichkeit in Frage (zumindest jenseits einer *rein binnentheologischen* Selbstvergewisserung im Stil einer kosmologischen Trinitätstheologie).

Ein möglicher Rettungsversuch?

Wäre es dann denkbar, dass man das bipolare Konstrukt nur strenger im Sinne
einer *idealtypischen Modellvorstellung* zu benutzen hätte? Es ginge dann nicht
mehr um eine simple oder pauschale Etikettierung religionsgeschichtlicher Vorgänge, sondern das *Modell hätte zunächst eine rein „heuristische" Funktion.*
So verstanden würde es *lediglich den Blick schärfen*, um klarer ins „Feld" sehen zu können: Könnten die unterschiedlichen Akzente und Ebenen der sozialen Organisationsformen und theologischen (soteriologischen und anthropologischen) Charakteristika in ihrem Zusammenspiel dann mithilfe des Modells doch
noch erfasst werden? Sundermeier hätte dann lediglich den wichtigen Anstoß
aus der sozialempirischen Religionsforschung weitergegeben, religionsgeschichtliche Eigenarten der jeweiligen Religionsformen mit den soziopolitischen Kontexten zu korrelieren (segmentäre, primäre, traditionale Kleingesellschaften *versus* ausdifferenzierte, stratifizierte und komplexe Großgesellschaften).
Aber: Hierfür bedarf es keineswegs mehr des terminologischen Prokrustesbettes dieses bipolaren Modells. Die Beschreibung unterschiedlicher Grade
und Formen sozialer Organisation und Institutionalisierung, sowie der damit
korrespondierenden Schwerpunkte im Bereich der religiös-theologischen Vorstellungswelt (z.B. zwischen Wildbeuter-, Pflanzer- und Weidewechslerkulturen, bis hin zu hierarchisch und hochkomplex ausdifferenzierten Gesellschafts-

---

7   Der ursprüngliche Untertitel präzisierte Sundermeiers Unternehmen noch ausdrücklich als
     Beitrag zu einer „Theologie der Religionsgeschichte"(!), Sundermeier, T., ‚Stammesreligionen' (s. Anm. 3).

formen) sind schon längst einleuchtend und ohne derart simplifizierte Modell-vorstellung beschrieben und analysiert worden (ein gutes Beispiel bieten hier die Publikationen von Fritz Stolz, die trotz eines vergleichbaren Grenzgänger-tums – dort zwischen Theologie, alttestamentlicher Wissenschaft und allgemei-ner Religionswissenschaft – plausibler und rezeptionsfähiger bleiben als Sun-dermeiers Modell).

Es gibt daher meines Erachtens keinen Bereich, den das Modell zu erfas-sen versucht, der nicht mit längst etablierten Begriffen wie *schriftlose* „traditio-nale Religionen" (u.ä.) auf der einen Seite und „ausdifferenzierte Großtraditio-nen" in *Schriftkulturen* (o.ä.) auf der anderen Seite genauso gut, besser und weitaus differenzierter anvisiert werden könnte, zumal die bei Sundermeier je-weils unterschwellig mitpostulierte und historisch „widerborstige" triadische Verlaufsdynamik entfällt und dafür empirisch „dichten Beschreibungen" wei-chen kann.

Zweites Fazit

Dem bipolaren Modell ist folglich sogar seine „heuristische Funktion" abzu-sprechen, allenfalls mit der einen Ausnahme jener heuristischen „Restfunkti-on", die letztlich jedes – auch ein „falsches" – Modell besitzt.

Selbst die Auseinandersetzung mit einem *falschen* (unzulänglichen oder ir-reführenden) Modell „lohnt sich" natürlich im Endeffekt, weil man dadurch besser sehen lernt: Man durchschaut die Verzerrungen der schlechten „Brille" und legt sie dann begründet beiseite, weil sie offenkundig nicht mehr richtig weiterhilft. In dieser Hinsicht habe ich den Diskussionsverlauf dieser Tagung durchaus als sehr „lohnend", aber eben doch als eine nachhaltige empirische *Dekonstruktion* und somit auch als faktischen „Zusammenbruch" des Modells wahrgenommen.

Um abschließend noch einmal zu meinem biographischen Ausgangspunkt zurückzukehren: Ja, ich befinde mich hier offenkundig im dezidierten *Wider-spruch* zu meiner akademischen „Primärerfahrung" und Sozialisation! – Ich ha-be Sundermeiers bipolares Instrumentarium aber schon vor rund elf Jahren nachhaltig aus meiner wissenschaftlichen Metasprache gestrichen, als mir zu-nehmend klar geworden ist, dass es religionswissenschaftlich nicht zu einer em-pirisch dichteren Wahrnehmung anzuleiten vermag, sondern geradezu irrefüh-rende anthropologische Unversalien postuliert, die sich im vielgestaltigen Kon-tinuum der Religionsgeschichte nicht verifizieren lassen[8]. Man wäre *religionswis-senschaftlich* schlecht beraten, aber auch *theologisch* schlecht beraten, auf der Basis eines terminologisch derartig brüchigen Modells religionsgeschichtliche

---

8   Das gilt nicht für die positiven *Intentionen* Sundermeiers; vgl. dazu unten.

Entwicklungen nachzeichnen zu wollen. Es wäre ein mindestens ähnlich schlichter Konstruktivismus wie Hans Küngs Versuche, die Religionsgeschichte(n) einzelner „Weltreligionen" mit Kuhns Theorie des „Paradigmenwechsels" geschichtlich-systematisch beschreiben zu wollen. Sundermeiers Modell wurde daher in der Religionswissenschaft gar nicht weiter rezipiert – aber aus gutem Grund, wie wir jetzt sehen können – und nicht etwa nur aus einem prinzipiellen antitheologischen Affekt, wie man vielleicht vorschnell unterstellen könnte.

Davon unbenommen bleiben jedoch die positiven Intentionen, die Sundermeier mit seinem Modell verfolgt hat – und vielen davon sehe ich mich ebenfalls nach wie vor verpflichtet (vgl. I, a–e). Diese Intentionen können durchaus gewürdigt und sinnvoll weitergeführt werden, auch wenn man Sundermeiers Modell primärer und sekundärer Religionserfahrung – und seine ganz ähnlich bipolar konstruierte Synkretismusterminologie – zur Gänze ablehnt. Zu berücksichtigen ist ferner das in Sundermeiers Werk mehrfach zutage tretende Faktum, dass seine Stärken nicht unbedingt in der terminologischen Klärung – in der „Arbeit am Begriff" – liegen, sondern eher in den *Denkanstößen*, die er aus seinen interkulturellen und interreligiösen Lernerfahrungen gewonnen hat und die er weitergeben möchte. Sundermeiers typische, die Themen eher meditativ-umkreisende, auf Einsichten und Verbindungen exemplarisch hinweisende, aber nicht immer mit begrifflicher Klarheit sezierende und systematisch zu Ende durchkonstruierende Arbeitsweise kann zwar viele hilfreiche Anstöße liefern, bleibt aber wegen ihrer mangelnden Trennschärfe an vielen Punkten „anstößig" (dies ist auch in Sundermeiers „interkultureller Hermeneutik"[9] ein Problem). Mag das bipolare Modell daher für manche sogar noch als ein Anstoß für die Beschäftigung mit den religionsgeschichtlichen Dynamiken zwischen Alt und Neu, Einheimisch und Fremd dienen, ihre innere Bedingungen und Strukturen vermag es terminologisch nicht mehr adäquat zu erfassen. Dieser Versuch kann nur *jenseits* von „primärer" und „sekundärer Religion" unternommen werden.

Natürlich gibt es hierbei wieder Ausnahmen: Zum Beispiel halte ich Sundermeiers schon etwas älteren, unter dem Titel „Unio Analogica"[10] veröffentlichten Beitrag zur „Magie"-Diskussion nach wie vor für sehr aufschlussreich, für systematisch und empirisch gut nachvollziehbar und lesenswert (er ist meines Erachtens zu Unrecht unbekannt geblieben). – Doch Sundermeiers modellhaft-starrer Unterscheidung zwischen „primärer" und „sekundärer Religionserfahrung" mit all ihren unhistorischen und nichtempirischen Implikationen vermag ich heutzutage weder religionswissenschaftlich noch theologisch zu folgen.

---

9 Sundermeier, T., Den Fremden verstehen. Eine praktische Hermeneutik, Göttingen 1996.

10 Sundermeier, T., Unio Analogica. Zum Verständnis afrikanischer dynamistischer Partizipation", in: EMZ 1973, 150–166. 181–192. Vgl. hierzu die inhaltlichen Entsprechungen in seiner Buchpublikation *Nur gemeinsam können wir leben*, Gütersloh 1988, 41ff.

Primäre und sekundäre Religionserfahrung als dreiteilige Hierarchie

Antonio Loprieno (Basel)

1. Einleitung

Die folgenden Bemerkungen entspringen der Feder eines linguistisch geschulten und kulturwissenschaftlich interessierten Ägyptologen, der an den spannenden Diskussionen im Rahmen der Tagung teilgenommen und versucht hat, den Wert von Theo Sundermeiers These einer Opposition zwischen „primärer" und „sekundärer" Religion an den historischen Verhältnissen im Alten Ägypten zu überprüfen. Dabei soll hervorgehoben werden, dass eine im etymologischen Sinne kritische und weiterführende ägyptologische Überprüfung des ägyptologischen Potentials dieser These in den Werken Jan Assmanns stattgefunden hat.[1] Im Unterschied zu den Assmann'schen Ansätzen möchte ich versuchen, das einheitliches (oder gar einseitiges) religionswissenschaftliches Verständnis der Dichotomie „primär" vs. „sekundär" zu sprengen und ein dreigliedriges Modell anbieten, das die Ebene (a) der theologischen Systeme, (b) der historischen Erscheinungen und (c) der individuellen Haltungen berücksichtigt.

Nach den Diskussionen im Symposium sehe ich nämlich die Opposition zwischen primärer und sekundärer Religionserfahrung als eine prägnante, zugleich aber auch flexible Kategorie, die auf ganz unterschiedliche religiöse Realitäten angewendet werden kann. Ihre Homologisierung droht jedoch, das grosse hermeneutische Kapital von Sundermeiers Ansatz zu gefährden. Denn was sich auf der abstrakten Ebene eines theologischen Systems abspielt, lässt sich weder mit den Gegebenheiten einer historischen Religion noch mit der individuellen Erfahrung des Religiösen unmittelbar identifizieren.

---

[1] Siehe z.B. Assmann, J., Ma'at. Gerechtigkeit und Unsterblichkeit im Alten Ägypten, München 1990, 17–24. Allgemein vgl. ders., Die Mosaische Unterscheidung oder der Preis des Monotheismus, München, Wien 2003; ders., Monotheismus und die Sprache der Gewalt, Wiener Vorlesungen im Rathaus 116, Wien 2006.

2. Eine dreigliedrige Opposition

Eine *Theorie* ist eine – empirisch mehr oder weniger untermauerte – Betrachtungsweise, die an sich eines spezifischen historischen Rahmens entbehrt, oder entbehren sollte. Sie kann verifiziert oder falsifiziert werden, sie mag stimmen oder nicht, aber sie braucht sich nicht in der punktuellen, episodischen Erfahrung widerzuspiegeln. Im Sinne einer religiösen Theorie oder eines theologischen Systems ist somit die Opposition „primär" vs. „sekundär" als eine Polarität zu verstehen, welche den historischen Formen des Religiösen beiwohnt, sie gewissermassen stiftet und ernährt, ohne sich idealtypisch mit einer dieser Formen zu identifizieren. In dieser systemischen Bedeutung hat das Wortpaar „primär" vs. „sekundär" nichts mit „alt" vs. „neu" oder mit „gewachsen" vs. „gestiftet" zu tun, sondern bezieht sich grundsätzlich auf die Konfrontation zwischen dem *enzyklopädischen* und dem *transformativen* Moment in der Begegnung mit dem Religiösen. Unter die Rubrik „Enzyklopädie" würde ich das Geläufige, das Unhinterfragte, das natürlich Anmutende, das Soziale, unter „Transformation" das Unerwartete, das Befreiende, das Individuelle, das Mühsame an der religiösen Erfahrung subsumieren. Aus? dieser Perspektive scheint es legitim, die abstrakten theologischen Merkmale der altägyptischen Religion eher als „primär", jene des Christentums oder des Islam eher als „sekundär" zu bezeichnen.

Anders als eine Theorie des Religiösen ist hingegen Religion eng mit einem spezifischen historischen und soziokulturellen Kontext verbunden. Auf der Ebene der historischen Realität werden wir deshalb die Konfrontation zwischen der primären und der sekundären Religion als konkrete Auseinandersetzung zwischen einer älteren und einer jüngeren, einer gewachsenen und einer gestifteten Erfahrung erleben. Diese Historisierung trifft – freilich in unterschiedlichem Umfang – auf alle religiösen Systeme zu. So ist das Christentum der grossen Mehrheit der zeitgenössischen westeuropäischen Bevölkerung eindeutig primär (d.h. enzyklopädisch), wobei etwa evangelikale Bewegungen die historische Rolle sekundärer (d.h. transformativer) Religionen übernommen haben bzw. übernehmen, obwohl es sich in beiden Fällen und in systemischer Hinsicht – sowie im Bewusstsein derjenigen, die an der jeweiligen religiösen Praxis teilhaben – um theologisch kaum ausdifferenzierte Varianten des Christentums handelt. Hier geht es also darum, die historischen Erneuerungen zu verfolgen, die eine bestehende religiöse Enzyklopädie beeinflussen, modifizieren oder kritisch erweitern.

Schliesslich will auch der Bereich der *individuellen* Haltung zum Religiösen differenziert betrachtet werden. Häufig setzt sich das religiöse Verhalten des Einzelnen von den Erwartungen seiner sozialen Einbindung ab. Mit anderen Worten: die individuelle Pragmatik der religiösen Praxis unterscheidet sich manchmal von der enzyklopädischen religiösen Semantik des Umfeldes, ohne dadurch das historische Auftreten oder gar die theoretischen Grundlagen der gemeinsamen Religion in Frage zu stellen. Diese individuelle Erneuerung oder Bekehrung entspricht ja dem Idealtypus der religiösen Erfahrung schlechthin: hier wird eine individuelle Transformation angestrebt, die ohne direkten Bezug zum primären oder sekundären Charakter der enzyklopädischen Religiosität erfolgt. So kann zwischen evangelikalen *born again Christians* und jüdischen *ba'aley-teshuvah* eine typologische Ähnlichkeit im Sinne ihrer radikalen Orientierung an einem enzyklopädisch bekannten, aber individuell neu erfahrenen Glauben festgestellt werden, welche ihre Verortung in zwei verschiedenen theologischen Systemen und historischen Religionen transzendiert.

3. Ein ägyptisches Beispiel

Um dieser Unterscheidung zwischen theologischen Systemen, historischen Religionen und individuellen Haltungen zum religiösen Phänomen, diesem Zusammenwirken von Syntax, Semantik und Pragmatik, näher zu kommen, werde ich nun ein paar ägyptische Beispiele anführen, in der Erwartung, dass sich an einem über dreitausend Jahre belegten religiösen Kontinuum die Adäquatheit meiner dreigliedrigen Hierarchie überprüfen lässt.

Das religionsgeschichtliche paradigmatische Beispiel für die Entstehung von sekundärer Religion in Ägypten ist Echnatons Zeit. An diesem Beispiel wird die Notwendigkeit einer differenzierten Betrachtung religiöser Sekundarisierungsphänomene sehr deutlich. Im Hinblick auf den Verlauf der ägyptischen Religionsgeschichte weist Echnatons monotheistische (vielleicht besser: monolatrische) Reform die typischen Züge eines transformativen Prozesses auf: Echnaton wendet sich von den alten Göttern zugunsten des Sonnengottes ab.[2] Es besteht kein Zweifel, dass Echnaton als „Religionsgründer" ein neues religiöses Bekenntnis stiftete, das zwar auf altem Material basierte, die Formen religiöser Verehrung jedoch völlig erneuerte. Aber die entmythologisierende Haltung zum Religiösen, die in den Texten zur Sprache kommt, lässt die Amarna-Religion als eine in systemischer Hinsicht noch „primärere" Religion als die traditionellen Vorstellungen erscheinen: typologische Merkmale wie die starke Orientierung am Naturzyklus (deshalb kann ein James Allen von *natural religion* sprechen),[3] die Hervorhebung der Bedeutung der sozialen Ko-

---

2   Assmann, J., Theologie und Weisheit, 79-163; E. Hornung, Echnaton. Die Religion des Lichtes, Zürich 1995; Baines, J., „The Dawn of the Amarna Age", in: O'Connor, D., Cline, E.H. (Hg.), Amenhotep III. Perspectives on His Reign, Ann Arbor 1998, 271–312.

3   Allen, J.P., „The Natural Philosophy of Akhenaten", in: Religion and Philosophy in Ancient Egypt (Yale Egyptological Studies 3), New Haven 1989, 89–101; vgl. auch Assmann, J.,

häsion (etwa durch die Relevanz der Familie)[4] oder die Ausblendung komplexer Jenseitsvorstellungen[5] werden normalerweise mit gewachsenen Kulturreligionen in Zusammenhang gebracht.

Genau symmetrisch verhält es sich in der nachfolgenden Ramessidenzeit,
in der das Phänomen der sogenannten „persönlichen Frömmigkeit" seinen historischen Höhepunkt erreicht.[6] Hier haben wir in systemischer Hinsicht mit
einem polytheistischen – oder zumindest polylatrischen – religiösen Weltbild
zu tun, das wir als Resultat eines gestifteten Primarisierungsprozesses nach
dem Scheitern der Erfahrung von Amarna ansehen können: die Memorie der
Reform wird aktiv beseitigt, es wimmelt von Göttern und Dämonen, der primäre Bezug des Betenden ist der lokale Gott. Die Texte vermitteln jedoch einen anderen, fast gegenteiligen Eindruck: die religiöse Erfahrung des Einzelnen wird idealtypisch – man denke an berühmte Fälle wie Samut-Kiki oder
Neferabu[7] – als *igtihaad*, als eminent sekundäre individuelle „Bemühung" um
die Gunst des Gottes präsentiert: der tiefe Glaube des Einzelnen und nicht das
religiöse Wissen werden als Motor einer tief greifenden religiösen Erneuerung
präsentiert.

Die Analyse der ägyptischen religiösen Verhältnisse in der Späten Bronzezeit legt also eine konzeptuelle Trennung zwischen den drei Ebenen nahe:
(a) das *systematische* Gebilde der ägyptischen Religion weist im 14. und 13.

„Akhanyati's Theology of Light and Time", The Israel Academy of Sciences and Humanities Proceedings VII/4, Jerusalem 1992, 143–176.

4   Green, L., „Evidence for the Position of Women at Amarna", in: Eyre, Chr.J., (Hg.),
    Proceedings of the 7th International Congress of Egyptologists, Cambridge, 3–9 September
    1995, OLA 82, Leuven 1998, 483–488; Dijk, J. van, „The Amarna Period and the Later New
    Kingdom", in: Shaw, I. (Hg.), The Oxford History of Ancient Egypt, Oxford 2000, 278–281.

5   Hornung, E., „Zur Struktur des ägyptischen Jenseitsglaubens, ZÄS (1992), 124–130; ders.,
    Echnaton, 105–114; Reiche, Ch., „Überlegungen zum nichtköniglichen Totenglauben in der
    Amarnazeit", in: Schade-Busch, M. (Hg.), Wege öffnen. Festschrift für Rolf Gundlach zum
    65. Geburtstag (ÄAT 35), Wiesbaden 1996, 204–222; Assmann, J., Tod und Jenseits im Al-
    ten Ägypten, München 2001, 295–297.

6   Hornung, E., Der Eine und die Vielen. Altägyptische Götterwelt, Darmstadt [6]2005; Ass-
    mann, J., Theologie und Weisheit; ders., Herrschaft und Heil. Politische Theologie in Alt-
    ägypten, Israel und Europa, München, Wien 2000, 109–126; ders., „Theological Responses
    to Amarna", in: Knoppers, G.N., Hirsch, A. (Hg.), Egypt, Israel, and the Ancient Mediterra-
    nean World. Studies in Honor of Donald B. Redford (PdÄ 20), Leiden, Boston 2004, 179–
    191.

7   Samut-Kiki: Grabinschrift Theben Grab Nr. 409, Vernus, P., „Littérature et autobiographie",
    RdE 30 (1978), 115–146; Gnirs, A.M., „Der Tod des Selbst. Die Wandlung der Jenseitsvor-
    stellungen in der Ramessidenzeit", in: Guksch, H., Hofmann, E., Bommas, M. (Hg.), Grab
    und Totenkult im Alten Ägypten, München 2003, 175–199. Neferabu: Stele London Britisch
    Museum 589, Assmann, J., Ägyptische Hymnen und Gebete, Fribourg/Göttingen, [2]1999,
    377f. (Nr. 150); Griffiths, J.G., „Intimations in Egyptian Non-Royal Biography of a Belief in
    Divine Impact on Human Affairs", in: Pyramid Studies and Other Essays Presented to I. E.
    S. Edwards, Occasional Publications 7, London 1988, 92–102.

Jahrhundert v. Chr. sowohl primäre – d.h. enzyklopädisch verankerte – als auch sekundäre – d.h. vom individuellen Bedürfnis nach Gottesnähe gestiftete – Merkmale auf. Zu ersterer Kategorie gehört etwa die auf Kult und Fest basierende traditionelle religiöse Praxis, zu letzterer die individuelle Suche nach einem direkten Kontakt mit der Welt der Götter; (b) als sekundär in *historischem* Sinne ist die Reform von Echnaton anzusehen, die eine Distanzierung von der traditionellen Religion und eine Erneuerung des religiösen Lebens anvisiert. Auffällig ist dabei, dass sich dieser Prozess der Sekundarisierung eines theologischen Instrumentariums bedient, welches besonders die primären Merkmale der ägyptischen Religion – etwa ihre Orientierung an Naturphänomenen – ins Zentrum der religiösen Aufmerksamkeit rückt; (c) sekundär im Sinne der *individuellen* Haltung ist die ramessidische Religiosität, die jedoch zugleich eine Rückbesinnung auf die traditionelle, primäre Enzyklopädie der ägyptischen Götterwelt belegt.

4. Schrift- und Sprachkultur

Auch die in vielen Tagungsbeiträgen thematisierte Dimension der Schrift als Instrument religiöser Erfahrung lässt sich in die hier vertretene These der vielfältigen Anwendbarkeit der Opposition zwischen primärer und sekundärer Religiosität einfügen.[8] Es hat sich in der Diskussion gezeigt, dass wir überhaupt bei der Klassifizierung verschriftlichter religiöser Erfahrung als primär ein gewisses Unbehagen empfinden, und zwar auch in den Fällen – wie etwa Mesopotamien oder Griechenland, in denen wir mit gewachsenen, und nicht mit gestifteten Religionen zu tun haben. Wie kann man dieses hermeneutische Unbehagen erklären?

Schrift ist ein performatives, d.h. *transformatives* Produkt; ihr kommt eine übertragende, d.h. diskurs- und kulturstiftende Funktion zu.[9] Das impliziert, dass allem Schriftlichen unausweichlich ein Quantum an sekundärer Erfahrung anhaftet, wie die Bedeutung von Schriftreformen als Instrument zur Durchsetzung einer neuen Weltanschauung eindrücklich belegt.[10] Ein geschriebener Text kann zwar eine primäre Religionserfahrung wiedergeben, bedingt jedoch durch den Akt der Verschriftlichung eine (wenn auch meistens implizite) Auseinandersetzung mit den tradierten Textinhalten. Wenn in der idealtypischen

---

8   Assmann, J., Das kulturelle Gedächtnis. Schrift, Erinnerung und politische Identität in frühen Hochkulturen, München 1997.

9   Loprieno, A., „Von der Stimme zur Schrift", in: Bolz, N., Münkel, A. (Hg.), Was ist der Mensch?, München 2003, 119–152.

10   Vgl. grundlegend Borchers, D., Kammerzell, F., Weninger, S. (Hg.), Hieroglyphen, Alphabete, Schriftreformen, Göttingen 2001, 195–268.

primären Religionserfahrung die Grenze zwischen Kultur und Religion fliessend bleibt, ermöglicht die Schriftlichkeit die Entstehung technischen (auch religiösen) Wissens, das kulturelle Bereiche segmentiert und zur Spezialisierung dieses Wissens beiträgt: je „geschriebener" – könnte man argumentieren –, desto „sekundärer".

Ich möchte behaupten, dass der implizite sekundäre Charakter des religiösen Schrifttums in direktem Verhältnis zu zwei Eigenschaften der Schriftkultur steht: erstens zum Grad an Selbstreferentialität eines Textes, zweitens zur performativen Funktion des Textes als Wiedergabe eines Sprechaktes. Auch hier werde ich mich eines ägyptischen Beispiels bedienen, um meine These zu untermauern.

Die ersten eindeutig sekundären religiösen Äusserungen im Alten Ägypten sind in der Literatur der Mittleren Bronzezeit zu verorten. Der Schiffbrüchige bekennt sich in seiner Erzählung zur einsamen Gottheit, die er auf der Insel vorfindet:[11] er will ihm Myrrhe opfern und seinen Namen in Ägypten bekannt machen. In seinem Brief an den König evoziert Sinuhe eine lange Liste ägyptischer Gottheiten als Garanten des Königtums, während der Adressat seines inneren Monologs schlichtweg „Gott" ist: o du Gott, der du meine Flucht bestimmt hast, bringe mich nach Ägypten zurück.[12]

In beiden Fällen entsteht, im Ägypten des Mittleren Reiches, gegen den Hintergrund der primären Erfahrung des Religiösen ein sekundäres Glaubensbekenntnis, das den Protagonisten zu einem direkten Dialog mit dem Transzendenten (ver)führt. Dieses Glaubensbekenntnis ist insofern sekundär, d.h. transformativ, als es die bisherige Erfahrung des Protagonisten radikal verändert. Unverkennbar ist der gattungsspezifische Kontext dieser Phänomene von Sekundarisierung, ihre Textualität. Es handelt sich in beiden Fällen um Narrativik, d.h. um eine auf die fiktive Ebene übertragene autobiographische Erfahrung.[13] Nach ägyptischer Auffassung ist der Mensch individuell für seine Schuld verantwortlich, welche erst durch die Wiederherstellung von Ma'at be-

---

11   Parkinson, R.B., The Tale of Sinuhe and Other Ancient Egyptian Poems 1940–1640 BC, Oxford 1999, 89–101; ders., Poetry and Culture in Middle Kingdom Egypt. A Dark Side to Perfection, London, New York 2002, 182–192.

12   Parkinson, P.B., The Tale of Sinuhe (s. Anm. 11), 27–53; ders., Poetry and Culture (s. Anm. 11), 149–168; Blumenthal, E., „Sinuhes Persönliche Frömmigkeit", in: Shirun-Grumach, I. (Hg.), Jerusalem Studies in Egyptology (ÄAT 40), Wiesbaden 1998, 213–231. Vgl. auch Loprieno, A., „Loyalty to the King, to God, to oneself", in: Der Manuelian, P., (Hg.), Studies in Honor of William Kelly Simpson, Bd. 2, Boston 1996, 533 –552; ders., „Defining Egyptian Literature: Ancient Texts and Modern Theories", in: Loprieno, A., Ancient Egyptian Literature. History and Forms (PdÄ 10), Leiden, New York, Köln 1996, 39–58.

13   Gnirs, A.M., „Die ägyptische Autobiographie", in: Loprieno, A., Ancient Egyptian Literature, History and Forms (PdÄ 10), Leiden, New York, Köln 1996, 191–241; G. Moers, Fingierte Welten in der ägyptischen Literatur des 2. Jahrtausends v. Chr. (PdÄ 19), Leiden, Boston, Köln 2001, 96–105, 133–137.

seitigt werden kann. Literarische Texte thematisieren genau diese Wiederherstellung von Ma'at nach der Erfahrung individueller Schuld. Sie sind transformativ und belegen den idealen Kontext sekundärer Religiosität.

Die „Mythologisierung", d.h. der Prozess der Übertragung menschlicher Erfahrung auf die Sphäre des Gottes (oder der Götter), ist gleichsam ein Akt der Hinterfragung des Religiösen.[14] Eignet sich Literatur der Wiedergabe *pragmatischer* sekundärer Erfahrungen, so birgt Mythologie das Potential einer semantischen Sekundarisierung der Religion. Das ist wahrscheinlich der Grund, weshalb es uns schwierig erscheint, die mesopotamische, griechische, geschweige denn israelitische Religion als primär einzustufen, obwohl sie kulturell gewachsene und nicht gestiftete Religionen sind.

Schriftliche, sekundäre Religionserfahrung ist oft auch sprachlich gestiftet: es wird ein direkter Zusammenhang zwischen dem religiösen Bekenntnis und einem spezifischen sprachlichen Code oder einem bestimmten Sprachregister hergestellt. Walter Burkert erinnert uns in seinem Beitrag daran, dass man in Eleusis nur griechisch sprechen durfte. Der Grund war in diesem Fall nicht ethnischer, sondern rein *sprachlicher* Natur.

Auch Echnatons Reform ist von Merkmalen der sprachlichen Erneuerung begleitet: gegenüber der Sprache der traditionellen ägyptischen Religion zeigen sich die Hymnen aus Amarna grammatisch und lexikalisch innovativ. Das gleiche gilt für die reformatorischen Bibelübersetzungen oder für das Arabische des Korans. In der sekundären Religionserfahrung geht diese Beachtung der sprachlichen Sphäre mit einer Marginalisierung der Semantik der überwundenen, primären Religion einher, von der sich die sekundäre Erfahrung abzusetzen versucht: der Plural des ägyptischen Wortes für „Gott" bedeutet im christlichen Koptisch nicht einfach „Götter", sondern „Dämonen".

5. Zum Schluss

In vielen Beiträgen wurden die engen Bindungen, die zwischen einer primären Religion und einer kulturellen Enzyklopädie bestehen, thematisiert und reflektiert. Im Normalfall wird man in eine religiöse Enzyklopädie hineingeboren, die somit für jeden Menschen die primäre Erfahrung des Religiösen darstellt. Dabei ist es unerheblich, ob das zugrunde liegende theologische System an sich eher primär oder eher sekundär ausgerichtet ist.

---

14 Loprieno, A., „Defining Egyptian Literature: Ancient Texts and Modern Theories", in: Loprieno, A., Ancient Egyptian Literature. History and Forms (PdÄ 10), Leiden, New York, Köln 1996, 39–58; Baines, J., „Myth and Literature", in: Loprieno, A., Ancient Egyptian Literature, History and Forms (PdÄ 10), Leiden, New York, Köln 1996, 361–377.

In eine Religionsgemeinschaft, auch primärer Prägung, kann man aufgenommen werden: während der Ersten Zwischenzeit erscheinen nubische Soldaten auf oberägyptischen Stelen mit ihren ethnischen Merkmalen aber im
gänzlich ägyptischen Kontext der Fortdauer nach dem Tode;[15] ähnlich ist der
Fall der spätzeitlichen karischen Stelen aus dem memphitischen Raum, auf denen karische Sprache und ägyptische funeräre Bräuche nebeneinander auftreten.[16] Hier haben wir nicht mit Phänomenen der sekundären, sondern der primären, d.h. kulturellen und enzyklopädischen Religionserfahrung zu tun: die
nubischen Soldaten und die karischen Söldner sind keine Konvertiten, sondern
adoptive Mitglieder der ägyptischen religiösen *koiné*.[17] Nicht das Neue einer
religiösen Erweckung, sondern das Bekannte eines kulturellen Umfeldes moti-
viert in diesen Fällen die Adoption (nicht mehr) fremden religiösen Gutes.

Durch diese ägyptologische Zusammenfassung der sehr ertragreichen Ta-
gungsdebatten habe ich lediglich zeigen wollen, dass Ägypten ein ideales Feld
für die Überprüfung von Sundermeiers These einer Opposition zwischen der
primären und der sekundären Erfahrung der religiösen Sphäre. Die Vielfalt
ägyptischer religiöser Formen zeigt uns, dass es sich bei diesem Phänomen um
eine konstante Dialektik zwischen den inhärenten Gegebenheiten eines theologischen Diskurses, dessen sukzessiven historischen Erscheinungsformen und
den individuellen Antworten auf das religiöse Phänomen handelt. Denn – wie
Theo Sundermeier zu Recht betont – der Weg von der primären zur sekundären Religionserfahrung ist nicht durch eine darwinistische „Evolution", sondern durch persönlich verhandelbare und typologisch vorhersagbare „Wandlungen" geprägt.

---

15   Fischer, H.G., „The Nubian Mercenaries of Gebelein during the First Intermediate Period",
      Kush 9 (1961), 44–80; Kubisch, S., „Die Stelen der 1. Zwischenzeit aus Gebelein", MDAIK
      56 (2000), 239–265.

16   Masson, O., Yoyotte, J., Objets pharaoniques à inscription carienne (BdE 15), Le Caire
      1956; Masson, O., Carian Inscriptions from North Saqqâra and Buhen, London 1978; Ray,
      J.D., „The Carian Inscriptions from Egypt", JEA 68 (1982), 181–198; Kammerzell, F., Stu-
      dien zu Sprache und Geschichte der Karer in Ägypten (GOF IV/27), Wiesbaden 1993.

17   Vgl. Moers, G., „Auch der Feind war nur ein Mensch: Kursorisches zu einer Teilansicht
      pharaonischer Selbst- und Fremdwahrnehmungsoperationen", in: Felber, H. (Hg.), Feinde
      und Aufrührer. Konzepte von Gegnerschaft in ägyptischen Texten besonders des Mittleren
      Reiches, Abhandlungen der Sächsischen Akademie der Wissenschaften zu Leipzig, Philolo-
      gisch-historische Klasse 78/5, Stuttgart, Leipzig 2005, 223–282.

Rück- und Ausblicke

Kulte und Religionen

Merkmale primärer und sekundärer Religion(serfahrung) im Alten Ägypten

Jan Assmann (Heidelberg)

Was kann sich ein Wissenschaftler Besseres wünschen, als daß seine Thesen –
wie immer kritisch – von anderen aufgegriffen und diskutiert werden? Ich bin
Andreas Wagner sehr dankbar für seine Initiative. Zu dem vielen, was ich aus
dieser Diskussion gelernt habe, gehört vor allem die Einsicht, daß Theo Sundermeier, von dem ich die Unterscheidung primärer und sekundärer Religi-
on(serfahrung) übernommen habe, und ich von vollkommen verschiedenen
Fragen und Problemen ausgehen und daher auch Verschiedenes darunter verstehen. Theo Sundermeier geht es um die Vereinbarkeit von Christentum (als
sekundärer Religion) und Stammesreligionen (als primärer Religion), indem er
die stammes- bzw. primär-religiösen Elemente im Christentum und die primärreligiöse Erfahrung als gemeinsamen Grund aller Religionen nachweist. Mir
geht es um die Nichtanwendbarkeit des konventionellen religionswissenschaftlichen Religionsbegriffs auf die ägyptischen und verwandte Befunde, es sei
denn, man würde in den Begriff der Religion weitere Unterscheidungen (wie
z.B. „primär" und „sekundär") einführen. Das alte Ägypten kannte keine „Religion" im biblischen bzw. religionswissenschaftlichen Sinne, und deshalb
sollte man durch die unreflektierte Verwendung des Religionsbegriffs diesen
Sinn auch nicht in eine Kultur hineinprojizieren, der er von Haus aus fremd ist.
Das war mein Ausgangsproblem, und daher übernahm ich als ein Angebot der
gesuchten Unterscheidung Sundermeiers Theorie der primären und sekundären
Religion(serfahrung). Sie kam meinem Anliegen vor allem in zwei Punkten
entgegen: primäre Religionen kennen keinen Unterschied zwischen Religion
und Kultur, und sie kennen keinen emphatischen Wahrheitsbegriff, der andere
Religionen als unwahr oder andere Ideen oder Praktiken als häretisch ausgrenzen würde. So ließ sich der Begriff der „primären Religion" in vielen Punkten
gut auf die ägyptischen Befunde anwenden, ohne mit dem Religionsbegriff
auch alle jene Merkmale übernehmen zu müssen, die erst mit der sekundären
Religion verbunden sind. Dabei mußte ich allerdings den für Theo Sundermeier so wichtigen Aspekt der religiösen Erfahrung weitgehend ausklammern,

weil uns das Innenleben der alten Ägypter in den Quellen weitestgehend unzugänglich bleibt. Ich spreche daher von primärer und sekundärer Religion im Sinne idealtypischer Systeme.

Um die Diskussion nicht in einen Streit um Worte ausufern zu lassen, scheint es mir unumgänglich, noch einmal auf den ägyptischen Befund einzugehen, der meiner Theoriebildung als Ausgangspunkt gedient hat. In Ägypten haben wir es mit einer „Religion" zu tun, die man auch "Kultur" nennen könnte im Sinne einer umgreifenden und fundierenden Sinnwelt, in deren Horizont menschliches Handeln und Leiden als sinnvoll geplant, erlebt und vollzogen werden kann. Das eben war mein Problem. Vor die Aufgabe gestellt, ein Buch über „ägyptische Religion" zu schreiben, sah ich zunächst nicht, wie ich verhindern sollte, daß daraus eine ägyptische Kulturgeschichte wird.[1] Die Lösung fand ich nicht nur in Theo Sundermeiers Unterscheidung der beiden Religion(serfahrung)en, sondern auch in einem ägyptischen Text vermutlich aus dem Mittleren (um 1800 v.Chr.), spätestens aber frühen Neuen Reich (um 1500 v.Chr.), dem nach der Menge und dem Anbringungskontext seiner Kopien zu schließen im Ganzen der ägyptischen Kultur ein gleichsam kanonischer und hoch normativer Rang zugekommen sein muß.[2] Dieser Text handelt von der Aufgabe des Königs. Re, der Schöpfer- und Sonnengott, so heißt es, habe den König auf Erden eingesetzt „für immer und ewig", damit er die Ma'at (Wahrheit-Ordnung-Gerechtigkeit) verwirkliche und die Isfet (Lüge, Chaos, Unrecht) vertreibe, und zwar indem er – und das bedeutet offenbar „die Ma'at verwirklichen" – „die Götter zufriedenstellt und den Menschen Recht spricht". Auch diese Begriffe werden weiter erläutert. Die Götter zufriedenstellen heißt: „den Göttern Gottesopfer und den verklärten Ahnengeistern Totenopfer darbringen", und den Menschen Recht sprechen heißt, „den Schwachen erretten aus der Hand des Starken".[3] Die Aufgaben des Königs bzw. des Staates bestehen also in Kult (und zwar Opferkult) und Recht, wobei es hier um jenen umfassenden Begriff einer „rettenden Gerechtigkeit" geht, der auch Gnade und Erbarmen, also recht transzendierende, ja geradezu rechtaufhebende Aspekte umfaßt.[4] Offenbar geht es hier nicht nur um Rechtsprechung, sondern auch um Moral oder, allgemeiner gesprochen, um die Grundlegung ziviler Ordnung und

---

1   Das Buch erschien unter dem Titel Ägypten: Theologie und Frömmigkeit einer frühen Hochkultur 1984 bei Kohlhammer in Stuttgart.
2   Assmann, J., Der König als Sonnenpriester, Glückstadt 1970. Ders., Ma'at. Gerechtigkeit und Unsterblichkeit im Alten Ägypten, München 1990, 200–212. Da es sich bei diesem Aufsatz um eine stark verkürzte Zusammenfassung meines Bildes der ägyptischen „Religion" handelt, verweisen die Fussnoten zumeist auf diejenigen meiner eigenen Veröffentlichungen, in denen die entsprechenden Themen und Positionen in größerer Ausführlichkeit mit Quellenbelegen und weiterer Literatur nachzulesen sind.
3   So nach Totenbuch Kap. 126, s. Assmann, J., Ma'at (s. Anm. 2), 197f.
4   Assmann, J., Janowski, B., Welker (Hg.), Gerechtigkeit. Richten und Retten in der abendländischen Tradition und ihren altorientalischen Ursprüngen, München 1998

harmonischen Zusammenlebens, also um „Gemeinschaftskunst".[5] Ich möchte
diesen Aspekt „Lebensführung" nennen. Der pharaonische Staat sichert den
Menschen die Rahmenbedingungen einer als sinnvoll bzw. gerecht erlebbaren
Lebensführung, und er hält durch Opfer die Beziehungen zu den Göttern und
den Toten aufrecht.

Kult und Lebensführung: das sind genau die Aspekte, die wir mit unserem
Begriff von Religion - und nicht etwa mit unserem Begriff von Staat! - verbinden. Was wir Religion nennen, ist in vieler Hinsicht die Nachfolgeinstitution
der altorientalischen Staaten, und nicht etwa dessen, was wir aus christlicher
Sicht unter „heidnischen Religionen" verstehen[6]. Der Aspekt der Lebensführung hat seit der Renaissance einen Prozeß der Säkularisierung durchgemacht,
aber Säkularisierung heißt in diesem Fall nicht Verstaatlichung sondern Aufklärung. Er ist die Sache philosophischer, wissenschaftlicher, technologischer
Rationalisierung, die wiederum, zumindest in demokratischen Staaten, festlegt,
in welchen Formen sich der Staat um Gesetzgebung, Rechtsprechung, Rechts-
vollzug, Erziehung und andere Aspekte der Lebensführung zu kümmern hat.
Nach wie vor wollen auch viele moderne Gesellschaften, wie die Diskussion
um eine europäische Verfassung gezeigt hat, an „Gott" als einem letztinstanz-
lichen Fundament und Bezugspunkt von Gerechtigkeit, ziviler Ordnung und
Menschenwürde, also „Lebensführung" in diesem allgemeinen Sinne festhalten. Der Aspekt des Kults ist in den modernen Weltreligionen mehr oder weniger (im Protestantismus mehr, im Katholizismus, Anglikanismus und im or-
thodoxen Christentum weniger) stark zurückgetreten. An seine Stelle ist der
Begriff des „Heils" getreten, im diesseitigen Sinne der Bewahrung vor Unheil,
aber vor allem im jenseitigen Sinne der Bewahrung vor Hölle und Vernich-
tung, also des Seelenheils im Sinne ewigen Lebens. Indem nun die modernen
Religionen das Heil zu einer Sache der Lebensführung machen, verknüpfen sie
zwei Dinge, die in Ägypten und ganz gewiß auch anderswo strikt unterschieden waren, auch wenn es, wie ich abschließend zeigen werde, schon in Ägypten (und gewiß auch anderswo) zu verschiedenen Formen der Verbindung gekommen ist. Während wir also mit unserem Begriff von Religion die Zuständigkeit für beides, Kult bzw. Heil und Lebensführung, verbinden, haben wir es
in Ägypten mit einer Kultur zu tun, in der *beide* Zuständigkeiten in der Hand
des Staates liegen und dort ziemlich strikt auseinandergehalten sind. In seiner
Zuständigkeit für die Lebensführung ist der ägyptische König bzw. Staat ein
Rechts- und Wohlfahrtsinstitut, in seiner Zuständigkeit für den Kult bzw. das
Heil ist er eine Art Kirche.

---

5   Assmann, J., Krippendorff, E., Schmidt-Glintzer, H., Ma'at Konfuzius Goethe. Drei Lehren
     für das richtige Leben, Frankfurt 2006.
6   S. hierzu Assmann, J., Ma'at (s. Anm. 2), sowie ders., Herrschaft und Heil. Politische Theo-
     logie in Altägypten, Israel und Europa, München 2000.

In dieser doppelten Zuständigkeit agiert der Staat oder König als Repräsentant des Sonnen- und Schöpfergottes. Herrschen ist nach ägyptischer Vorstellung die Fortsetzung der Schöpfung (a) unter den Bedingungen der geschaffenen Welt und (b) auf Erden, in Stellvertretung des Sonnengottes, der dasselbe Werk im Himmel und in der Unterwelt vollbringt. Diese Form des Sakralkönigtums nenne ich „Schöpfungsherrschaft". Natürlich übt der König diese Doppelfunktion als Herr des Kults und der „Lebensführung" nicht in persona aus, sondern delegiert sie einerseits an die Tempel und Priesterschaften, und andererseits an die verschiedenen Rechts-, Versorgungs- und Ausbildungsinstitutionen. Das heißt, die Ma'at verwirklichen und die Isfet vertreiben.[7]

Dieses Modell als „primäre Religion" einzustufen und mit Stammesreligionen auf eine Stufe zu stellen ist natürlich irreführend. Von Stammesreligionen ist es ebenso weit entfernt wie von dem, was wir heute unter „Religion" verstehen. Mit der von Theo Sundermeier so genannten primären Religionserfahrung verbinden dieses System jedoch folgende Merkmale: es ist historisch gewachsen, nicht gestiftet; es ist mit der Kultur identisch und nicht aus dieser, wie Sundermeier das nennt, „sektoral ausgegliedert", es kennt keine Orthodoxie oder normative Theologie. Eigentlich wäre es nur konsequent, für dieses System, auch wenn die Götter darin eine zentrale Rolle spielen, den Begriff „Religion" überhaupt zu vermeiden, da man es ebensogut „Staat" oder „Kultur" nennen könnte, der Begriff Religion hier also keine Differenzqualität besitzt.

Das System der Schöpfungsherrschaft kann es nur im Rahmen einer Kultur geben, die einen Schöpfergott kennt. Das ist zum Beispiel in Griechenland, wie Walter Burkert in seinem Beitrag hervorhebt, nicht der Fall. Schon Galen hat im Schöpfungsglauben, worauf Albrecht Dihle aufmerksam gemacht hat, den wichtigsten Unterschied zwischen Israel und Griechenland gesehen.[8] Hier gilt es aber einen weiteren, ebenso wichtigen Unterschied zu berücksichtigen, und zwar zwischen Schöpfung und Kosmogonie. Schöpfung ist eine transitive Handlung: ein Gott erschafft eine Welt. Kosmogonie dagegen ist ein intransitiver Prozeß: eine Welt entsteht aus einem Ursprung. Beiden steht der griechische Glaube an die unentstandene Ewigkeit des Kosmos gegenüber. Wir müssen also unterscheiden zwischen Kreationismus, Originismus und Aeternalismus.

Der biblische Schöpfungsglaube ist ein reiner Kreationismus. Das unterscheidet ihn vom ägyptischen, der kreationistische und originistische Elemente verbindet. Mit Bezug auf ägyptische Vorstellungen ist es ebenso sinnvoll, zu sagen, daß der Urgott – Atum, Amun oder Ptah – die Welt geschaffen, wie daß er sich in sie verwandelt habe. Es handelt sich um eine creatio ex deo. Der Urgott ist „von selbst entstanden" (*cheper djesef* = *autogenes*), alles andere ist

---

7   Assmann, J., Ma'at (s. Anm. 2), Kap. 7.
8   Dihle, A., Die Vorstellung vom Willen in der Antike, Göttingen 1985.

aus ihm entstanden. Eine aus Gott entstandene Welt hat an seiner Göttlichkeit Anteil. Dieser Aspekt einer Göttlichkeit oder Gotterfülltheit – und nicht nur Gottgeschaffenheit – spielt im ägyptischen Weltbild eine ganz zentrale Rolle. Daher spreche ich in Bezug auf solche Vorstellungen von „Kosmotheismus". Kosmotheistische Konzepte verbinden sich mit Originismus und Aeternalismus, aber nicht mit Kreationismus. Der biblische Kreationismus betont mit der Geschöpflichkeit zugleich die Nicht-Göttlichkeit der Welt. Im biblischen Monotheismus steht der Eine Gott der von ihm geschaffenen Welt gegenüber; im ägyptischen Kosmotheismus wohnt der Eine Gott der aus ihm hervorgegangenen Welt mit ihren vielen Göttern auf vielfältige Weise ein. Ich benutze bewußt den jüdischen Begriff der „Einwohnung" (shekhina), um deutlich zu machen, daß sich in real existierenden monotheistischen Religionen wie dem Judentum immer auch kosmotheistische Elemente aufweisen lassen. Im christlichen Kontext wäre hier auf das seit dem 12. Jh. greifbare Konzept vom „Buch der Natur" und dem Offenbarungscharakter der Schöpfung zu verweisen. Insbesondere die neoplatonische Tradition hat kosmotheistische Strömungen im Judentum (Kabbalah), Christentum und Islam geprägt. Aber gerade die jüdische (lurianische) Kabbalah betont andererseits in der Lehre vom Tzimtzûm (contractio Dei) die Unterscheidung von Gott und Welt: Gott hat sich dieser Vorstellung zufolge in sich zusammengezogen, um der Welt als dem Anderen seiner selbst Raum zu geben.

Der „ägyptische Befund" wird nun in Ägypten durch drei Phänomene verändert und bereichert, die die ägyptische Welt dem annähern, was wir unter „Religion" verstehen. Das ist 1. der „monotheistische" Umsturz des Echnaton von Amarna, 2. die Bewegung der „Persönlichen Frömmigkeit" und 3. die Vorstellung eines Totengerichts.

Der von Echnaton in den Jahren um 1355 v. Chr. in Ägypten durchgesetzte Kult des Gottes Aton[9] weist wichtige Kennzeichen einer sekundären Religion auf. Dazu gehört nicht nur das Element der Stiftung mit gleichzeitiger Abgrenzung gegenüber dem Vorhergehenden, die sich in Einstellung der anderen Kulte, Schließung der Tempel, Zerstörung von Statuen und Inschriften und anderen Formen von Verfolgung und Ikonoklasmus äußert. Sogar die charakteristische Devise des exklusiven Monotheismus, „kein Gott außer Gott", kommt zweimal in maßgeblichen Amarnatexten vor: „Es gibt keinen anderen außer Dir!"[10] Wichtiger noch ist der Aspekt der Lebensführung. Offensichtlich gehört zu der von Echnaton gestifteten Religion auch eine „Lehre" für die Le-

9   Hornung, E., Echnaton. Die Religion des Lichts, Zürich 1995.
10 Siehe Vers 78 des Großen Hymns (Assmann, J., Ägyptische Hymnen und Gebete, Zürich 1975 = ÄHG Nr. 91): p3 nṯr w՚ nn kjj wp hr.k „Du einziger Gott, außer dem es keinen gibt!"; Sandman, M., Texts from the Time of Akhenaten, Bibliotheca Aegyptiaca VIII, Brüssel 1938, 94.17; nn kjj wp hr.f „Es gibt keinen anderen außer ihm" (ÄHG Nr. 95, Vers 5), Sandman, 7.7–8.

bensführung, die zwar nicht erhalten, von der aber in den Inschriften immer wieder die Rede ist.[11] Nach dem Kontext dieser Zitate kann man sich von dieser Lehre ziemlich klare Vorstellungen machen. Es muß sich um einen zur Staatsreligion erhobenen Loyalismus gehandelt haben, bei dem es um die Verehrung des Königs als des persönlichen und personhaften Gottes ging. Dem Gott Aton fehlen nämlich alle personhaften Züge. Er kümmert sich nicht um die Armen und Bedrängten, unterscheidet nicht zwischen gut und böse und erhört nicht die Gebete, denn er ist für die Menschen nichts als die Sonne. Keine einzige Inschrift legt ihm jemals ein Wort in den Mund: Aton strahlt und bewegt sich und bringt durch die Emission von Licht und Zeit unaufhörlich die Welt hervor, aber er spricht nicht. Nur für den König offenbaren sich in der Sonne personale Züge, nur der König kann zur Sonne als seinem Vater reden; für die Menschen ist dieser Gott nichts als eine welterschaffende und welterhaltende kosmische Energie.[12] Bliebe es dabei, hätten wir es mit einer kultisch untermauerten Naturlehre nach Art der griechischen Vorsokratiker zu tun; es kommt aber die „Lehre" hinzu, durch die der König auch die Lebensführung der Menschen auf eine neue Grundlage stellen will.[13] In der Tat fanden sich in den geräumigeren Wohnhäusern von Amarna Altäre für die Verehrung der heiligen Trias von Amarna, zu der neben dem Gott noch König und Königin gehören[14] sowie „Drei-Altar-Heiligtümer" im Garten der Villen und Paläste, die ich als Verehrungsstätten dieser „Trias" ansprechen möchte[15]; ferner gehören hierher die Erscheinungsfenster und -kioske des Königs, die sich mit den Barkenstationen der traditionellen Religion vergleichen lassen[16] und schließlich die großen kultischen und zeremoniellen Bauten wie der „official palace" (*pr h^cj*).[17] Nur in der Konstellation mit König und Königin ist die Sonne für die Menschen Gegenstand der Verehrung. Diese Trias bildet das Zentrum nicht nur eines Kultes, sondern einer Religion im Sinne einer bewußten, in Lebensführung umzusetzender Entscheidung.

Der Untergang und die Verfolgung der Amarna-Religion setzt eine Bewegung frei und führt zu einem Strukturwandel der ägyptischen Kultur, der sie in anderer Richtung einer sekundären Religion annähert. Das ist die Bewegung

---

11   Assmann, J., Die ,Loyalistische Lehre' Echnatons, in: SAK 8 (1980), 1–32, wiederabgedr. in: ders., Theologie und Weisheit im Alten Ägypten, München 2005, Kap.5.

12   Assmann, J., Ägypten: Theologie und Frömmigkeit, Kap. 9; Verf., Akhanyati's Theology of Light and Time. *Proceedings of the Israel Academy of Sciences and Humanities,* VII 4, Jerusalem 1992, 143–176.

13   Vgl. Allen, J.P., „The Natural Philosophy of Akhenaten", in: Simpson, W.K. (Hg.), Religion and Philosophy in Ancient Egypt (YES 3), New Haven 1989, 89–101.

14   Assmann, J., „Palast oder Tempel? Überlegungen zur Topographie und Architektur von Amarna", in: JNES 31 (1972), 143–155, 153 m.n. 63–67.

15   A.a.O. 153 f. m.n. 68–73.

16   A.a.O. 154 f. m.n. 74–82.

17   A.a.O. 143–155.

der „Persönlichen Frömmigkeit".[18] Darunter versteht man in erster Linie einen Diskurs, in dem es um außerkultische Formen einer Beziehung zwischen einer Gottheit und einem Individuum geht.[19] Dieser Diskurs zieht sich durch alle sozialen Schichten, von Ramses II. in seinem Bericht über die Qadesch-Schlacht bis zu den Buß- und Dankstelen der Arbeiter in Der el-Medine. Vielleicht das spektakulärste Zeugnis stammt aus dem Grab eines mittleren Beamten. Dort erzählt er in seiner autobiographischen Grabinschrift, daß er sich die Göttin Mut zum Patron erwählt, ihr sein ganzes Vermögen überschrieben und dafür ihre Segensgüter – Leben, Gesundheit, Schutz und ein gutes Begräbnis – eingetauscht habe.[20] Die „Persönliche Frömmigkeit" ist nichts anderes als die Übertragung des ursprünglich auf Patrone, dann auf den König bezogenen und zuletzt in der Amarnazeit zur Staatsreligion erhobenen Loyalismus auf Gottheiten wie Mut im Falle des Kiki-Zimut oder Amun im Falle Ramses II. und zahlreicher anderer Stelenstifter. Amun scheint der Hauptadressat dieser loyalistischen Form von persönlicher Frömmigkeit zu sein. Die ägyptischen Bezeichnungen hierfür sind die Wendungen „sich eine Gottheit ins Herz setzen" und „auf dem Wasser einer Gottheit handeln", d.h. nach ihren Anweisungen leben. Die zweite Wendung bringt den Aspekt der Lebensführung ins Spiel. Ganz offensichtlich geht es hier nicht mehr nur um kultische Orthopraxie, sondern um das die gesamte Lebensführung umfassende Bewußtsein einer Verantwortlichkeit vor Gott, also um ein zentrales Element dessen, was ich, im Unterschied zu Kulten und Kulturen, als „Religion" im prägnanten Sinne bezeichnen möchte. Die Persönliche Frömmigkeit bedeutet eine enorme Ausweitung der Kommunikation zwischen Gott und Mensch über die Schranken des Kults hinaus und eine entsprechende Aufladung des Bereichs „Lebensführung" mit religiöser Bedeutung. Zu den Aspekten des Gottesbildes tritt nun ganz zentral der Aspekt des Lebensgeleiters, des ethischen Normensenders, der moralischen Instanz, die den Guten belohnt und den Bösen bestraft, Aspekte, die uns aus der biblischen Literatur bis zur Selbstverständlichkeit vertraut sind, die aber in der klassischen ägyptischen Kultreligion in keiner Weise von Haus aus angelegt waren.[21]

Mit der Individualisierung der Gottesbeziehung geht eine Verpersönlichung des Gottesbildes einher. Ich fasse das unter dem Stichwort einer „Theo-

---

18 Assmann, J., Ägypten – eine Sinngeschichte, München 1996, Kap. 4.
19 Die Stelen aus der Arbeitersiedlung von Der el-Medine, die den „harten Kern" des Phänomens bilden, sind zweifellos im Rahmen einer kultischen Situation zu sehen. Der Betroffene hat zunächst die Gottheit zu identifizieren, als deren strafende Intervention das Unheil, das ihn befallen hat, zu deuten ist, und dann rituelle Schritte zu ihrer Versöhnung einzuleiten. Dazu gehören ein Opfer, ein Gelübde und die abschliessende Errichtung einer Stele. Die Texte, in denen die Sprache und die Vorstellungswelt der Persönlichen Frömmigkeit greifbar werden, gehen aber weit über diesen Rahmen hinaus.
20 ÄHG Nr. 173.
21 Für die derzeit umfangreichste Sammlung einschlägiger Texte s. ÄHG Nr. 147–200.

logie des Willens" zusammen.[22] In der klassischen ägyptischen Kultur ist der Wille der Götter an die Inganghaltung der Welt gebunden. Sie greifen normalerweise nicht warnend, lohnend oder strafend in das Leben einzelner ein. Es gibt einige wenige Zeugnisse wie die Inschriften, die von einem „Regenwunder" und einem „Gazellenwunder" im Wadi Hammamat erzählen, oder die literarische Sinuhe-Erzählung, deren Held sich von einer ihm unbekannten Gottheit in die Ferne getrieben und auch dort geführt glaubt.[23] Aber diese Zeugnisse fügen sich noch nicht zu einem strukturellen Element zusammen. Erst nach der Amarnazeit treten diese Zeugnisse so gehäuft und durch alle Schichten verbreitet auf, daß man von einem neuen Gottesbild sprechen kann. Die Götter haben nun einen Willen, der sich nicht mehr nur auf die Inganghaltung der Welt, und auch nicht nur auf die reiche Ausstattung und korrekte Durchführung des Opferkults richtet, sondern ganz eindeutig auf die profane Menschenwelt, von den Geschicken des Landes, der Bewahrung von Recht und Gerechtigkeit, bis hin zur Lebensführung des Einzelnen, in die sie immer wieder lohnend und strafend, zürnend und vergebend intervenieren.

Diese Ansätze einer Theologie des Willens, deren Anfänge sich in Ägypten im Zusammenhang der Persönlichen Frömmigkeit insbesondere der Ramessidenzeit (1300-1100) beobachten lassen, kulminieren im biblischen Gottesbild. Damit hängt wohl auch die Vereinseitigung der altorientalischen Weltentstehungsmythen im Sinne eines radikalen Kreationismus zusammen. Eine aus Gott entstehende Welt ist sehr viel schwächer willensgesteuert als eine von Gott geschaffene Welt. In der Bibel richtet sich der göttliche Wille weniger auf die Inganghaltung der Welt, als auf die Geschichte, das heißt Lebensführung, des auserwählten Volkes, seiner Könige und seiner einzelnen Mitglieder. In Form des Gesetzes schreibt Gott selbst diesem Volk das Drehbuch, das es in seiner Lebensführung zu „erfüllen" hat. Das Modell dieser willensgesteuerten Gott – Mensch – Beziehung ist das Herrschertum und der politische Bündnisvertrag. Genau wie in Ägypten ist auch in Israel Frömmigkeit bzw. Gottesfurcht (yir'at YHWH: Ps.111,10) Loyalismus, der sein Vorbild in politischen Bindungen hat: in Ägypten in der Bindung zwischen Klient und Patron, in der biblischen Bundestheologie zwischen Vasall und Oberherrn. Das entscheidende Merkmal dieser Bindung ist, daß sie Sache einer bewußten Entscheidung und eines unaufhörlichen emotionalen Engagements ist. Das ist etwas ganz anderes als die natürlichen Bindungen, in die man hineingeboren ist. In diesem Punkt kommen die auf dem Loyalismus aufbauenden Formen von Religion, die Persönliche Frömmigkeit in Ägypten und die deuteronomistische

22 S. hierzu Assmann, J., Ma'at (s. Anm. 2), 252ff.
23 Vgl.: Blumenthal, E., Sinuhes persönliche Frömmigkeit. In: Shirun-Grumach, I. (Hg.), Jerusalem Studies in Egyptology (ÄAT 40) Wiesbaden 1998, 213-231.

Bundestheologie in Israel den von Sundermeier herausgearbeiteten Merkmalen sekundärer Religionserfahrung ganz besonders nahe.[24]

Der ägyptische Gott mit den ausgeprägtesten personalen Zügen, dessen Wirken und Wesen zugleich auch durch die Idee des Totengerichts am eindeutigsten auf die Lebensführung des Einzelnen ausgerichtet ist, der Gott Osiris, spielt eigentümlicherweise in dem Diskurs der Persönlichen Frömmigkeit keine Rolle. Mir ist kein Text bekannt, in dem ein Mensch sich zu Osiris bekannt hätte mit den bekannten Formeln, sich ihn ins Herz zu setzen, auf seinem Wasser zu handeln, sich ihm in allen Punkten anzuvertrauen und von ihm allein sich Rettung zu erhoffen. Dabei ist es doch eben dieser Gott, vor dessen Gericht mit seinen 42 Beisitzern der Mensch nach seinem Tode Rechenschaft über seine Lebensführung abzulegen hat.[25] Der Osirisglaube mit seiner Idee des Totengerichts ist in Ägypten der einzige, wenn auch ungemein einflußreiche Ort, an dem Kult und Lebensführung zusammenkommen. In der Oberwelt sind diese Bereiche jedoch streng geschieden. Der Kult ist Sache der Priester, die im Auftrag des Königs und stellvertretend für die „Menschen" (d.h. die ägyptische Gesellschaft) die Verbindung zu den Göttern durch Opfer und Lobpreis aufrecht erhalten. Die Lebensführung ist Sache vergleichsweise weltlicher Instanzen. Im Rahmen der Persönlichen Frömmigkeit, in der sich der Mensch nun auch ohne priesterliche Stellvertretung und außerhalb kultischer Rahmen Gottheiten verbunden und verantwortlich fühlt, sind es doch eindeutig die Götter der Oberwelt, Mut, Ptah, Meretseger, und allen voran der Reichsgott Amun, denen diese aus dem Loyalismus entwickelte, an der Beziehung von Klient und Patron orientierte Frömmigkeit gilt. So bleibt die Persönliche Frömmigkeit doch die Sache einzelner und ein - wenn auch wichtiges und die ägyptische Kultur strukturell veränderndes – Teilphänomen, dem eine allgemeine, Kult und Lebensführung umfassende Verbindlichkeit abgeht. Eine „Osirisreligion", die die Gesetze des Totengerichts zur allgemein verbindlichen Grundlage erhoben, und dadurch die ägyptische Kultur im Sinne einer sekundären Religion von Grund auf umgestaltet hätte, hat sich in Ägypten nicht entwickelt.

Ein weiterer für die ägyptische Kultur charakteristischer Punkt ist die Differenz zwischen „impliziter" und „expliziter Theologie".[26] „Implizite Theologie" nenne ich das, was Kulten an Regeln und Vorstellungen über das Heilige und die Möglichkeiten des Umgangs mit ihm zugrundeliegt. Es gibt keinen Kult ohne implizite Theologie, ebenso wenig wie eine Sprache ohne implizite Grammatik. Unter „Expliziter Theologie" läßt sich dann die Diskurswerdung

---

24 Assmann, J., Herrschaft und Heil. Politische Theologie in Altägypten, Israel und Europa, München 2000, Kap. 6.

25 Zur ägyptischen Idee des Totengerichts und seiner Geschichte s. Assmann, J., Tod und Jenseits im Alten Ägypten, München 2001, Kap. 3 und 16.

26 S. hierzu Assmann, J., Theologie und Frömmigkeit (s. Anm. 12).

dieser Regeln und Grundvorstellungen verstehen. Was nun das alte Ägypten angeht, ist hierzu zweierlei zu bemerken. Erstens können wir nach Anfängen im Mittleren Reich (2000-1750) und in der 18. Dynastie (1550-1320 v. Chr.) eine enorme Produktion von Texten beobachten, die als explizite Theologie einzustufen sind. Die hier geschaffene Tradition setzt sich dann bis in die Tempeldekorationen der römischen Kaiserzeit (z.B. Esna) fort. Zweitens ist diese explizite Theologie alles andere als die Ausformulierung und Verschriftlichung der impliziten; sie steht zu dieser vielmehr in einem ausgeprägten Gegensatz. Die implizite Theologie, wie sie dem Kult zugrunde liegt und aus einer Fülle kultischer Rezitationstexte erschlossen werden kann, ist polytheistisch bzw., mit einem prägnanteren Ausdruck, „konstellativ". Von Göttern ist immer in Bezug auf andere Götter die Rede. Kult ist inner-götterweltliche Kommunikation; der Priester tritt den Göttern nicht nur als Vertreter des Königs, sondern meist auch in Götterrolle (Horus oder Thot) gegenüber. Zur impliziten Theologie gehört auch die für Ägypten charakteristische Gattung der Kosmographie, die den Kosmos als Zusammen- und Gegeneinanderwirken göttlicher und gegengöttlicher Mächte darstellt.[27] Die explizite Theologie dagegen ist nicht-konstellativ; sie kreist um die Idee des Einen und sucht die Einheit Gottes dort auf, wo sie am klarsten denkbar ist. Das ist die Kosmogonie, der Übergang von der Präexistenz zur Existenz, der in Ägypten, wie schon gesagt, als eine Verbindung von intransitiver Entstehung und transitiver Schöpfung gedacht wird.[28] Diese absolute Prädominanz des Einheitsthemas in den Texten der expliziten Theologie – in der Regel handelt es sich dabei um Götterhymnen - verbietet ist, die altägyptische „Religion" in Bausch und Bogen als „polytheistisch" einzustufen, so zahlreich auch die Gottheiten sind, die in Ägypten verehrt wurden. In diese Tradition der expliziten Theologie gehört auch Echnaton hinein. Auch er bedient sich zur Entfaltung seiner Theologie der Gattung des Hymnus, und auch hier geht es um die Einheit Gottes. Von den anderen Göttern ist nun gar nicht mehr die Rede, denn „es gibt keinen anderen außer Aton". Seine eigentliche Blütezeit erlebt der Diskurs der expliziten Theologie nach – und in der Auseinandersetzung mit – Amarna in Texten, die Echnatons Devise „kein Gott außer Aton" überbieten mit der Devise „alle Göt-

---

27 Um diese Gattung hat sich vor allem Erik Hornung verdient gemacht, der praktisch alle einschlägigen Bild-Text-Kompositionen in mustergültigen Neuausgaben zugänglich gemacht hat, s. dazu zusammenfassend sein Buch Altägyptische Jenseitsführer. Ein einführender Überblick, Darmstadt 1997. Die Jenseitsführer, vor allem der älteste und klassische, das Amduat, entfalten eine extrem konstellative Theologie und enthalten umfangreiche Götterlisten. Es zeichnet sich aber auch hier eine Entwicklung hin zu einer Konzentration auf den Sonnengott ab. Klarstes Beispiel ist das unmittelbar nach der Amarnazeit entstandene Pfortenbuch, das den Sonnengott allein, nur von seinen personifizierten Eigenschaften „Erkenntnis" und „Machtwort" begleitet, die Unterwelt durchfahren läßt.
28 Vgl. herzu auch Assmann, J., Theologie und Weisheit im Alten Ägypten, München 2005, Kap.1.

ter sind eins". Das ist die Theologie des Allgotts, des „Einen, der sich zu Millionen gemacht", d.h. in die Götterwelt bzw. die Welt überhaupt verwandelt hat.[29] Wir stehen hier an den Ursprüngen einer kosmotheistischen Henologie, die in den All-Einheits-Lehren der Antike (Heraklit) und Spätantike (Corpus Hermeticum) einen auch in die abendländische Tradition übergegangenen und diese entscheidend prägenden Ausdruck findet.[30]

Wozu es in Ägypten nie gekommen ist, ist die Ausbildung eines Diskurses, den ich als „normative Theologie" bezeichnen möchte. Normative Theologie beruht auf zwei Voraussetzungen: der Unterscheidung zwischen wahren und falschen Aussagen über Gott (Orthodoxie) und einer lebenspraktischen Relevanz. Nur eine Religion, die einen starken Wahrheitsbegriff besitzt, auf dessen Grundlage sie Anderes und Abweichendes als Heidentum und Ketzerei ausgrenzen kann, und die neben der Orthopraxie des Kultes sich auch und vor allem auf die Normen einer richtigen, d.h. gottgefälligen und heilsrelevanten Lebensführung bezieht, kann eine normative Theologie ausbilden. So etwas hat es in Ägypten nicht gegeben, wenn man einmal von Ansätzen in der Persönlichen Frömmigkeit und im Totenglauben mit der Idee des Totengerichts absieht.

Soviel, in äußerster Verkürzung, zum „ägyptischen Befund". Natürlich wird man auch weiterhin zur bequemen Verständigung von der „ägyptischen Religion" sprechen, aber wir müssen uns doch klar machen, daß es sich hier nicht um eine „Religion" im landläufigen, am Modell der christlichen Religion entwickelten religionswissenschaftlichen Sinne handelt. Es handelt sich um ein System, das man ebenso gut „Kultur" und sogar auch „Staat" nennen könnte. Der charakteristische Ausdifferenzierungsprozeß, der in Israel bzw. Judaea zur Ausbildung eines Systems geführt hat, das sich kritisch gegenüber Kultur und Staat absetzen und umgestaltend auf diese Größen Einfluß nehmen kann, hat in Ägypten nicht stattgefunden.

Religion als System haben wir als „Kult und Lebensführung" definiert. Es wäre zu fragen, unter welchen historischen Bedingungen die Synthese aus Kult und Lebensführung zustande kommt, und ob sie eher als eine Ausdehnung der Lebensführung bzw. Gerechtigskeitsidee auf den Kult, oder als Ausdehnung kultischer Vorstellungen von Reinheit und Gottesnähe auf die Lebensführung zu beschreiben ist. Hier scheint mir Bernhard Lang mit seinem Hinweis auf Vittorio Lanternaris Konzeption der Religionen unterdrückter Völker den richtigen Weg gewiesen zu haben.[31] Normalerweise besteht in einer Kultur und ihren symboli-

---

29 S. hierzu Assmann, J., Re und Amun. Die Krise des polytheistischen Weltbilds im Ägypten der 18.–20. Dynastie, Fribourg und Göttingen 1983, Kap. 5; Ders., Theologie und Frömmigkeit (s. Anm. 12), Kap. 9.2.

30 S. hierzu Assmann, J., Moses der Ägypter. Entzifferung einer Gedächtnisspur, München 1998.

31 Siehe Anm. 5 in seinem Beitrag mit Verweis auf Lanternari, V., Religiöse Freiheits- und Heilsbewegungen unterdrückter Völker, Neuwied 1968.

schen Formen eine dialektische Ausgewogenheit zwischen der konnektiven und der distinktiven Funktion. Was uns verbindet, grenzt uns zugleich gegen andere Kulturen ab. In Situationen der Unterdrückung jedoch gewinnen die distinktiven Aspekte die Oberhand. Das war in Ägypten offenbar kaum sehr viel anders als in Judäa. Der Bericht, den uns Herodot im zweiten Buch seiner Historien von den ägyptischen Reinheitsvorschriften gibt, erinnert ebenso an die jüdische Halakha wie an das Indien der englischen Kolonialzeit. Die sprichwörtlichen „heiligen Kühe" sind der Inbegriff einer distinktiv aufgerüsteten Kultur, der es vor allem um die Markierung der Differenz geht (der „limitischen Symbolik", mit W. E. Mühlmann zu reden[32]). Bei den Speisegeboten und Reinheitsvorschriften geht es nun ganz offensichtlich in erster Linie um eine Ausdehnung des Kults auf die ganze Gesellschaft. Die traditionelle Grenze zwischen Kult und Lebensführung wird eingerissen, alle haben sich an die priesterlichen Vorschriften einer „magischen Askese" (Max Weber) zu halten, mit denen im Kult Gottesnähe ermöglicht wird. So wird das ganze Volk, wie es in Ex 19,6 heißt, zu einem „Königreich von Priestern und einem heiligem Volk" (mamlékhet kōhanîm wegôj qādôš). Es geht also nicht so sehr um eine Verrechtlichung des Kults als um eine Heiligung der Lebensführung, die nun ihrerseits, im quasi-kultischen Rahmen der Gottesnähe, im Zeichen des Opfers, d.h. der Hingabe zu stehen hat. In letzter Konsequenz läuft diese Verallgemeinerung kultischer Vorstellungen und Vorschriften auf eine Relativierung des Kults hinaus.

Hierzu ist es im Alten Ägypten nicht gekommen. Während sich in Judäa die Lebensführung immer stärker zur Mitte der neuen, sich als eigenes System ausdifferenzierenden Religion entwickelte, so daß mit der Zerstörung des II. Tempels der Kult fast entbehrlich wurde, setzte Ägypten gerade in der Situation der Fremdherrschaft und Unterdrückung alles auf die Ausgestaltung des Kults, der hier die Mitte der Kultur überhaupt bildete. Das ging so weit, daß man in den späten Tempeln das ganze Kultgeschehen, Handlungen und Rezitationen, in Reliefs auf den Tempelwänden verewigte, um die Durchführung der Riten auch über menschliches Vergessen und Versagen hinaus sicherzustellen.[33] Ägypten, mit anderen Worten, blieb immer „Kult" und hat den Übergang in die „Religion" (Kult plus Lebensführung) trotz einiger Ansätze in dieser Richtung nie geschafft, jedenfalls nicht im Rahmen des traditionellen pharaonischen Systems. Das Christentum aber ist dann in Ägypten auf umso fruchtbareren Boden gefallen. Es hat sich hier mit besonderer Geschwindigkeit durchgesetzt und der traditionellen Kultur, was Hellenismus und Römerzeit nicht geschafft haben, ein radikales Ende bereitet.

---

32   Mühlmann, W.E., Ethnogonie und Ethnogenese. Theoretisch-ethnologische und ideologiekritische Studie, in: Studien zur Ethnogenese (Abh. der Rheinisch-Westfälischen Akademie der Wissenschaften 72), 1985.

33   S. hierzu Assmann, J., Das kulturelle Gedächtnis. Schrift, Erinnerung und politische Identität in frühen Hochkulturen, München 1992, 4. Kap.

Schmerz – Akzeptanz und Überwindung

Eine religionsgeschichtlich-theologische Perspektive

Theo Sundermeier (Heidelberg)

Anders als „Leiden" findet das Thema „Schmerz" in der religionsgeschichtlichen und theologischen Literatur so gut wie keine Resonanz.[1] Leiden läßt sich als Problem verallgemeinern und theologisch bearbeiten, der Schmerz ist dagegen so individuell, daß er sich gegen eine theologische Aufarbeitung zu sperren scheint. Doch Schmerztherapie, das ist heutiger Konsens, kann nur noch interdisziplinär angegangen werden[2], denn wie Krankheiten und ihre Therapien eingebunden sind in ihr jeweiliges „cultural system"[3], so sind auch Schmerz und seine Verarbeitung hier verankert. Ein Blick in die Religionsgeschichte kann uns deshalb den Blick für die Interpretationsmöglichkeiten von Schmerz öffnen, und die theologische Perspektive kann dazu beitragen, sich dem Problem in unserer, vom Christentum geprägten Kultur zu nähern.

Um in das Dickicht der Religionen eine begehbare Schneise zu schlagen, die auch für unser Thema relevant ist, ist zwischen einer Basisreligiosität, die universal verbreitet und in den Stammesreligionen ihr Zuhause hat, und einer spezifischen Religiosität zu unterscheiden, die in den gestifteten Religionen beheimatet ist, die aufgrund ihres Wahrheitsgehaltes Weltgeltung beansprucht. M.a.W. wir haben zu unterscheiden zwischen primären Religionen und sekundären Religionen, dürfen sie aber nicht gegeneinander ausspielen, da beide wichtige, aber unterschiedliche religiöse Erfahrungen festhalten.[4]

Die *primären Religionen*, wie z.B. die Stammesreligionen Afrikas, Indonesiens, Indiens, haben nur in dem begrenzten Territorium ihres Stammes

---

1   Das Bild ist in der katholischen Literatur anders, da die Mariologie notgedrungen sich dem Thema stellen muß, ist die *mater dolorosa* doch Gegenstand andächtiger Meditation. Dazu s.u.

2   Vgl. dazu das Themenheft „Schmerz und Leiden. Körper und Seele in Not". Unimagazin. Die Zeitschrift der Universität Zürich 4/00.

3   Vgl. Kleinman, A.M., Patients and Healers in the Context of Culture. An Exploration of the Borderland between Anthropology, Medicine and Psychiatry, Berkley, London 1980.

4   Vgl. dazu Sundermeier, T., Was ist Religion? Religionswissenschaft im theologischen Kontext (ThB 96), Gütersloh 1999, 34–43.

Gültigkeit. Hier bestimmen sie das ganze Leben und die Kultur. Sie haben keine spezifischen Lehren, sondern kolorieren gleichsam den „way of life". Sie dienen dem Leben und haben an den Krisenpunkten des Lebens ihren Haftpunkt, Geburt, Pubertät, Ehe, Sterben – und begleiten die Menschen in diesen Krisen rituell. Die Ethik ist weisheitlich und wird vornehmlich in Sprichwörtern tradiert. Sprichwörter sind universal austauschbar, da die Lebenssituationen in den Kleingesellschaften sich überall vergleichbar gestalten. Sammlungen von Sprichwörtern aus den verschiedensten Weltreligionen zeigen bei aller Bilddifferenz erstaunliche Übereinstimmungen in der Weltsicht und Weltbewältigung.[5]

Wie wird in diesen Kulturen und Religionen der Schmerz begriffen und verarbeitet?

Wir können vier Formen von Schmerz und Schmerzverarbeitung unterscheiden.

1. Es gibt den „natürlichen" Schmerz, dessen Ursache man kennt. Es gibt Stammesfehden, Wunden werden im Krieg geschlagen, Blut muß fließen. Der durch konkrete Wunden verursachte Schmerz ist zu ertragen und so weit wie möglich ohne Klagen. Es gibt Stämme, da werden die Jungen sehr genau beobachtet, ob sie bei der Beschneidung auch nur das geringste Zeichen von Schmerz zeigen. Die Tapfersten werden gepriesen. Schmerz klaglos zu ertragen, das war auch altgermanisches Ideal, wie man noch bei Lessing nachlesen kann.[6] „Jungen weinen nicht", dieses Stammesideal war auch bei uns bis vor nicht allzu langer Zeit noch in der familiären Erziehung gültig und ist es für Männer bei der Beerdigung noch immer.[7]

2. Solchen Schmerz zu ertragen, dazu muß man erzogen werden. Dem dienen in den Stammesreligionen die Initiationsschulen und -lager. Dort unterzieht man die Jungen der härtesten Lebensbedingungen, eine Art Überlebenstraining, bei dem zugleich die Stammesethik gelehrt und internalisiert wird.[8]

Die Initiations- und Beschneidungsschulen haben aber noch eine andere Bedeutung. Die Schmerzen, die hier ertragen werden müssen, dienen dem symbolischen Tod und sind Teil des Übergangsritus, der in einen neuen Lebensabschnitt und den neuen gesellschaftlichen Status leitet. Leistungen zu

---

5   Vgl. dazu z.B. Klimkeit, H.-J., (Hg.), Biblische und außerbiblische Spruchweisheit, Wiesbaden 1991.

6   Vgl. „Alle Schmerzen verbeißen... weder seine Sünde noch den Verlust des Todes beweinen, sind Züge des alten nordischen Heldenmutes". Lessing, G.E., Gesammelte Werke, Berlin 1955, Bd. V, 16.

7   Vor einiger Zeit fragte unser 6jähriger Enkel seine Großmutter, was Kopfschmerzen seien. Sie erklärte es ihm und fügte hinzu, daß er sicher auch schon einmal solchen Schmerz gehabt habe. Darauf seine spontane Reaktion: „Indianer kennen keinen Schmerz"!

8   Vgl. zum Ganzen das Kapitel „Homo ritualis" in Sundermeier, T., Nur gemeinsam können wir leben. Das Menschenbild schwarzafrikanischer Religionen, Münster ³1998.

erbringen, die bis zur Schmerzgrenze reichen und diese selbst überschreiten, sind oftmals Vorleistungen, um die Heiratsfähigkeit des jungen Mannes unter Beweis stellen.[9] Der Schmerz ist hier Zeichen des Übergangs und dient dem Leben. Das gilt trotz aller inhärenten Ambivalenz, denn nicht nur die Beschneidung, auch andere rituelle Performances können einen tödlichen Ausgang haben.

Bei einigen Stämmen müssen die Jugendlichen am Ende der Initiationsschule durch eine Höhle kriechen oder durch ein Tor gehen, das an den Muttermund erinnert. Die Symbolik ist eindeutig: Neues Leben gibt es nur durch Schmerzen. Der Schmerz hilft dem Menschen, in eine neue Lebensphase, in einen neuen Status hineinzukommen.

3. Eine drittes Verständnis von Schmerz und ein anderer Umgang mit ihm sind dort zu erkennen, wo es sich um einen nicht erklärbaren, andauernden Schmerz handelt. Hier wird man wie bei unerklärbarer Krankheit oder nicht enden wollendem Unglück nach dem Grund fragen und den Diviner rufen. In diesem Falle handelt es sich nicht mehr um ein individuelles Übel, sondern um eine gesellschaftliche Angelegenheit, denn es sind andere, die ihn verursachen, Menschen, die Ahnen oder Rachegeister. Der Mitmensch ist betroffen, die Gesellschaft gerät aus dem Gleichgewicht. Der Schmerz wird nunmehr nur als böse und schlecht angesehen. Man darf nicht zulassen, daß er chronisch wird und das Familienleben und das gesellschaftliche Umfeld im Dorf stört. Es ist an dem Diviner, den Ursprungsherd in der Gesellschaft zu entdecken und das Übel zu bekämpfen. Zwei unterschiedliche Antworten sind möglich: Die Ahnen strafen, weil ihre Ordnung nicht mehr beachtet und sie vernachlässigt wurden. Oder der Grund sind Menschen, durch Neid oder Eifersucht verleitet. Rituelle Handlungen, die den betroffenen Menschen und sein soziales Umfeld aktivieren, und pflanzliche Heilkunde gehen dabei Hand in Hand und werden nicht als etwas sich Ausschließendes empfunden, denn die Heilung wird immer ganzheitlich vorgenommen werden und kann nur wirksam sein, wenn sie dem Rahmen des gesellschaftlich akzeptierten und standardisierten Handlungsmusters entspricht.[10]

---

9   Bei den Himba im nördlichen Namibia musste früher ein junger Mann z. B. unbewaffnet einen Löwen erledigen, indem er ihm mit der Hand in dessen offenen Rachen die Luftröhre zudrückte, bis er erstickte. Daß dabei oft der Arm zermalmt wurde, wurde dabei in Kauf genommen. Wer dieses leistete, galt als besonders starker Mann und Krieger und stand in hohem Ansehen.

10   „Was der europäische Doktor tut, das verstehen wir nicht, aber das, was der afrikanische Heiler tut", hieß es oft bei afrikanischen Patienten in Südafrika, auch im Missionskrankenhaus – für mich Anlaß genug, dieser Haltung in meiner Forschung nachzugehen und in unseren abendländischen Denkkategorien verstehbar zu machen. Vgl. dazu Sundermeier, T., Unio Analogica. Zum Verständnis afrikanischer dynamistischer Denkformen (EMZ 1973), 150–166;181–192.

4. Bisher haben wir nur von dem körperlichen Schmerz gesprochen, wenn auch der Übergang im letzten Abschnitt zum Folgenden fließend ist. Es gehört zur conditio humana, daß Angehörige der Stammesgesellschaften bei dem Verlust eines lieben Menschen in gleicher Weise seelischen Schmerz empfinden wie wir.[11] Es sind die Trauerriten, die gemeinschaftlich begangen die Trauernden begleiten und helfen, ihren Schmerz zu überwinden und sich dem Leben wieder zuzuwenden.[12]

Handelt es sich um den Tod eines Kindes oder eines alten Menschen, wird man nicht nach dem Grund suchen, denn man kennt die (natürliche) Ursache. Anders ist es bei anhaltenden Todesfällen, bei plötzlichem Unglück o.ä. Dann greifen die Mechanismen, die wir zuvor genannt haben.

Ein besonders Feld der Schmerzerfahrung bildet der Schmerz, der durch Diebstahl entstanden ist. Dann muß der Dieb nach (ungeschriebenem) Banturecht nicht nur den Gegenstand ersetzen – sagen wir das Schaf – sondern muß weit mehr bezahlen: Ein Schaf, das das gestohlene ersetzt; ein Schaf für die Zeit, da man ohne das Schaf und seine Milch auskommen mußte; ein oder mehrere Schafe für den Schmerz, den man über den Verlust des Schafes empfand, etc. Der Schmerz wird nicht eins zu eins kompensiert. Hier gilt nicht die den Schaden begrenzende Rechtsprechung des AT „Auge um Auge, Zahn um Zahn", sondern der Kompensationsforderung sind letztlich kaum Grenzen gesetzt, bzw. liegen jeweils im Ermessen des Häuptlings und seiner Ratgeber und der Akzeptanz des Urteils seitens der Dorfgemeinschaft.

Hier ist der Gedanke des „Schmerzensgeldes" zuhause. Es ist in meinen Augen bemerkenswert, daß sich in der neueren Rechtsprechung in den USA im Rahmen der Urteile im Geschworenenprozeß (Laien) diese Maßlosigkeit der archaischen Kulturen wieder durchsetzt und der Standard der Strafbeschränkung, wie sie vom AT benannt wird, verdrängt zu werden scheint.

Die Erfahrungen und die Weisheit der primären Religionen sind auch dort noch wirksam, wo sie von den sekundären, den missionarischen Weltreligio-

---

11 Vgl. aus einem langen Klagelied einer Dama / Namibia zum Tode ihres Sohnes:
„Er, der meinen Namen trug!
welch ein Schmerz!...
Er, mein Junge, tot und stumm-...
Finster ist's mir jetzt geworden,
kann nicht meinen Weg mehr sehn,
denn mein Kind ist eingeschlafen
und liegt in der Finsternis.
Wer vermag ihn aufzuwecken?
Schmerzerfüllt seh ich ihn an! -
Komm, daß ich dich küssen kann!"
(Zit. nach Vedder, H., Die Bergdama, Bd. II, Hamburg 1923, 24f.)

12 Sie entsprechen in ihrem Ablauf in hohem Maße den Phasen des Trauerprozesses, wie wir ihn aus der Forschung zur Trauerarbeit kennen. Vgl. dazu Sundermeier, T., Nur gemeinsam können wir leben (s. Anm. 8), 95ff. bes. 105f.

nen überlagert oder verdrängt sind. Sie sind selbst wirksam in neueren Psychotherapien wie den systemischen Familientherapien oder der Familienaufstellung des B. Hellinger. Das muß nicht überraschen, denn es sind menschliche Grunderfahrungen, die hier religiös zum Ausdruck kommen.

Wir wenden uns den sekundären Religionen, den Weltreligionen zu. Zunächst dem Buddhismus und – eher beiläufig – seiner Mutterreligion, dem Hinduismus. Beider Kennzeichen ist die Abwertung der Welt. Hier geht es nicht wie in den primären Religionen darum, dem Leben zu dienen und es zu fördern und die Menschen in ihren Lebenskrisen zu begleiten, so daß der Schmerz überwunden und man sich dem Leben wieder zuwenden kann, sondern die Welt und damit das irdisch-physische Leben werden als solche abgewertet. Man will und soll davon frei werden. Denn das karmisch bedingte und geformte Leben ist Leiden, wie der Buddhismus nicht müde wird zu lehren, unendliches Leiden, das in endlosen Wiedergeburten jeweils neu Gestalt annimmt. Davon frei zu werden und sich vom Leiden und d.h. vom Leben zu befreien, dem dient die Lehre des Buddha. Während der Hinduismus daran festhält, daß es im Menschen einen unvergänglichen Faktor gibt, gleichsam das göttliche Seelenlicht, das mit seinem Ursprung, dem göttlichen Brahman wieder vereinigt werden will, leugnet der Hinayanabuddhismus das radikal. Die Lehre vom Nicht-Ich (an-atta) hat im Buddhismus eine zentrale Bedeutung für das Schmerzverständnis. Der Mensch ist ein Konglomerat aus fünf Daseinsfaktoren, jedoch ohne die Mitte des „Ich". Deshalb muß der Mönch in der Meditation lernen, sich von der falschen Vorstellung zu befreien: dieser Körper ist mein, diese Hand ist mein, etc. Nur so lernt er, sich von der Begierde zu befreien, die das Feuer ist, das den Lebensdurst am Brennen hält. Weiß er aber, daß dieser Arm nicht mein ist, lernt er, die Begierde ebenso zu überwinden wie den Schmerz. Dann kann er sagen: „Ich freue mich des Sterbens nicht, ich freue mich des Lebens nicht; ich warte meine Zeit ab, wie der Diener seinen Lohn".[13] Ebensowenig wie der Arm ihm gehört, ist es sein Schmerz, den der Arm verursacht. So befreit er sich vollständig von allen Gefühlen, den Schmerz eingeschlossen. Sollte ein Räuber kommen und ihn, den in der Einsamkeit meditierenden, überfallen, wird er sich nicht wehren, sondern läßt alles geschehen, weil er weder Freude noch Leid, weder Lust noch Schmerz mehr fühlt. Hat er die höchste Meditationsstufe erreicht, ist Befreiung erlangt, Nirwana schon jetzt erreicht. Daß der Mönch aber überhaupt das Böse erreicht und ihm Schmerzen zugefügt werden, ist bedingt durch seine früheren bösen

13 Theragatha 1002f. Zit. nach Winternitz, M., Der Ältere Buddhismus (RGL 11), Tübingen 1929, 129. Vgl. dazu auch die Geschichte, wie der große Schüler Buddhas Sariputta den Schmerz erträgt. A.a.O. 124f.

Taten, deren Folgen er durch das passive Erleiden, durch gute Taten und die
Meditation auslöscht.[14]

Wir halten fest: Schmerzen gibt es. Sie sind Folgen der bösen Taten in
früheren Leben und müssen deshalb angenommen werden. Natürlich wird der
Laie, geprägt durch die Volksfrömmigkeit, die die Erfahrungen der primären
Religionen tradiert, sich von einem Arzt behandeln lassen, aber letztlich weiß
er, daß er nur die Folgen seiner eigenen Taten in früheren Leben erleidet. Der
„in den Strom Eingetretene", der Mönch, aber lernt in der Meditation sich vom
Schmerz zu befreien, indem er sich von seinem Körper befreit. Das ist ein
analytischer Vorgang. Der in der Meditation beschrittene Erkenntnisprozess
bewirkt Befreiung von allem, dem Leiden, dem Schmerz, der Lust, dem Leben.[15] Dem Laien bleibt nur übrig, sein Karma in diesem Leben mit so vielen
guten Taten zu verbessern, daß das zukünftige Leben weniger von Schmerz
durchtränkt, wenn möglich schmerzfrei sein wird.

In den monotheistischen Religionen ist das Leben wie in den Stammesreligionen zentral. Denn das Leben ist Geschenk, es kommt von Gott. Gott
wacht darüber. Die Religionen helfen, die Ambivalenzen des Lebens zu überwinden, sie dienen der Versöhnung, der Versöhnung zwischen den Menschen,
mit Gott, mit der Umwelt.[16]

Wie denken sie über den Schmerz?

Das Grundmuster verbindet sie mit dem der primären Religionen, mit denen sie eine deutliche Symbiose eingegangen sind. Es gibt Schmerz. Er ist
unvermeidlich, der physische wie der seelische. Der sunnitische *Islam* geht
relativ holzschnittartig mit dem Problem um und führt alles, aber auch alles auf
Gottes *providentia* und seine Gerechtigkeit zurück. Gott wird den Gläubigen
nach seiner unerforschlichen Gerechtigkeit einst das Paradies eröffnen, die
Ungläubigen aber den Schmerzen und der Pein des Höllenfeuers übergeben.
In der Schia, dem iranischen Islam, wurde ein rituelles Selbstpeinigungsritual
entwickelt, das dem abendländischen Flagellantentum ähnelt. Zum Ashurafest,

---

14   Im Dhammapada heißt es : „Wer gegen Unschuldige und Harmlose Gewalt übt, der gelangt
     bald in einen der folgenden zehn Zustände: Es trifft ihn ein herber Schmerz, ein Verlust, ei-
     ne Körperverletzung, oder eine schwere Krankheit, oder Wahnsinn, oder ein Unglück von
     seiten des Königs, oder eine schreckliche Verleumdung...Nach der Auflösung seines Kör-
     pers aber gelangt der Törichte in die Hölle". Zit. Nach Winternitz, M., Der Ältere Buddhis-
     mus (s. Anm. 13),102.

15   Bei aller Parallelität zur Praxis des indischen Yogi, ist doch ein wichtiger Unterschied
     festzuhalten. Der Yogi lernt durch die Meditation, z.B. die Hatha-Meditation, den Körper zu
     beherrschen, und zwar so weit, daß er die Körperlichkeit gleichsam überwindet. Dann fühlt
     er keinen Schmerz mehr, kann über glühende Kohlen gehen, ohne sich zu verbrennen, und
     fühlt keinen Schmerz, auch wenn er sich wie an einem Fleischerhaken an seiner Rückenhaut
     aufhängen läßt.

16   In den Stammesreligionen gehört hierzu zentral die Versöhnung mit den Ahnen. Daß die
     Familientherapien (systemische z.B. und die der Familienaufstellung von B. Hellinger) neu-
     erdings diesen Aspekt aufgreifen, sollte nicht übersehen werden.

im Monat Muharam, dem schiitischen Trauermonat, ziehen jährlich tausende Männer durch die Straßen der Städte im Iran und geißeln sich blutig. Das geschieht zur Erinnerung an den Sohn Alis, Hussain, der sein Leben in der Schlacht bei Kerbela gegen einen übermächtigen Feind verlor.[17]

Die biblischen Bücher denken hier differenzierter als der Islam. Vor allem im NT bekommt das Thema „Schmerz" eine ganz neue Interpretation, die aber im AT vorbereitende Spuren hat.

Im AT kann man vier Aspekte unterscheiden. 1. Schmerzen sind eine Strafe Gottes. Mit Schmerzen soll die Frau Kinder gebären (1. Mose 3,16), heißt es, weil die Menschen Gottes Gebot übertreten hat.[18] Etwas „natürliches" ist der Schmerz also nicht. In Gottes guter Schöpfung war er nicht vorgesehen. Daß es neues Leben nur durch Tod und Schmerzen hindurch gibt, wird zunächst nicht thematisiert, ist aber beim Geburtsvorgang evident.

2. Schmerzen, Krankheit und Leid können der Läuterung dienen. Durch sie prüft Gott, wie ernst es der Mensch mit seinem Glauben und seinem Gottesverhältnis meint. Der Schmerz des Hiob ist hierfür ein Beispiel. Er ist so groß, daß seine Freunde ihn nicht anzusprechen wagen, sondern sieben Tage und Nächte neben ihm schweigend sitzen, bis sie schließlich zu reden beginnen und mit ihm über den Sinn des Schmerzes nachdenken (Hiob 2, 13). Daß Leid und Schmerz Strafe Gottes sind, ist eines ihrer Argumente, was aber weder von Hiob noch – in diesem Falle – von Gott akzeptiert wird.

An Hiob wird aber auch 3. deutlich, daß man seine Schmerzen Gott entgegenschleudern und sich klagend an ihn wenden darf. Die klagende Frage, ob Gott den Menschen vergessen habe, ist dabei der Kern der Vorwürfe (Ps 9; 13; 42 u.a.). Solches Klagen hat einen befreienden und den Menschen auch im Blick auf die Schmerzen aktivierenden Effekt. Die Sinnlosigkeit wird durch die Akzeptanz und die Hinwendung zu Gott in Sinn verwandelt, Heilung kann beginnen.

---

17 Solche Geißelungsrituale als „Passionsspiele" (F. Stolz) zu bezeichnen, schlägt zwar die Brücke zu uns hin, verwischt aber die Differenzen. Die Schmerz verursachenden Bußübungen dienen im Christentum der Demütigung und der Selbstbestrafung für die Sünden. In der Schia aber ist der ursprüngliche Anlaß ein heldenhafter Kampf. Die Selbstpeinigung dient dort eher dem Aufputschen, sich für den Kampf gegen den Feind zu stärken und für den (Märtyrer) Tod bereit zu sein. Stolz, F., Beglückender Schmerz, seliges Leiden, in: Unimagazin, Zeitschrift der Universität Zürich 4/00, Nr. 42. Dieser Aufsatz ist übrigens der einzige, soweit ich sehen kann, der sich aus religionsgeschichtlicher Perspektive mit dem Thema „Schmerz" befasst.

18 Vgl. Jer 13,21f: „Es wird dich Angst ankommen wie eine Frau in Kindsnöten. Und wenn du in deinem Herzen sagen wirst: 'Warum begegnet mir das?' Um der Menge deiner Sünden willen...". Klagelieder 1,12: „Euch allen, die ihr vorübergeht, sage ich: Schaut doch und seht, ob irgendein Schmerz ist wie mein Schmerz, der mich getroffen hat; denn der Herr hat Jammer über mich gebracht am Tage seines grimmigen Zorns". Der Grund für den Zorn sind die Sünden der Bewohner von Jerusalem (ebd. V.5).

Der japanische Theologe K. Kitamori hat gemeint, im AT einen ganz neues Verständnis vom Schmerz zu finden, nämlich daß Gott selbst Schmerz empfindet. Er beruft sich dabei auf zwei Texte, Jer 31,20 und Jes 63,9. Sie sprechen von Gottes Erbarmen und Mitleid, das im Hebräischen den Schmerz
implizit voraussetzt („meine Eingeweide drehen sich in mir um", vgl. Hos
11, 8). Da hier jedoch weniger explizit als implizit vom Schmerz Gottes gesprochen wird, scheint mir die textliche Basis zu schmal, um daraus eine solch
weitgehende Konsequenz ziehen zu können und eine „Theologie des Schmerzes Gottes" zu entwerfen.[19]
    4. Eine, wenn auch für das AT wichtige Neuinterpretation der Schmerzen
kommt im Jesajabuch, in den sog. Gottes-Knecht-Liedern, zur Sprache. „Fürwahr er trug unsere Krankheit und lud auf sich unsere Schmerzen", heißt es
(Jes 53,4f). Der Gedanke der Stellvertretung kommt in den Blick. Das ist mehr
als die schweigende Solidarität der Freunde Hiobs. Es ist auch mehr als die
rituellen Partizipations- und Wiederholungsriten der Schia. Stellvertretend
Schmerzen auf sich zu nehmen, heißt, daß ein Unschuldiger freiwillig die
Schmerzen anderer erleidet, krank wird und stirbt. Wer immer mit dem „Gottesknecht" gemeint ist – die Interpretationsbreite ist enorm – die Reaktion
derer, die ihn sehen, entspricht der in den primären Religionen verbreiteten
Vorstellung und dem oben erwähnten ersten Aspekt, daß die Schmerzen Strafe
sind für ein sündhaftes Leben (Jes 53,4). Das wird akzeptiert, aber dann tiefgreifend verändert. Der von Schmerzen geplagte Mensch wird nicht um seinetwillen gestraft, sondern ist das Schuldopfer für andere (V.10). Er leidet für
andere und an ihrer Statt. Das Neue, radikal Neue in diesem Gedanken lautet:
Schmerzen sind nicht nur sinnlos. Sie sind Sinnträger. Sie befreien *andere*.
Von Ferne leuchtet der archaische Gedanke auf: Durch diese Schmerzen,
durch diesen Tod wird neues Leben geboren. Das Volk, für das der Gottesknecht leidet, wird nun leben können.
    Es ist hier nicht die Aufgabe, über unterschiedliche Schuldopfer-Interpretationen nachzudenken. Der Gedanke des Sündenbocks ist in allen Kulturen zu
finden. Die entsprechenden Theorien sind oft verhandelt.[20]
    Wir wenden uns dem NT zu. Es ist keine Frage, daß der Stellvertretungsgedanke, wie er in den Liedern des Gottesknechtes bedacht wird, das Kernmo-

19 Kitamori, K., Theologie des Schmerzes Gottes. Göttingen 1972. Man hat vermutet, daß im
    Hintergrund dieses Entwurfes der buddhistische Gedanke des Leidens zu suchen sei, doch
    das ist kaum korrekt, sondern konfuzianisches Gedankengut grundiert diesen Entwurf. Vgl.
    dazu Sundermeier, T., Konvivenz und Differenz, Erlangen 1995,186ff. .
20 Vgl. u.a. Burkert, W., Homo necans. Interpretationen altgriechischer Opferriten und My
    then, Berlin 1972. Zur Sündenbocktheorie vgl. besonders Girard, R., Das Heilige und die
    Gewalt, Zürich 1987.Vgl. dazu auch da Silva, G., Am Anfang war das Opfer. René Girard
    aus afroindiolateinamerikanischer Perspektive, Münster 2001. Daß in der rabbinischen
    Theologie auch Isaak als Sündopfer verstanden wurde, der sein Leben ließ (!), hat A. Agus
    überzeugend aufgewiesen. Agus, A., The Binding of the Messiah, 1986.

dell ist, mit dem die Urgemeinde den an sich unverständlichen Leidensweg des Jesus von Nazareth, seine Schmerzen und seinen sinnlos erscheinenden Tod interpretierte. Aber für sie wird ein wichtiges Element zentral: Der Tod wird durch die Auferstehung überwunden. Den Jesus von Nazareth „hat Gott auferweckt und aufgelöst die Schmerzen des Todes, wie es denn unmöglich war, daß er sollte von ihm gehalten werden" (Apg 2,24). Das ist „ein für allemal" geschehen. Eine Wiederholung, in welcher Form auch immer, gibt es nicht. Eine Leidens- oder Schmerzübernahme für andere, die gar Heilsbedeutung hat, kann es nicht mehr geben. Seinen Jüngern sagt Jesus allein: „Will jemand mir nachfolgen..., der nehme sein Kreuz auf sich und folge mir nach" (Mt 16, 24). Damit wird ein wichtiger Akzent auch für das Schmerzverständnis gesetzt und zugleich eine Zukunftsperspektive eröffnet. So wie in seinem Tod und seiner Auferstehung die Schmerzen Jesu überwunden sind, so wird auch die endgültige Zukunft davon frei sein: „Der Tod wird nicht mehr sein, noch Leid noch Geschrei noch Schmerz..., denn das Erste ist vergangen" (Offbg 21,4).

Wir fassen die Konsequenzen aus dem Gesagten zusammen.

1. Aus Tod und Schmerzen wird neues Leben geboren. Schmerzen verlieren ihre Sinnlosigkeit.[21] In der *imitatio Christi*, in der Nachfolge, können sie dazu beitragen, dem Vorbild Christi ähnlich zu werden. Eine Heilsbedeutung für andere haben sie nicht. Der Stellvertretungsgedanke ist nicht anwendbar.

2. Schmerzen werden nicht mehr im stringenten Sinn als Strafe aufgefasst werden, sondern dort, wo sie angenommen werden, können sie den Weg zur Buße ebnen, der Läuterung dienen, zur Katharsis führen. Dem dienen auch die Passionsmeditationen, die sich den Leidensstationen Christi zuwenden.[22] Die von unter Schmerzen Leidenden immer wieder gestellte Frage „Womit habe ich das verdient"? ist unter diesem Aspekt aus dem Kontext der Strafe herausgenommen und wird neu fokussiert.[23] In der Akzeptanz des „Kreuzes" kann neues Leben und neuer Sinn gewonnen werden.[24]

3. In der Frömmigkeit hat sich im katholischen Christentum ein zusätzlicher Umgang mit dem Schmerz entwickelt, nämlich in der Marienfrömmig-

---

21 Es ist mir interessant zu sehen, daß diesen Aspekt aus philosophischer Sicht und eigener Erfahrung H.-G. Gadamer hervorhebt. Gadamer, H.-G., Schmerz. Einschätzungen aus medizinischer, philosophischer und therapeutischer Sicht, Heidelberg 2003.

22 Vgl. das Passionslied von P. Gerhardt: „O Haupt voll Blut und Wunden, voll Schmerz und voller Hohn". Es dient der Einkehr und ist Anlaß, über die eigene Schuld nachzudenken und für die Überwindung des Leides zu danken. Man gelobt sein Leben zu ändern: „Ich danke dir von Herzen,/ o Jesu, liebster Freund,/ für deines Todes Schmerzen,/ da du's so gut gemeint./ Ach gib... wenn ich nun erkalte,/ in dir mein Ende sei". EG 85. „Ich will ans Kreuz mich schlagen/ mit dir und dem absagen,/ was meinem Fleisch gelüst". Ders. ebd. Nr. 84.

23 Das heißt selbstverständlich nicht, daß sie nicht medizinisch behandelt werden dürfen. Im Gegenteil, Jesu heilendes Handeln und sein Auftrag an die Jünger zu heilen, unterstreichen die Notwendigkeit der Behandlung.

24 Vgl. dazu Schuchardt, E., Warum gerade ich? Leben lernen in Krisen, Göttingen 2002, 11. Aufl.

keit. An die *mater dolorosa* wendet man sich ausdrücklich unter Berufung auf ihre Schmerzen. Weil sie siebenfältig Schmerzen erlitten hat, kann sie mit den Schmerzen der Menschen empfinden und wird deshalb als Fürbitterin bei Gott angerufen.[25]

Den Gedanken, daß Schmerzen in früheren Leben verursacht wurden, und deshalb ertragen und ausgestanden werden müssen, damit auf diese Weise das negative Karma früherer Leben abgetragen und eine bessere Reinkarnation im nächsten Leben ermöglicht wird, kann ich hier nicht unterbringen. Er ist m. E. ausgeschlossen.

4. Ewige Schmerzen und ewige Pein wird es für den Glaubenden nicht geben, denn „Gott selbst wird abwischen alle Tränen" (Offbg 21,4). Seelische Furcht vor dem Tod kann deshalb überwunden werden. Tod als Erlösung von den Schmerzen – dieser Gedanke wird durch das oben Gesagte nicht nur erlaubt, sondern bekommt durch die Hoffnung auf die Auferstehung und das Leben durch den Tod hindurch ein neues Gesicht.

Wir können den frömmigkeitsgeschichtlichen Umgang mit Schmerzen hier nicht weiter verfolgen. Doch auf einige Aspekte soll kurz eingegangen werden. Aus welchen Gründen auch immer wurde der oben genannte erste Aspekt der Schmerzinterpretation, daß wir für unsere Sünden nicht durch Schmerzen bestraft werden, im Laufe der Zeit unwirksam. In den Bußbewegungen des Mittelalters wurde die Selbstpeinigung bis zum Exzess vorangetrieben. Die Flagellanten fügten sich Schmerzen zur Selbstbestrafung und als Bußübung zu.[26] Die in der Passionszeit eigens initiierte Kreuzigung, wie sie im katholischen Kontext der Philippinen noch heute öfters, gelegentlich auch in Lateinamerika, vorkommt, verstehe ich als ferne Ableger jener Bewegung, besitzt aber heute wie schon im Mittelalter einen gewissen Schaueffekt und dient sozialpsychologischem Lustgewinn.

Man kann über den Schmerz nicht nachdenken, ohne auch seine Ästhetisierung zu bedenken. Sie ist durch die abendländische Frömmigkeitsgeschichte durch und durch geprägt. Die Darstellung der Schmerzen Jesu am Kreuz und die seiner Mutter, die den toten Sohn auf ihrem Schoß trägt, diente im frühen Mittelalter der Andacht und sollte Buße evozieren, hatte aber auch eine therapeutische Wirkung. In der Renaissance veränderte sich die Darstellung des Schmerzes gelegentlich in eine erotisierende Ästhetik (vgl. die Darstellungen des Martyriums des hl. Sebastian). In der Moderne greift man wieder auf mit-

---

25 Vgl. z. B. das „Gebet zur schmerzhaften Mutter Maria….Märtyrerin der Liebe und des Schmerzes… Ich trage das innigste Mitleid mit deinen Schmerzen und danke Dir für die unermessliche Liebe… Lege deine niemals vergebliche Fürbitte bei dem Sohne und dem Vater ein…" Aus dem Andachtsbuch „Maria, der Trost der Welt in unsern Tagen, Winterberg o. J. (1878), 175.

26 Es ist sicher nicht zufällig, daß die Reformation im Rückgriff auf biblische Einsichten, dem radikal eine Absage erteilt hat, so daß diese oder andere Formen der Selbstbestrafung im Protestantismus keinen legitimen Platz haben.

telalterliche Vorbilder zurück, so wenn G. Bruns, der Vertreter des Wiener Aktionismus, seinen rituell verletzten Körper zum Gegenstand seiner Kunst macht. Daß auch Josef Beuys sich in der imitatio Christi als Schmerzensmann inszenierte, wird daran deutlich, daß „sein Wort ,Zeige deine Wunde!'...wie ein Leitmotiv durch die Rezeption" geht.[27] Für Beuys sollten solche Selbstin- szenierungen durchaus therapeutischen Zwecken dienen, für ihn selbst wie für andere. Daß aber Schmerzensbilder bis heute therapeutische Wirkungen haben, wissen Kunsttherapeuten zu nutzen. Aber nicht nur sie. Sehr eindrücklich schilderte der Chefarzt einer Klinik in Bad Godesberg, der in seiner Klinik mit Bildern therapeutisch arbeitet, wie gerade das Schmerzensbild schlechthin, der Gekreuzigte des Isenheimer Altars – ein Bild das ja seinerzeit für ein Hospital gemalt wurde – auch heute auf Schwerstkranke eine therapeutische, palliative Wirkung hat. Rekonvaleszente Patienten dagegen bedürfen anderer, sanftere Bilder.[28] Für sie hatte Matthias Grünewald das Bild des Auferstandenen ge- malt.

---

27 Vgl. dazu Claussen, P.C., Der Schmerz der Bilder. Unimagazin, Zeitschrift der Universität Zürich 4/00, Nr. 57. Das Zitat ebd.

28 So Ott, G.-H., Bildende Kunst in der Medizin. Wortlose Hermeneutik zwischen Arzt und Patient.. In Sundermeier, T., (Hg.), Die Begegnung mit dem anderen, Gütersloh 1991, 145– 150.

Literatur und Register

Literatur

Adamzik, K., Sprache. Wege zum Verstehen (UTB 2172), Tübingen/Basel 2004.

Agus, A., The Binding of the Messiah, Albany 1986.

Aharoni, Y., Beer-Sheba I: Excavations at Tel Beer-Sheba 1969–1971 Seasons (Publications of the Institute of Archaeology 2), Tel Aviv 1973.

Ahn, G., Eurozentrismen als Erkenntnisbarrieren in der Religionswissenschaft, ZfR 5, 1997, 41–58.

---, Monotheismus und Polytheismus als religionswissenschaftliche Kategorien?, in: Oeming, M., Schmid, K. (Hg.), Der eine Gott und die Götter. Polytheismus und Monotheismus im antiken Israel (AThANT 82), Zürich 2003, 1–10.

Albertz, R., Persönliche Frömmigkeit und offizielle Religion: Religionsinterner Pluralismus in Israel und Babylon (CThM A 9), Stuttgart 1978.

---, Religionsgeschichte Israels in alttestamentlicher Zeit (ATD Ergänzungsreihe 8), Göttingen 1992.

---, Die Exilszeit: 6. Jahrhundert v. Chr. (Biblische Enzyklopädie 7), Stuttgart 2001.

Allen, J.P., The Natural Philosophy of Akhenaten, in: Simpson, W.K. (Hg.), Religion and Philosophy in Ancient Egypt (YES 3), New Haven 1989, 89–101.

Alster, B., Wisdom of ancient Sumer, Bethesda 2005.

Andachtsbuch „Maria, der Trost der Welt in unsern Tagen", Winterberg 1878.

Anderson, B., Imagined Communities: Reflections on the Origins and Spread of Nationalism, London 1983.

Andresen, J. (Hg.), Religion in Mind: Cognitive Perspectives on Religious Belief, Ritual, and Experience, Cambridge 2001.

Antos, G. (Hg.), Wissenstransfer durch Sprache als gesellschaftliches Problem (Transferwissenschaften 3), Frankfurt/M. u.a. 2005.

Arneth, M., Die antiassyrische Reform Josias von Juda: Überlegungen zur Komposition und Intention von 2 Reg 23,4–15, Zeitschrift für altorientalische und biblische Rechtsgeschichte 7, 2001, 189–216.

Assmann, A., Assmann, J., Mythos, in: Handbuch religionswissenschaftlicher Grundbegriffe IV, Stuttgart 1998, 179–200.

Assmann, J., Der König als Sonnenpriester, Glückstadt 1970.

---, Palast oder Tempel? Überlegungen zur Topographie und Architektur von Amarna, JNES 31, 1972, 143–155.

---, Weisheit, Loyalismus und Frömmigkeit, in: Hornung, E., Keel, O. (Hg.), Studien zu ägyptischen Lebenslehren (OBO 28), Fribourg/Göttingen 1979, 11–72.

---, Die „loyalistische Lehre" Echnatons, SAK 8, 1980, 1–32, wiederabgedr. In: ders., Theologie und Weisheit im Alten Ägypten, München 2005, Kap.5.

---, Re und Amun. Die Krise des polytheistischen Weltbilds im Ägypten der 18.–20. Dynastie, Fribourg/Göttingen 1983.

---, Sonnenhymnen in thebanischen Gräbern (Theben I), Mainz 1983.

---, Ägypten. Theologie und Frömmigkeit einer frühen Hochkultur (UTB 366), Stuttgart u.a. ^{2}1991 (^{1}1984).

---, Magische Weisheit: Wissensformen im ägyptischen Kosmotheismus, in: Assmann, A. (Hg.), Weisheit: Archäologie der literarischen Kommunikation III, München 1991, 241–257.

---, Akhanyati's Theology of Light and Time. Proceedings of the Israel Academy of Sciences and Humanities, VII 4, Jerusalem 1992, 143–176.

---, Das kulturelle Gedächtnis. Schrift, Erinnerung und politische Identität in frühen Hochkulturen, München 1992, ^{2}1997, ^{4}2002.

---, Monotheismus und Kosmotheismus. Ägyptische Formen eines „Denkens des Einen" und ihre europäische Rezeptionsgeschichte (SHAW.PH 1993,2), Heidelberg 1993.

---, Ma'at und die gespaltene Welt oder: Ägyptertum und Pessimismus (GM 140), 93–100.

---, Ma'at. Gerechtigkeit und Unsterblichkeit im Alten Ägypten, München ^{2}1995.

---, Ägypten: Eine Sinngeschichte, Darmstadt 1996.

---, Die Wende der Weisheit, in: Janowski, B. (Hg.), Weisheit außerhalb der kanonischen Weisheitsschriften (Veröffentlichungen der Gesellschaft für Theologie 10), Gütersloh 1996, 20–38.

---, Moses der Ägypter: Entzifferung einer Gedächtnisspur, München/Wien ^{2}2000 (Cambridge ^{1}1997).

---, Ägyptische Hymnen und Gebete (OBO), Fribourg/Göttingen ^{2}1999.

---, Fünf Stufen auf dem Wege zum Kanon. Tradition und Schriftkultur im frühen Judentum und in seiner Umwelt. Mit einer Laudatio von Hans-Peter Müller, MTV 1, 1999.

---, Herrschaft und Heil. Politische Theologie in Altägypten, Israel und Europa, München/Wien 2000.

---, Tod und Jenseits im Alten Ägypten, München 2001.

---, Vorwort, zu: A. Erman, Die Religion der Ägypter. Ihr Werden und Vergehen in vier Jahrtausenden, Berlin/New York ^{2}2001, V–XXVII.

---, Die Mosaische Unterscheidung. München/Wien 2003.

---, Theological Responses to Amarna, in: Knoppers, G.N., Hirsch, A. (Hg.), Egypt, Israel, and the Ancient Mediterranean World. Studies in Honor of Donald B. Redford (PdÄ 20), Leiden, Boston 2004, 179–191.

---, Theologie und Weisheit im Alten Ägypten, München 2005.

---, Monotheismus und die Sprache der Gewalt, Wiener Vorlesungen im Rathaus 116, Wien 2006.

Assmann, J., Janowski, B., Welker, M. (Hg.), Gerechtigkeit. Richten und Retten in der abendländischen Tradition und ihren altorientalischen Ursprüngen, München 1998.

Assmann, J., Krippendorff, E., Schmidt-Glintzer, H., Ma'at, Konfuzius, Goethe. Drei Lehren für das richtige Leben, Frankfurt 2006.

Auffarth, C., Mohr, H., Art. Religion, in: dies., Bernard, J. (Hg.), Metzler Lexikon Religion III, Stuttgart/Weimar 1999, 160–172.

Austin, J.L., Zur Theorie der Sprechakte, Stuttgart 1985 (Erstauflage: How to Do Things with Words, Oxford 1962).

Babut, D., La religion des philosophes grecs, Paris 1974.

Balla, P., The Child-Parent Relationship in the New Testament and its Environment (WUNT 155), Tübingen, 2003.

Baines, J., The Dawn of the Armana Age, in: O'Connor, D., Cline, E.H. (Hg.), Amenhotep III. Perspectives on His Reign, Ann Arbor 1998, 271–312.

Bar-Kochva, Bezalel: Pseudo-Hecataeus, „On the Jews". Legitimizing the Jewish Diaspora (Hellenistic culture and society 21), Berkeley u.a. 1996, 122–142.

Barstad, H.M., The Myth of the Empty Land: A Study in the History and Archaeology of Judah During the "Exilic" Period (SO.S 28), Oslo 1996.

Barthélemy, D., Les Tiqquné Sopherim et la critique textuelle de l'Ancien Testament (1963), in: ders., Études d'histoire du texte de l'Ancien Testament (OBO 21), Fribourg/Göttingen 1978, 91–110.

Barwise, J., Perry, J., Situationen und Einstellungen. Grundlagen der Situationssemantik (De-Gruyter-Studienbuch. Grundlagen der Kommunikation), Berlin 1987.

Barz, I. (Hg.), Sprachgeschichte als Textsortengeschichte. Festschrift zum 65. Geburtstag von Gotthard Lerchner. Frankfurt/M. u.a. 2000.

Becker, U., Das Exodus-Credo. Historischer Haftpunkt und Geschichte einer alttestamentlichen Glaubensformel, in: ders., Oorschot, J. v. (Hg.), Das Alte Testament – ein Geschichtsbuch?! Geschichtsschreibung oder Geschichtsüberlieferung im antiken Israel (Arbeiten zur Bibel und ihrer Geschichte 17), Leipzig 2005, 81–100.

---, Von der Staatsreligion zum Monotheismus. Ein Kapitel israelitisch-jüdischer Religionsgeschichte, ZThK 102, 2005, 1–16.

Becking, B., Only One God: On Possible Implications for Biblical Theology, in: ders. u.a. (Hg.), Only One God? Monotheism in Ancient Israel and the Veneration of the Goddess Asherah (BiSe 77), Sheffield 2001, 189–201.

Beinlich, H., Das Buch vom Fagum. Zum religiösen Eigenverständnis einer ägyptischen Landschaft (ÄA 51), Wiesbaden 1991.

Ben Zvi, E., Inclusion in and Exclusion from Israel as Conveyed by the Use of the Term 'Israel' in Post-Monarchic Biblical Texts, in: Holloway, S.W, Handy, L.K. (Hg.), The Pitcher Is Broken: Memorial Essays for Gösta W. Ahlström (JSOT.S 190), Sheffield 1995.

---, What Is New in Yehud? Some Considerations, in: Albertz, R., Becking, B. (Hg.), Yahwism after Exile: Perspectives in Israelite Religion in the Persian Era (Studies in Theology and Religion 5), Assen 2003, 32–48.

Berger, K., Das Buch der Jubiläen, in: Unterweisung in erzählender Form (JSHRZ 2). Gütersloh 1999, 272–575.

Berlejung, A. Die Theologie der Bilder. Herstellung und Einweihung von Kultbildern in Mesopotamien und die alttestamentliche Bilderpolemik (OBO 162), Fribourg/Göttingen 1998.

---, Geschichte und Religionsgeschichte, in: Gertz, J.C. (Hg.), Grundinformation Altes Testament (UTB 2745), Göttingen 2006, 55–185.

Berlinerblau, J., The 'Popular Religion' Paradigm in Old Testament Research: A Sociological Critique, JSOT 60, 1993, 3–26.

Betegh, G., The Derveni Papyrus, Cambridge 2004.

Bhabha, H.K., The Location of Culture, London 1994.

Bickel, S., La cosmogonie égyptienne avant le Nouvel Empire (OBO 134), Fribourg/Göttingen 1994.

Blenkinsopp, J., Geschichte der Prophetie in Israel. Von den Anfängen bis zum hellenistischen Zeitalter. Aus dem Engl. übersetzt von Erhard S. Gerstenberger. Stuttgart u.a. 1998 (Louisville [1]1983 und [2]1996).

---, YHVH and Other Deities, in: ders., Treasures of Old and New. Essays in the Theology of the Pentateuch, Grand Rapids 2004, 67–84.

Blum, E. u.a. (Hg.), Die hebräische Bibel und ihre zweifache Nachgeschichte (FS für Rolf Rendtorff zum 65. Geburtstag), Neukirchen-Vluyn 1990.

Blumenthal, E. (Hg.), Altägyptische Reiseerzählungen (Reclams Universal-Bibliothek 928), Leipzig [2]1984.

---, Blumenthal, E., Sinuhes Persönliche Frömmigkeit, in: Shirun-Grumach, I. (Hg.), Jerusalem Studies in Egyptology (ÄAT 40), Wiesbaden 1998, 213–231.

---, Weltlauf und Weltende bei den alten Ägyptern, in: A. Jones (Hg.), Weltende. Beiträge zur Kultur- und Religionswissenschaft, Wiesbaden 1999, 113–145.

Bochinger, C., Art. Bekenntnis, in: RGG[4] 1 (1998), 1246.

Bommas, M., Zwei magische Sprüche in einem spätägyptischen Ritualhandbuch (pBM EA 10081): Ein weiterer Fall für die „Verborgenheit des Mythos", ZÄS 131, 2004, 95–113.

Bonnet, H., Reallexikon der ägyptischen Religionsgeschichte, Berlin/New York ³2000.

Borchers, D., Kammerzell, F., Weninger, S. (Hg.), Hieroglyphen, Alphabete, Schriftreformen, Göttingen 2001, 195–268.

Boyer, P., The Naturalness of Religious Ideas: A Cognitive Theory of Religion, Cambridge 1994.

---, Religion Explained. The Evolutionary Origins of Religious Thought, New York 2001.

Braulik, G. u.a., Münsterschwarzacher Psalter, Münsterschwarzach 2003.

Bremmer, J.N., Greek Religion, 1994 (dt. Götter, Mythen und Heiligtümer im antiken Griechenland), Darmstadt 1996.

Brinkman, J.A., A political history of Post-Kassite Babylonia 1158–722 B.C., Analecta Orientalia 43, Roma, 1968.

---, Art. Nebukadnezar I., RLA 9, 1998–2001, 192–194.

Brisson, L., Einführung in die Philosophie des Mythos I, Darmstadt 1996.

Brugsch, H., Religion und Mythologie der alten Aegypter, Leipzig 1885.

---, Die Aegyptologie. Abriss der Entzifferungen und Forschungen auf dem Gebiete der aegyptischen Schrift, Sprache und Alterthumskunde, Leipzig 1897.

Brunner, H., Zitate in Lebenslehren, in: Hornung, E., Keel, O. (Hg.), Studien zu ägyptischen Lebenslehren (OBO 28), Fribourg/Göttingen 1979, 105–171.

Budge, E.W., Egyptian Magic. Books on Egypt and Chaldaea II, London/Boston 1979.

Burkard, G., Thissen, H.J., Einführung in die altägyptische Literaturgeschichte I. Altes und Mittleres Reich (Einführungen und Quellentexte zur Ägyptologie 1), Münster/Hamburg/London 2003.

Burckhardt, J., Griechische Kulturgeschichte, Hg. von F. Stähelin, Basel 1956/7.

Burkert, W., Homo Necans. Interpretationen altgriechischer Opferriten und Mythen, Berlin 1972.

---, Lore and Science in Ancient Pythagoreanism, Cambridge, Mass. 1972.

---, Reshep-Figuren, Apollon von Amyklai und die ‚Erfindung' des Opfers auf Cypern (Grazer Beiträge 4), 1975, 51–79.

---, Griechische Religion der Archaischen und Klassischen Epoche, Stuttgart 1977.

---, Structure and History in Greek Mythology and Ritual, Berkeley 1979.

---, The Orientalizing Revolution, Cambridge, Mass. 1992.

---, Mythos – Begriff, Struktur, Funktionen, in: Graf, F. (Hg.), Mythen in mythenloser Gesellschaft, Stuttgart 1993, 9–24.

---, Lescha-Lishkah. Sakrale Gastlichkeit zwischen Palästina und Griechenland, in: Janowski, B., Koch, K., Wilhelm, G. (Hg.), Religionsgeschichtliche Beziehungen zwischen Kleinasien, Nordsyrien und dem Alten Testament, Freiburg 1993, 19–38.

---, Antike Mysterien, München ³1994.

---, From epiphany to cult statue, in: Lloyd, A.B. (Hg.), What is a God? Studies in the nature of Greek divinity, London 1997, 15–34.

---, Kulte des Altertums. Biologische Grundlagen der Religion, München 1998.

---, Antiker Mythos – Begriff und Funktion, in: Hofmann, H. (Hg.), Antike Mythen in der europäischen Tradition, Tübingen 1999, 11–26.

---, Migrating Gods and Syncretisms: Forms of Cult Transfer in the Ancient Mediterranean (Kleine Schriften II), Göttingen 2003, 17–36.

---, Die Griechen und der Orient, München 2003.

---, ‚Initiation‘, in: ThesCRA II, Los Angeles 2004, 91–124.

---, ‚Divination‘, in: ThesCRA III, Los Angeles 2005, 1–51.

---, ‚Profanation‘, in: ThesCRA III, Los Angeles 2005, 271–281.

Buxton, R., Imaginary Greece. The Contexts of Mythology, Cambridge 1994.

Calame, C., Politique des mythes dans la Grèce antique, Paris 2000.

Cancik, H., Art. Bekehrung/Konversion. II. Griechisch-römische Antike, in: RGG⁴ 1 (1998), 1229–1230.

---, Myth-Historie: Literalisierung historischer Vorgänge im antiken Epos, in: Aland, B., Hahn, J., Ronning, Chr. (Hg.), Identifikationsfiguren und ihre literarische Konstituierung: Von der Archaik bis zur Spätantike, Studien und Texte zu Antike und Christentum, Tübingen 2002, 1–18.

Cancik, H., Hitzl, K. (Hg.), Die Praxis der Herrscherverehrung in Rom und seinen Provinzen, Tübingen 2003.

Caquot, A., Le Psaume XCI, Sem. 8, 1958, 21–37.

Carlson, L. (Hg.), Functional features in language and space. Insights from perception, categorization, and development (Explorations in language and space 2), Oxford u.a. 2005.

Carr, D.M., Writing on the Tablet of the Heart: Origins of Scripture and Literature, Oxford/New York 2005.

Cavigneaux, A., F. al-Rawi, Gilgameš et la mort. Textes de Tell Haddad VI. Cuneiform Monographs 19, Groningen 2000.

Chambers, J.K. u.a. (Hg.), The handbook of language variation and change. (Blackwell handbooks in linguistics), Malden 2005.

Chantraine, P., Dictionnaire étymologique de la langue grecque I/II, Paris 1968/80.

Chappaz, J.-L., Un nouvel ostracon de l'enseignement loyaliste (BSEG 7), 1982, 3-10.

Christiansen, M.H. (Hg.), Language evolution, Oxford u.a. 2003.

Clauss, M., Kaiser und Gott. Herrscherkult im römischen Reich, Stuttgart 1999.

Claussen, P.C., Der Schmerz der Bilder, Unimagazin Universität Zürich 4/00, Nr. 57.

Clinton, K., Myth and Cult. The Iconography of the Eleusinian Mysteries, Stockholm 1992.

Collins, J.J., Daniel (Hermeneia), Minneapolis 1993.

Coseriu, E., Sincronía, diacronía e historia. El problema del cambio lingüístico, Montevideo 1958.

Crüsemann, F., Die Tora. Theologie und Sozialgeschichte des alttestamentlichen Gesetzes. München 1992.

Dalferth, I.U., Sprachlogik des Glaubens. Texte analytischer Religionsphilosophie und Theologie zur religiösen Sprache, München 1974.

Dalley, S., Statues of Marduk and the date of Enūma eliš, Altorientalische Forschungen 24, 1997, 163–171.

Delbrück, B., Einleitung in das Sprachstudium. Ein Beitrag zur Geschichte und Methodik der vergleichenden Sprachforschung (Bibliothek indogermanischer Grammatiken 4), Leipzig 1880.

Delitzsch, F., Biblischer Commentar über die Psalmen (BC 4,1), Leipzig 1867.

Derchain, Ph., Le Papyrus Salt 825 (BM 10051), ritual pour la conservation de la vie en Égypte, Brüssel 1965.

Detienne, M., Les Chemins de la Déviance: Orphisme, Dionysisme et Pythagorisme, in: Orfismo in Magna Grecia, Napoli 1975, 49–79.

---, The Writing of Orpheus. Greek Myth in Cultural Contact, Baltimore 2003.

Diehl, J.F., Die Fortführung des Imperativs im biblischen Hebräisch (AOAT 286), Münster 2004.

Diesel, A., „Ich bin Jahwe". Der Aufstieg der Ich-bin-Jahwe-Aussage zum Schlüsselwort des alttestamentlichen Monotheismus (WMANT 110), Neukirchen-Vluyn 2006.

Diesel., A., Wagner, A., „Jahwe ist mein Hirte". Zum Verständnis der Nominalen Behauptung in Ps 23,1, in: Sedlmeier, F. (Hg.), Gottes Wege suchend. Beiträge zum Verständnis der Bibel und ihrer Botschaft. Festschrift für Rudolf Mosis zum 70. Geburtstag, Würzburg 2003, 377–397.

Dietrich, W., Klopfenstein, M.A. (Hg.), Ein Gott allein? JHWH-Verehrung und biblischer Monotheismus im Kontext der israelitischen und altorientalischen Religionsgeschichte (OBO 139), Fribourg/Göttingen 1994.

Dihle, A., Die Vorstellung vom Willen in der Antike, Göttingen 1985.

Dijk, J. A. v., Die Inschriftenfunde, in: Lenzen, H.J., XVIII. vorläufiger Bericht über die Ausgrabungen in Uruk-Warka, Winter 1959/60, Berlin 1962, 39–62.

Dijk, J. v., The Amarna Period an the Later New Kingdom, in: Shaw, I. (Hg.), The Oxford History of Ancient Egypt, Oxford 2000, 278–281.

Dijkstra, M., El, the God of Israel – Israel, the People of YHWH: On the Origins of Ancient Israelite Yahwism, in: B. Becking u.a. (Hg.), Only One God? Monotheism in Ancient Israel, and the Veneration of the Goddess Asherah (BiSe 77), Sheffield 2001, 81–126.

Doeker, A., Die Funktion der Gottesrede in den Psalmen. Eine poetologische Untersuchung (BBB 135), Berlin/Wien 2002.

Dörge, F.C., Illocutionary acts. Austin's account and what Searle made out of it, (Diss.) Tübingen 2004.

Drachmann, A.B., Atheism in Pagan Antiquity, Gyldendal 1922.

Duhm, B., Psalmen (KHC XIV), Tübingen ^{2}1922.

Duncan, J.A., Considerations of 4QDt^j in the Light of the ‚All Souls Deuteronomy' and Cave 4 Phylactery Texts, in: Trebolle Barrera, T. u.a. (Hg.), The Madrid Qumran Congress, Vol. 1, Leiden u.a. 1992, 199–215.

DuQuesne, T., I know Ma'et: Counted, Complete, Enduring, DE 22, 1992, 79–90.

Eissfeldt, O., Jahwes Verhältnis zu 'Eljon und Schaddaj nach Psalm 91, WO 2, 1957, 343–348 [wiederabgedruckt in: Eissfeldt, O., Kleine Schriften III, Tübingen 1966, 441–447].

---, Das Lied des Mose Deuteronomium 32,1–43 und das Lehrgedicht Asaphs Psam 78 samt einer Analyse der Umgebung des Moselieds (BAL 104), Berlin 1958.

---, El und Jahwe (JSS 1), 25–37 [wiederabgedruckt in: ders., Kleine Schriften III, Tübingen 1966, 386–397].

Elnes, E.E., Miller, P.D., Art. Eljon, in: Toorn, K. v. den, Becking, B., Horst, P.W. v. (Hg.), Dictionary of Deities and Demons in the Bible, Leiden u.a./Grand Rapids ^{2}1999, 293–299.

Erman, A., Die Ägyptische Religion (Handbücher der königlichen Museen zu Berlin), Berlin ^{2}1909.

---, Die Religion der Alten Ägypter. Ihr Werden und Vergehen in vier Jahrtausenden, Berlin 1934.

Eshel, E., Apotropaic Prayers in the Second Temple Period, in: Chazon, E.G. (Hg.), Liturgical Perspectives. Prayer and Poetry in Light of the Dead Sea Scrolls. Proceedings of the Fifth International Symposium of the Orion Center for the Study of the Dead Sea Scrolls and Associated Literature, 19–23 January, 2000 (StTDJ 48), Leiden u.a. 2003, 69–88.

Euler, H.E., Sexuelle Selektion und Religion, in: Lüke, U., Schnakenberg, J., Souvignier, G. (Hg.), Darwin und Gott. Das Verhältnis von Evolution und Religion, Darmstadt 2004, 66–88.

Feldtkeller, A., Theologie und Religion. Eine Wissenschaft in ihrem Sinnzusammenhang (ThLZ.F 6), Leipzig 2002 .

Finkelstein, I., Omride Architecture (ZDPV 116), 114–38.

Fischer, G., Jeremia 1–25 (HthK.AT), Freiburg u.a. 2005.

Fischer, H.G., The Nubian Mercenaries of Gebelein during the First Intermediate Period, Kush 9, 1961, 44–80.

Fischer, I., Gotteskünderinnen: Zu einer geschlechterfairen Deutung des Phänomens der Prophetie und der Prophetinnen in der hebräischen Bibel, Stuttgart 2002.

Fitzenreiter, M., Bemerkungen zur Beschreibung altägyptischer Religion. Mit einer Definition und dem Versuch ihrer Anwendung (GM 202), 19–53.

Fleischer, G., Von Menschenverkäufern, Baschankühen und Rechtsverkehrern. Die Sozialkritik des Amosbuches in historisch-kritischer, sozialgeschichtlicher und archäologischer Perspektive (BBB 74), Frankfurt/M. 1989.

Foley, J.M., A Companion to Ancient Epic, Oxford 2005.

Fowler, R. Cambridge Companion to Homer, Cambridge 2004.

Frahm, E., Einleitung in die Sanherib-Inschriften (AfO.B 26), Wien 1997.

Frayne, D.R., Sargonic and Gutian Periods (2334–2213 BC) (The Royal Inscriptions of Mesopotamia. Early Periods 2), Toronto 1993.

Frazer, J.G., Passages from the Bible, London ²1909.

Frese, J., Bewegung, politische, in: Joachim Ritter (Hg.), Historisches Wörterbuch der Philosophie, Bd. 1, Basel 1971, 880–882.

Furley, W.D., Bremer, J.M., Greek Hymns, Tübingen 2001.

Gadamer, H.-G., Schmerz. Einschätzungen aus medizinischer, philosophischer und therapeutischer Sicht, Heidelberg 2003.

Gager, J.G., Kingdom and Community: The Social World of Early Christianity, Englewood Cliffs 1975.

Gaiser, F.J., „It shall not reach you". Talisman or vocation? Reading Psalm 91 in time of war (Word and world 25,2), 2005, 191–202.

Gantke, W., Der umstrittene Begriff des Heiligen. Eine problemorientierte religionswissenschaftliche Untersuchung, Marburg 1998.

Garland, R., Introducing New Gods, Ithaca 1992.

Gellner, E., Nations and Nationalism, Oxford 1983.

Gemünden, P. v., La gestion de la colère et de l'agression dans l'Antiquité et dans le sermon sur la montagne (Henoch 25), 19–45.

George, A. R., The Babylonian Gilgamesh epic. Introduction, critical edition and cuneiform texts, Oxford 2003.

Gérard-Rousseau, M., Les mentions religieuses dans les tablettes mycéniennes, Rom 1968.

Gerstenberger, E.S., Psalms (part 2) and Lamentations (The Forms of the Old Testament Literature XV), Grand Rapids 2001.

---, Israel in der Perserzeit. 5. und 4. Jahrhundert v.Chr. (Biblische Enzyklopädie 8), Stuttgart 2005.

Gertz, J.C., Mose und die Anfänge der jüdischen Religion, ZThK 99, 2002, 3–20.

Gesche, P., Schulunterricht in Babylonien im ersten Jahrtausend v.Chr. (AOAT 275), Münster 2000.

Gesenius, W., Hebräische Grammatik. Völlig umgearbeitet von Kautzsch, E., Leipzig [28]1909.

Gieselmann, B., Die sogenannte josianische Reform in der gegenwärtigen Forschung, ZAW 106, 1994, 223–242.

Girard, R., Das Heilige und die Gewalt, Zürich 1987.

Gladigow, Burkard, Polytheismus und Monotheismus. Zur historischen Dynamik einer europäischen Alternative, in: Krebernik, M., Oorschot, J. v. (Hg.), 2002, 3–20.

Gloning, T., Organisation und Entwicklung historischer Wortschätze. Lexikologische Konzeption und exemplarische Untersuchungen zum deutschen Wortschatz um 1600 (Reihe Germanistische Linguistik 242), Tübingen 2003.

Gnirs, A.M., Die ägyptische Autobiographie, in: Loprieno, A., Ancient Egyptian Literature, History and Forms (PdÄ 10), Leiden, New York, Köln 1996, 191–241

---, Der Tod des Selbst. Die Wandlung der Jenseitsvorstellungen in der Ramessidenzeit, in: Guksch, H., Hofmann, E., Bommas, M. (Hg.), Grab und Totenkult im Alten Ägypten, München 2003, 175–199.

Gordon, C.H., History of Religion in Psalm 82, in: G.A. Tuttle (Hg.), Biblical and Near Eastern Studies. FS W.S. LaSor, Grand Rapids 1978, 129–131.

Görg, M., Art. Gemeinschaft und Individuum II. Altes Testament, in: RGG[4] 3 (2000), 636–637.

Grabbe, L.L. (Hg.), Leading Captivity Captive: "The Exile" as History and Ideology (JSOT.S 278), Sheffield 1998.

---, Israel's Historical Reality after the Exile, in: Albertz, R., Becking, B. (Hg.), Yahwism after Exile: Perspectives in Israelite Religion in the Persian Era (Studies in Theology and Religion 5), Assen 2003, 9–32.

---, A History of the Jews and Judaism in the Second Temple Period, Vol. 1: Yehud: A History of the Persian Province of Judah (Library of Second Temple Studies 47), London/New York 2004.

Graefe, E., König und Gott als Garanten der Zukunft (Notwendiger Ritualvollzug neben göttlicher Selbstbindung) nach Inschriften der griechisch-römischen Tempel, in: Westendorf, W. (Hg.), Aspekte der spätägyptischen Religion (GOF IV/9), Wiesbaden 1979, 47–78.

Graupner, A., Fabry, H.-J., Art. שׁוּב, in: ThWAT VII, 1993, 1118–1166.

Grayson, A. K., Chronicles and the Akītu festival, in: Finet, A. (Hg.), Actes de la XVIIe Rencontre Assyriologique Internationale, Ham-Sur-Heure, 1970, 160–170.

Green, L., Evidence for the Position of Women at Armana, in: Eyre, Chr.J. (Hg.), Proceedings of the 7th International Congress of Egyptologists, Cambridge, 3–9 September 1995 (OLA 82), Leuven 1998, 483–488.

Griffiths, J.G., Intimations in Egyptian Non-Royal Biography of a Belief in Divine Impact on Human Affairs, in: Pyramid Studies and Other Essays Presented to I.E.S. Edwards, Occasional Publications 7, London 1988, 92–102.

Guariglia, G., Prophetismus und Heilserwartungs-Bewegungen als völkerkundliches und religionsgeschichtliches Problem, Horn 1959.

Guksch, H., Königsdienst. Zur Selbstdarstellung der Beamten der 18. Dynastie (SAGÄ 11), Heidelberg 1994.

Gunkel, H., Die Psalmen (HAT II/2), Göttingen ⁴1926.

---, Die israelitische Literatur, Nachdruck Darmstadt 1963.

---, Begrich, J., Einleitung in die Psalmen, Göttingen ²1966.

Gutekunst, W., Wie „magisch" ist die „Magie" im alten Ägypten? Einige theoretische Bemerkungen zur Magie-Problematik, in: Roccati, A., Siliotti, A. (Hg.), La Magia in Egitto ai Tempi dei Faraoni. Atti Convegno Internazionale di Studi Milano 29–31 Ottobre 1985, Verona 1987, 77 – 98.

Guttenberger, G., Status und Statusverzicht im Neuen Testament und seiner Umwelt, NTOA 39, Fribourg/Göttingen 1999.

Haag, H., Gott, der Einzige. Zur Entstehung des Monotheismus in Israel (QD 104), Freiburg/Basel/Wien 1985.

Halbmayr, A., Lob der Vielheit. Zur Kritik Odo Marquards am Monotheismus (Salzburger theologische Studien 13), Innsbruck/Wien 2000.

Hansen, P.A., Carmina epigraphica Graeca saeculorum VIII-V a. Chr. n., Berlin 1983.

Härle, W., Art. Bekenntnis IV. Systematisch, in: RGG⁴ 1 (1998), 1257–1262.

Harnack, A. v., Das Wesen des Christentums [1899], hg. von C.-D. Osthövener, Tübingen 2005.

Hartenstein, F., Religionsgeschichte Israels – ein Überblick über die Forschung seit 1990, VF 48, 2003, 2–28.

Hartwich, W.-D, „Deutsche Mythologie". Die Erfindung einer nationalen Kunstreligion, Berlin 2000.

Heeßel, N. P., Babylonisch-assyrische Diagnostik (AOAT 43), Münster 2000.

Helck, W., Art. Maat, in: LÄ III (1980), 1110–1119.

Henten, J.W. v., Houtepen, A., (Hg.), Religious Identity and the Invention of Tradition, Assen 2001.

Hermary, A., Les sacrifices dans le monde Grec, in: ThesCRA I, Los Angeles 2004, 59–135.

Hermisson, H.-J., Alttestamentliche Theologie und Religionsgeschichte Israels (ThLZ.F 3), Leipzig 2000.

Hermsen, E., Perspektiven zum Verstehen der altägyptischen Religion (DE 34), 1996, 5–16.

Herrmann, Chr., Ägyptische Amulette aus Palästina/Israel: Mit einem Ausblick auf ihre Rezeption durch das Alte Testament (OBO 138), Fribourg/ Göttingen 1994.

Herrmann, W., Die Göttersöhne, ZRGG 12, 1960, 242–251.

Herzog, R., Die Wunderheilungen von Epidauros, Leipzig 1931.

Himbaza, I., Dt 32,8: Une correction tardive des scribes. Essai d'interprétation et de datation, Bib. 83, 2002, 427–548.

Hobsbawm, E., Ranger, T., (Hg.), The Invention of Tradition, Cambridge 1983.

Holladay, W. L., The Root šûbh in the Old Testament, Leiden 1958.

Holmberg, B., Sociology and the New Testament. An Appraisal, Minneapolis 1990.

Horn, L.R., Ward, G. (Hg.), The handbook of pragmatics (Blackwell handbooks in linguistics 16), Malden 2005.

Hornung, E., Zur Struktur des ägyptischen Jenseitsglaubens, ZÄS, 1992, 124–130.

---, Echnaton. Die Religion des Lichts, Zürich 1995.

---, Altägyptische Jenseitsführer. Ein einführender Überblick, Darmstadt 1997.

---, Der Eine und die Vielen. Altägyptische Götterwelt, Darmstadt ⁶2005.

Hornung, E., Keel, O. (Hg.), Studien zu ägyptischen Lebenslehren (OBO 28), Fribourg/Göttingen 1979.

Hossfeld, F.L., Zenger, E., Psalmen 51–100 (HThK.AT), Freiburg u.a. 2000.

Houtman, C., Exodus. Vol. I, Kampen 1993.

Hübner, H., Wer ist der biblische Gott? Fluch und Segen der monotheistischen Religionen (BThSt 64), Neukirchen-Vluyn 2004.

Hugger, P., Jahwe meine Zuflucht. Gestalt und Theologie des 91. Psalms (Münsterschwarzacher Studien 13), Münsterschwarzach 1971.

Irsigler, H., Zefanja (HThK.AT), Freiburg u.a. 2002.

Jaeger, W., Greeks and Jews: The First Greek Record of Jewish Religion and Civilization, in: JR 18, 1938, 127–143.

James, S., The Atlantic Celts: Ancient People or Modern Invention? London 1999.

Janowski, B., Richten und Retten. Zur Aktualität der altorientalischen und biblischen Gerechtigkeitskonzeption, in: Assmann, J. u.a. (Hg.), Gerechtigkeit, München 1998, 9–35 = ders., Die rettende Gerechtigkeit. Beiträge zur Theologie des Alten Testaments 2, Tübingen 1999, 220–246.

---, Das biblische Weltbild. Eine methodologische Skizze, in: Ders., Ego, B. (Hg.), Das biblische Weltbild und seine altorientalischen Kontexte (FAT 32), Tübingen 2001, 3–26.

---, Konfliktgespräche mit Gott. Eine Anthropologie der Psalmen, Neukirchen-Vluyn 2003.

---, Ein zu hoher Preis? Jan Assmanns Thesen zum Monotheismus, Zeitzeichen 4/2004, 66-67.

---, Art. Schöpfung II. Altes Testament, in: RGG^4 7 (2004), 970–972.

---, Rez. zu „J.Assmann, Die Mosaische Unterscheidung, München/Wien 2003", Zeitzeichen 2004, 66–67.

---, Theologie des Alten Testaments. Zwischenbilanz und Zukunftsperspektiven, in: ders. (Hg), Theologie und Exegese des Alten Testaments / der Hebräischen Bibel. Zwischenbilanz und Zukunftsperspektiven (SBS 200), Stuttgart 2005, 87–124.

---, (Hg), Theologie und Exegese des Alten Testaments / der Hebräischen Bibel. Zwischenbilanz und Zukunftsperspektiven. (SBS 200), Stuttgart 2005.

Janowski, B., Köckert, M. (Hg.), Religionsgeschichte Israels. Formale und materiale Aspekte. (Veröffentlichungen der Wissenschaftlichen Gesellschaft für Theologie 15), Gütersloh 1999.

Jenni, E., Studien zur Sprachwelt des Alten Testaments II. Hg. von J. Luchsinger, H.-P. Mathys, M. Saur, Stuttgart 2005.

Jeremias, J., Der Prophet Amos (ATD 24/2), Göttingen 1995.

---, Das Proprium der alttestamentlichen Prophetie, in: ders., Hosea und A-mos. Studien zu den Anfängen des Dodekapropheton (FAT 13), Tübingen 1996 20–33.

---, Neuere Entwürfe zu einer „Theologie des Alten Testaments", in: Janowski, B. (Hg), Theologie und Exegese des Alten Testaments / der Hebräischen Bibel. Zwischenbilanz und Zukunftsperspektiven (SBS 200), Stuttgart 2005, 125–158.

Junge, F., Rez. „J. Assmann. Ma'at. Gerechtigkeit und Unsterblichkeit im Alten Ägypten, München 1990", GGA 245, 1993, 145–160.

---, Die Lehre Ptahhoteps und die Tugenden der ägyptischen Welt (OBO 193), Fribourg/Göttingen 2003.

Jüngling, H.W., Der Tod der Götter. Eine Untersuchung zu Psalm 82 (SBS 38), Stuttgart 1969.

Junker, H., Pyramidenzeit. Das Wesen der altägyptischen Religion, Einsiedeln/Zürich/Köln 1949.

Kääriäinen, K., Niemelä, K., Ketola, K., Religion in Finland: Decline, Change and Transformation of Finnish Religiosity (Publication 54), Tampere 2005.

Kaiser, G., War der Exodus ein Sündenfall?, in: Assmann, J., Die Mosaische Unterscheidung. Oder der Preis des Monotheismus, München/Wien 2003, 239–271.

Kaiser, O., Der Gott des Alten Testaments. Theologie des AT 1: Grundlegung; Wesen und Wirken. Theologie des AT 2: Jahwe, der Gott Israels, Schöpfer der Welt und des Menschen. Theologie des AT 3: Jahwes Gerechtigkeit. Göttingen 1993, 1998 und 2003.

Kammerzell, F., Studien zu Sprache und Geschichte der Karer in Ägypten (GOF IV/27), Wiesbaden 1993.

Keel, O. (Hg.), Monotheismus im Alten Israel und seiner Umwelt. Mit Beiträgen von Benedikt Hartmann, Erik Hornung, Hans-Peter Müller, Giovanni Pettinato, Fritz Stolz (BiBe 14), Fribourg 1980.

Keel, O., Schroer, S.: Schöpfung. Biblische Theologien im Kontext altorientalischer Religionen. Göttingen 2002.

Keel, O., Uehlinger, C., Göttinnen, Götter und Gottessymbole. Neue Erkenntnisse zur Religionsgeschichte Kanaans und Israels aufgrund bislang unerschlossener ikonographischer Quellen (QD 134), Freiburg u.a. [5]2001 ([4]1998).

Keller, R., Sprachwandel. Von der unsichtbaren Hand in der Sprache, Tübingen/Basel [3]2003.

Kessler, R., Staat und Gesellschaft im vorexilischen Juda. Vom 8. Jahrhundert bis zum Exil (SVT 47), Leiden u.a. 1992.

---, Mirjam und die Propheten der Perserzeit, in: Bail, U., Jost, R. (Hg.), Gott an den Rändern: Sozialgeschichtliche Perspektiven auf die Bibel. FS Willy Schottroff, Gütersloh 1996, 64–72 [engl. Miriam and the Prophecy of the Persian Period, in: Brenner, A. (Hg.), Prophets and Daniel. A Feminist Companion to the Bible, Second Series, Sheffield 2001, 77–86].

---, Micha (HThKAT), Freiburg u.a. [2]2000.

---, Die Ägyptenbilder der Hebräischen Bibel. Ein Beitrag zur neueren Monotheismusdebatte (SBS 197), Stuttgart 2002.

Kippenberg, H.G., Diskursive Religionswissenschaft. Gedanken zu einer Religionswissenschaft, die weder auf einer allgemein gültigen Definition von Religion noch auf einer Überlegenheit von Wissenschaft basiert, in: Gladigow, B., ders. (Hg.), Neue Ansätze in der Religionswissenschaft (FRW 4), München 1982, 9–28.

---, Die Entdeckung der Religionsgeschichte. Religionswissenschaft und Moderne, München 1997.

Kippenberg, H.G., Stuckrad, Kocku v., Einführung in die Religionswissenschaft. Gegenstände und Begriffe, München 2003.

Kitamori, K., Theologie des Schmerzes Gottes. Göttingen 1972.

Kleinman, A.M., Patients and Healers in the Context of Culture. An Exploration of the Borderland between Anthropology, Medicine and Psychiatry, Berkley/London 1980.

Klimkeit, H.-J., (Hg.), Biblische und außerbiblische Spruchweisheit, Wiesbaden 1991.

Kloth, N., Die (auto-)biographischen Inschriften des ägyptischen Alten Reiches. Untersuchungen zu Phraseologie und Entwicklung (SAK.B 8), Hamburg 2002.

Knauf, E. A., Art. Shadday, in: Toorn, K. v. d., Becking, B., Horst, P.W. v. (Hg.), Dictionary of Deities and Demons in the Bible, Leiden u.a./Grand Rapids [2]1999, 749–753.

Knight, L.C., I will show him my salvation. The experience of anxiety in the meaning of Psalm 91, RestQ 43,4, 2001, 280–292.

Koch, K., Das Wesen altägyptischer Religion im Spiegel ägyptologischer Forschung (Berichte der Joachim Jungius-Gesellschaft der Wissenschaften 7), Hamburg 1989.

---, Geschichte der ägyptischen Religion. Von den Pyramiden bis zu den Mysterien der Isis, Stuttgart/Berlin/Köln 1993.

---, Monotheismus als Sündenbock? ThLZ 9, 1999, 874-884.

Koenen, K., Jahwe wird kommen, zu herrschen über die Erde. Ps 90–110 als Komposition (BBB 101), Weinheim1995.

Köckert, M., Von einem zum einzigen Gott. Zur Diskussion der Religionsgeschichte Israels, BThZ 15, 1998, 137–175.

Köhler, U., Die Anfänge der deutschen Ägyptologie: Heinrich Brugsch (GM 12), 29–41.

Köller, W., Philosophie der Grammatik. Vom Sinn grammatischen Wissens, Stuttgart 1988.

Kollmann, B., Das Schwurverbot Mt 5,33–37/Jak 5,12 im Spiegel antiker Eidkritik (BZ 40), 1996, 179–193.

Kratz, R.G., Spieckermann, H., Art. Schöpfer/Schöpfung. II. Altes Testament, in: TRE 30 (1999), 258-283.

---, Reste hebräischen Heidentums am Beispiel der Psalmen (NAWG 2), 2004, 3–41.

Kraus, T.J., Septuaginta-Psalm 90 in apotropäischer Verwendung: Vorüberlegungen für eine kritische Edition und (bisheriges) Datenmaterial, BN 125, 2005, 39–73.

Krebernik, M., Oorschot, J. v. (Hg.), Polytheismus und Monotheismus in den Religionen des Vorderen Orients (AOAT 298), Münster 2002.

Kreuzer, S., Art. Bekenntnis II. 1 Altes Testament, in: RGG[4] 1 (1998), 1246–1247.

Kubisch, S., Die Stelen der 1. Zwischenzeit aus Gebelein, MDAIK 56, 2000, 239–265.

Kuhr, E., Die Ausdrucksmittel der konjunktionslosen Hypotaxe in der ältesten hebräischen Prosa. Ein Beitrag zur historischen Syntax des Hebräischen (Beiträge zur semitischen Philologie und Linguistik 7), Leipzig 1929.

Kuschel, K.-J., Moses, Monotheismus und die Kultur der Moderne, in: Assmann, J., Die Mosaische Unterscheidung. Oder der Preis des Monotheismus, München/Wien 2003, 273–286.

Lambert, W. G., Babylonian wisdom literature, Oxford 1960.

---, The reign of Nebuchadnezzar I: A turning point in the history of ancient Mesopotamian religion, in: McCullough, W.S. (Hg.), The seed of wisdom. Essays in honour of T. J. Meek. Toronto, 1964, 3–13.

---, Studies in Marduk (BSOAS 47), 1984, 1–9.

---, Enuma elisch, in: Kaiser, O. (Hg.), Texte aus der Umwelt des Alten Testaments III/4. Gütersloh 1994, 565–602.

Landsberger, H.A., Peasant Unrest: Themes and Variations, in: ders. (Hg.), Rural Protest: Peasant Movements and Social Change, New York 1973, 1–64.

Lang, B. (Hg.), Der einzige Gott. Die Geburt des biblischen Monotheismus. Mit Beiträgen von Bernhard Lang, Morton Smith und Herman Vorländer, München 1981.

---, The YHWH-Alone-Movement and the Making of Jewish Monotheism, in: ders., Monotheism and the Prophetic Minority. An Essay in Biblical History and Sociology, (The Social World of Biblical Antiquity 1), Sheffield 1983, 13–59.

---, George Orwell im gelobten Land. Das Buch Deuteronomium und der Geist kirchlicher Kontrolle, in: Zeesen, E.W,. Lang, P.T (Hg.), Kirche und Visitation, Stuttgart 1984, 21–35.

---, Zur Entstehung des biblischen Monotheismus, ThQS 166, 1986, 135–142.

---, Art. Monotheismus, in: Neues Bibel-Lexikon, Lieferung 10, Solothurn/ Düsseldorf 1995, 834–844.

---, Art. Monotheismus, in: Handbuch religionswissenschaftlicher Grundbegriffe IV, Stuttgart 1998, 148–165.

---, Jahwe, der biblische Gott. Ein Portrait, München 2002.

---, Die Jahwe-allein-Bewegung: Neue Erwägungen über die Anfänge des biblischen Monotheismus, in: M. Oeming, K. Schmid (Hgg.), Der eine Gott und die Götter. Polytheismus und Monotheismus im antiken Israel, Zürich 2003 (AThANT 82), 97–110.

---, Umkehr/Buße, religionswissenschaftlich, in: Eicher, P. (Hg.), Neues Handbuch theologischer Grundbegriffe, München 2005, Bd. 4, 382–395.

Lanternari, V., Religiöse Freiheits- und Heilsbewegungen unterdrückter Völker, übers. von Friedrich Kollmann, Neuwied 1968.

Latacz, J., Zweihundert Jahre Homer-Forschung, Stuttgart 1991.

Leeuw, G. v. d., Phänomenologie der Religion, Tübingen ⁴1976.

Lehmann, R.G., Analyse und Leistung zusammengesetzter Nominalsätze, in: Wagner, A.(Hg.), Studien zur hebräischen Grammatik (OBO 156), Fribourg/Göttingen 1997, 27–43.

Lehmann, W.P., Historical linguistics. An introduction, New York 1962.

Leonhardt, R., Skeptizismus und Protestantismus. Der philosophische Ansatz Odo Marquards als Herausforderung an die evangelische Theologie (HUTh 44), Tübingen 2003.

Lessing, G.E., Gesammelte Werke, Berlin 1955, Bd. V.

Levine, Sing Unto God a New Song: A Contemporary Reading of the Psalms (Indiana Studies in Biblical Literature), Bloomington/Indianapolis 1995 68–71.

Levinson, S.C., Pragmatics (Cambridge textbooks in linguistics), Cambridge u.a. 2005 ([1]1983).

Lichtenberger, H., Ps 91 und die Exorzismen in 11QPsAp3, in: Lange, A., Lichtenberger, H., Römheld, K.F.D. (Hg.), Die Dämonen. Die Dämonologie der israelitisch-jüdischen und frühchristlichen Literatur im Kontext ihrer Umwelt – Demons: The Demonology of Israelite-Jewish and Early Christian Literature in Context of their Environment, Tübingen 2003, 416–421.

Lichtheim, M., Ma'at in Egyptian Autobiographies and Related Studies (OBO 120), Fribourg/Göttingen 1992.

Linton, R., Nativistic Movements, American Anthropologist 45, 1943, 230–240; wiederabgedruckt in: Lessa, W.A., Vogt, E.Z (Hg.), Reader in Comparative Religion, New York [2]1965, 499–506.

Lipiński, E., Art. עַם, in: ThWAT VI (1989), 177–194.

Livingstone, A., Court poetry and literary miscellanea, State archives of Assyria 3, Helsinki 1984.

Lohfink, N., Zur Geschichte der Diskussion um den Monotheismus im Alten Israel, in: E. Haag (Hg.), Gott, der einzige. Zur Entstehung des Monotheismus in Israel (QD 104), Freiburg 1985, 9–25.

---, Die Kultreform Joschijas 2 Kön 22–23 als religionsgeschichtliche Quelle, in: ders., Studien zum Deuteronomium und zur deuteronomistischen Literatur II (SBAB 12), Stuttgart 1991, 209–227.

Loprieno, A., Defining Egyptian Literature: Ancient Texts and Modern Theories, in: Loprieno, A., Ancient Egyptian Literature. History and Forms (PdÄ 10), Leiden, New York, Köln 1996, 39–58.

---, Loyalistic Instructions, in: Ders. (Hg.), Ancient Egyptian Literature. History and Forms (PdÄ 10), Leiden u.a. 1996, 403–414.

---, Loyality to the King, to God, to oneself, in: Der Manuelian, P., (Hg.), Studies in Honor of William Kelly Simpson, Bd. 2, Boston 1996, 533 – 552.

---, Von der Stimme zur Schrift, in: Bolz, N., Münkel, A. (Hg.), Was ist der Mensch?, München 2003, 119–152.

Loretz, O., Religionsgeschichte(n) Altsyriens-Kanaans und Israels-Judas – Sammelbesprechung –, UF 30, 1998, 895.

Louis H. Feldman, L.H., Jew and Gentile in the Ancient World, Princeton 1993, 3–11.

Luchesi, B., Mühlmann, W.E., Chiliasmus und Nativismus, in: Feest, C.F., Kohl, K.-H. (Hg.), Hauptwerke der Ethnologie, Stuttgart 2001, 321–326.

Luz, U., Das Evangelium nach Matthäus, 1–7 (EKK I,1), Düsseldorf/Zürich/ Neukirchen-Vlyn [5]2002.

Luz, U., Ein Traum auf dem Weg zu einer Theologie der ganzen Bibel. Ein Brief an P. Stuhlmacher, in:Ådna, J. u.a. (Hg.), Evangelium – Schriftauslegung – Kirche (FS P. Stuhlmacher), Göttingen, 279–287.

Mach, M., Entwicklungsstadien des jüdischen Engelglaubens in vorrabbinischer Zeit (TSAJ 34), Tübingen 1992.

Magnani, G., Religione e religioni. Dalla monolatria al monoteismo profetico, Bd. 1, Rom 2001.

Manemann, J. (Hg.), Monotheismus (Jahrbuch Politische Theologie 4), Münster u.a. 2003.

Marquard, O., Lob des Polytheismus. Über Monomythie und Polymythie, in: ders., Abschied vom Prinzipiellen. Philosophische Schriften. (Universal-Bibliothek 7724), Stuttgart 1981 (zuerst 1979).

Marti, K., abendland, gedichte, Darmstadt/Neuwied 1980.

Masson, O., Carian Inscriptions from North Saqqâra and Buhen, London 1978.

Masson, O., Yoyotte, J., Objets pharaoniques à inscription carienne (BdE 15), Le Caire 1956.

Mattheier, K.J. (Hg.), Sprachwandel und Gesellschaftswandel – Wurzeln des heutigen Deutsch, München 2004.

Meadowcroft, T., Who are the Princes of Persia and Greece (Daniel 10)? Pointers Towards the Danielic Vision of Earth and Heaven (JSOT 29), 2004, 99–113.

Meibauer, J., Pragmatik. Eine Einführung (Stauffenburg-Einführungen 12), Tübingen ²2005.

Meiggs, R., Lewis, D., A Selection of Greek Historical Inscriptions to the End of the Fifth Century B.C., Oxford 1969.

Mendels, D., Mecataeus of Abdera and a Jewish "Patrios Politeia" of the Persian Period, ZAW 95,1983, 96–110.

Meyer, R., Die Bedeutung von Deuteronomium 32,8f.43 (4Q) für die Auslegung des Moselieds, in: Kuschke, A. (Hg.), Verbannung und Heimkehr, FS W. Rudolph, Tübingen 1961, 197–210.

Michalowski, P., Presence at the creation, in: Abusch, T. u.a. (Hg.), Lingering over words. Studies in ancient Near Eastern literature in honor of William L. Moran. Harvard Semitic Studies 37, Atlanta 1990, 381–396.

Michel, D., Einheit in der Vielfalt des Alten Testaments, in: ders.: Studien zur Überlieferungsgeschichte alttestamentlicher Texte. Hg. von A. Wagner u.a. (TB 93), München 1997, 53–68.

---, Zu Hoseas Geschichtsverständnis, in: ders.: Studien zur Überlieferungsgeschichte alttestamentlicher Texte. Hg. von A. Wagner u.a. (TB 93), München 1997, 219–228 (Erstveröffentlichung: 1996).

---, Grundlegung einer hebräischen Syntax Bd. 2. Der Nominalsatz. Hg. von A. Behrens u.a., Neukirchen-Vluyn 2004.

Moers, G., Fingierte Welten in der ägyptischen Literatur des 2. Jahrtausends v. Chr. (PdÄ 19), Leiden, Boston, Köln 2001, 96–105, 133–137.

---, Auch der Feind war nur ein Mensch: Kursorisches zu einer Teilansicht pharaonischer Selbst- und Fremdwahrnehmungsoperationen, in: Felber, H. (Hg.), Feinde und Aufrührer. Konzepte von Gegnerschaft in ägyptischen Texten besonders des Mittleren Reiches, Abhandlungen der Sächsischen Akademie der Wissenschaften zu Leipzig, Philologisch-historische Klasse 78/5, Stuttgart, Leipzig 2005, 223–282.

Montanari, F., Omero tremila anni dopo, Rom 2002.

Moreau, A., Mythes grecs: Origines, Montpellier 1999.

Morenz, S., Ägyptische Religion (RM 8), Stuttgart 1960.

---, Die Heraufkunft des transzendenten Gottes in Ägypten [1964], in: Blumenthal, E., Herrmann, S. (Hg.), ders., Religion und Geschichte des alten Ägypten, Köln/Wien 1977, 107–119.

Morgan, R. with J. Barton, Biblical Interpretation, The Oxford Bible Series, Oxford 1988.

Morgenstern, J., The Mythological Background of Psalm 82 (HUCA 14), 1939, 29–126.

Morris, I., B. Powell, A New Companion to Homer, Leiden 1997.

Mowinckel, S., Psalmenstudien. III. Kultprophetie und prophetische Psalmen. Kristiania 1923.

Mühlmann, W.E, Chiliasmus und Nativismus. Studien zur Psychologie, Soziologie und historischen Kasuistik von Umsturzbewegungen, Berlin 1961.

---, Chiliasmus, in: Bernsdorf, W. (Hg.), Wörterbuch der Soziologie, Stuttgart 2. Aufl. 1969, 156–158.

---, Ethnogonie und Ethnogenese. Theoretisch-ethnologische und ideologiekritische Studie, in: Studien zur Ethnogenese (ARWAW 72), Opladen 1985.

Müller, H.-P., History-Oriented Foundation Myths in Israel and ist Environment, in: v. Henten, J., Houtepen, A., (Hg.), Religious Identity and the Invention of Tradition (STAR 3), Assen 2001, 156–168.

Mullen, E.T., The Assembly of the Gods. The Divine Council in Canaanite and Early Hebrew Literature (HSM 24), Chico 1980.

Nagel, A.K., Adolf Erman im Lichte der historischen Soziologie, in: Schipper, B.U. (Hg.), Ägyptologie als Wissenschaft. Adolf Erman (1854-1937) in seiner Zeit, Berlin/New York 2006 (im Druck).

Neferabu: Stele London Britisch Museum 589, Assmann, J., Ägyptische Hymnen und Gebete, Fribourg/Göttingen, ²1999, 377f (Nr. 150).

Niehr, H. Der höchste Gott. Alttestamentlicher JHWH-Glaube im Kontext syrisch-kanaanäischer Religion des 1. Jahrtausends v.Chr. (BZAW 190), Berlin u.a. 1990.

---, Die Reform des Joschija. Methodische, historische und religionsgeschichtliche Aspekte, in: W. Gross (Hg.), Jeremia und die „deuteronomistische Bewegung" (BBB 98),Weinheim 1995, 33–55.

---, Auf dem Weg zu einer Religionsgeschichte Israels und Judas: Annäherungen an einen Problemkreis, in: Janowski, B., Köckert, M., Religionsgeschichte Israels: formale und materiale Aspekte (VWGTH 15), Gütersloh 1999, 57–78.

---, Religionen in Israels Umwelt. Einführung in die nordwestsemitischen Religionen Syriens-Palästinas, (NEB Ergänzungsband zum Alten Testament), Würzburg 1998.

---, Religio-Historical Aspects of the 'Early Post-Exilic' Period," in: Becking, B., Korpel, M.C.A. (Hg.), The Crisis of Israelite Religion: Transformation of Religious Tradition in Exilic and Post-Exilic Times (OTS 42), Leiden 1999, 228–44.

---, Die Wohnsitze des Gottes El nach den Mythen aus Ugarit. Ein Beitrag zu ihrer Lokalisierung, in: Janowski, B., Ego, B. (Hg.), Das biblische Weltbild und seine altorientalischen Kontexte (FAT 32), Tübingen 2001, 326–360.

---, Art. Israel und Kanaan, in: RGG^4 4 (2001), 306–307.

Nilsson, M.P., Geschichte der griechischen Religion, ^{2}München 1955/1961.

Nock, A.D., Sallustius – Concerning the Gods and the Universe, Cambridge 1926.

O'Callaghan, R.T., A Note on the Canaanite Background of Psalm 82 (CBQ 15), 1963, 311–314.

Oeming, M., Das Alte Testament als Teil des christlichen Kanons? Studien zu gesamtbiblischen Theologien der Gegenwart, Zürich ^{3}2001.

Oeming, M., Schmid, K. (Hg.), Der eine Gott und die Götter. Polytheismus und Monotheismus im antiken Israel (AThANT 82), Zürich 2003.

Ott, G.-H., Bildende Kunst in der Medizin. Wortlose Hermeneutik zwischen Arzt und Patient, in: Sundermeier, T., (Hg.), Die Begegnung mit dem anderen, Gütersloh 1991, 145–150.

Otto, Eb., Gott und Mensch nach den Tempelinschriften der griechisch-römischen Zeit, Heidelberg 1964.

Otto, Eck., Mythos und Geschichte im Alten Testament: Zur Diskussion einer neuen Arbeit von Jörg Jeremias, BN 42, 1988, 93-102.

---, Deuteronomium 4: Die Pentateuchredaktion im Deuteronomiumsrahmen, in: Veijola, T. (Hg.), Das Deuteronomium und seine Querbeziehungen (SESJ 62), Helsinki/Göttingen 1996, 196–222.

---, Das Deuteronomium im Pentateuch und Hexateuch. Studien zur Literaturgeschichte von Pentateuch und Hexateuch im Lichte des Deuteronomiumrahmens (FAT 30), Tübingen 2000.

---, Art. Gesetz II. Altes Testament, in: RGG^4 3 (2000), 845–846.

---, Mose. Geschichte und Legende, München 2006.

Otto, R., Das Heilige. Über das Irrationale in der Idee des Göttlichen und sein Verhältnis zum Rationalen, Breslau ⁴1920.

Pailler, J.M., Bacchanalia. La repression de 186 av. J.-C. à Rome et en Italie, Paris 1988.

Pakkala, Juha, Intolerant Monolatry in the Deuteronomistic History (Publications of the Finnish Exegetical Society 76), Helsinki/Göttingen 1999.

---, Ezra the Scribe: The Development of Ezra 7–10 and Nehemia 8 (BZAW 347), Berlin/New York 2004.

Parker, S.B., The Beginning of the Reign of God – Psalm 82 as Myth and Liturgy (RB 102), 532–559.

Parkinson, R.B., The Tale of Sinuhe and Other Ancient Egyptian Poems 1940–1640 BC, Oxford 1999, 89–101.

---, Poetry and Culture in Middle Kingdom Egypt. A Dark Side of Perfection, London 2002.

Paul, H., Prinzipien der Sprachgeschichte (Konzepte der Sprach- und Literaturwissenschaft 6), Tübingen ⁹1975.

Perlitt, L., „Ein einzig Volk von Brüdern". Zur deuteronomischen Herkunft der biblischen Bezeichnung „Bruder", in: ders., Deuteronomium-Studien (FAT 8), Tübingen 1994 50–73.

Philippides, L.J. , Die Goldene Regel religionsgeschichtlich untersucht, Leipzig 1929.

Pilhofer, P., Presbyteron kreitton. Der Altersbeweis der jüdischen und christlichen Apologeten und seine Vorgeschichte, Tübingen 1990.

Polenz, P. v., Deutsche Satzsemantik. Grundbegriffe des Zwischen-den-Zeilen-Lesens, Berlin/New York 1985.

Porter, B. N. (Hg.), One god or many? Concepts of divinity in the ancient world, Casco Bay 2000.

Posener, G., Littérature et politique dans l'Égypte de la XIIᵉ dynastie, Paris 1956.

Price, S., Religions of the Ancient Greeks, Cambridge 1999.

Puech, E., Les deux derniers psaumes davidiques du rituel d'exorcisme, 11QPsApᵃ IV 4 - V 14, in: Dimant, D., Rappaport, U. (Hg.), The Dead Sea Scrolls: Forty Years of Research (Studies on the Texts of the Desert of Judah X), Leiden/Jerusalem 1992, 64–89.

Pyysiäinen, I., Anttonen, V. (Hg.), Current Approaches in the Cognitive Science of Religion, London/New York 2002.

Pyysiäinen, I., How Religion Works: Towards a New Cognitive Science of Religion, Leiden 2001.

---, Religion and the Counter-Intuitive, in: Pyysiäinen, I., Anttonen, V. (Hg.), Current Approaches in the Cognitive Science of Religion, London/New York 2002, 110–132.

Rad, G. v., Theologie des Alten Testaments I-II, München [9]1987.

Ray, J.D., The Carian Inscriptions from Egypt, JEA 68, 1982, 181–198

Reiche, Ch., Überlegungen zum nichtköniglichen Totenglauben in der Amarnazeit, in: Schade-Busch, M. (Hg.), Wege öffnen. Festschrift für Rolf Gundlach zum 65. Geburtstag (ÄAT 35), Wiesbaden 1996, 204–222.

Reimer, H., Richtet auf das Recht! Studien zur Botschaft des Amos (SBS 149), Stuttgart 1992.

Religionsgeschichte Israels oder Theologie des Alten Testaments? (JBTh 10), Neukirchen-Vluyn [2]2001 ([1]1995).

Rendtorff, R., Ägypten und die „Mosaische Unterscheidung", in: Becker, D. (Hg.), Mit dem Fremden leben, Teil 2: Kunst – Hermeneutik – Ökumene, Erlangen 2002, 113–122.

Rendtorff, R., Ägypten und die »Mosaische Unterscheidung«, in: Assmann, J., Die Mosaische Unterscheidung. Oder der Preis des Monotheismus, München/Wien 2003, 193–207.

Richardson, N.J., The Homeric Hymn to Demeter, Oxford 1974.

Riedweg, Chr., Pythagoras. Leben – Lehre – Nachwirkung, München 2002.

Ritner, R.K., The Mechanics of Ancient Egyptian Magical Practice (SAOC 54), Chicago 1993.

Ro, Johannes Un-Sok, Die sogenannte „Armenfrömmigkeit" im nachexilischen Israel (BZAW 322), Berlin/New York 2002.

Rohde, E., Psyche, Tübingen 1894, [2]1898.

Rose, M., Der Ausschließlichkeitsanspruch Jahwes. Deuteronomische Schultheologie und die Volksfrömmigkeit in der späten Königszeit (BWANT 106), Stuttgart 1975.

Rühlmann, G., Gedanken zu Adolfs Ermans Werk ‚Ägypten und ägyptisches Leben im Altertum' (ZÄS 115), 157–160.

Sabbatucci, D., Kultur und Religion (HRG 1), Stuttgart 1988, 43–58.

Said, E.W., Orientalism, London 1978.

Sallaberger, W., Den Göttern nahe – und fern den Menschen? Formen der Sakralität des altmesopotamischen Herrschers, in: Erkens, F.-R. (Hg.), Die Sakralität von Herrschaft. Herrschaftslegitimierung im Wechsel der Zeiten und Räume, Berlin 2002, 85–98.

---, Art. Pantheon, A.I. Mesopotamien (RLA 10), 2004, 294–308.

---, Skepsis gegenüber väterlicher Weisheit. Zum altbabylonischen Dialog zwischen Vater und Sohn, in: H. Baker u.a. (Hg.), Jeremy A. Black Memorial Volume (im Druck).

Sallaberger, W., Huber, F., Art. Priester. A. Philologisch. I. In Mesopotamien, Reallexikon der Assyriologie 10, Vulliet 2005, 617–640.

Samut-Kiki: Grabinschrift Theben Grab Nr. 409, Vernus, P., Littérature et autobiographie, RdE 30, 1978, 115–146.

Sanders, E.P. (Hg.), Jewish and Christian Self-Definition, Bd. 1-3, Philadelphia 1980–1982.

---, Jesus and Judaism, Philadelphia 1985.

Sanders, P., The Provenance of Deuteronomy 32 (OTS 37), Leiden u.a. 1996.

Sandman, M., Texts from the Time of Akhenaten (Bibliotheca Aegyptiaca VIII), Brüssel 1938.

Saussure, F. de, Cours de linguistique générale. Hg. von C. Bally, A. Sechaye, Lausanne, Paris 1916 [Deutsch: Saussure, F. de, Grundfragen der allgemeinen Sprachwissenschaft. Hg. von C. Bally, A. Sechaye, Berlin 1931].

Schäfer, P., Der Triumph der reinen Geistigkeit. Sigmund Freuds Der Mann Moses und die monotheistische Religion (Ha'Atelier Collegium Berlin 7), Berlin/Wien 2003.

Schenker, A., Le monothéisme israélite: un dieu qui transcende le monde et les dieux (Bib. 78), 436–448.

---, Gott als Stifter der Religionen der Welt. Unerwartete Früchte textgeschichtliche Forschung, in: Goldman, Y., Uehlinger, C. (Hg.), La double transmission du texte biblique. Etudes d'histoire du texte offertes en hommage à Adrian Schenker (OBO 179), Fribourg/Göttingen 2001, 99–102.

Schipper, B.U., Von der ‚Lehre des Sehetep-jb-Re‘ zur ‚Loyalistischen Lehre‘. Überlegungen zur Überlieferung loyalistischer Aussagen, ZÄS 125, 1998, 181–179.

---, Die Lehre des Amenemope und Prov. 22,17–24,22. Eine Neubestimmung des literarischen Verhältnisses, ZAW 117, 2005, 53–72.232–248.

---, Vom Pharao zum Tempel. Transferprozesse im ptolemäischen Ägypten, in: Ahn, G., Langer, R., Snoek, J. (Hg.), Ritualtransfer (im Druck), 2005.

Schlatter, G., Art. ‚Animismus‘, in: Auffarth, C., Bernard, J., Mohr, H. (Hg.), Metzler Lexikon Religion I (1999), 61.

Schleiermacher, F.D.E., Der christliche Glaube nach den Grundsätzen der evangelischen Kirche im Zusammenhange dargestellt (1821/22) (KGA), hg. von H.-J. Birkner, G. Ebeling, H. Fischer, H. Kimmerle, K.-V. Selge, Band I/7,1, Berlin/New York 1980.

---, Über die Religion. Reden an die Gebildeten unter ihren Verächtern (1799), hg. von G. Meckenstock, Berlin/New York 1999.

Schmid, K., Erzväter und Exodus. Untersuchungen zur doppelten Begründung der Ursprünge Israels innerhalb der Geschichtsbücher des Alten Testaments (WMANT 81), Neukirchen-Vluyn 1999.

---, Differenzierungen und Konzeptualisierungen der Einheit Gottes in der Religions- und Literaturgeschichte Israels. Methodische, religionsgeschichtliche und exegetische Aspekte zur neueren Diskussion um den sogenannten »Monotheismus« im antiken Israel, in: Oeming, M., ders. (Hg.), Der eine Gott und die Götter. Polytheismus und Monotheismus im antiken Israel (AThANT 82), Zürich 2003, 11–38.

---, Fülle des Lebens oder erfülltes Leben? – Religionsgeschichtliche und theologische Überlegungen zur Lebensthematik im Alten Testament, in: Herms, E. (Hg.), Leben, Verständnis, Wissenschaft, Technik (VWGTh 24), Gütersloh 2004, 154–164.

Schmidt, H., Psalmen (HAT I/15), Tübingen 1934.

Schmidt, W.H., Königtum Gottes in Ugarit und Israel. Zur Herkunft der Königsprädikation Israels (BZAW 80), Berlin [2]1966.

---, Mythos im Alten Testament, EvTh 27, 1997, 237–254.

---, Art. Mythos III., in: TRE XXIII, 625–644.

Schmitt, R., Gab es einen Bildersturm nach dem Exil? Einige Bemerkungen zur Verwendung von Terrakottafigurinen im nachexilischen Israel, in: Albertz, R., Becking, B. (Hg.), Yahwism after Exile: Perspectives on Israelite Religion in the Persian Era (STAR 5), Assen 2003, 186–198.

Schmitt, R., Magie im Alten Testament (AOAT 313), Münster 2004.

Schoeck, H., Bewegungen, soziale, in: ders., Kleines soziologische Wörterbuch, Freiburg 1969, 54–55.

Schoske, S., Das Erschlagen der Feinde. Ikonographie und Stilistik der Feindvernichtung im alten Ägypten, Diss. phil. Heidelberg 1982.

Schuchardt, E., Warum gerade ich? Leben lernen in Krisen, Göttingen [11]2002.

Schützeichel, H., Im Schutz des Höchsten (Psalm 91), TThZ 115,1, 2006, 60–76.

Schwab, E., Art. צַל, in: ThWAT (VI), 1989, 1034–1042.

Schwager, R., Niewiadomski, J. (Hg.), Religion erzeugt Gewalt – Einspruch! (Beiträge zur mimetischen Theorie 15), Münster u.a. 2003.

Searle, J.R., Sprechakte, Frankfurt/M. [3]1988 (Ersterscheinung: Cambridge 1969).

Selms, A. v., Temporary Henotheism, in: Beek, M.A. u.a. (Hg.), Symbolae Biblicae et Mesopotamicae F.M.Th. de Liagre Böhl Dedicatae, Leiden 1973, 341–348.

Seybold, K., Psalmen (HAT I/15), Tübingen 1996.

---, Poetik der Psalmen (Poetologische Studien zum Alten Testament 1), Stuttgart 2003.

Silva, G. da, Am Anfang war das Opfer. René Girard aus afroindiolateinamerikanischer Perspektive, Münster 2001.

Simbanduku, C., YHWH, les dieux et les anges. Permanence du polythéisme dans la religion de la Bible, Roma 2004.

Simon, E., Ara pacis Augustae, Tübingen 1967.

Skehan, P.W., A Fragment of the Song of Moses Dtn. 32 from Qumran (BASOR 136), 1954, 12–15.

Smend, R., Theologie im Alten Testament, in: ders., Die Mitte des Alten Testaments (BevTh 99), München 1986, 104–117 (Erstveröffentlichung: 1982).

---, Mose als geschichtliche Gestalt, HZ 260, 1995, 1–19, wiederabgedruckt in: ders., Bibel, Theologie, Universität (KVR 1582). Göttingen 1997, 5–20.

Smith, M., Palestinian Parties and Politics that Shaped the Old Testament, New York 1971.

Smith, M.S., The Early History of God. Yahweh and the Other Deities in Ancient Israel, Grand Rapids ²2002.

---, The Origins of Biblical Monotheism. Israel's Polytheistic Background and the Ugaritic Texts, Oxford 2001.

---, The Memoirs of God. History, Memory and the Experience of the Divne in Ancient Israel, Minneapolis 2004.

Soden, W. v., Einführung in die Altorientalistik. Darmstadt 1985.

---, Der altbabylonische Atramchasis-Mythos, in: TUAT III (1994), 612-645.

Söding, T., Dassmann, E. (Hg.), Ist der Glaube Feind der Freiheit? Die neue Debatte um den Monotheismus (QD 196), Freiburg u.a. 2003.

Söling, C., Der Gottesinstinkt. Bausteine für eine evolutionäre Religionstheorie, Diss. Gießen 2002 (http://geb.uni-giessen.de/geb/volltexte/2002/816/pdf/d020116.pdf).

Sommerfeld, W., Art. Marduk. A. Philologisch. I. In Mesopotamien, (RLA 7), 1989, 360–370.

Sperling, S.D., Monotheism and Ancient Israelite Religion, in: Snell, D.C. (Hg.), A Companion to the Ancient Near East (Blackwell Companions to the Ancient World), Malden/Oxford/Victoria 2005, 408–420.

Sprachgeschichte. Bd. 1–4 (Handbücher zur Sprach- und Kommunikationswissenschaft) ²1998–2004.

Stark, R., One true God. Historical consequences of monotheism, Princeton 2001.

Stausberg, M., Die Religion Zarathustras. Geschichte, Gegenwart, Rituale, Stuttgart 2002.

Steck, O.H., Israel und das gewaltsame Geschick der Propheten, Neukirchen-Vluyn 1967.

---, Der Abschluß der Prophetie im Alten Testament. Ein Versuch zur Frage der Vorgeschichte des Kanons (BThSt 17), Neukirchen-Vluyn 1991.

Steck, O.H., Prophetische Prophetenauslegung, in: Geisser, H.F., Luibl, H.J., Mostert, W. und Weder, H. (Hg.), Wahrheit der Schrift – Wahrheit der Auslegung. Eine Zürcher Vorlesungsreihe zu Gerhard Ebelings 80. Geburtstag am 6. Juli 1992, Zürich 1993, 198–244.

Stern, M., Greek and Latin Authors on Jews and Judaism. Vol.I. From Herodotus to Plutarch. Jerusalem 1974.

Sticher, C., Die Rettung der Guten durch Gott und die Selbstzerstörung der Bösen. Ein theologisches Denkmuster im Psalter (BBB 137), Berlin/Wien 2002.

Stolz, F., Der mythische Umgang mit der Rationalität und der rationale Umgang mit dem Mythos, in: Schmid, H.H. (Hg.), Mythos und Rationalität, Gütersloh 1988, 81–106.

---, Einführung in den biblischen Monotheismus, Darmstadt 1996.

---, Beglückender Schmerz, seliges Leiden, Unimagazin, Universität Zürich 4/00, Nr. 4

Sullivan, K.P., Wrestling with Angels. A Study of the Relationship between Angels and Humans in Ancient Jewish Literature and the New Testament (AGJU 55), Leiden u.a. 2004.

Sundermeier, T., Unio Analogica. Zum Verständnis afrikanischer dynamistischer Partizipation, EMZ 1973, 150–166. 181–192.

---, Die ‚Stammesreligionen‘ als Thema der Religionsgeschichte. Thesen zu einer Theologie der Religionsgeschichte, in: Sundermeier, T. (Hg.), Fides pro mundi vita. FS H.-W. Gensichen, Gütersloh 1980.

---, Zur Verhältnisbestimmung von Religionswissenschaft und Theologie aus protestantischer Sicht, ZMR 64, 1980, 241–258.

---, Art. Religion, Religionen, in: Lexikon missionstheologischer Grundbegriffe, Berlin 1987 411–422.

---, Nur gemeinsam können wir leben, Gütersloh 1988, 41ff.

---, The Meaning of Tribal Religions for the History of Religion: Primary Religious Experience, (Scriptura 10), 1992, 1–9.

---, Konvivenz und Differenz, Erlangen 1995.

---, Religionswissenschaft versus Theologie? Zur Verhältnisbestimmung von Religionswissenschaft und Theologie aus religionswissenschaftlicher Sicht, JBTh 5, 189–206.

---, Den Fremden verstehen. Eine praktische Hermeneutik, Göttingen 1996.

---, Was ist Religion? Religionswissenschaft im theologischen Kontext (ThB 96), Gütersloh 1999.

Tarrow, S., Social Movements, in: Kuper, A., Kuper, J. (Hg.), The Social Science Encyclopedia, London, 2. Aufl. 1996, 792–794.

Tate, M.E., Psalms 51–100 (WBC 20), Dallas 1990.

Theißen, G., Biblischer Glaube in evolutionärer Sicht, München 1984 (engl. 1984/1985).

---, Argumente für einen kritischen Glauben oder: Was hält der Religionskritik stand? (TEH 202), München [3]1988.

---, Tradition und Entscheidung. Der Beitrag des biblischen Glaubens zum kulturellen Gedächtnis, in: Assmann, J., Hölscher, T. (Hg.), Kultur und Gedächtnis, stw 724, Frankfurt 1988, 170–196.

---, Urchristliche Wundergeschichten Ein Beitrag zur formgeschichtlichen Erforschung der synoptischen Evangelien (StNT 8), Gütersloh [7]1998.

---, Das Neue Testament (Beck'sche Reihe 2192), München 2002.

---, Theory of Primitive Christian Religion, London 1999 = (erweitert und überarbeitet): Die Religion der ersten Christen. Eine Theorie des Urchristentums, Gütersloh ³2003.

---, Die Goldene Regel (Matthäus 7:12//Lukas 6:31). Über den Sitz im Leben ihrer positiven und negativen Form (Biblical Interpretation 11), 2003, 386–399.

Themenheft Schmerz und Leiden. Körper und Seele in Not. Unimagazin. Die Zeitschrift der Universität Zürich 4/00.

Tigay, J.H., Divine Creation of the King in Psalms 2:6, Eretz Israel 27, 2003, 246*–249*.

Toorn, K. v. d., Family Religion in Babylonia, Syria and Israel: Continuity and Change in the Forms of Religious Live (SHCANE VII), Leiden/New York/Köln 1996.

---, Cuneiform Documents from Syria-Palestine. Texts, Scribes, and Schools (ZDPV 11), 2000, 97–113.

Torczyner, H., Das literarische Problem der Bibel, ZDMG 85, 1931, 287–324.

Trevor-Roper, H., The Invention of Tradition: The Highlands Tradition of Scotland, in: Hobsbawm, E., Ranger, T. (Hg.), The Invention of Tradition, Cambridge 1983, 15–42.

Uehlinger, Chr., Gab es eine joschijanische Kultreform? Plädoyer für ein begründetes Minimum, in: W. Gross (Hg.), Jeremia und die „deuteronomistische Bewegung", Weinheim 1995 (BBB 98), 57–89.

Vedder, H., Die Bergdama, Bd. II, Hamburg 1923.

Veijola, T., Moses Erben: Studien zum Dekalog, zum Deuteronomismus und zum Schriftgelehrtentum (BWANT 149), Stuttgart 2000.

Verhoeven, U., Von hieratischen Literaturwerken der Spätzeit, in: Assmann, J., Blumenthal, E. (Hg.), Literatur und Politik im pharaonischen Ägypten (BdE 127), Kairo 1999, 255–265.

Vieweger, D., Waschke, E.-J., Von Gott reden. Beiträge zur Theologie und Exegese des Alten Testaments. Festschrift für Siegfried Wagner zum 65. Geburtstag, Neukirchen-Vluyn 1995.

Voland, E., Söling, C., Die biologische Basis der Religiosität in Instinkten – Beiträge zu einer evolutionären Religionstheorie, in: Lüke, U., Schnakenberg, J., Souvignier, G. (Hg.), Darwin und Gott. Das Verhältnis von Evolution und Religion, Darmstadt 2004, 47–65.

Wagner, A., BEKENNEN. Zur Analyse eines religiösen Sprechakts, in: König, P.-P., Wiegers, H. (Hg.), Satz – Text – Diskurs. Akten des 27. Linguistischen Kolloquiums Münster 1992. Bd. 2 (Linguistische Arbeiten 313), Tübingen 1994, 117–123.

---, Zum Problem von Nominalsätzen als Sprechhandlungen am Beispiel des SEGNENS im Althebräischen. Oder: Gibt es neben primär und explizit performativen Äußerungen eine dritte Kategorie von Äußerungen? (Grazer Linguistische Studien 41), 1994, 81–93.

---, Sprechakte und Sprechaktanalysen im Alten Testament, Berlin/New York 1997.

---, Die Stellung der Sprechakttheorie in Hebraistik und Exegese, in: Lemaire, A. (Hg.), Congress Volume Basel 2001 [International Organization for the Study of the Old Testament], (VT.S 92), Leiden 2002, 55–83.

---, Prophetie als Theologie. Die *so spricht Jahwe*-Formeln und das Grundverständnis alttestamentlicher Prophetie (FRLANT 207), Göttingen 2004.

---, Alttestamentlicher Monotheismus und seine Bindung an das Wort, in: ders. u.a. (Hg.), Gott im Wort – Gott im Bild. Bilderlosigkeit als Bedingung des Monotheismus? Neukirchen-Vluyn 2005, S.1–22.

---, Permutatio religionis – Ps 139 und der Wandel der israelitischen Religion zur Bekenntnisreligion. VT (im Druck).

---, Sprechaktsequenzen und Textkohärenz im Biblischen Hebräisch, in: Morenz, L., Schorch, S. (Hg.), Was ist ein Text? – Ägyptologische, altorientalistische und alttestamentliche Perspektiven (BZAW 362), Berlin/New York (im Druck).

Wallace, A.F.C., Religion. An Anthropological View, New York 1966.

Wanke, G., Jahwe, die Götter und die Geringen. Beobachtungen zu Psalm 82, in: Kottsieper, I. u.a. (Hg.), „Wer ist wie du, Herr, unter den Göttern?". FS O. Kaiser, Göttingen 1994, 445–453.

Waschke, E.-J., Art. Bekehrung/Konversion. III. Bibel. 1 Altes Testament, in: RGG[4] 1 (1998), 1230–1231.

Watzlawick, P., Beavin, J.H., Jackson, D.D., Menschliche Kommunikation, Bern [9]1996.

Weber, B., Werkbuch Psalmen II. Die Psalmen 73 bis 150, Stuttgart u.a. 2003, 123–127.

Weinberg, Joel, The Citizen-Temple Community (übers. Daniel L. Smith-Christopher) (JSOT.S 151), Sheffield 1992.

Weippert, M., Synkretismus und Monotheismus. Religionsinterne Konfliktbewältigung im alten Israel (1990), in: ders., Jhwh und die anderen Götter. Studien zur Religionsgeschichte des antiken Israel in ihrem syrisch-palästinischen Kontext (FAT 18), Tübingen 1997, 1–24.

Wellhausen, J., Israelitische und jüdische Geschichte, Berlin [3]1897.

West, M.L., Aeschylus Tragoediae, Stuttgart 1990.

---, The East Face of Helicon. West Asiatic Elements in Greek Poetry and Myth, Oxford 1997.

Wiedemann, A., Die Religion der alten Ägypter (DNCRG III), Münster 1890.

Wilamowitz-Moellendorff, U. von, Isyllos von Epidauros, Berlin 1886.

Winter, P., Der Begriff ‚Söhne Gottes' im Moselied Dtn 32,1–43, ZAW 67, 1955, 40–48.

---, Nochmals zu Deuteronomium 32,8, ZAW 75, 1963, 218–223.

Winternitz, M., Der Ältere Buddhismus (RGL 11), Tübingen 1929. 129.

Witte, M., Der Segen Bileams – eine redaktionsgeschichtliche Problemanzeige, in: Gertz, J. u.a. (Hg.), Abschied vom Jahwisten. Die Komposition des Hexateuch in der jüngsten Diskussion (BZAW 315), Berlin/New York 2002, 191–213.

Wittgenstein, L., Philosophische Untersuchungen. Werkausgabe Bd. 1, Frankfurt/M. 1993 (Ersterscheinung: Oxford 1953).

Wolff, H.W., Dodekapropheton 2. Joel und Amos (BK XIV/2), Neukirchen-Vluyn 1969.

Worsley, P., Die Posaune wird erschallen. „Cargo"-Kulte in Melanesien, übers. von Monika Kind, Frankfurt 1973.

Wright, A.T., The Origin of Evil Spirits. The Reception of Genesis 6.1–4 in Early Jewish Literature (WUNT II/198), Tübingen 2005.

Yavis, C.G., Greek Altars, Saint Louis 1947.

Zenger, E., Die eigentliche Botschaft des Amos. Von der Relevanz der Politischen Theologie in einer exegetischen Kontroverse, in: Schillebeeckx, E., (Hg.), Mystik und Politik. Theologie im Ringen um Geschichte und Gesellschaft, FS J.B. Metz, Mainz 1988, 394–406.

---, Psalm 82 im Kontext der Asaf-Sammlung. Religionsgeschichtliche Implikationen, in: Janowski, B., Köckert, M., Religionsgeschichte Israels. Formale und materiale Aspekte (VWGTh 15), Gütersloh 1999, 272–292.

---, Ps 91, in: Hossfeld, F.-L., Zenger, E., Psalmen 51–100 (HThK.AT), Freiburg u.a. ²2000, 615–626.

---, Was ist der Preis des Monotheismus?, in: Herder Korrespondenz. Monatshefte für Gesellschaft und Religion Heft 4, April 2001, 186-191.

Zevit, Z., The Religions of Ancient Israel. A Synthesis of Parallactic Approaches, London/New York 2001.

Ziemer, B., Abram – Abraham. Kompositionsgeschichtliche Untersuchungen zu Gen 14, 15 und 17 (BZAW 350), Berlin/New York 2005.

Zobel, H.J., Art. עליון, in: ThWAT VI, Stuttgart u.a. 1989, 131–151.

Zwickel, Wolfgang, Wirtschaftliche Grundlagen in Zentraljuda gegen Ende des 8. Jh.s aus archäologischer Sicht. Mit einem Ausblick auf die wirtschaftliche Situation im 7. Jh., UF 26, 1994, 557–592.

---, Die Wirtschaftsreform des Hiskia und die Sozialkritik der Propheten des 8. Jahrhunderts, (EvTh 59), 1999, 356–377.

---, Räucherkult und Räuchergeräte: Exegetische und archäologische Studien zum Räucheropfer im Alten Testament (OBO 97), Fribourg/Göttingen 1990.

Stellenregister (Auswahl)

Die Abkürzungen der biblischen Bücher und weiterer Quellenschriften wurden vereinheitlicht und richten sich soweit möglich nach: Theologische Realenzyklopädie. Abkürzungsverzeichnis. Zusammengestellt von Siegfried Schwertner. Berlin / New York ²1994.